教育类专业基础课系列教材

教育研究的原理与方法

第二版

Principles & Methods of
Education Research

主　编　◎杨小微
副主编◎李胜伟　李　方
编写及修订者◎鲍道宏　刘云衫
　　　　　　　王　凯　夏正江
　　　　　　　邢最智　熊华生
　　　　　　　叶显发　易东平

华东师范大学出版社
·上海·

图书在版编目(CIP)数据

教育研究的原理与方法/杨小微主编.—2版.—上海:华东师范大学出版社,2010.7
(教育类专业基础课系列教材)
ISBN 978-7-5617-7945-3

Ⅰ.①教… Ⅱ.①杨… Ⅲ.①教育科学-科学研究-高等学校-教材 Ⅳ.①G40-03

中国版本图书馆 CIP 数据核字(2010)第 134762 号

教育研究的原理与方法(第二版)

主　　编	杨小微
副 主 编	李伟胜　李　方
策　　划	翁春敏
责任编辑	吴海红
责任校对	王丽平
装帧设计	卢晓红

出版发行　华东师范大学出版社
社　　址　上海市中山北路 3663 号　邮编 200062
电话总机　021-62450163 转各部门　行政传真 021-62572105
客服电话　021-62865537(兼传真)
门市(邮购)电话　021-62869887
门市地址　上海市中山北路 3663 号华东师范大学校内先锋路口
网　　址　www.ecnupress.com.cn
印 刷 者　上海商务联西印刷有限公司
开　　本　787 毫米×1092 毫米　1/16
印　　张　23.5
字　　数　499 千字
版　　次　2010 年 9 月第 1 版
印　　次　2023 年 9 月第 17 次
书　　号　ISBN 978-7-5617-7945-3/G·4646
定　　价　45.00 元

出版人　王　焰

(如发现本版图书有印订质量问题,请寄回本社客服中心调换或电话 021-62865537 联系)

目 录

前言 ……………………………………………………（ 1 ）
第二版前言 ……………………………………………（ 1 ）

绪论　教育研究的性质、意义和主体 ………………（ 1 ）

第一章　教育研究概述 ………………………………（ 8 ）
　第一节　教育研究的对象 ……………………………（ 9 ）
　第二节　教育研究的方法 ……………………………（ 14 ）
　第三节　教育研究的类型 ……………………………（ 27 ）
　第四节　教育研究的特性 ……………………………（ 37 ）

第二章　教育研究的准则与规范 ……………………（ 42 ）
　第一节　教育研究的评价标准 ………………………（ 43 ）
　第二节　教育研究的效度问题 ………………………（ 50 ）
　第三节　教育研究的基本规范 ………………………（ 59 ）

第三章　教育研究的选题与设计 ……………………（ 65 ）
　第一节　教育研究课题的选择 ………………………（ 66 ）
　第二节　教育研究假设的提出与表述 ………………（ 78 ）
　第三节　课题研究方案的形成与论证 ………………（ 84 ）

第四章　教育观察法 …………………………………（ 91 ）
　第一节　教育观察法概述 ……………………………（ 92 ）
　第二节　教育观察的常用方法 ………………………（ 96 ）
　第三节　教育观察法的实施 …………………………（102）

第五章　教育调查法 …………………………………（109）
　第一节　教育调查法概述 ……………………………（110）
　第二节　问卷调查法 …………………………………（115）
　第三节　访谈调查法 …………………………………（129）

第六章　教育实验法 ……………………………（138）
第一节　教育实验法概述 ……………………（139）
第二节　教育实验的效度与控制 ……………（143）
第三节　教育实验的设计与实施 ……………（152）

第七章　教育测量法 ……………………………（163）
第一节　教育测量概述 ………………………（164）
第二节　教育测量的质量指标 ………………（169）
第三节　教育测量的工具 ……………………（175）

第八章　教育预测法 ……………………………（187）
第一节　教育预测法概述 ……………………（188）
第二节　教育预测法的应用 …………………（194）

第九章　教育经验总结 …………………………（202）
第一节　教育经验总结概述 …………………（203）
第二节　教育经验总结的方式和步骤 ………（208）
第三节　教育经验总结与教师发展 …………（214）

第十章　教育文献研究 …………………………（219）
第一节　教育文献研究概述 …………………（220）
第二节　第二手分析 …………………………（235）
第三节　内容分析法 …………………………（238）

第十一章　教育行动研究 ………………………（244）
第一节　教育行动研究的特点 ………………（247）
第二节　教育行动研究的过程及代表性模式
……………………………………………（249）
第三节　教育行动研究对我国教育研究的意义
……………………………………………（258）

第十二章　教育叙事研究 ………………………（263）
第一节　教育叙事研究概述 …………………（265）
第二节　教育叙事研究的类型与特点 ………（269）
第三节　教育叙事分析的模式与实例 ………（279）

第十三章　教育人种志研究 ……………………（288）
第一节　教育人种志研究的理论 ……………（289）

  第二节 教育人种志研究的实例 …………（297）

第十四章 教育研究资料的整理与分析 ………（307）
  第一节 研究资料的分类及质量要求 ………（308）
  第二节 研究资料的整理 …………………（310）
  第三节 研究资料的分析 …………………（315）

第十五章 教育理论的构建 ……………………（326）
  第一节 教育理论及其效度标准 …………（326）
  第二节 教育理论的功能 …………………（334）
  第三节 构建教育理论的方式 ……………（338）

第十六章 教育研究成果的表述与评价 ………（349）
  第一节 教育研究成果的表述 ……………（350）
  第二节 教育研究成果的评价 ……………（360）

前　言

　　随着当代社会生活的日益丰富与复杂,以研究的态度对待工作和生活已逐渐为人们所接受,教育领域也不例外,让教师成为研究者、成为反思的实践者已成为流行的口号。本书作为高等师范院校教材,也是为所有愿意成为研究者的人撰写的。

　　迄今为止,国内外有关一般教育科学研究方法的专著和教材已为数不少,然而近些年来有关方面的研究也在不断地更新,这就需要不断地调整、充实和完善教育研究方法的知识体系,换言之,这个体系是开放的、不断地生成和发展着的。在这本教材中,我们试图有所突破、有所创新,尽可能地使它看起来像是有关教育研究的方法体系而不是任何一种别的活动领域也适用的方法体系。根据教育活动与其他人类社会活动领域的共性以及它自身的特殊性,我们从教育研究的基本原理和基本方法两个层次上来展开本书的内容。前两章属于基本原理部分,探讨了教育研究的对象、类型和哲学的、科学的及艺术的方法,讨论了教育研究的准则与规范。第三至十五章阐述的是教育研究的基本方法,排列上大体反映了教育研究实施的顺序,逐章系统地讨论了教育研究的选题与设计,教育观察法、教育调查法、教育实验法、教育测量法、教育预测法、教育经验总结、教育文献研究、教育行动研究、教育研究中的人种志方法,以及教育研究资料的整理与分析、教育理论的构建、教育研究成果的表述与评价等等。由于这方面的知识与信息十分丰富,理论流派和方法变式层出不穷,只能尽可能筛选一些适合读者的内容,努力给读者一个基本框架,以便每个人都有可能在此基础上去进行一番个性化的自我建构。尤其需要强调的是,教育研究是"做"出来的,学习教育研究方法的最好方式无疑是"做中学",至少是要紧密地结合观摩、见习、田野考察、专题研究等实践活动来学习这种书本知识,否则要达到透彻理解几乎是不可能的。

　　为拓展和加深本门课程的学习,本书特推荐如下书籍作为主要参考文献:

1. 叶澜著:《教育研究及其方法》,中国科学技术出版社1990年版。

2. 叶澜著:《教育研究方法论初探》,上海教育出版社1999年版。

3. 陈向明著:《质的研究方法与社会科学研究》,教育科学出版社2000年版。

4. 杨小微、刘卫华著:《教育研究的理论与方法》,湖北教育出版社1994年版。

5. 宋林飞著:《社会调查研究方法》,上海人民出版社1990年版。

6. (美)威廉·维尔斯曼著,袁振国主译:《教育研究方法导论》,教育科学出版社1997年版。

在每一章的末尾,我们还给出了"思考和练习"、"主要参考文献",供任课教师和修习这门课的同学参考,建议适当地开展一些讨论,有条件的话还可以组织一些带模拟性的微型课题研究,以加深现场感和亲身体验。

本书是集体智慧和辛劳的结晶,全书的基本框架由杨小微教授(华中师范大学)、李方教授(湛江师范学院)、夏正江博士(上海师范大学)共同研讨确定,杨小微撰写前言、绪论和第三章,夏正江撰写第一章、第十四章,李伟胜(华东师范大学)撰写第二章,李方撰写第四章、第六章和第七章,叶显发教授(湖北大学)撰写第五章、第八章和第十章,易东平(南京师范大学)撰写第九章和第十五章,熊华生教授(湖北教育学院)撰写第十一章,刘云杉博士(北京大学)撰写第十二章,邢最智教授(华南师范大学)撰写第十三章。(特别要说明的是,邢最智教授还为本书撰写了定量分析方法的详细内容,最后因篇幅所限而忍痛割爱,在此表示谢意和歉意。)杨小微负责全书的策划和统稿。

各章作者在撰写过程中参阅并引用了大量文献,在此一并向所有的文献作者致谢。感谢华东师范大学出版社领导和翁春敏先生对本书的支持和帮助,感谢所有在本书的编辑、出版、印刷和发行等各个环节中奉献心血和汗水的人们。

杨小微

第二版前言

新时代,党和国家越来越重视教育事业的发展。党的二十大报告对建设教育强国、科技强国、人才强国作了重要部署。在二十届中央政治局第五次集体学习中也强调:"强教必先强师。要把加强教师队伍建设作为建设教育强国最重要的基础工作来抓,健全中国特色教师教育体系,大力培养造就一支师德高尚、业务精湛、结构合理、充满活力的高素质专业化教师队伍。"百年大计,教育为本;教育大计,教师为本。近年来,全国各级教育行政部门、地方教育学院,以及教师培训单位都在积极推出各式各样的教师专业培训项目,其中,"培养研究型教师"、"让教师成为反思的实践者"是一个主流话语。本书作为高等师范院校教材,以在校生为主要读者对象,但同时也是奉献给所有愿意不断进取、不断自我超越的研究者的。

国内外有关一般教育科学研究方法的专著和教材越来越多,然而近些年来有关方面的研究也在不断地更新,这就需要不断地调整、充实和完善教育研究方法的知识体系。正如我们在第一版前言中所说,"这个体系是开放的、不断地生成和发展着的",今天的修订可以视为兑现这一承诺。在这本教材的第一版,我们试图有所突破、有所创新,尽可能地使它看起来像是有关教育研究的方法体系而不是任何一种别的活动领域也适用的方法体系。根据教育活动与其他人类社会活动领域的共性以及它自身的特殊性,第一版是从教育研究的基本原理和基本方法两个层次上来展开本书的内容的。这一版保留了其基本框架,增加了新的章节。新版的结构和基本内容如下:

前两章属于基本原理部分,探讨了教育研究的对象、类型和哲学的、科学的及艺术的方法,讨论了教育研究的准则与规范。第三章呈现的是教育研究从纵向上展开的整体,运用任何方法进行任何教育研究课题,都不可能跳过选题与设计这个环节。第四至十六章阐述的是教育研究的基本方法,逐章系统地讨论了教育研究中的观察法、调查法、实验法、测量法、预测法、教育经验总结、教育文献研究、教育行动研究、教育叙事研究、教育人种志研究,以及教育研究资料的整理与分析、教育理论的构建、教育研究成果的表述与评价等等。其中,第九至十三章是具有综合性的研究方式,在研究过程中可以将观察、调查、实验、测量等具体方法有机地整合进来。

由于这方面的知识与信息十分丰富,理论流派和方法变式层出不穷,只能尽可能筛选一些适合读者的内容,努力给读者一个基本框架,以便每个人都有可能在此基础上去进行一番个性化的自我建构。尤其需要强调的是,教育研究是"做"出来的,学习教育研究方法的最好方式无疑是"做中学",至少是要紧密地结合观摩、见习、田野考察、专题研究等实践活动来学习这种书本知识,否则要达到透彻理解几乎是不可能的。

为拓展和加深本门课程的学习,本书特推荐如下书籍作为主要参考文献:

1. 叶澜著:《教育研究及其方法》,中国科学技术出版社1990年版。
2. 叶澜著:《教育研究方法论初探》,上海教育出版社1999年版。
3. 陈向明著:《质的研究方法与社会科学研究》,教育科学出版社2000年版。
4. 杨小微主编:《教育研究的理论与方法》,北京师范大学出版社2008年版。
5. 宋林飞著:《社会调查研究方法》,上海人民出版社1990年版。
6. (美)威廉·维尔斯曼著,袁振国主译:《教育研究方法导论》,教育科学出版社1997年版。
7. (美)梅雷迪斯·D·高尔等著,许庆豫等译:《教育研究方法导论》(第六版),江苏教育出版社2002年版。
8. (美)莎兰·B·麦瑞尔姆著,于泽元译:《质化方法在教育研究中的应用:个案研究的扩展》,重庆大学出版社2008年版。
9. (美)约翰·W·克雷斯威尔著,崔延强主译:《研究设计与写作指导:定性、定量与混合研究的路径》,重庆大学出版社,2007年版。

在每一章的开头,我们增加了"学习目标"、"内容提要"、"重要概念和术语",还采取了"案例导入"这种较为生动的形式;在每一章的末尾,除了"探究与操作"和"主要参考文献",还增加了"拓展性阅读材料",供任课教师和修习这门课的同学参考,建议适当地开展一些讨论,有条件的话还可以组织一些带模拟性质的微型课题研究,以加深现场感和亲身体验。

本书是集体智慧和辛劳的结晶,第一版的基本框架由杨小微、李方、夏正江共同研讨确定,第二版李伟胜承担了组织联络和较大量的修订工作。原作者和新版修订者的主要贡献如下:

第一、第二版前言,作者杨小微(华东师范大学);

绪论"教育研究的性质、意义和主体",作者杨小微、修订杨小微;

第一章"教育研究概述",作者夏正江(上海师范大学)、修订杨小微;

第二章"教育研究的准则与规范",作者李伟胜(华东师范大学)、修订李伟胜;

第三章"教育研究的选题与设计",作者杨小微、修订杨小微;

第四章"教育观察法",作者李方(湛江师范学院)、修订李伟胜;

第五章"教育调查法",作者叶显发(湖北大学)、修订李伟胜;

第六章"教育实验法",作者李方、修订杨小微;

第七章"教育测量法",作者李方、修订李伟胜;

第八章"教育预测法",作者叶显发、修订杨小微;

第九章"教育经验总结",作者易东平(华中师范大学)、修订鲍道宏(福建教育学院);

第十章"教育文献研究",作者叶显发、修订杨小微、李伟胜;

第十一章"教育行动研究",作者熊华生(湖北教育学院)、改写鲍道宏;

新增第十二章"教育叙事探究",由王凯(杭州师范大学)撰写;

原第十二章、现第十三章"教育人种志研究",作者刘云杉(北京大学)、改写王凯;

原第十三章、现第十四章"教育研究资料的整理与分析",作者邢最智(华南师范大学)、修订李伟胜;

原第十四章、现第十五章"教育理论的构建",作者夏正江、修订杨小微;

原第十五章、现第十六章"教育研究成果的表述与评价",作者易东平、修订杨小微。

尚未进行大的修订的章节,增加了章前"学习目标"、"内容提要"、"重要概念和术语"和"案例导入",做了一些文字上的润色。

杨小微负责前后两版的策划和统稿。

各章作者在撰写过程中参阅并引用了大量文献,在此一并向所有的文献作者致谢。感谢华东师范大学出版社高教分社领导翁春敏先生对本书前后两版的支持和帮助,感谢吴海红编辑对修订版的辛勤投入,感谢所有在本书的编辑、出版、印刷和发行等各个环节中奉献心血和汗水的人们。

杨小微

绪 论
教育研究的性质、意义和主体

组织行为学理论在探讨如何提高经济组织效率的过程中,越来越关注人的需要、感受和积极性,这种关注与教育研究中对人的成长的关注有没有性质上的不同？西方国家关于制度的研究大多持"人性恶"的假设,至少也是中性假设,那么在研究学校内部制度的时候,这种假设前提是否成立？教育/教育学研究与其他领域/学科研究在基本性质上的区别在哪里？

一些教育研究教科书在谈到现场观察须"获准进入"时,你是否会想：如果教师就是研究者,观察的就是自己的班级,那他还需要"获准"吗？进而又想：教育研究的主体究竟是谁？

……

上述问题关涉到教育研究的性质、意义及"谁为研究主体"等一系列问题,也是我们进入本领域课程学习之后时时要遭遇的问题。

一、教育研究是何性质

要了解教育研究的性质,必先弄清楚教育研究对象的性质。教育是人类重要的社会实践活动,一般地说,教育研究要以教育活动为对象。一切以影响人的身心发展为直接目标的人类实践活动,均可称为教育活动。在这种生动、丰富、多变的基本活动中,人们逐渐形成有关教育的意见、观点、思想、理论和学科等等,是人类教育活动多方面的"认识成品",它们可能是粗浅的、常识性的、零散的,也可能是深刻的、科学的、系统的。叶澜教授将它们称为"教育观念型存在",而把它们所赖以产生的直接的、基本的教育活动称为"教育活动型存在",除了这两类存在以外,还有对教育研究活动及教育学科本身发展性问题研究的产物,叫做"教育研究反思型存在"。相对于这三种存在,就有三类教育研究,即：教育活动研究、教育观念研究、教育研究之研究(或称为教育学科元研究)。本书所讨论的教育研究,主要是教育活动研究,也兼及一些教育观念研究,一般不涉及教育学科元研究,这是由于它作为大学本科教材的特定功能所决定的。

教育活动研究直接指向教育活动,教育活动的性质和特点,可从如下方面加以归纳：

第一,教育活动是人为的社会实践活动。这是相对于自然界发生的各种现象和物质运动而言的教育活动的特殊性。"人为的"性质决定了教育研究不可能回避人们从事这一活动的需要、愿望和价值取向等问题,决定了并不存在所谓不含价值的教育事实。

第二,教育活动以人为直接对象,以影响人的发展为直接目的。这是相对于其他的人为社会实践活动而言的教育活动在对象与目的维度上表现出来的特殊性。把人作为活动指向的直接对象,这就把教育活动与一切以物为对象(或生产或消费、或传输或交换)的活动区别开来,也与直接生产和消费精神产品的活动区别开来。

第三,教育活动具有双边、共时、交互作用性和要素关系的复合性。教育者与学习者这两类教育活动的主体,以教和学的内容、方法、手段等等为中介发生双边活动,并形成"人—人"关系、"你—我"交往关系,表现出教育活动主体的复合关系,教师和学生不仅自为主体,而且互为客体,加上教育内容作为师生的共同客体,这样,客体也具有复合性。

第四,教育活动具有预策性与活动过程中的动态生成性。教育活动不仅预设目的,而且对过程也预先决策和计划,如对教育事业发展的决策与规划,一堂课的设计和教案的编写等等。正是因为有了预先的决策和计划(即预策性),教育者预先选择的教育目的才有可能通过活动实现。然而,有些变化和可能性是难以预料和事先考虑的,尤其是师生双方在教育情境中的相互作用会产生哪些可能性,是无法在事前充分预测的,当这些非预期可能性或结果出现时,就需要进行调整。总之,动态生成性与预策性同等重要,是教育活动的一个重要的特殊性,以往常被研究者所忽视。

第五,教育活动的本质是在特殊的交往活动中有目的地使社会对学习者的发展要求向学习者的现实发展转化,使学生的多种潜在发展可能向现实发展转化。[1]

上述关于教育活动性质的概括,有助于我们进一步认识教育研究的性质。过去人们习惯于将一种研究从学科属性上归于自然科学或社会科学,再从对象上归于价值研究或事实研究,从功能上归于发展理论的研究和解决实际问题的研究。在自然科学、社会科学正朝着相互渗透方向发展的今天,这种两分式的归类已经显得机械和无意义了。我们可以从教育研究对象——教育活动的性质和教育研究的目的任务出发,作出如下判断:教育研究是关于事理的研究,即探究人所做事情的行事依据和有效性、合理性的研究。它包含两大类型的研究:作为行事依据的研究,可称作基本理论研究;作为有效性和合理性改进的研究,可称作应用研究。

事理研究的突出特点在于它的综合性。事理研究既不像自然科学那样,以说明外在于人的事物"是什么"为直接任务,也不像精神科学,专事说明主体"我"之状态、变化、性质以及为什么会如此。它以人类自己所创造、所从事的活动为研究对象,既研究事由与事态、结构与过程、目标与结果等一系列与事情本身直接相关的方面,也研究如何提高活动的合理性、效率、质量与水平,是一种既要说明是什么,又要解释为什么,还要讲出如何做的研究,包含价值、事实和行为三大方面,且三大

---

[1] 参见叶澜著:《教育研究方法论初探》,上海教育出版社1999年版,第313—321页。

方面呈现出过去、现在和未来三大时态,涉及活动主体与对象、工具与方法等多方面错综复杂的关系。所以,只有用综合的方法才能承担如此复杂的研究任务。

事理研究的另一个特点是动态性。它关注人作用下的事物间的转化。这里不仅有形态的结构的转化,而且有物质与精神间、不同主体间、实践阶段与水平间、人所在的外部世界与内部世界、社会与个体间等多方面、多形态、多时态、多事态、多主体的多重多次转化。其复杂性质是任何物质形态间和任何精神形态间的转化都不可比拟的。

二、教育研究有何价值

毫无疑问,教育研究应当是"科学的"研究,但不能将其视为自然科学那种性质的"科学",而是如前所述"关于事理的科学"。

"科学技术是第一生产力"这个命题,越来越成为现代人的共识,科学研究也早已不再是象牙塔中可望不可及的奢侈品,它越来越接近生活并给人们带来直接的益处。且不论科学作为一种精神力量(要素)渗透于生产力全要素,即劳动对象、劳动工具和劳动者主体,已成为推动生产力发展、推动国民经济增长的首要因素,就是哲学、社会科学,也早已摆脱了"建国君民"之术的局限,日益成为人们从事社会管理、解决各种社会问题的不可缺少的工具。人口问题、家庭问题、伦理问题、犯罪问题、城市问题,都迫切需要哲学、社会科学对它们进行系统研究并提出各种可供选择的解决方案和建议。社会科学的社会职能扩大了,像经济科学、管理科学、行为科学、心理学在这方面的功能尤其突出。概括地说,科学研究的社会价值主要表现在深化认识和改善实践两个方面。

1. 深化认识的价值

科学研究帮助人们深化认识的这一价值,主要是通过揭示事物的性质和规律表现出来的,一是发现并揭示规律,二是对已有的反映规律的原理(学说)不断进行检验。

规律是事物发展过程中的本质联系和必然趋势,科学研究就是以寻求各种事物之间的必然联系、揭示隐藏于现象背后的本质为自己的任务的,不仅揭示事物的本质和规律,而且还将其准确客观地陈述出来。

但是,科学研究也不会在已有的学说或原理上停步不前,它必须随着条件的变化和情境的转移而对已有的学说(原理)进行不断的检验,考察在新条件新情境下规律存在和起作用的真实性,从而使人们对规律的描述更准确、对本质的刻画更深入。

2. 改善实践的价值

科学研究不仅有助于人们弄清"是什么"、"为什么"一类问题,即认识问题,还能帮助人们解决"怎么办"的问题,即实践问题。认识问题的明确,是人们决定如何行动的前提。行动的有效途径和有效方式,也可以通过科学研究去探寻。现代兴起的工程问题研究,更是有力地帮助人们把理论(尤其是应用理论)转化为操作技术,并与人们的生产实践和社会事务活动相结合,变成改造自然和社会现实的物质力量。自然科学早已形成包括基础研究、应用研究和发展研究在内的多层次结构体系，可以保证知识形态的理论转化为现实的生产力；当代社会科学也在应用过程中开始形成一套社会技术，所谓社会技术，即指在经验和理论的基础上总结出的调查和研究社会问题、管理和控制社会过程的一系列的手段和方法，有了这套技术，并且在理论的正确指导下实施，将使社会科学的实践价值得到更充分的实现。

在教育科学研究中，深化认识的价值表现为深化对教育活动的综合生成和动态转化过程，揭示其特点及一般规律，既推动教育理论的建设，也指导教育的应用研究。改善实践的价值，则表现为运用事理研究揭示的一般规律认识和改进教育活动实践，寻找有效的教育内容、教育方法、教育途径等，努力提高教育质量。此外，教育科学研究还有它独特的价值，那就是锻炼培养教育科学研究者主体——教师队伍，提高教师的科研意识和科研能力。这样，我们可以把教育科学研究的意义大致归纳为如下三个方面。

1. 改善教育实践

在改革开放的年代，各级教育的实践模式，包括办学模式、管理模式、教学模式、教育模式、师生关系模式等，也因环境、对象、内容等因素的变化发展而被要求更新。要为教育教学的新观念、新模式、新方式找到科学根据，就必须通过科学研究。以教学模式为例，我国近十余年中各地小学教师自发地或自觉地由理论工作者指导或独立探索出来的许多富有成效的教学新模式，如目标教学、学法指导和愉快教学等等，都无一不是长期大量的实践研究的结晶。

2. 推进理论建设

人们一般认为中小学教育实践性强，研究往往偏于应用，但实际上中小学教育是典型的教育现象，对其开展研究的意义不仅在于揭示某一学段的特殊规律，更在于从中提炼一般教育原理。比如，教材知识结构、教学过程结构与学生认知结构三者的内在联系，从知识到能力的内在转换机制，课桌椅排列方式与学生集体观念养成，师生关系类型与学习积极性，教师期待与学生成绩等成对因素之间的因果关系或相关关系，均可以抽取中小学教育的典型场景或有意控制一些条件、"锁定"一些因素来验证和修改一些研究的假设。总之，无论是揭示培养中小学生的特殊规律还是培养人的一般规律，在中小学教育这片广阔天地是大有可为的。

3. 提高教师素质

中小学教师是中小学教育的基本力量，其素质高低直接关系到中小学教育的质量。传统的师范教育仅仅着重学科训练和教学规范，轻视科学研究能力的培养。在欧洲一些国家，至今都不主张中小学教师从事教育科研。瑞士著名心理学家皮亚杰早在1965年就批评过大学里对中学教师缺少教育学训练的现象。美国较为重视中小学教师的教育科研，认可那些在教育科研上显示实力并做出一定成绩的教师。苏联对中小学教师开展教育科研则一向持积极态度，在苏联杂志上经常发表普通中小学教师的论文，教育理论家与第一线教育工作者结合搞科研的现象十分普遍。苏联享有世界声誉的教育家苏霍姆林斯基生前一直任一所普通中学校长，一生边实践边从事教育科研，著述颇丰，影响甚广。合作教育学派的实验教师也因其锐意改革、敢于向传统教育学挑战而闻名全国,并引起国际关注。

各国尽管对小学教师应否参加教育科研的看法不尽一致,但行业劳动的技术含量日益提高相应要求从业者具备科学的头脑和开拓进取意识,已是大趋势无疑。从我国中小学现实看,我们正处于改革时代,这个时代要求教育面向现代化面向世界面向未来,要以改革推动教育事业发展,首先就要以科研来导引改革方向、加大改革力度、提高改革的效益。所以说,是时代要求教师从经验型转向学者型、专家型,教师要掌握教育科学,其中道理如同厨师要懂营养学、工艺师要懂美学一样不证自明。

教师劳动本是一种创造性劳动,但在表面上又显出年复一年日复一日的重复,容易滋生匠气和惰性,只有坚持科学理论的指导,保持探究的精神和革新意识,才能在平凡中品尝出不平凡,才能从教育科研成就中发现自身价值进而激发起继续开拓创新的愿望。正如有人说道:实验的学校是最好的教师进修学校。

三、教育研究谁为主体

究竟谁是教育科学研究的主体?时至今日,仍有不少人仅仅把专职的理论工作者看作是教育研究的主体,是"设计师"、"主角",而把中小学教师仅仅看作是"助手"、"施工队"。这种看法是相当片面的。事实上,无论是作为个体的主体,还是作为群体的主体,中小学教师都扮演着十分重要的角色,而且随着教育改革的深入发展,教师越来越成为教育研究的主力军。在研究者群体中,教师并不总是充当配角,他们应该也能够成为许多类型研究的主角;而作为研究者个体,教师既是教书育人的行家,又可以是独当一面的科研好手。西方国家教育科研中风行的"行动研究",就经历了一个由"教育研究参与者"到"研究者"再到"反思的实践者"这样一种角色转变过程。

1. 作为研究群体的研究者主体

尽管研究中的理性思维有很强的个体性,但在现时代,只要涉及稍复杂些的问题,且又希望尽快研究出结果,那就不是单个人所能胜任的,必须有更多的研究者结合成这样那样的组织形式,分工协作,共同承担研究任务,这就有了一个如何组建研究群体使其发挥最佳研究效益的问题。

研究群体,是指为适应特定研究任务的需要而将专业人员组织起来从事科学研究的学术(专业)团体。一般以课题组的形式结成科研群体。小学教育科研的群体往往同时也是教育教学群体,以教研组或同一班级任课教师为单位。科研群体的基本特征是优势互补、协同攻关。

群体研究具有很强的灵活性和适应性。既能承担难度大的理论性课题,又能承担针对性强的应用性研究课题和决策性研究课题,并且能从一个研究方向迅速转到相关的另一研究方向,高质量地完成科研任务并尽快地出成果。群体研究,有利于队伍建设,发展学术梯队,培养学术研究的骨干,尤其是使中青年研究人员,通过课题研究迅速增长经验和才干。群体研究还有利于从多种渠道争取经费,保证有效足够的经费投入和提供较好的设备条件。正因为如此,群体研究成为现代教育研究的主要形式并发挥着越来越重要的作用。

在以实际教育工作者为中心的教育研究活动中,研究群体也就是教育教学业务群体如教研室(组)、年级组、校领导班子等等。而在实际工作者、专职科研人员和行政管理人员相结合开展的教育研究活动中,研究群体的模式则是多样化的。目前我国已形成的各具特色的研究群体类型模式,大致可概括为以下几种。

(1) 以专业为基础的学科科研课题组结构模式。这种类型多半建立在高等学校以专业为基础的系、所以及专门的教育研究机构,既有校内相同专业或不同专业的协作研究,也有校际间、国际间跨学科的研究。它任务明确,目标单一集中,承担有一定难度的较大型研究课题,研究性质侧重于系统理论性研究以及决策性研究。研究群体组织较严密、系统,追求研究的质量。

(2) 以教育实际问题为中心,在基层教育组织建立的三级教育科研课题组结构模式。这里所说的"三级",指市、区教育机构(如教科所、教育学院、教研室等)和中小学学校教研室。课题组一般由三部分人组成,即行政领导干部、有某方面专长的教育研究人员以及有丰富教育实践经验的教师。参加人数多,课题范围广,覆盖面大,针对性强,侧重于应用性的研究课题,强调理论指导与研以致用的实效性相结合,为提高教育质量、发展教育事业服务。

(3) 以教育实验研究为基础,理论研究工作者与教育实践工作者相结合的科研课题组结构模式。这种类型的科研群体,一般由三部分人组成,既有在高校或专门研究所工作的理论研究工作者,又有各级教育行政干部,还有在第一线工作的教师。理论与实际结合进行有一定深度和难度的实验研究,侧重于探索性的研究课题。其研究成果既有很强的理论性,又有很强的实践性。

以上三种群体科研形式相得益彰,形成我国多种层次类型的科研格局,从组织形式上保证了教育科研的蓬勃发展。

科研群体的层次结构是否合理,关系到群体研究潜能的发挥。合理的科研群体层次结构表现在专业结构、智能结构和年龄结构等方面都应有适当的搭配和组合,这样才有可能发挥出综合的和整体的优势。此外,科研群体聚合力以及科研课题管理的制度化、规范化,对于保证这个群体密切合作、有效运作也是十分重要的。

2. 作为个体的研究者主体

现代科学研究对研究者个体的素质有一定的要求,这些要求总的看来包括研究能力和思想修养,也就是认知和人格两个方面,这两方面素质又是以科研能力为核心的。

教育研究能力是一个综合的能力结构,它具体包括活动定向能力、理论思维能力、发现创新能力、动手实践能力、评价分析能力、组织科研活动的能力。这六种能力,在每个人身上的发展是不平衡的,每个人也因此而形成不同的研究风格。

在科学研究中,工具、手段本身是无生命的任人操作的,赋予科研方法以生命和力量的是那些运用它们实现自己的科学追求的主体——科研工作者,这种生命力和力量除来自研究者的知识能力修养外,更来自他们的毅力、勇气和敬业精神。所以研究者除应具备并不断提高上述科研能力外,还应注意从敬业精神、毅力和勇气以及知识结构等方面提高自身修养。此外研究人员还应当注意从自己的科研实验中积累经验和教训,不必醉心于成果的数量,而应重视每一次研究中和研究后的反思,一旦这些做法成为习惯,就会获得实践给予的知识和经验的双重回报。

探究与操作

1. 教育研究是一种什么性质的研究?
2. 教育研究有何意义和价值?
3. 中小学教师能否成为教育研究的主力军?

拓展性阅读材料

陈向明著:《质的研究方法与社会科学研究》,教育科学出版社 2000 年版,第一章"导论——什么是'质的研究方法'?"、第七章"研究者个人因素对研究的影响——我是谁?"、第八章"研究关系对研究的影响——我与研究者是什么关系?"。

主要参考文献

1. 叶澜著:《教育研究方法论初探》,上海教育出版社 1999 年版。
2. 裴娣娜著:《教育研究方法导论》,安徽教育出版社 1994 年版。
3. (美)威廉·维尔斯曼著,袁振国主译:《教育研究方法导论》,教育科学出版社 1997 年版。

第一章
教育研究概述

学习目标

了解关于教育研究对象的几种典型观点并能进行比较分析；理解教育研究的科学方法、哲学方法和艺术方法以及它们之间的共性与差异性；区分教育研究的基本类型；掌握教育研究的主要特性。

内容提要

本章主要讨论教育研究的对象、方法、类型及特征等基本问题。首先分析了关于教育研究对象的两种看法，分别指出其合理性与局限性，然后讨论了教育研究中哲学的、科学的和艺术的三大类方法，以及教育研究的不同类型，最后总结出教育研究在主体上的复合性、在方法上的多样性、在研究资源上的丰富性、在方式上的人文性和在论证上的复杂性。

重要概念和术语

教育现象　教育问题　基础性研究　应用性研究　定量研究　定性研究
科学方法　哲学方法　艺术方法

同一堂课，不同的研究者会关注不同的问题。社会学家关心师生交往中折射出来的社会人际关系，心理学家关注学生课堂学习行为的内在机制，而教育学家则关心学生是如何通过课堂这一途径得到真实成长的。当然，教育学研究者中，由于具体学科专业或研究方向的不同，关注的侧重点也不同。这就好比面对同一棵大树，诗人会给以生命礼赞，科学家会分辨其物种类型，木工则会盘算可以把它打成什么样的木器。

也就是说，面对同一事物、同一领域，研究者关注的问题不同，研究最终形成的理论认识的学科归属也不同。在这一章里，我们正是要辨析教育研究面对的领域是什么，它所关注的和要解决的问题是什么，它不同于其他领域和学科研究的特质是什么。

第一节　教育研究的对象

关于教育研究的对象,典型的观点有两种:一种观点认为,教育研究以教育现象为研究对象,目的在于揭示教育现象背后的规律。第二种观点认为,教育研究以教育问题为研究对象,以求解决教育问题。这两种说法均有其合理性,但也有一定的局限性。

一、关于"教育研究的对象是教育现象"

这种看法的局限性主要有以下几点:

第一,并非所有的教育现象都会成为教育研究的对象,教育现象要构成教育研究的对象必须满足以下几个条件:首先,这种现象必须是那种具有潜在探索价值的教育现象才行。有些教育现象可能是非常琐碎的、个别的偶然现象,不具有潜在的研究价值。其次,现象作为一种可被观察到的"事实",它本身并不会自动成为研究的对象,只有当观察者对他所观察到的现象产生疑问,追问现象发生的原因与条件或者现象的意义时,现象才会成为研究的对象,否则,即便观察者明确地意识到了这个现象的存在,该现象也不会成为他研究的对象。在日常生活中,有许多现象我们习以为常,由于我们从未觉得它有什么"问题",因此,这种现象从未进入我们的研究视野。教育上也是如此。例如,学校生活中存在许多常规与惯例,对这些常规与惯例,教师是再熟悉不过的,但它们很少成为教师研究的对象,原因就在于教师并不觉得它们有什么问题,或者说教师并没有对它们存在的合理性发生疑问。

第二,这里所讲的"现象",按通常的用法是指事物在发展、变化中所表现出来的外部形态或外部联系,有点类似"表象"的意思,按此说法,某些教育研究就有可能被排除在教育研究的范围之外。例如,针对历史上某个教育学者提出的教育观点、思想或理论进行批判性的分析与检验,这不能不说是一种教育研究。但这种教育研究就不是以可直接观察的教育现象作为研究对象的。历史上教育学者提出的教育思想、观点或理论多多少少是一种理性化的认识(尽管这种认识可能是片面的、肤浅的、错误的),对这种多少趋于理性化的教育认识进行再认识(如对它的合理性进行分析、对它的价值作出评判),自然是很有必要的。显然,按"现象"一词通常的用法,历史上那些以观念形态存在的各种教育认识,难以称作是"教育现象"。除非我们人为地赋予"教育现象"一词以新的理解,也就是把各种有关教育的意见、观点、思想称作是思想意识领域里的教育现象。

第三,即便我们把在教育实践活动中可直接观察到的现象,以及把历史上或现实中人们对教育活动的各种认识与理解都视作"教育现象",这样做仍然没有穷尽教育研究的对象范围,它把那些以教育学自身或教育学的研究状态作为研究对象的元教育学研究排除在教育研究的范围之外,这样做似乎不妥。我们认为,教育研究具有两个不同的层次,即教育学研究与元教育学研究。如果说前者以"教育现象"或"教育问题"作为研究对象的话,那么,后者就是以"教育学现象"(例如,陈桂生教授在其著作《元教育学的探索:教育学辨》中所分析探讨的那些"教育学现象")或"教育学问题"(例如,瞿葆奎教授在他主编的《元教育学研究》中所提出的有关研究课题)作为研究对象[①]。看来,教育研究的对象并不仅仅限于教育现象(或教育问题),还包括教育学现象(或教育学问题)。至少,广义的教育研究应当如此,狭义的教育研究可以不包括元教育学研究的内容。

第四,教育领域里所讲的"现象",不同于与价值无关的自然现象,它在很大程度上是一种人为的现象或一种渗透价值倾向的社会现象。对于这种现象,它的背后是否也隐含着人们通常所讲的那种不以人的意志为转移的"规律"呢?(即事物之间内在的、稳定的、必然的联系,这种联系决定着事物必然向着某种趋向发展,对于这种规律,人们不能改变它,只能认识它、利用它。)如果存在的话,揭示这种规律是否是教育研究唯一的任务呢?对于这两个问题,我们的回答是,首先,在教育领域里,在某些类型的教育现象的背后,确实隐藏着某种不以人的意志为转移的客观规律。比如,在实际的课堂教学活动中,人们观察到,在其他条件同等的情况下,同一个教师采取一种教学方式比采取另外一种教学方式更能促进和提高学生的学习效果,在这种教育现象的背后肯定存在着不以人的意志为转移的客观规律(如教育心理学方面的规律)。又比如,像智育与德育、人的认知因素与非认知因素、知识与智能等这样的教育范畴之间,毫无疑问,也存在着不以人的意志为转移的、内在的、必然的联系。对于上述第二个问题,我们的回答是否定的。教育研究除了要揭示隐含在教育现象背后的客观规律外,教育研究还有另一项非常重要的任务,那就是阐述和论证指导教育实践活动的有关"原则"(体现某种价值取向的教育规范)。这种"原则"不同于人们通常所讲的"规律"(相当于自然法则),"规律"揭示的是有关世界的事实,它告诉人们事物是什么,而"原则"试图告诉人们事物应该是什么,人们应当做什么和不应当做什么。比如,"科学性与思想性相统一"是一个指导和规范教学活动的基本原则,但它不能说是一条支配教学活动的客观规律,至少从"规律"一词严格的意义上讲是如此。"规律"与"原则"在性质上存在明显的差异:规律(或自然法则)应与人们观察到或收集到的经验事实相符,而原则却很可能与人们在现实中观察到的经验事实不符;对于规律,人们不能创造它,也不能改变它,只能认识它、利用它,而原则却是人们根据需要制订出来的;规律具有普遍性,而原则很可能随着社会—文化情境的改变而改变;规律可支配现象、用来预测现象的发生与发展,而原则却无力做到这一点;规律不管人们有没有意识到它、认识到它,它都在自在地起作用,而原则要发挥作用,必须以人们主观上信奉它、认同它、遵循它为前提;规律的根本旨趣在于认识世界,而原则的根本旨趣在于改变世界,如此等等。尽管规律与原则存在如此这般的差别,对教育研究而言,它们都是必要的,不可或缺的。原因在于:人们若要成功地发挥教育原则对教育实践活动的指导作用,就必

---

① 见陈桂生著:《元教育学的探索:教育学辨》("中国的'教育学现象'透视"部分),福建教育出版社1998年版;瞿葆奎主编:《元教育学研究》,浙江教育出版社1999年版,第19—21页。

须以对教育规律的充分了解为前提。假如我们没有充分地揭示出教学的"科学性"与"思想性"这二者相互影响、相互作用的内在机制,光是空喊遵循"科学性与思想性相统一"的教学原则是无济于事的;另一方面,有关教育的原则或准则本身又不能从有关教育活动的规律中直接推导出来,比如,究竟怎样的教学才算是良好的、合理的教学,像这样的价值问题是无法直接从有关教学活动的客观规律中推导出来的。如此看来,揭示教育现象背后隐含的规律与阐述指导教育实践活动的有关原则是两件既相互联系又相对独立的事情,对"规律"的研究取代不了对"原则"的研究,反过来也是如此。"规律"提供的是事实判断,"原则"提供的是价值判断,将教育研究的对象仅仅定位于教育现象及其规律上,实际上是人为地缩小教育研究范围的做法。当然,也有人将教育"原则"当作另类"规律"来看待,在这些人看来,自然法则提供的真理属于描述性真理,应然法则提供的真理属于指示性真理。不管这种说法有没有道理,有一点可以肯定的是,即便我们将"应然法则"(或"价值法则")当作规律来看待,这种规律与作为"自然法则"的规律在性质上是完全不同的。

第五,即便我们将"自然法则"和"应然法则"同时当作"规律"来看待,将教育研究的对象定位于教育现象及其规律,仍然是有疑问的。因为并不是所有类型的教育研究都把揭示教育现象背后的规律作为自己唯一的任务,有些类型的教育研究只是描述性、理解性、解释性的研究。比如,教育调查研究的任务主要是为了摸清有关教育实践活动的事实,为有关部门制订教育规划提供数据服务。又比如,教育人种学研究的任务主要是从被研究者的观点、立场出发,来理解被研究者赋予其生活方式的意义。再比如,有关教育的历史研究,其主要任务是对教育的过去进行描述、分析和解释。上述三种类型的教育研究都不是以揭示教育规律作为它的主要任务的。

二、关于"教育研究的对象是教育问题"

认为教育研究的对象是教育问题的说法,也存在一定程度的模糊性。其主要表现是:

第一,人们在谈论某问题是一个"教育问题"时,其实所指的意思不尽相同。典型的用法有三种:第一种用法是,用来指称那些人们实际观察到的、认为有些不正常的教育现象。例如,有人指出,当前中小学生负担过重、学校教师缺乏专业自主性、高校盲目扩招等现象是"教育问题"时,就属于这种用法。第二种用法是,用来指称某事物从性质上讲与教育密切相关,或者说教育对该事物的产生与出现负有某种责任。例如,有人说,法轮功问题,不仅仅是一个社会问题,而且在很大程度上是一个教育问题,就属于这种用法。第三种用法是,用来指称一个有待澄清的困惑、有待解决的疑难,并且往往采取提问的形式加以表达。例如,小学生刚开始学习英语时,是否需要学习音标?怎样给学生写操行评定才能收到好的教育效果?对于上述三种用法,作为教育研究对象的"教育问题"采取的是第三种用法,但前两种用法的"教育问题"经过转换,也会成为第三种用法的"教育问题"。例如,中小学生"负担过重"表现在什么地方,它是怎样形成的,它给学生的身心发展造成了什么样的影响？

第二，什么样的问题才算是教育问题，什么样的问题是非教育问题，对此，人们很少有所顾及，也较少有人严肃地思考过它。很显然，弄清这一点对于界定教育研究的对象范围是不能回避的。关于教育问题与非教育问题的区分，事实上是一个非常困难的问题。在这里我们只能大致地说，凡站在教育的立场上，致力于认识、理解、规范、改造教育活动的问题均属于教育问题，而这里所讲的"教育"又是指以影响人的身心发展为直接目标的社会活动。按照这种界定，许多问题都可以排除在教育问题之外。例如，针对自然现象所提出的问题，不属于教育问题，这一点很好理解，但那些与人打交道、针对人提出的问题是否属于教育问题，就需要具体问题具体分析，不能一概而论。

首先，有些问题本不是教育问题，但若是站在教育的立场上思考它，它就会转换成为教育问题。例如，什么是艾滋病，艾滋病是由什么引起的，如何预防和治疗艾滋病，这显然是一个医学问题，而不是教育问题。但如果我们要问，医学知识作为教育内容，对于学生的身心发展具有什么价值，它是否应当作为学校的必修课程来开设，以及在什么时候开设、开设到什么程度比较合适等等，就会成为一个教育问题。又比如，人脑的生理构造是怎样的，人脑是怎样工作的，诸如此类的问题属于生理学问题，不属于教育问题。但如果我们要问，根据脑科学的最新研究成果，教育对于改进大脑的机能究竟有多大的可能性，教育又是如何改变大脑的机能的，根据大脑的工作方式，教育者当前所采取的教育方式是否有效，哪些教育方式是教育工作者应当加以改进的，如此等等，就会成为教育问题。

其次，发生在教育领域中的问题，并不都是教育问题，另一方面，发生在其他领域的问题也不见得就不是教育问题，这取决于问题本身的性质，以及我们采取什么视角来看待它。例如，当一个校长思考如何改革学校的后勤服务系统，以便扭亏为盈或者提高资金的使用效益，当他这样思考问题时，他所思考的问题其实并不是一个教育问题，而是一个经济问题。即便校长思考这一问题的出发点是想通过改革学校的后勤服务系统，来节约资金或盈利，用于改善学校的办学条件或提高教师的福利待遇，他所思考的问题仍然是一个经济问题，而不是教育问题，因为学校后勤服务活动毕竟不是教育活动本身。类似地，发生在学校里面的某些一般性的、普通的管理问题，如学校的人事管理、财务管理、后勤服务管理等问题，大致上讲也不属于教育问题。当然，某些涉及直接教育过程的管理问题（如有关课程管理、教学管理、学生管理的问题），则另当别论。当研究者站在教育的立场上，思考怎样的课程、教学、学生管理方式才能最大限度地促进学生的身心发展时，管理问题就会成为教育问题。又比如，导致农村中小学教师工资拖欠现象的根本原因是什么，如何根治这一现象？尽管这一问题发生在教育领域，但就它所产生的根源以及解决它的办法而言，它其实是个社会问题，而不是教育问题。相反，有些问题发生在教育领域之外，看似与教育无关，但究其实质很可能是一个教育问题。例如，我国足球运动水平的提高远不及日本的足球运动水平提高之快，这是为什么？在工具理性极度膨胀和大众文化泛滥的时代背景下，社会日益朝着"单向度的社会"发展，如何有效地遏制这一趋向？诸如此类的问题，在很大程度上都可以归结为教育问题。

最后，教育问题十分复杂，区分不同类型的教育问题，弄清各种类型教育问题的性质与特点，对于阐明教育研究的对象范围，自然是很有必要的。

关于直接教育过程以外的问题与直接教育过程以内的问题。前者是指那些不涉及直接教育过程，旨在探讨教育这一事物同其他社会事物的关系的外围性问题。例如，分析教育与政治、经济、文化、社会的可持续发展等的关系，就属于这类问题。由于考察这类问题，有助于加深人们对教育性质或功能的认识与理解，因而，它们理应作为教育问题加以研究。除此以外，我们更为关注的是那些发生在直接教育过程（主要是"教育"与"教学"）之中的问题。例如，什么是受过教育的人？教育的终极目的是什么？如何选择与组织课程知识？如何促进学生的学习？如何加速儿童的智力发展？怎样的教学才是优质的教学？教学应遵循哪些基本的原则与要求？德育、智育、体育、美育这四育的相互关系如何？等等。它们都关系到直接教育过程的开展与实施，因此，这类问题可以说是教育的核心问题、中心问题。

关于前教育问题（或准教育问题）与教育问题。这里所讲的前（准）教育问题，主要是指那些对教育活动而言具有前提性、基础性的问题，这类问题往往来源于作为教育学理论基础的相关学科，如哲学、心理学、社会学、生理学等。例如，人生有没有目的、若有的话又是什么？人类的终极命运如何？个人与社会具有怎样的关系？什么是知识？怎样判明知识的真理性？知识的来源是什么？人类的知识是如何增长的？什么是道德？道德的本质是什么？存在道德真理吗？知识与道德的关系如何？什么是自由、自由的价值何在？什么是民主、民主的价值何在？什么是科学？什么是科学方法？什么是学习？学习发生的机制与条件是什么？人的大脑是怎样工作的？人与人之间在气质、性格、能力倾向等个性心理方面究竟存在哪些差异？差异的范围与深度如何？如何区分正常心理与异常心理？上述这些问题有的属于哲学问题，有的属于心理学问题，有的属于生理学问题，它们都与教育具有不同寻常的密切联系。例如，"人生有没有目的、人生的目的是什么"与"教育目的的制订"；"知识的来源"与"学生对知识的学习与掌握"；"什么是道德、道德真理是否存在"与"道德教育"；"什么是自由、自由的价值何在"与"自由对于教育的意义、如何使学生学会运用自由"；"知识与道德的关系"与"智育与德育的关系"；"什么是科学、科学方法"与"科学教育"；"学习发生的机制与条件"与"怎样安排教学促进学生的学习"；"人与人之间个性心理差异的鉴别"与"针对学生的个别差异进行因材施教"；"正常心理与异常心理的区分"与"学生心理疾病的诊断与矫治"等等，在所有这些被列举的关系范畴中，前者对后者都具有基础性的、前提性的意义，不关注和了解前者，教育工作者的行动就会失去依据，就会丧失合理性，就会陷入盲目之中。过去，有不少人将教育学称之为应用伦理学或应用心理学，从这一角度看，上面所列举的那些问题具有双重属性，即它们既是哲学问题、心理学问题，同时也是教育学问题。不过，从严格的意义上说，由于这些问题在性质上只是回答正统教育问题的基础与前提，它们与正统的教育问题分处不同的逻辑层次，因此，我们将之称为"前教育问题"或"准教育问题"或许是合适的。

关于教育事实问题、教育价值问题与教育实践问题。前两类问题的区分在于，教育事实问题是针对"事物是什么"而提出的问题，教育价值问题是针对事物"应该是什么"或"怎样评价事物"而提出的问题。当我们追问某教师所采取的某种教育行为，相对于他所要达到的预期教育目标而言是否有效时，或者追问他所采取的教育行为可能会给学生造成什么样的教育影响时，我们追问的问题就是一个教育事实问题；而当我们追问，教育的目的究竟是什么，我们应当培养怎样的人，怎样的教育才是优质的教育、怎样的教育方式是合乎道德的教育方式时，我们所追问的问题就是一个教育价值问题。所谓教育技术问题，是基于教育事实判断和教育价值判断，针对"怎么做"而提出的问题。比如，根据教学的教育性原则（它代表一种价值规范）以及教学过程中德育与智育二者内在的规律性联系，在实践层面上（如在语文教学活动中）教师具体应该怎么做，才能很好地贯彻实施教学的教育学原则，这实际是一个教育实践问题。

第三，同第一种说法一样，这种说法没有将"教育学问题"（像分析探讨教育理论的逻辑要素、教育理论的结构与功能、教育理论与教育实践的关系等这样的元教育学研究的主题）的研究纳入到教育研究的范围中来，这样做似乎是不妥的。

通过以上分析，我们认为，就广义的教育研究而言，它的对象应是教育问题或教育学问题（作为元教育学研究的对象），而不是教育现象或教育学现象（如许多人感到现有的教育理论空泛、不切实际，不能有效地指导实践，这就是一个教育学现象）。理由在于，一方面，不是所有的教育现象（或教育学现象）都会成为教育研究的可能对象，另一方面，教育现象（或教育学现象）本身不会自动成为教育研究的对象，只有当人们对他们关注的、有探索价值的教育现象（或教育学现象）发生疑问时，教育现象（或教育学现象）才构成了教育研究的对象。尽管以教育问题（或教育学问题）作为教育研究的对象，在逻辑方面不存在什么问题，但在实际方面却存在一些有待解决的困难，这个困难就是如何区分教育问题与非教育问题。直接教育过程以内的问题与直接教育过程以外的问题、前教育问题与教育问题、教育事实问题与教育价值问题以及教育技术问题的区分，为我们理解教育问题的复杂性提供了初步的框架，但何谓教育问题，仍然是一个有待进一步探索的问题，因为它关系到"究竟什么是教育"这一教育学最核心、最原始的问题。

第二节 教育研究的方法

由于教育研究的对象（如教育现象或教育问题）具有多维性、层次性，不同类型、不同层次的研究对象在性质上各不相同，因此，教育研究的方法也必然是多元化、综合化的。其中，最具典型性、代表性的研究方法主要有科学的方法、哲学的方法以及艺术的方法。

一、科学的方法

(一) 自然科学研究中的"科学方法"

在自然科学的研究活动中,所谓科学的方法,主要是一种诉诸观察与实验,将归纳与演绎结合起来,以试图揭示现象背后的因果律或自然法则的方法。关于科学方法的典型运用过程,国外有学者写道:"在(科学研究的)早期阶段,洞察力与想象力必定要先发生作用,然后根据事实形成一个初步的假设,这个心理过程就叫做归纳,然后再用数学的或逻辑的推理演绎出实际的推论,并用观察或实验加以检验。如果假设与实验的结果不相符合,我们必定要重新猜度,形成第二个假说,如此继续下去直到最后得到一个假说,不但符合于(或如我们常说的能够'解释')最初的事实,而且符合于为了检验这个假设而进行的实验的一切结果。这个假说于是可升格到理论的地位,它可以把知识连贯起来或使之简单化,也许在许多年内都有用。一个理论很少是符合事实的唯一可能的理论。这不过是一个概然性的问题罢了。事实上,随着新知识的增加,事实本身愈来愈增多,愈来愈复杂,于是理论可能就必须加以修改,甚至由更合于后来扩大了眼界的理论所取代。"[①]

此外,西方著名的科学哲学家波普尔(Popper, K.)提供了另外一种关于科学方法的表达。在他看来,所谓科学的方法不过就是"假设—证伪法"。波普尔认为,客观真理虽然存在,但是不可能被人们的归纳推理所证实,人们只能通过反驳证伪的方式,逐步排除错误接近客观真理。原因在于证实与证伪是不对称的,不论多少次证实都可以被一次证伪所推翻。因此,我们无法通过对经验的归纳来证明某种理论,而只能对理论进行证伪。在他看来,一切定律和理论本质上都是试探性、猜测性或假说性的;理性批判是知识增长的唯一途径,只有通过不断的"猜想与反驳",才能逐步接近客观真理。基于这一认识,他将科学的方法概括为四个步骤:首先从问题出发(问题确定),针对问题的解答提出试验性的理论(猜想),接下来运用从观察与实验中搜集到的经验证据,对试验性理论进行检验(反驳或证伪),以排除错误的理论假设,修正原有的理论。科学研究就是这样一个永无止境的猜想与反驳的演进过程。

以上两种关于科学方法的描述,既有差别也有相似之处。二者在科学与非科学(如伪科学、形而上学)的划界问题上存在分歧,传统的看法认为,科学不同于伪科学、形而上学的地方是它的经验实证方法(科学理论依赖于客观经验事实的证明)或归纳推理(对客观经验事实进行归纳推理形成假设)的方法,而波普尔的看法则认为,只有在经验上可反驳的理论才是科学理论,科学与非科学的区别在于它的可证伪性、可反驳性或可检验性。在这里,我们不想就科学与非科学的划界问题进行讨论,对我们来说,关键的问题是要弄清科学方法的本质何在。从上述两种关于科学方法的典型描述中,我们可以看到,无论是传统的归纳推理法,还是波普尔的

---

① (英)W·C·丹皮尔著,李珩译:《科学史及其与哲学和宗教的关系》,商务印书馆1975年版,第191页。

假设—证伪法,它们都强调运用可能搜集到的经验证据来检验理论,都注重把理论建立在已知的经验事实的基础之上,而经验证据、经验事实的获得,都离不开观察与实验。实验其实也是一种观察(即根据某种理论假设变换条件进行观察),它实际上是在人为地制造事实、制造证据。由此看来,科学方法最本质的地方在于,它诉诸观察与实验,诉诸经验事实的检验。它既涉及归纳推理,也涉及演绎推理。

(二)社会科学研究中的"科学方法"

在社会科学的研究中,能否借鉴和运用同自然科学研究一样的方法呢?对此,19世纪中后期以来兴起的实证主义社会学对此作了肯定的回答。例如,以孔德(Comte, A.)、斯宾塞(Spencer, H.)、迪尔凯姆(Durkheim, E.)为代表的社会学研究就倾向于此。孔德以为,社会现象与自然现象之间并无本质的区别,它们都可以采用普遍的因果律来加以说明,他采用物理学的方法研究社会,建立了所谓的"物理社会学",包括社会静力学与社会动力学,前者研究社会秩序、社会结构中的各种因素的相互作用,后者则探寻社会变迁和发展的规律性。斯宾塞受进化论的影响,主张社会有机体论。他把自然选择的生物进化模式搬到社会进化中,认为人类社会也是在自由竞争、自然淘汰的过程中保持连续发展的。迪尔凯姆认为,社会现象如同自然现象一样,都是受客观必然性支配的;社会现象独立于个人之外,不能从个人方面(如个人的生理因素或心理因素),而要从社会类型、社会结构、社会环境方面来解释社会现象。

实证主义者之所以认为自然科学的研究方法完全适用于社会科学的研究,根本原因在于,他们认为社会现象与自然现象之间具有同质性或基本的连续性。但与此同时,有不少学者强调指出,社会现象与物理现象、生物现象在许多方面是根本异质的。例如,19世纪下半叶,德国学者文德尔班(Windelband, W.)和李凯尔特(Rickert, H.)强调,自然科学和关于人的文化科学具有根本不同的性质:自然科学研究自然界发展的一般规律,是"法则性科学";文化科学研究的是由人的行为构成的社会现象,而人是具有自由意志的不可重复的个体,只能采用与价值关联的特殊方法去表达社会现象的意义,因此,文化科学是一种"表意性科学"。另一位德国学者狄尔泰认为,自然与文化是本质不同的两个领域,社会科学只能描述和记录人类历史的特殊事件。他不赞同在人类文化领域寻找规律的自然科学倾向。

那么,自然科学的实证方法能否在社会科学中加以应用呢?

我们认为,从原则上讲,至少在某些范围、某些领域内,人们能够应用自然科学的研究方法来研究社会现象。只要我们把社会现象作为一种客观存在的事实来看待,只要我们承认社会历史的发展具有某种规律性,只要我们承认社会现象与自然现象之间存在一定的连续性,那么,这个结论就应该是能够成立的。有学者研究指出,从科学研究最一般的程序来看,自然科学方法和社会科学方法是可以统一的,这种统一性主要表现在它们都遵循相同的认识程序,即经验事实→理论假设→经验检验→组织更广泛的经验材料→形成新的理论假设。① 正是这种认识程序的运用,保证了研究者能够从不完备的经验材料和不正确的假说出发,也可以一步步做到材料完备,并使理论不断趋于正确。这表明,在社会科学研究中,研究者同样要把理论建立在对经验材料的归纳与分析的基础之上,理论的构造同样必须具备逻辑的清晰性和可检验性,构造好的理论同样必须回到实践中,接受更为广泛的、扩大了的经验材料的检验,并据此重新构造理论。

不过,借鉴和运用自然科学的研究方法来研究社会现象时,我们必须充分认识到这种应用的范围与限度,包括应用的难度。认为社会现象的某些领域、某些层面可以采用自然科学的实证方法加以研究是一回事,认为社会现象整个地适合于采用自然科学的实证方法加以研究则是另外一回事。

首先,自然科学的研究方法只适合用来研究某些领域的社会现象。当人们将普遍存在的某种社会现象作为一种客观存在的社会事实来加以研究,采取社会调查与统计分析相结合的方法来予以研究,试图揭示其中包含的一般规律时,这样的研究即是一种典型的、定量化的实证研究。但是,若要在价值的层面上,研究社会发展的应然法则,或者对社会现象作出价值上的评判时,采用自然科学的实证方法显然是不能奏效的。因为在这个领域里,理论陈述无法与客观存在的社会现实相符,人们无法用观察到的社会现实来检验理论的真理性。价值法则的检验只能通过另类方法(如哲学批判的方法、历史透视的方法、实用主义的方法等)来加以研究。此外,当一项社会研究旨在对社会现象、社会事件的"意义"进行解释性理解时,这种研究也无须采用自然科学的经典方法(如定量研究中的实验法)来加以研究,而是可以采用像参与观察、深度访谈、人种学方法等这样的定性研究方法来加以研究。这一点构成了自然科学研究与社会科学研究最鲜明的区别,质的研究方法可以说代表着社会科学独一无二的方法。

其次,即便人们运用典型的自然科学方法来研究客观存在的社会现象,这些方法的应用无论在范围方面还是在效果方面,都是比较有限的。以实验法为例,将这种方法应用到社会研究方面时,其范围会受到以下几方面的限制。一个是道德或法律的原因,当我们用人做实验时,我们必须考虑受试者的福利及权利,有些研究尽管看起来可采用实验的方法取得效果,但常常因法律的和道德的限制而不得不放弃。另一个原因是,要大规模地变动社会条件进行实验在技术上是很困难的,实验通常只能在小范围内小规模地进行。再次,对实验中无关变量很难做到有效的控制。比如,被试因知道自己参与研究而表现得与平时不一样(霍桑效应),实验人员的期望可能会影响实验的效果(罗森塔尔效应),控制组对实验组实验措施的暗中模仿(约翰·亨利效应),由于实验周期较长而引起的"生成效应"(被试身心的成熟与变化)等等,这些因素都会影响到实验效果的准确性。再比如,当人们运用社会调查与统计分析相结合的方法对社会现象进行研究时,其效果就比较有限。因

---

① 见金观涛、刘青峰著:《探讨自然科学和社会科学统一的方法》,载瞿葆奎主编,叶澜、施良方选编:《教育学文集·教育研究方法》,人民教育出版社1988年版,第111—114页。

为这种研究方法主要是针对研究对象的共性而进行的,无法照顾到每个研究对象的特殊性,得来的资料比较一般化、平均化,无法深入具体地分析和解释某种特定的社会文化现象,它在解释力度方面远不及个案研究来得深入。

第三,按照典型的自然科学研究方法的要求,研究者应以超然物外的旁观态度来从事研究,这一点既是可能的,也是必要的,而在社会科学研究中,研究者能否、是否有必要保持价值中立,这还是个有待探讨的问题。针对这一点,有的学者分析指出,这里存在一个两难问题:"研究者只有站在一定的利益立场,熟悉和体验一定利益集团的内在和外在环境,才能深刻认识该利益主体(包括研究者本身)。保持中立,不可能真正认识社会;然而,正因为每个研究者都是一定利益的承担者和代言人,又使他不可能真正全面地认识社会对象。这样,每一个社会研究者都不可避免地陷入一种两难境地:太'投入',会失去认识的客观性和全面性;太'超然',又达不到认识的准确性与深刻性。"[①]这种两难处境实际上表明,在社会科学研究中,研究者本人"介入"或"参与"到被研究的对象之中,对研究的真实可靠性来讲,具有双重效应,它既可能是有益的,同时也可能是有害的,关键是研究者应采取什么措施,做到趋利避害。例如,在人种学研究中,研究者往往既是局内人,又是旁观者,他对研究对象采取"主位研究法",将研究对象置于"主位",研究者站在研究对象的立场上,试图通过移情的方式去体验和理解研究对象的行为方式。这种研究实际上是通过研究者本人与研究对象之间的互动来进行的,而要实现"互动",研究者就不可能做到"超然",研究者需要以某种方式"介入"到研究对象中去,而当研究结束后,研究者对研究资料进行分析时,此时,研究者需要对研究资料进行冷静的、客观的分析,反省自己的个人因素以及自己与研究对象之间的关系,是否给研究带来了不利的影响。

最后,社会科学所要探寻的规律与法则,在某些方面不同于自然科学所要揭示的规律与法则。由于社会现象的模糊性与不确定性,也由于社会系统内部诸要素间相互作用的非线性关系,更由于社会现象包含人类的目的、理想、自由意志等因素的作用,使得社会现象服从的规律与法则,不像自然现象所服从的规律与法则那样具有绝对性、必然性和普适性,而是表现出或然性、随机性与情境性特点,这种规律与法则即是统计学意义上所讲的或然性规律。造成这一区别的根本原因在于,自然科学与社会科学研究的对象具有质的不同,一个是针对客观事实世界进行研究的,一个是针对主观的意义世界或价值世界进行研究的。对于自然科学研究得出的规律与法则,很少有人会问"我们能改变物理、化学的规律吗?"这样的问题,人们相信,自然法则或规律是不以人的意志为转移的,我们只能认识它、利用它,但绝不可能改变规律本身,但在有关人的社会科学研究中,追问"我们能改变人类的本性吗?"这样的问题,却是可能的。因为从历史的眼光来看,人类的精神生活受社会历史条件的制约,人们的理想和目的也会因社会历史条件的变化而变化,人类的心理状态也在不断地演化,因此,是否存在一个适合于所有社会、所有文化、恒久不变

---

① 杨小微、刘卫华主编:《教育研究的理论与方法》,湖北教育出版社1994年版,第69页。

的"规律"或"法则",这还是一个疑问。其次,社会现象中的因果关系要比自然现象中的因果关系复杂得多。有时候,只存在多因素之间的互相影响、互相作用的关系,如互为因果的关系,相互决定、相互渗透的关系,而在自然现象中,原因与结果的区分是比较容易看得清楚的。诸如此类的理论问题,值得我们深思。它至少表明,社会科学所要揭示的规律与法则,在性质上有可能与自然法则不一致。

(三) 教育研究中的科学方法

由于教育现象是一种社会现象,因此,上面所讲到的有关科学方法在社会科学研究中的运用情况,同样适合于教育研究。不过,由于教育现象在某些方面,不同于一般的社会现象,因此,科学方法在教育研究中的运用有它自身的某些独特性,这里仅举其中的三例。

例一,在教育实验研究中,教育专业比其他主要以人为研究对象的专业团体(如社会学、心理学)面临更为棘手更为严峻的道德问题。有学者指出:"在生死攸关的问题上,医学和心理学可以选用动物作为替代性的实验对象,而教育实验的对象与教育服务的对象完全一元化,具有不可替代性(至少目前如此)。人是目的,在实验处理的后果极不确定的情况下,以人作为实验对象,在道义上是难以通过的。实验者往往从教育实验处理不会造成有害影响,只会给实验对象带来更加有利的影响的信念出发,证明教育实验是正当的。这样的辩护站不住脚,既然是实验,其后果就有不确定性。假使一种改变一种处理具有确定无疑的有利后果,那就不存在实验的必要。退而言之,实验者在确信实验处理能够造成更加有利的教育影响的情况下,他可以故意把对照组隔离起来,不让其接触这种影响吗?依照实验的科学原则,这样做是完全允许的;依照教育的道德原则,这样做是绝对禁止的。此外,在教育实验的过程中,实验者发现实验处理对实验对象产生了出乎意料的不利影响时,他该怎么办?按照实验的科学要求,他应该继续实验,继续观察,直至实验结束;按照教育的道德要求,他必须立即中止实验,并且立即采取措施消除实验处理对实验对象造成的不利影响。由于在教育问题上几乎没有替代性实验对象,实验的科学原则与教育的道德原则存在着难以调和的矛盾和冲突。"[①]

因此,教育实验并非纯粹的科学实验,它不但受科学原则的支配,还受伦理原则的支配。在两种原则发生冲突,不能两全时,必须把道德原则置于优先考虑的地位。

例二,教育实验同一般社会科学研究中所用到的实验相比,更具有准研究的性质。大家知道,实验是指研究者依据一定的理论假设和研究设计,主动操纵实验变量,并对非实验变量予以自觉、明确和适度的控制,观测其结果,从而检验理论假设的一种活动。可以说,控制是实验法的精髓,但在教育研究中,研究者对实验情境进行控制是很困难的。例如,若要研究父母的教育方式对孩子智力发展的影响,就很难创造一种控制其他因素影响的实验环境来进行研究。因此,绝大多数教育实

---

① 黄向阳:《教育专业伦理规范导论》,华东师范大学1997年博士学位论文,第45页。

验属于自然实验法,是在自然的教育情境或现成的班级情境中进行的,只能实行非随机化的实验设计。此外,大多数教育实验不可能在一两个小时内完成,往往周期较长。在这么长的实验时间内,就可能有许多因素参与进来,干扰实验。又由于教育实验中的主试和被试都是人,而人是一种不同于自然物或动物的客体,它是有智慧、有情感、有思想、能动的主体,这样在教育实验中,就经常可能产生新奇效应、霍桑效应、约翰·亨利效应、皮格马利翁效应、戈尔姆效应等多种心理效应。要完全控制住这么多的非实验变量,对教育实验而言是很难的。再加上前面所讲到的教育实验要受到伦理道德的限制,因此,绝大多数教育实验只能是一种准实验。

例三,在社会科学研究中,对社会现象进行精确的测量与定量分析,在许多时候是比较困难的,而在教育研究中,这一点表现得尤为明显、尤为突出,这是因为教育系统相对于其他社会系统,具有更大程度的不确定性与模糊性特点。关于教育现象的模糊性,这里可以举几个例子予以说明。比如,在教育实验中,要对运用某种教学方法所产生的教学效果进行精确的测量与评估就是一件比较困难的事情。教学效果一般来讲包括三个方面:知识与技能方面,智力发展方面,情感、态度、品格陶冶方面。对这三个方面进行精确测量都存在一定的困难。知识与技能的测量看起来是比较容易的,其实不然:人文知识同科学知识相比,直接经验同间接经验相比,就不太容易测量。一个孩子从书本上、从他人那里得来的对人生、社会的理解,与一个成人从自己的人生经历或社会阅历中得来的相同理解不可同日而语,尽管它们在文字表达上是相似的或相同的。由于"缄默认识"(tacit knowledge)的存在,一个人所知道的总是比他能告知别人的东西多得多,因此,教育测验(特别是通过纸笔测验)对个人知识的测量,只能是对一个人所知道的东西的部分测量。就智力的测量而言,主要的困难来自人们对究竟什么是智力的困惑,可以说,迄今为止无论是哲学家还是心理学家对这一问题都未能得出公认的、一致的最终结论。既然究竟什么是智力的问题还有待进一步探索,那么,对教学促进学生智力发展的效果测量就更是带有某种局限性了。就教学对学生情感、态度、信仰、品格等产生的影响而言,要精确地测量这种影响就更是困难重重。要对学生在情感、态度、信仰、品格等方面的实际表现进行精确的定量分析,将个体心理世界中最具隐秘性、个人性的东西还原为无差别的数字,这样做既不可能也不合适。尽管从原则上讲,"所有的存在都存在于一定的数量之中"(桑代克语),这只是表明所有的存在都具有数量方面的属性,但事物的数量属性只是事物属性的一部分,而且这一属性有可能只是事物属性中不太重要的那一部分。单纯的数字本身说明不了什么问题,一个孩子不喜欢学习却在考试的压力下每天不得不在学习上花费十来个小时,另外一个孩子由于爱好知识每天自觉地在学习上投入十来个小时,这两个数字完全相同,但意义相差甚大。事物的意义是不可能还原为单纯的数字的。

二、哲学的方法

哲学就其传统的研究范围来看,主要包括本体论、认识论(或方法论)、价值论三大部分。其中,认识论或方法论部分与我们这里所讲的教育研究最为密切相关。

（一）辩证法

所谓辩证法，按恩格斯的定义，"是关于普遍联系的科学"，"是关于自然、人类社会和思维的运动与发展的普遍规律的科学"。它与形而上学相对立。在历史上，辩证法经历了三个不同的发展阶段：古代朴素的辩证法、德国古典哲学的唯心主义辩证法、马克思主义的唯物辩证法。由于马克思主义的唯物辩证法是迄今为止辩证法发展最完善的形态，因此，这里我们以马克思主义的唯物辩证法为例，来说明辩证法对指导教育研究的用处。众所周知，唯物辩证法包含三大基本规律，即对立统一规律、质量互变规律、否定之否定规律。此外，辩证法还涉及诸如本质与现象、一般与特殊、内容与形式、原因与结果、必然性与偶然性、可能性与现实性等关系范畴的分析。其中对立统一规律是辩证法中最根本的、最核心的组成部分。

辩证法的产生与近代文艺复兴以来自然科学研究中广泛使用的分析方法有关。这种方法的典型特性就是，使用分析的方法与程序，将一个被研究的整体分解为聚集着的组成部分与单元，然后针对各个组成部分与单元寻找原因。正如笛卡尔所言，"把我所考察的每一个难题，都尽可能地分成细小的部分，直到可以而且适于加以圆满解决的程度为止"。[①] 这样做实际上是将事物之间存在的普遍联系或事物内部各变量之间存在的复杂关系分解为单线因果关系或线性因果关系。使用这种分析程序，固然促进了近代科学的进步，但这也从另一方面妨碍了科学的进一步发展。正如恩格斯所指出的，15世纪以来的自然科学，由于分析方法占了主导地位，"造成了最近几个世纪所特有的局限性，即形而上学的思维方式"。[②] 这种思维方式实际上是近代机械的世界观和机械决定论的反映。

关于辩证法对教育研究所起的指导作用，没有人会怀疑这一点。不过，要真正将辩证法的思想与方法贯穿到教育研究中去，却是一件颇为不易的事情。辩证法虽然告诉人们，要用普遍联系的观点、动态发展的观点、矛盾分析的观点去观察事物和处理事物，但孤立地看问题、片面地看问题、静态地看问题的情况却常常出现。例如，在教育学中，关于影响人的身心发展的三因素（即遗传、环境与教育）的关系问题，许多传统的研究就倾向于采用孤立的、片面的、静态的分析方法来进行研究。在这一问题上，叶澜教授运用唯物辩证法和一般系统论的系统分析法，对这一传统的教育学理论问题进行了反思性研究。[③] 除此之外，还有一种情况是对辩证法的误用，也就是不去深入分析和揭露事物内部或事物之间的矛盾、冲突与差异究竟出在什么地方，它们又是如何产生的，以及统合它们的条件与机制是什么等这样的具体问题，而是从一开始就运用"整体"的、"辩证"的思维方法来分析事物，得出一个四平八稳、不偏不倚的看起来完全正确实际上却是一堆废话的结论。比如，在如何看待和处理教育的个人目的与社会目的之间的关系，如何看待和处理传授知识与

---

① 转引自瞿葆奎主编，叶澜、施良方选编：《教育学文集·教育研究方法》，人民教育出版社1988年版，第125页。

② 同上书，第128页。

③ 叶澜：《论影响人发展的诸因素及其与发展主体的动态关系》，《中国社会科学》，1986年第3期。

发展智能的关系等这样的问题研究中,常见的结论就是它们应当"结合"、"统一"起来,至于结合的中介是什么、结合的方式有哪些、统一的条件是什么,诸如此类的问题根本没有作深入的剖析。这大概与中国人传统的思维方式(即偏于整体直觉思维,缺乏逻辑分析思维)有关。

(二)分析哲学的方法

梁启超在谈到做学问必具的习惯时,指出过去的读书人做学问存在两种毛病,即"肤阔"与"笼统","各种科目似乎都懂得一点皮毛,其实全不彻底。对于一切现象,好像隔着几层窗纱观物,模模糊糊,看不清楚。肤阔就是不着边际,笼统就是不分明,对于外部,无明白的界限,对于内部,无清楚的间隔"。[①] 这种现象在教育研究中也是存在的。而要克服这种弊病,吸收分析哲学的方法是最好不过的。

分析哲学是20世纪以来西方主要的哲学思潮之一。它主要有两个分支,一个是逻辑实证主义,另一个是日常语言学派。二者均主张运用逻辑分析的方法,澄清有关概念、命题或日常语言的意义,使之意义明确、清晰、合乎逻辑,避免因对语言的使用不当和理解分歧而产生的理解混乱或无谓的争论。受其影响,自从20世纪50年代起,分析教育哲学在西方英美国家产生了。所谓分析教育哲学,就是主张运用分析哲学的方法,致力于对人们所用的教育概念、术语、命题、口号、隐喻、警句等的意义加以分析和清理,以消除教育学中模糊不清的或无意义的概念、命题或问题,避免无谓的争论。比如,两个教育理论家如果意见不一,应弄清争执究竟是事实上的,还是词语上的,或者是由于某种情绪冲突。

分析教育哲学的代表人物主要有哈迪(Hardie, C. D.)、奥康纳(O'Connor, D. J.)、谢夫勒(Scheffler, I.)、彼得斯(Peters, R. S.)和索尔蒂斯(Soltis, J. F.)等人。比如,哈迪在《教育理论中的真理与谬误》(1942)中对卢梭、赫尔巴特和杜威的教育理论进行的分析,奥康纳在《教育哲学导论》(1957)中对教育理论的逻辑要素及其性质所作的分析,谢夫勒对教育领域中使用的警句、隐喻和口号的意义所作的澄清,彼得斯对"教育"这一概念以及赫斯特对"知识"这一概念所作的分析与澄清等等,都是运用分析哲学的方法研究教育的典型成果。在我国,运用分析哲学的方法来研究教育的专门成果似不多见,华东师范大学的陈桂生教授所著的《元教育学的探索:教育学辨》似乎是这方面比较有代表性的研究成果。[②] 另外,在瞿葆奎教授主编的《元教育学研究》中,也能看到类似的研究成果。[③] 还有一些关于教育概念、命题、隐喻、口号的分析,零星地散见在一些教育专业期刊上。[④]

分析哲学作为一种方法,对教育研究的意义是不言而喻的。依其本意,它的目

[①] 马勇编:《梁启超语萃》,华夏出版社1993年版,第164页。
[②] 见陈桂生著:《元教育学的探索:教育学辨》,福建教育出版社1998年版。
[③] 见瞿葆奎主编:《元教育学研究》,浙江教育出版社1999年版。
[④] 比如,陈向明关于教师角色的隐喻分析似乎就是这方面的一种研究。见陈向明:《教师的作用是什么:对教师隐喻的分析》,《教育研究与实验》,2001年第1期。

的在于"清思"、在于澄清教育学中那些模糊不清或无意义的表述,它对于帮助教育者更清晰地思维,促进教育者之间的交流、沟通与对话无疑是非常重要的。不过,分析教育哲学发展到后来,学究气越来越浓,关注的问题日益脱离实践,陷入毫无意义的咬文嚼字的文字游戏之中。到20世纪70年代,一些分析教育哲学家自己也意识到了这一问题,即分析教育哲学已经有意无意地脱离了教育的中心问题,只注重对语言的分析,缺乏对传统或当代的教育问题的阐述,特别是忽视了那些有关教育价值、教育目的这样的规范性问题的探讨,因此,分析哲学的方法在教育研究中的应用范围是有限的。

(三) 解释学的方法

解释学的发展大致经历了两个主要阶段:一是以施莱尔马赫(Schleier-macher, F.)、狄尔泰为代表的古典解释学阶段,这一阶段的解释学着力要探讨的是普遍适用的解释方法、规则、程序与标准等,目的在于依靠原文与读者之间具有的一种主观通性或精神的同质性,以及解释学的一套认识论与方法论,来恢复或重建历史文本本来的意义。因此,在这一阶段,解释学主要是一种认识方法或者说一种解释的技巧,其要旨在于试图以"方法"求"真理"。施莱尔马赫有两句名言,一句是,"哪里存在误解,哪里就有解释",另一句是,"像文本的作者一样理解他自己,甚至比作者更好地理解他自己"。狄尔泰的信念是,对于涉及"意义"或"价值"的人类社会现象,我们只能诉诸精神科学的"体验"与"理解"的方法,而不能运用自然科学的"说明"方法。因为社会现象是生命现象,只有生命才能把握生命,只有生命才能理解生命,理解是从生命到生命的运动。为了使我们对生命现象的理解趋于"正确"和"客观",狄尔泰建议,解释者必须熟悉意义被体验和传达的心理过程,要了解产生表达的那种特殊而具体的场合,要了解决定大多数表达性质的社会及文化制度。从这里,我们可以看出,早期的古典解释学仍然是向自然科学的知识范式看齐的,它们都主张采取"间离法"(解释者像看戏剧表演一样站在台下不介入文本),运用解释学的方法与技巧,去克服解释者与历史文本之间存在的不可避免的历史与文化距离,克服理解者在理解过程中带入的偏见或误解,以恢复历史文本本来的意义,其前提是解释者必须具有足够的历史的、社会的、文字的知识,熟悉解释学的一般方法、规则、程序与标准等等。

解释学发展的第二个阶段是以伽达默尔(Gadamer, H.)、海德格尔(Heidegger, M.)、利科尔(Ricoeur, P.)等为代表的现代解释学阶段。这一阶段的典型特征是实现了解释学从认识论到本体论的转变,这一转变主要体现在伽达默尔1965年出版的《真理与方法》这一解释学的经典著作中。在现代解释学那里,理解不再是一种认识论现象,而是一种本位论现象,即理解和解释是我们人性的基本特征,是我们人类存在的基本方式。在对待理解的历史性问题上,现代解释学不再认为历史性是理解者能够克服或应予克服的对象,而是认为历史性是我们人类生存的基本方式,也是理解与解释得以进行的本体论前提。按现代解释学的看法,一切理解都具有先决条件。只有理解者顺利地带进了他自己的先见或理解的"前结构",理解才是可能的。这就是说,人不可能站在历史或传统之外,使自己与历史文本保持距离,以一个纯粹主体的身份去认识历史文本这个客体,因为在我们成为历史的观察者以前,我们已经是历史的存在物,而且只因为我们是历史的存在物,我们才成为历史的观察者。因此,先入之见的存在是合法的,它不是我们理解的障碍,而是理解的起点。理解的过程是一个开放的、永无止境的意义再生与意义创造的过程,是一个永无止境的阐释循环的过程(对部分的理解必然依赖于对整体的把握,而对整体的把握又必然依赖于对部分的理解),是一个理解者与被理解文本所代表的两种视界不断交融、扩大和转换的过程,是一个理解者不断检验、修正、完善自己先入之见的过程,也正是通过这一过程,我们才自觉不自觉地参与了传统与历史的进化。

从以上对解释学方法的介绍来看,解释学无论是作为一种方法论,还是作为一种本体论,对指导教育研究都具有一定的意义。古典解释学相信,原文作者与读者之间具有一种主观通性或精神的同质性,并以此为依据,试图运用一套普遍适用的解释方法、规则、程序与标准,来恢复历史文本的本来意义。这一假设及期望不能说没有一点合理性,尽管按现代解释学的看法,理解的历史性是解释者无法克服的对象,在解读文本的过程中,偏见的存在是合法的,理解是一个开放的、永无止境的意义生成的过程。这两者看起来是对立的,其实不然。承认在理解文本的过程中偏见存在的合法性,这仅仅是就它构成了理解的先决条件而言的,并不意味着任何一种理解都具有同等的解释力度,偏见毕竟只是理解的起点,而不是理解的终点。再说,在解读历史文本的过程中,倘若完全没有"章法",不存在任何公认的解释"方法"与"规则",也是难以想象的。当然,即便存在某些公认的解释"方法"与"规则",对文本意义的解读与阐释也是相对的。很显然,教育领域中的历史研究,大部分涉及解释学方法的运用。

(四)现象学的方法

什么是现象学?现象学作为一个哲学派别、一种哲学运动,产生于20世纪初的德国,它的发源地是德国的哥廷根大学、慕尼黑大学等一些高等学府,它的创始者和首领便是胡塞尔。现象学首先是一种方法,其次才是一种哲学。作为一种方法,其基本要点如下:

第一,所谓"现象",是指呈现在人的意识中的一切东西,或事物就其自身显示自身者。因此,这里的现象不仅包括物理的东西,也包括心理的东西。这种自然呈现在人的意识中的一切现象(如心理事件或直接经验),即是哲学研究的对象。

第二,所谓研究,主要是对作为一个整体的心理事件或直接经验进行描述。在这里,重要的是描述,而不是解释。胡塞尔认为,一切知识或思想的源头在于人们对事物的直接体验,人们在认识世界的时候,只应对我们直接体验到的现象进行描述,而不是从因果关系角度去解释现象。

第三,在对现象进行描述时,人们应该把一切已有的知识、经验或先入之见"悬置起来"存而不论,以免影响我们对事物的直接体验。这一过程也叫"回到事物本身"或"面向事物本身"。所谓"回到事物本身",也就是回到"现象"本身上去,"让存在者是其所是"。

第四,在认识活动中,要"回到事物本身",就必须运用现象学的还原方法,其中包括"本质的还原"和"先验的还原"。

关于本质的还原:这里所讲的"本质"不是指人们通常所说的隐藏在现象背后的东西,而是指直接呈现在意识中的一种"现象",只不过这种现象不是感性的、具体的、偶然的东西,而是使某事物成为该事物的一种东西。可以说,"本质"是一种稳定的、一般的"现象",它可以通过经验活动在意识中呈现出来。那么,如何认识事物的"本质"呢?胡塞尔的方法是诉诸本质的还原方法,这种方法既不是什么归纳推理,也不是什么演绎推理,而是一种直观(直觉)的方法。所谓本质的直观,就是运用我们的直觉体验,去直接地"看"或"审视"那些呈现在我们意识中的各种事物,排除那些呈现在意识中的感性的、具体的、偶然的非纯粹现象,从而将纯粹的现象或事物的本质(也就是呈现在意识中的"事物本身")描述出来。

关于先验的还原:意识存在着一种基本结构,即意向性。所谓意向性,就是指意识活动总是指向某个对象,不存在赤裸裸的意识,不存在把自身封闭起来的意识。根据意识的意向性结构,意识与意识的对象是不可分割的。胡塞尔认为,意识对意识的对象具有一种"构造"作用,其表现是,意识并不是消极地接受某物的印象,而是积极能动地将这些印象综合为一个统一的经验,否则经验就只是一些缺乏联系的印象之流。胡塞尔强调,意识的这种积极能动作用或意识的构造活动是"先验的",因此,他把这种意识称为"先验的意识"。在胡塞尔看来,正是由于意识具有一种意向性结构,意识对意识的对象具有一种积极能动的"构造"作用,对事物进行本质的还原或本质的直观才是可能的。那么,意识为什么具有一种意向性,为什么具有能动的作用呢?根源在于意识活动的主体——"先验的自我"(相对于经验的自我)在起作用。如果没有先验自我的意识活动,对事物进行本质的直观是不可能的。所谓先验的还原,其实就是指通过先验自我的意识活动,追寻世界的本原或根本。

现象学作为一种世界观或本体论,受到的批评是很多的,人们不难看出它的唯心主义倾向。但现象学作为一种认识论与方法论,却在许多学科中得到了有效的应用。例如,在心理学研究中有所谓的"现象学心理学",这种心理学把个体的直接经验或心理事件,作为自然呈现在意识中的那样来加以研究或描述。又比如,在社会学研究中,有以舒茨(Schutz, A.)、加芬克尔(Garfinkel, H.)等为代表的现象学社会学。舒茨尝试着把胡塞尔现象学中"主体间性"及"生活世界"等概念,引入社会学研究,主张社会学研究应关注和回归人们所生活的日常生活世界,研究这个世界的意义结构与基本形式,探寻日常生活世界的原初意义,其方法就是运用理解的方法,而理解又是植源于生活世界或主体间性之中的。至于在教育学领域,应用现象学的方法来进行研究,原则上讲也是可能的。例如,教育人种学的研究方法在某些方面,就具有现象学的特性。现象学主张通过直觉的、非推理的方式来把握对象,主张研究者应完全专注于对象本身,忘却一切来自他自己的先入之见,这种方法对于指导教育领域中的描述性研究、理解性研究,也许是必要的、有益的。

三、艺术的方法

什么是教育研究中的艺术方法,教育研究何以能够运用艺术的方法,这是本处所关心的两个关键问题。关于艺术的方法,自然与艺术的性质相关。"艺术"一词,一般来讲具有两种典型用法,第一种用法是指用形象来反映现实的作品,包括文学、绘画、雕塑、音乐、舞蹈、戏剧等,第二种用法是指一种比较个人化的,诉诸人的主观体验、想象、直觉、情感,用来表现人的内心世界或外部世界的表达活动。这里所讲的艺术方法,主要是一种与理性思维或客观思维相对的方法,它的特点在于运用直觉体验、主观介入的方法来认识事物。

教育研究何以能够运用艺术的方法,我国教育学者叶澜教授指出,"在一定的意义上,对教育理论的研究与反思也需要领悟,需要直接生活经验的积累和对人的生命过程的理解。在这个方面,艺术方法以渗透的方式起着一定的作用。教育研究是一种需要投入个体相关经验的研究,在我看来,这正是教育所蕴含的最深沉的人文精神。唯有人,才可能运用自己的生命体验与成长经验,去认识人的培育中呈现的各种状态、事件与规律"。[①] 这表明,教育研究之所以能够运用艺术的方法,根本的原因就在于教育活动的独特性,教育活动从本质上讲,是一种生命之间的互动,研究者若没有对生命现象敏锐的感受能力与洞察能力,若没有丰富而深厚的生命体验与成长经验,是很难从事教育研究的。

在这一点上,教育研究与自然科学研究形成了鲜明的对比。自然科学研究的一个基本特征是,要求研究者远离研究对象,站在研究对象的外部,以一种客观的、中立的态度去研究对象,只有这样研究出来的结果才可能是客观的、正确的。人文科学则相反,尽管人文科学也讲求认识的客观性,但它凭借的手段恰恰是主观式的介入或卷入,它相信对于社会事物或精神事物,只有认识者亲身参与其中才能更深刻地认识它、把握它。关于这两种认识方式的对比,很早以前就有人意识到了。例如,存在主义早期的先驱人物克尔凯郭尔(Kierkeggard, S. A.)认为,"真理根本不是学究式的东西,而是一个人对自己生活道路进行热情探索的产物","任何一个人认识真理的程度总是与他的感受性和所受的痛苦相应的。一个从未经受过痛苦的人,是从来不会懂得生活的。……掌握真理的程度,依赖于生活感受的深度。要认识真理,就必须对之采取满腔热情的关注的态度","只有通过个人的主观经验,一个人才能真正接近真理。对人类及其问题作出非个人的客观思考,乃是一种对现实的歪曲。……"[②]他坚持认为,"只有在主观的、直接的、存在的经验中才能认识现实"。显然,在这里,克尔凯郭尔强调了个体的主观性在认识存在性真理中的重要作用,按他的意见,"任何人不可能借助于心理测验和社会调查的客观记录法去

---

① 叶澜著:《教育研究方法论初探》,上海教育出版社1999年版,第330页。
② (美)L·J·宾克莱著,马元德等译:《理想的冲突——西方社会中变化着的价值观念》,商务印书馆1983年版,第175—176页。

真正了解另一个人,但是可以通过个人的接触去了解他"。①

现象学家梅洛-庞蒂(Merleau-ponty,M.)在《知觉现象学》中也持相似的看法。他认为,知觉(即人对事物直觉式的体验)是一切认识活动的起点,是其他认识活动的基础。他认为,人们在认识客体的时候,有两种方法,一种是直觉体验的方法(也就是现象学的方法),另一种是用已经掌握的科学知识去理性地认识世界的方法,他把这种方法称之为"客观思维"。在他看来,知觉是产生客观思维的前提基础,并且,不是所有的知觉现象都可以用客观思维来解释的。例如,熟练的汽车驾驶员不需要比较路的宽度和车身的宽度就能知道自己驾驶的汽车是否能通过;人们在通过房门的时候,也不必比较房门的宽度和身体的宽度。因为在知觉认识中,知觉对象已被同化到主体中,变成了我们身体的一部分。比如,盲人的手杖对盲人来说不再是一件物体,手杖的尖端已转变成有感觉能力的区域,成了视觉的延伸器官。

此外,从教育上美育与智育的关系角度,也可以看出教育研究何以能够运用艺术的方法。应当承认,优秀的艺术作品,可以帮助人们生动鲜明地认识世界。例如,恩格斯在讲到巴尔扎克的《人间喜剧》时曾说,"我从这里……所学到的东西,也要比从当时所有职业的历史学家、经济学家和统计学家那里学到的全部东西还要多"。② 美育还可以用来促进学生智力的发展。例如,苏霍姆林斯基曾说,真正的"思维课"不应当在室内上,而要到大自然中去上。他说,"我一千次地确信,没有一条富有诗意的、感情的和审美的清泉,就不可能有学生全面的智力发展。儿童思维的天性本身要求富有诗意的创造。美与活生生的思维如同太阳与花儿一样,有机地联系在一起。富有诗意的创造开始于美的幻想。大自然的美使知觉更加敏锐,唤醒创造性的思维,以独特的体验充实着语言"。③

第三节 教育研究的类型

教育研究的类型根据不同的标准可以作出不同的分类,这种分类研究对于我们进一步了解教育研究的目的、对象、范围、层次、方法等具有重要的意义。

一、基础性研究与应用性研究

这一分类是根据教育研究的目的(是否直接指导实践)而划分的。所谓基础性的教育研究,主要是研究教育的事理,揭示教育活动本身所固有的法则或规律(不管是实然的还是应然的),也称作"纯研究"。所谓应用性的教育研究,主要是将教

---

① (美)L·J·宾克莱著,马元德等译:《理想的冲突——西方社会中变化着的价值观念》,商务印书馆1983年版,第180页。
② 转引自王道俊、王汉澜主编:《教育学》(新编本),人民教育出版社1989年版,第419页。
③ 同上书,第420页。

育事理研究所提示的法则或规律运用于教育实践活动,以直接指导或改进教育实践活动,提高教育实践活动的有效性与合理性。基础性研究旨在认识世界,增加科学知识本身,它不必考虑自己的研究结果能在什么地方付诸实践,它不一定会产生直接有用的结果;应用性研究则旨在改造世界,解决某些特定的实际问题,为实践者提供直接有用的知识。

二、教育哲学研究与教育科学研究

(一) 关于教育哲学研究

根据教育研究的对象是价值问题还是事实问题,可将教育研究分为教育哲学研究与教育科学研究两大类。其中教育哲学研究主要关注的是教育领域中的价值问题,它致力于回答"教育应当是什么"、"教育应当做什么或不应当做什么"以及"应当如何评价教育"之类的问题。具体地讲,它要解决诸如教育目的的取向、课程知识的选择、教育活动的评估等核心问题。相应地,教育哲学研究涉及两类陈述,一类是规范性的陈述,一类是评价性的陈述(这种陈述本质上仍然属于规范性陈述)。就规范性陈述而言,它主要给教育活动提供"价值理想"及具体的"行为规范",涉及教育目的的规范问题和教育手段的规范问题(教育手段的规范既涉及心理学知识,也涉及伦理学知识);就评价性陈述而言,涉及道德方面的评价与其他方面的评价(如法学的、美学的、经济学的、卫生学的判断)等等。教育哲学研究主要的功能在于,从价值方面指导教育行动,改造教育实践。

教育哲学研究作为一个研究领域,其存在的合理性是无庸置疑的。无论是从传统教育理论的逻辑构成来看,还是从教育活动本身的性质来看,教育研究都不可能回避有关价值问题的考察。从历史上看,任何一种教育理论都包括价值判断的要素,如柏拉图的哲人王教育、古希腊的博雅教育、卢梭的自然教育、詹姆斯·穆勒的大众幸福教育、凯兴斯泰纳的公民教育、杜威的民主主义教育莫不如此,所不同的是这些价值判断合理的程度有所不同。有些学者主张(如英国教育哲学家丹尼尔·约翰·奥康纳),必须抛弃教育理论中形而上学的要素和价值判断的要素,使教育理论只用来指称建立在有关学科的实验发现之上的理论。用他的话来讲,"'理论'一词在教育方面的使用一般是一个尊称,只有在我们把心理学或社会学上充分确立了的实验发现应用于教育实践的地方,才有根据称得上理论"。[①] 奥康纳的这一看法,实际上是按自然科学理论的范式来衡量教育理论,这一看法实际上是很难成立的。

首先,从教育理论的性质来看,教育理论主要是一种"实践理论"或"应用理论"(19世纪的学者常把教育学归入"实践哲学"中)。英国教育哲学家赫斯特(Hirst, P. H.)认为,教育理论作为一种"阐述和论证一系列实践活动的行动准则的理论",如同医学理论、工程学理论一样,主要是一种"实践理论"或"实用理论"(practical

---

[①] (英)丹尼尔·约翰·奥康纳著,王承绪译:《教育哲学导论》,载华东师范大学教育系、杭州大学教育系编译:《现代西方资产阶级教育思想流派论著选》,人民教育出版社1980年版,第414页。

theory),而不是一种"科学理论"。另一位英国教育哲学家穆尔(Moore,T.W.)也持有类似的看法。穆尔也相信教育理论只能是实践理论或实用理论。"对教育理论和科学理论进行比较和评价的时候,我们必须承认教育理论跟科学理论多少有些不同。科学理论的作用主要是叙述的、解释的和断言的。与此相比,教育理论属于另一类范畴,即属于所谓'实践'理论的范畴。实践理论的作用主要不是准备去叙述世界或预测它的未来,而是告诉我们在世界上应该做些什么。它们为实践提出建议。一些道德和政治理论,和大多数一般的教育理论相同,也可归入这个范畴。"[①] 既然教育理论旨在为教育实践活动提供行动准则,旨在告诉教育者应当做什么、不应当做什么,那么,教育研究就不可能回避对教育价值问题的考察。比如,当儿童犯有过错时,教育者是否应当惩罚儿童,如果可以惩罚的话,应当采取怎样的惩罚方式才是合理的,像这样的问题既是一个关乎教育实践的问题,同时也是一个涉及教育伦理学研究的问题。由此看来,教育理论作为一种实践理论,同医学理论、工程学理论相比有很大的不同,那就是医学理论、工程学理论所指导的实践的目的是明确的,较少发生分歧,因此,这两种理论把技术问题的考虑放在首位,注重将科学研究的成果转化为相应的技术,但教育理论所指导的实践的目的往往有很大的分歧,这个分歧的产生与解决大都与教育价值问题有关。这就是说,教育理论作为一种实践理论,不会把技术问题的考虑放在首位,它首先需要考虑的是价值问题,其次才是技术问题。

其次,从哲学与教育关系的角度看,教育哲学作为一个研究领域也有它存在的合理性。从教育理论的演进史来看,历史上许多大哲学家同时也是教育家,教育理论的演进与各个时代主要的哲学思潮密切相关,这至少表明,教育与哲学在历史上一直是紧密地联系在一起的。应当说,这种紧密联系不是偶然的,它反映了教育与哲学内在的逻辑关联。从哲学对教育的需求角度看,哲学家关于社会和人生的理想,往往需要凭借教育的力量来加以检验与实现。西方学者霍尔(Hall)曾说,"唯一真正的、丰满的、完备的哲学乃是趋向教育学的一种哲学"。[②] 杜威也曾说过,哲学是一般的教育理论,教育乃是哲学分歧具体化并受到检验的实验室。可见,从某种意义上讲,教育是哲学的试金石,教育家并不只是听命于哲学家,他还可以校正哲学家的观点与看法;从教育对哲学的需求角度看,无论是教育的理论还是教育的实践都有赖于哲学。比如,教育目的的定向问题、课程知识价值的比较问题、教育方法的选择问题,都有赖于哲学上的考虑,包括本体论、认识论与价值论三方面的考虑。

(二) 关于教育科学研究

教育科学研究主要是一种描述性、解释性的研究,它以教育领域中的事实问题

---

① (英)丹尼斯·劳顿等著,张渭城等译:《课程研究的理论与实践》,人民教育出版社1985年版,第9页。原译文有所改动,引文中的"实践理论"在原译文中译作"应用理论"。

② 转引自吴俊升著:《教育哲学大纲》,商务印书馆1935年版,第25页。

作为研究对象,以认识教育活动而不是改造教育活动作为根本目的。它不作规定和指示,只是提供有关教育活动的现象解释与趋势预测,它的命题是描述性的,而不是规范性的。就教育科学的研究任务而言,它重在考察教育现象发生的原因与条件,揭示教育现象背后隐藏的规律与法则,以及教育系统内部各变量、各要素之间的内在联系。德国教育学家布雷岑卡(Brezinka, W.)强调指出,由于教育行为只能在教育目的—手段关系的框架中才能得到理解,因此,教育科学研究的核心对象是作为整体的教育目的—手段关系,也就是说,教育科学的主要任务是研究达到既定教育目的的条件,探讨教育行为同既定教育目的的关系,分析教育行为在实现既定教育目的上的有效性与适当性。因此,布雷岑卡把揭示教育活动中的因果联系、探寻教育行为成功或失败的原因看作是教育科学最重要的研究课题。

教育科学研究的兴起主要是在19世纪下半叶,它的产生与发展始终伴随着人们对传统教育学缺乏科学性的指责与批评。早在1882年,德国学者维尔曼(Wierman)就指出,传统的教育学"具有丰富的建议与忠告,却缺乏考察与事实",1928年德国教育学者菲舍尔(Fischer, K.)抨击当时的德国教育学时指出,它的"核心仍然是哲学","与其说是认识与证明,毋宁说是信仰与要求"。20世纪初,美国学者桑代克针对当时的教育研究现状痛切地指出:"教育思想家的恶习或不幸,是选择哲学方法或流行的思维方法,而不是科学的方法……当今严肃对待教育理论的学者的主要职责,是要养成归纳研究的习惯和学习统计学的逻辑。"[1]伴随着上述批评与指责之声,不少学者(如维尔曼、涂尔干、梅伊曼、洛赫纳等人)均明确主张,应将科学的教育学与实践的教育学、科学的教育理论与实践的教育理论区分开来,认为这两者的区别就像"规律"与"规则"的区别一样。"规律"确定事物是什么,"规则"规定人们应当做什么,前者是描述性的,后者是规范性的。

关于教育科学研究实际的历史进程,最早可以追溯到19世纪上半叶瑞士的教育家裴斯泰洛齐。正是他最早提出了"教育心理化"的主张,这一主张明确反映了人们对教育理论"科学化"的希望与要求。接着,赫尔巴特进一步阐述了这一思想。他指出:"教育者的第一门科学,虽然远非其科学的全部,也许是心理学。应当说是心理学首先记述了人类活动的全部可能性。"[2]为此,他将"统觉心理学"看作是其教育学的理论基础之一,并试图以"统觉心理学"为基础建立一门"心理教育学"。此后,德国学者拉伊(Lay, W.)、梅伊曼(Meumann, E.)以及美国学者贾德(Judd)、桑代克等人,尝试采用实验科学的方法来研究教育,他们主张通过实验、系统的观察、测量与统计技术来研究和解决教育、教学中存在的问题。为此,梅伊曼和拉伊尝试建立了"实验教育学"。此外,德国学者菲舍尔与洛赫纳(Lockner, R.)尝试建立了"描述教育学",这种研究取向在20世纪的教育心理学、教育社会学研

---

[1] 转引自瞿葆奎主编,叶澜、施良方选编:《教育学文集·教育研究方法》,人民教育出版社1988年版,第183页。

[2] 转引自瞿葆奎主编:《元教育学研究》,浙江教育出版社1999年版,第171页。

究中得到了进一步的体现与加强。①

从上述历史回顾的角度看,教育科学研究确有其必要性与可能性。从逻辑方面讲,只要针对教育领域中的事实问题进行探究,就构成了教育科学研究。例如,要分析探讨某种具体的教育教学行为对学生产生了怎样的教育影响,要揭示教育、教学过程中各种变量之间内在的客观联系,原则上我们都可以运用科学的方法进行研究。像教育心理学、教育社会学、教育测量与统计等学科,就是运用科学方法研究教育的实例。当然,有人要说,这些学科只是心理学、社会学、心理测量与统计这类基础性学科的分支学科,教育者只需要把这些基础学科的研究成果应用到教育领域中就行了,因此,教育理论主要是一种应用理论,而不是科学理论。换言之,教育理论的"科学性"是其他学科给定的,而不是它自身所具有的特性,这种看法实际上是把教育科学(如教育心理学、教育社会学)看作是其他科学(如心理学、社会学)的简单移植或直接演绎。我们认为,这种看法具有一定的片面性。例如,教育心理学、教育社会学并不就是普通心理学、普通社会学的简单移植与直接演绎,如果是那样的话,教育心理学、教育社会学也就没有存在和研究的必要了。

三、定性的教育研究与定量的教育研究

(一) 定性研究与定量研究的背景

定性的教育研究主要兴起于20世纪60年代,它的兴起主要与以下几个因素有关。首先,与西方一些国家为了解决当时所面临的某些社会问题有关。例如,19世纪末20世纪初,都市化和大批移民的影响给美国城市造成了许多社会问题。如环境卫生、健康、福利和教育问题。为了解决这些问题,迫切需要进行相关的社会调查,弄清这些社会问题产生的根源及其性质。在这种情况下,有些学者运用参与观察法或现场调查法,通过匿名地生活在他们所调查的人群中间,亲身参与和体验他们的生活,以此来搜集资料、描述他们的所作所为,这便是最早的定性研究。

其次,与人类学研究、社会学研究的兴起有关。在人类学研究领域,博厄斯(Boas)、米德(Mead, M.)等人首先尝试将人类学研究的方法应用于教育研究。例如,米德的研究就曾考察了特定的教育情景是怎样需要特定类型的教师,以及这些教师是怎样和学生相互作用的。在社会学研究领域中,芝加哥社会学派的一些社会学研究者,对教育的定性研究也作出了贡献。在方法论上,他们均注重个案研究,注重亲自收集资料,注重把研究对象作为一个整体来加以考察,注重相互作用的方法论。例如,W·沃勒对定性的教育研究来说尤为重要,他的《教学社会学》这一经典著作至今仍有影响。在这部著作中,沃勒根据深入的交谈、生活史、现场观

---

① 有学者指出:"本世纪初的教育学教授往往是技术家而不是哲学家。这就是说,他们不太注意教育的目的和宗旨之类的根本问题,而是注意教学的技巧。他们所关心的是使教学方法科学化,他们注意的是教育技术而不是教育目标。"见(美)罗伯特·梅逊著,陆有铨译:《西方当代教育理论》,文化教育出版社1984年版,第93页。

察、案例记录、日记、信件和其他个人文献来描述教师和学生的社会经历。他的研究目的在于帮助教师深入了解学校生活的社会现实。

第三,与20世纪60年代兴起的民主运动有关。定性研究的方法得以盛行,是因为它们承认那些无权势、受排斥的"局外人"的观点。定性方法的重点放在对在场的所有参与者的观点的理解上,这就要求定性研究者需要征求那些从未被认为是有价值或有代表性的人的观点。① 有学者指出:"与其他的研究方法相比,质的研究(相当于这里所讲的定性研究)具有非常明显的'平民性'。由于强调从当事人的角度看待问题,重视研究者个人与被研究者之间的互动,这种研究方法给参与研究的'人'以极大的尊重。这种从事研究的态度使得研究与'人'的日常生活更加接近,使社会科学研究中本来应该具有的人文精神得到了肯定和倡导。"②

当然,定性研究得以兴起,最主要的原因还是来自于它作为一种研究方式本身所具有的内在合理性,有关这方面的情况请读者参见后文关于定性研究特性的分析与描述。至于定量研究的兴起,它主要受自然科学研究方法的影响,也受到19世纪实证主义哲学的影响。

(二) 定性研究与定量研究的特性

究竟什么是定性研究,我国学者陈向明研究认为:"质的研究(相当于这里所讲的定性研究)是以研究者本人作为研究工具,在自然情境下采用多种资料收集方法对社会现象进行整体性探究,使用归纳法分析资料和形成理论,通过与研究对象互动对其行为和意义建构获得解释性理解的一种活动。"③另据美国学者博格丹(Bogdan, R. C.)、比克林(Biklen, S. K.)的看法,定性研究具有五个关键特性:④

第一,定性研究把自然情境作为资料的直接源泉,而且,研究者将自身作为收集资料的主要工具。定性研究者相信,人们所处的情境对人的行为具有重大的影响,因此,他们关心事情发生的情境,故在研究过程中,研究者通常需要深入到特定的情境中去。他们认为,只有在发生行为的情境中观察行为,才能最好地理解行为。

第二,定性研究是描述性的。定性研究收集资料的典型方法有参与观察、深度访谈、实物分析等,资料的表达通常采用文字或图片的方式,而不是采用数据的形式。定性研究中的描述主要依据交谈记录的副本、现场笔记、照片、录像带、私人文件、备忘录以及其他正式记录等。

第三,定性研究者关心的是过程,而不只是关心结果和产品。例如,关于"自我实现的预言"的教育研究,定量研究只关注事前与事后的测量,而定性研究关注的

---

① 见瞿葆奎主编,叶澜、施良方选编:《教育学文集·教育研究方法》,人民教育出版社1988年版,第382页。
② 陈向明著:《质的研究方法与社会科学研究》,教育科学出版社2000年版,第9页。
③ 同上书,第12页。
④ 见瞿葆奎主编,叶澜、施良方选编:《教育学文集·教育研究方法》,人民教育出版社1988年版,第400—405页。

则是教师的期望是怎样转变为日常生活、教育过程和师生之间的相互作用的。定性研究显示出对过程的敏感性,这是那些强调控制和实验的定量研究所没有的。

第四,定性研究倾向于对资料进行归纳分析:定性研究并不从一开始就拟定详细的、可操作的研究计划,也不从一开始就提出研究假设,而是随着研究的进展与事实收集的增多不断调整研究计划、逐步提出研究假设。这就是说,定性研究形成理论的方式是归纳式的或自下而上式的,而不是演绎式的或自上而下式的。定性研究者将抽象概括或理论假设建立在已经收集到的资料事实的基础之上,他们不是寻找符合自己理论的资料,而是提出一种理论来解释这些资料。在他们看来,当理论产生于资料而不是强加于资料时,它就更具有力量。因而,寻找某一理论来解释事实比寻找适合某一理论的事实要好。

第五,"意义"是定性研究方法最关心的基本事情。使用这种方法的研究者感兴趣的是不同的人对他们各自生活意义的理解。换言之,定性研究者关心的是"参与者的看法",以及参与者是怎样解释他们自己的这些看法的。在定性研究中,研究者要从被研究者的角度出发,了解和体验他们的思想、情感、价值观、行为意味着什么,他们自己是如何对这些东西作出解释的。

接下来,究竟什么是定量研究呢? 陈向明认为:"量的研究(即定量研究)是一种对事物可以量化的部分进行测量和分析,以检验研究者自己关于该事物的某些理论假设的研究方法。量的研究有一套完备的操作技术,包括抽样方法(如随机抽样、分层抽样、系统抽样、整群抽样)、资料收集方法(如问卷法、实验法)、数字统计方法(如描述性统计、推断性统计)等。其基本步骤是:研究者事先建立假设并确立具有因果关系的各种变量,通过概率抽样的方式选择样本,使用经过检测的标准化工具和程序采集数据,对数据进行分析,建立不同变量之间的相关关系……进而检验研究者自己的理论假设。"[①]

要真正弄清定性研究与定量研究的性质,最好将它们的关键特性作一个比较。据笔者对自己所搜集的有关研究资料的整理,现将定性研究与定量研究的特性概括如下:

第一,研究的目的:定量研究的目的主要是,检验理论,证明假设,对变量之间的关系进行统计描述,寻求共识,提供预测等等。这种研究关注的焦点是事物之间的变量关系或因果关系。定性研究的主要目的在于,提出敏感的概念,描述复杂的现实,提出"有根据的理论"(或扎根理论),寻求解释性的理解,发现问题或提出新问题等等。这种研究关注的焦点是事件发生的过程与意义理解。

第二,研究的设计:在定量研究中,由于研究者在研究开始前就具有明确的问题和研究假设,因此,研究的计划是结构性的、预先确定好的、阶段明确的计划;而在定性研究中,研究者不是按照一个事先设计好的、固定的研究方案行事,而是根据当时当地的实际情况或研究工作已有的进展状况,及时调整研究方案和形成研究假设。因此,他们的研究计划是灵活易变的、比较笼统的、阶段模糊的。

---

① 陈向明著:《质的研究方法与社会科学研究》,教育科学出版社 2000 年版,第 10 页。

第三，研究的情境：定量研究者宁愿选择在实验室（即人为设计好的、可以控制和操纵的）条件下进行研究，以便把研究目标以外的种种影响排斥在研究之外。反之，定性研究者宁愿选择在事件发生的自然情境下进行研究，他们认为只有在这样的环境中才能对社会现象做出合理的阐释或理解。原因就在于，任何个人的思想和行为以及社会组织的运作是与它们所处的社会文化情境分不开的。

第四，抽样方法：定量研究采取随机抽样、分层抽样，且样本较大；而定性研究采取目的抽样，且样本较小，多采用个案研究的方式。

第五，资料来源：在定量研究中，研究者宁愿选择非人的手段（如各种量表、问卷或实验等）作为收集资料的主要工具，理由是这些手段似乎更经济有效，更客观可靠；而在定性研究中，研究者宁愿选择人（即研究者自身）作为收集资料的主要工具，理由是人具有直觉力与洞察力，人具有灵活性和互动性，人能利用不言而喻的知识（这类知识不是在任何特定的时刻都能表达出来的，但训练有素尤其是富有经验的探究者都可以体验得到、感受得到），而不像定量研究者那样，他们在探究行动中所运用的知识主要局限于陈述性知识。

第六，资料特点：定量研究中使用的资料是可测量、可统计的硬资料；而定性研究中使用的资料往往是不可量化、只可描述的软资料，如实地观察笔记、实地访谈记录、私人文献、当事人引言、实物图片等等。

第七，资料分析：定量研究倾向于对资料进行测量与统计分析，且分析在资料收集完成之后进行，这种分析主要是一种外部透视；定性研究倾向于对资料进行深度描述与分析，且分析贯穿于研究的全过程之中，这种分析主要是一种内部透视。

第八，研究结论：定量研究得出的结论往往是概括性的、普适性的、不受背景约束的结论，而定性研究得出的结论往往是独特的、受背景制约的结论。

第九，理论的形成方式及理论的类型：定量研究主要运用演绎法，自上而下地形成理论；定性研究主要运用归纳法，自下而上地形成理论。就理论的类型而言，定量研究形成的理论往往是普遍性理论，定性研究形成的理论往往是"扎根理论"（grounded theory）。

第十，研究关系：在定量研究中，研究者独立于研究对象，二者彼此分离；在定性研究中，研究者与研究对象密切接触、相互影响，研究者通过与研究对象的交往互动，通过移情作用来获取资料信息。

定性研究何以在以上诸方面区分于定量研究，若要追究它的理论基础的话，那么，这就涉及二者所信奉的探究范式的区别，即自然主义探究范式与理性主义探究范式的区别。美国学者格巴（Guba, E. G.）、林肯（Lincoln, Y. S.）研究指出，这两种探究范式信奉和依赖的是五种不同的公理系统：①

第一，关于现实：理性主义者以为，存在着一个单一的、有形的、可分割成独立变量和过程（如时间、质量、速度、加速度、距离、电荷等）的现实，其中任何一个变量

---

① 见（美）格巴、林肯著，顾建民译：《自然主义探究的认识论和方法论基础》，载瞿葆奎主编，叶澜、施良方选编：《教育学文集·教育研究方法》，人民教育出版社1988年版，第284—296页。

和过程都能独立地予以研究;自然主义者则认为,存在着一些多元的、无形的并只能从整体上加以研究的现实(主要是存在于思想中的"意义"与"解释")。现实作为一个整体是不可分割的,分割整体将从根本上改变现实。鉴于每个现实都有其特性,且现实是多种多样的(有多少人就有多少种解释),期望探究能集中起来是徒劳无益的,探究只能是分散的。

第二,关于探究者与被试的关系:理性主义者认为,在科学研究中,探究者能在自己和探究对象之间保持一段分离的距离,二者应做到相互独立,只有做到这一点才能确保研究的客观性。例如,沿着斜面滚下来的球体、在试管中相互作用的化学品或在显微镜下分得更小的细胞,是不可能受某人正在观察这一事实的影响的。自然主义者则认为,探究者与研究对象是相互作用、相互影响的,这种相互作用与相互影响非但不妨碍研究,反而是研究得以可能的前提条件。如果研究者与研究对象不能实现互动,研究反而不能进行。

第三,真理陈述的特征:对理性主义者而言,探究的目的在于提出或形成一种超越背景的普遍性规律(如定律、法则),注重对研究对象相似性的概括。因此,这种研究得出的结论能够推论到样本以外的范围中去;而对自然主义者来说,探究的目的在于形成一种受社会—文化背景制约的独特假设或知识,注重对研究对象差异性的描述,因此,这种研究得出的结论只适用于特定的情境和条件,不能推论到样本以外的范围中去。

第四,行动的归因与解释:理性主义探究范式认为,每个行动都能被解释为一个具体原因或几个原因的结果,原因在时间上先于结果(或至少与结果同时发生),探究者可以运用适当的方法,明确地用函数关系或概率形式确立这种因果关系。自然主义探究范式认为,可以把行动解释为多种因素、事件和过程的相互影响(既有前馈又有反馈,因与果盘根错节地交织在一起,很难理出个头绪来),自然主义者满足于梳理出各种现象间的似乎有理的联系。对自然主义者来说,行动可以理解为不是被引起的,而是从形成它的种种因素不断的相互影响中出现的,而形成它的所有因素又是这一行动的一部分,它们难以与行动区别开来,因此,形成与被形成是同时发生的。

第五,价值与探究的关系:理性主义探究范式主张,探究不应受价值标准约束,并且由于使用了一套客观的方法而使这一点得到了保证。人们常说,资料"本身就能说明问题",要做到这一点,探究者就必须做到价值中立。自然主义探究范式主张,任何探究总是受价值标准制约的。比如,探究者选择什么样的问题作为自己的探究对象,就会与价值标准发生关联。此外,探究受个人所处的社会文化背景及伦理因素的影响。

(三) 定性研究与定量研究的优缺点

据我国学者陈向明的概括,定性研究与定量研究各有其优势和弱点。对于定性研究来说,它的主要优点是:"在微观层面对社会现象进行比较深入细致的描述和分析,对小样本进行个案调查,研究比较深入,便于了解事物的复杂性;注意从当事人的角度找到某一社会现象的问题所在,用开放的方式收集资料,了解当事人看问题的方式和观点;对研究者不熟悉的现象进行探索性研究;注意事件发生的自然情境,在自然情境下研究生活事件;注重了解事件发生的动态过程;通过归纳的手段自下而上建立理论,可以对理论有所创新。"[①]它的主要缺点是:"不适合在宏观层面对规模较大的人群或社会机构进行研究;不擅长对事情的因果关系或相关关系进行直接的辨别;不能像量的研究那样对研究结果的效度和信度进行工具性的、准确的测量;研究的结果不具备量的研究意义上的代表性,不能推广到其他地点和人群;资料庞杂,没有统一的标准进行整理,给整理和分析资料的工作带来很大的困难;研究没有统一的程序,很难建立公认的质量衡量标准;既费时又费工。"[②]

相反,定量研究的长处在于:"适合在宏观层面大面积地对社会现象进行统计调查;可以通过一定的研究工具和手段对研究者事先设定的理论假设进行检验;可以使用实验干预的手段对控制组和实验组进行对比研究;通过随机抽样可以获得有代表性的数据和研究结果;研究工具和资料收集标准化,研究的效度和信度可以进行相对准确的测量;适合对事情的因果关系以及相关变量之间的关系进行研究。"[③]它的主要缺点是:"只能对事物的一些比较表层的、可以量化的部分进行测量,不能获得具体的细节内容;测量的时间往往只是一个或几个凝固的点,无法追踪事件发生的过程;只能对研究者事先假定的一些理论假设进行证实,很难了解当事人自己的视角和想法;研究结果只能代表抽样总体中的平均情况,不能兼顾特殊情况;对变量的控制比较大,很难在自然情境下收集资料。"[④]

四、教育学研究与元教育学研究

教育学研究与元教育学研究是根据教育研究的层次不同而划分的。这两种研究的主要区别在于,教育学是以教育现象或教育的实际问题作为研究对象的,它所形成的理论属于"对象理论";元教育学则是以教育学自身以及教育学的研究状态作为研究对象的,它不对具体的教育问题作实质性探讨,不涉及教育学具体内容的研究,它只是关于教育理论(或教育研究)的一种形式化、逻辑化的研究,它所形成的理论是关于"对象理论"的理论即"元理论"。在一定意义上讲,元教育学是教育学"困惑时代的哲学",它体现了教育学研究者"自我意识"的萌动,是教育学反观自身的活动,作为一种关于教育理论(或教育研究)的认识论与方法论,它可为教育学进一步的发展理清思路、拓展空间,虽然它不能直接增加我们关于教育的知识,不能直接指导我们的教育实践。

关于元教育学的研究对象及其范围,目前尚无一致的结论。大体上讲,它主要研究以下这些问题:教育学的研究对象与范围是什么?教育学的学科性质如何?

---

① 陈向明著:《质的研究方法与社会科学研究》,教育科学出版社2000年版,第473页。
② 同上。
③ 同上书,第472页。
④ 同上。

教育学应具有怎样的逻辑构架,现有的教育学结构体系是否合理?教育知识主要有哪些类型?怎样对现有的教育学科进行分类?从教育学科的形成史与发展史来看,教育学科形成与发展的动力机制是什么?教育学的理论基础是什么,如何看待作为教育学理论基础的其他学科(如哲学、心理学、社会学等)与教育学的关系性质?教育学基本的逻辑范畴有哪些,这些逻辑范畴的性质如何,它们在历史上是如何演化的,它们的相互关系如何?教育理论是一种怎样的理论,它包含哪些逻辑的要素,它的一般结构是什么?怎样看待教育理论与教育实践的关系?如何检验教育理论的真实性、可靠性与合理性,评判教育理论效度的准则是什么?形成和构建教育理论的可能方式有哪些?教育研究的方法与自然科学、其他社会科学研究的方法有何异同?现有的教育学陈述体系(包括各种概念、命题和问题)是否意义明确、清晰、合乎逻辑?教育学的"本土化"与"国际化"的关系如何?诸如此类的问题均是元教育学所要研究的重要课题。

毫无疑问,元教育学研究对于教育学研究具有重要的意义。从某种意义上讲,元教育学问题的提出以及元教育学研究的兴起,是教育学逐步走向成熟的一个重要标志。当然,如果没有已有教育学研究所取得的成果与问题作为支撑,元教育学研究恐怕也是很难进行的。

第四节 教育研究的特性

根据前三节关于教育研究对象、方法及类型的讨论,现在,我们可以从总体上对教育研究的特性作一个概括性的总结。

一、教育研究主体的复合性

教育研究的主体有两部分,一部分是专业研究人员,一部分是来自实践一线的教育管理者和学校教师。这两部分研究者相互依赖,相互促进。专业研究人员无论从事教育基础性研究,还是从事教育应用性研究,都需要接触实践、了解实践;来自实践一线的教育管理者或学校教师,也有从事教育研究的必要性与可能性。"教育实践人员不像生产线上的工人,只要能读懂图纸,掌握操作工序和技能就能完成生产任务,因为再具体的教育理论,也不能代替教师对进行中的教育活动的主动判断和策略选择。正是教育实践的生成性,要求教师工作富有创造性。成功教师的实践经验和其中包含的对教育的理解与创造,是教育理论的重要资源。"[①]近些年来,倡导教育实践者成为研究者的呼声日益高涨,这既是提高教师职业专业化水平的内在要求,也是教师职业享有内在尊严的客观依据。教师只有将自己的专业服务与专业学习、专业研究融为一体,教师职业才不致成为单纯的谋生手段,教师才会在自己的职业生涯中不断地充实自我、发现自我,体验到生命成长的感觉与喜悦。

---

① 叶澜著:《教育研究方法论初探》,上海教育出版社1999年版,第335页。

二、研究方法的多元性

研究方法的多元性,这是本章第二节关于教育研究方法的阐述展示给我们的基本结论。本章第三节关于教育研究类型的阐述,也从一个侧面表明了教育研究方法的多元性。真正地说来,教育研究的方法不只是一种,而是一个方法的组合与体系。其中每一种类型的方法都有它自身的优势,也有它自身的不足与弱点。关键的问题在于,研究者如何根据自己所选择的研究对象或研究问题的特性,来选择与之相适应的研究方法。当然,科学的方法与哲学的方法、艺术的方法是否具有明确的界限,能否做到相互独立,这还是个值得进一步探索的问题。

三、研究资源的丰富性

由于教育研究的对象——"教育问题"固有的复杂性、多维性,使得人们要认识它的全部,几乎需要具备人类的全部知识。任何单一的专业背景都很难胜任教育研究,因此,教育研究不仅需要具备不同专业背景的人联合起来,共同参与教育问题的研究,而且对单个研究者而言,也应尽可能地掌握或具备相关学科的知识与素养。教育研究强烈地依赖其他相关学科的成果与方法,这既可能是一件好事,同时也可能是一件坏事。说它可能是好事,主要是指研究者可以广泛吸收和运用其他相关学科的研究成果,来思考、阐述和论证教育问题;说它可能是一件坏事,主要是指它在某种意义上妨碍了教育学科的自主性,容易给研究者留下陷阱,即不从教育的视角出发,不考虑教育问题的特殊性,不考虑教育实践活动自身的逻辑,只是简单地移植、推演其他学科的研究成果。这种做法无助于对教育问题的深入研究,也无助于教育学科取得独立的学术地位。教育学科在吸收其他学科的研究成果时,至少存在理解、吸收、选择、过滤、改造、整合等问题。

四、研究方式的人文性

教育研究方式的人文性,主要体现在三个方面。首先,无论是对教育活动进行定性的研究还是定量的研究,它都必须满足一定的伦理道德的要求。当研究者以儿童作为研究对象时,这一点显得尤为紧要,因为无论是从生理上还是从心理上来讲,儿童都比成人更脆弱、更易受到伤害。而且,由于不成熟,儿童自己很难或根本不能评价参加研究对他们意味着什么。根据美国心理学协会(1982)和儿童发展研究协会(1990)等组织制订的伦理条例,儿童在研究中享有的权利主要有:(1)避免伤害的权利:在研究中,儿童有权在身体和心理上受到保护。如果对研究是否造成有害影响产生疑问,研究者应该征求其他人的意见。如果可能造成伤害,研究人员应该改用其他手段获得预想的资料,或放弃该研究。(2)告知同意:包括儿童在内的所有参加研究的人,都有权利要求以适合于他们理解水平的语言向他们解释可能影响他们参加该研究意愿的所有事项。如果研究的是儿童,最好以书面形式得到父母和代表他们的人(如学校教师)的同意。儿童和对他们负责的成人有权在研究的任何时候退出研究。(3)隐私权:在研究中收集资料时,儿童有权隐藏他们的个人情况。在研究中,书写报告和进行非正式讨论时,他们也有这一权利。(4)知道结果:儿童有权要求研究人员以适合他们理解水平的语言告诉他们研究的结果。(5)有益处理:如果认定在研究中进行的实验处理是有益的,那么,控制组儿童有权在条件许可时要求对他们也采取有益处理。[①]

其次,在定性的教育研究中,教育研究的人文性表现得尤其明显。定性的教育研究利用研究者自身作为搜集资料的主要工具,这一点之所以可能,就因为教育研究的主体与研究的对象同是人,人与人之间具有精神的同质性或共通性,人与人之间可以实现双向交流与互动,人可以运用他的直觉力与洞察力、运用他自己关于生命的体验去直接地理解研究对象,这一点在自然科学研究中是根本不可能的,因为在自然科学研究中,研究主体与研究对象是异质的、无法沟通的。由于这一特点,教育研究者与研究对象之间具有一种精神生命的"互构性",即在研究活动中,研究者不仅研究对象,而且直接创造对象,并且在创造对象的过程中也创造了自身。当教育实践者(如教师)把自己的工作对象作为研究对象时,教育研究就具有一种强烈的自我反思特征,实践者通过研究活动得以改变原有的教育观念及行为方式,此时的教育研究就起到了一种"自我解放"的作用。此外,本章第三节在讲到定性的教育研究兴起的原因时,曾经讲到定性的教育研究与"民主"的关系,这也是教育研究人文性的一个鲜明的体现。

五、研究论证的复杂性

以教育理论的论证为例,它的复杂性就远比自然科学理论的论证要复杂得多。按英国学者穆尔的看法,大多数教育理论包含一种"假设—建议"的结构,所谓"假设"主要包括关于"教育目的"、"受教育者的本性"、"知识"与"方法"的假设;所谓"建议"主要是关于教育应该做什么和如何做的具体建议。"建议"的有效性与合理性,主要取决于"假设"的有效性与合理性程度。显然,对这种理论要完全按照自然科学的方法来加以检验和确证似乎是不可能的。但穆尔同时指出,尽管教育理论的确认方法不会同科学理论完全一样,但也不能由此就断定教育理论完全不能接受科学方法的检验与确认,或者说它可以由教育理论家随心所欲地来论述。"一个教育理论是可能加以审核的,但是它不像审核自然科学理论那样简单,我们必须在一个教育理论出现的不同逻辑水平上详细加以审核,依次探究其中包含的各种假定,并运用与每种水平相适应的审核方法。例如,我们可以探究关于目的的假定,并且评论关于某个理论所提出的目的与我们所拥有的一定道德原则是否相违背。要是一个教育理论的目的主张在一个多民族的社会里培植白人统治者的优秀分子,这显然是不可能被接受的。我们还可以在另一个逻辑水平上批评那种就儿童的特性所作出的假定,说它根据的理由是不真实的。如18世纪的观点说儿童仅仅是成人的缩影,那是该反对的,因为它是虚妄的。卢梭的那种乐观的观点说所有的儿童生下来都是好的,也仍然是该反对的,因为它是全然不能证实的。同样,加尔

---

① 见陈会昌编译:《心理学研究方法》(油印本,2001年),第25页。

文教派认为所有儿童生下来都或多或少是坏的,也是不能证实的,是应该反对的。一个理论由于依据关于知识的错误的观点,它也可能是有争议的。例如,柏拉图的观点认为知识从基本上说是数学的,斯宾塞的观点认为知识基本上是自然科学的,或者如福禄倍尔的观点认为知识从基本上说是宗教的,它们就都属于这种有争议的理论。……对待教育理论,不需要像对待自然科学理论一样,一定要在实践中经受检验,或用实践的方法加以考验。"[1]在这里,穆尔不仅指出了对教育理论进行论证是可能的,而且还指出了对教育理论的论证不同于对科学理论的论证,前者需要在不同的逻辑水平上进行。按他的看法,关于教育目的的假设,可从伦理学方面给予论证;对于儿童本性的假设,可从心理学和社会学方面给予论证;对于有关知识和方法的假设,可从哲学(认识论)以及心理学方面进行论证。这说明对于教育理论的不同组成部分,应采用不同的方法加以证明。

  穆尔的上述看法得到了许多其他学者的认同与支持。例如,德国学者布雷岑卡就表达了类似的看法。他认为,不同类型的教育理论具有不同的证明逻辑。他以"证实"(verification)或"确认"(confirmation)的概念与教育科学的检验相联系,以"辩护"的概念与教育哲学的检验相联系。我国学者唐莹在《元教育学:西方教育学认识论剪影》一文中进一步指出,教育理论的证明涉及三种不同的逻辑,即证实的逻辑(教育科学)、辩护的逻辑(教育哲学)、应用的逻辑与实践的逻辑(实践教育学)。[2] 在这里,我们要特别强调指出的是,教育实践对于检验教育理论的作用。英国学者赫斯特曾指出,对教育理论有贡献的其他学科知识(如哲学、心理学、社会学等)的有效性,只是证明教育实践原则有效性的必要条件,但并不是充分条件,我们还必须站在教育实践活动的立场上来论证和检验教育实践原则,即将教育理论放在教育实践活动中加以运用,观察其应用的效果,这种检验在某些范围内不失为一种可靠而有效的检验。

  教育理论论证的复杂性不仅仅体现在教育理论不同的组成部分需要运用不同的方法来论证,或者不同类型的教育理论需要运用不同的证明逻辑,还体现在教育理论论证的还原性与不彻底性。关于"还原性",主要表现在对教育理论的论证,需要追溯教育"建议"背后的那些"假设"是否正确、合理,而要论证这些"假设"是否正确、合理,又不是教育学自身所能做到的,因为这些"假设"是给定的,是其他学科的结论。因此,教育理论的论证就表现出诉诸其他学科的还原性与不彻底性。

  总之,教育研究是一门涉及多种类型的研究对象,需要运用多种研究方法和了解多种其他相关学科的知识,需要运用多种证明逻辑进行论证,具有高度的人文性的一种研究,这种研究也许是人类迄今为止最为困难的研究之一,正如瑞士著名儿童心理学家皮亚杰所认为的那样:"教育学乃是一门可与其他科学相比较的科学,而且由于它所包括的各种因素的复杂性,这门科学甚至是一门研究起来十分困难

---

  [1] 转引自(英)丹尼斯·劳顿等著,张渭城等译:《课程研究的理论与实践》,人民教育出版社 1985 年版,第 11—12 页。

  [2] 唐莹:《元教育学:西方教育学认识论剪影》,《教育研究》,2001 年第 2 期。

的科学。"①

> **探究与操作**

1. 评述"教育研究的对象是教育现象"。
2. 评述"教育研究的对象是教育问题"。
3. 概述教育研究的哲学方法、科学方法或艺术方法。
4. 教育研究可以从哪些维度分类,有哪些基本类型?
5. 与医学、法学或者社会科学中任何一门学科的研究相比,教育研究有哪些特性?

> **拓展性阅读材料**

1. 叶澜著:《教育研究方法论初探》,上海教育出版社1999年版,第七章"走向终点——教育研究方法论的特殊性分析"。
2. 陈向明著:《质的研究方法与社会科学研究》,教育科学出版社2000年版,第一章"导论——什么是'质的研究方法'?"、第三章"质的研究分类——我处于一种什么状态?"
3. 杨小微、刘卫华主编:《教育研究的理论与方法》,湖北教育出版社1994年版,第二章"社会科学研究方法概观"、第三章"教育科学研究概述"。

> **主要参考文献**

1. 瞿葆奎主编,叶澜、施良方选编:《教育学文集·教育研究方法》,人民教育出版社1988年版。
2. 瞿葆奎主编:《元教育学研究》,浙江教育出版社2000年版。
3. 叶澜著:《教育研究及其方法》,中国科学技术出版社1990年版。
4. 陈桂生著:《历史的教育学现象透视》,人民教育出版社1998年版。

---

① 皮亚杰著,傅统先译:《教育科学与儿童心理学》,文化教育出版社1981年版,第13页。

JIAOYUYANJIUDEYUANLIYUFANGFA

第二章
教育研究的准则与规范

学习目标

　　理解教育研究的评价标准，了解研究效度的种类、影响因素和检测手段，掌握教育研究的基本规范。

内容提要

　　为了让教育研究达到预期的目标，取得好的效果，就需要遵守必要的研究规范。本章介绍的教育研究准则与规范，都是以前人大量的研究经验为基础逐步提炼而成的。首先，需要理解的是教育研究的评价标准，这里涉及通用于所有教育研究的标准和针对不同研究范式、不同研究类型的特定标准。其次，针对"研究结果在多大程度上反映了研究对象情况"，需要了解研究效度问题，其中包括从各种角度关注到的不同类型的研究效度、影响效度的有关因素、效度的检测。最后，对于教育研究者来说，有必要掌握一些基本的伦理规范和操作规范，在此基础上，才有可能进一步策划和实施具体的研究活动。

重要概念和术语

　　研究范式　评价标准　效度　伦理规范　操作规范

　　　　有位研究人员很想了解某所学校的学生在学习各门学科时的主动性，于是，他设计了一份调查问卷，用来了解学生的学习感受。在具体设计问卷时，考虑到不同学科、不同年级的学生各有特点，还考虑到不同教师的教学风格存在差异，他感到有许多困惑。例如：

　　（1）能否通过学习感受来判断学生的学习主动性？

　　（2）学生在问卷中表达出的感受是否就是学生的真实感受？为什么？

　　（3）也许，有必要对学生进行一些当面访谈，甚至深入到学生的学习场景中进行一些现场观察。如果是这样，那么通过访谈或观察了解到的资料可能是一些定性描述，这与通过问卷了解到的一些定量数据之间的关系应该怎样处理？

　　这类困惑，是教育研究者经常遇到的。要对此有更深入的理解，就有必要辨析并选择具体的研究范式、研究类型，了解如何更真实地反映研究对象的实际情况，掌握必要的评价标准和研究规范。

由于研究目的和对象不同,教育研究需要并选择相应的研究范式与方法;为了保证这种选择的合理性,并由此保证研究质量,有必要探讨教育研究的准则与规范。这首先体现为各种研究范式和各种类型研究的评价标准,其次还体现为研究效度及其检测,还体现为教育研究的伦理规范和操作规范。

第一节 教育研究的评价标准

一、不同研究范式的不同评价标准

研究范式是从大量的研究活动中逐步形成的,同时,它也逐步起着规范具体研究活动的作用,使得教育研究得以取得更多的有效成果。这就更需要充分认识不同范式衡量研究质量的标准,在自觉遵循研究规范的基础上创造性地运用这些范式。

人们探讨研究范式时所涉及的主要是"实证主义范式"和"自然主义范式"。在20世纪80年代,美国一些学者曾就这两种范式,也称定量研究和定性研究[①],展开"范式之争"("paradigm wars" of quantitative versus qualitative or positivistic versus naturalistic)。[②] 论争过程中及其前后的研究表明:研究活动的实际场景是复杂的,因此,以两极对立的形式提出的研究范式难以涵盖所有的研究活动。人们现在倾向于将这些范式视为一个连续统一体,因为从实践的角度看,定量研究、定性研究的许多方面常常综合地体现于研究活动中。当然,这一维度的连续统一体仍不一定能全面地反映复杂的教育研究实践。尽管如此,这两种范式评价研究质量的标准仍有助于人们认识和规范教育研究。

---

① 也有学者译为"量的研究"和"质的研究"。关于后者,有学者在区分"质的研究"与"定性研究"的基础上倾向于采用前一概念(见陈向明著:《质的研究方法与社会科学研究》,教育科学出版社 2000 年版,第22—23 页)。

② 其中,曾在 20 世纪 80 年代初提出对立的"自然主义范式"和"理性主义范式"(即"科学范式")的格巴和林肯(见瞿葆奎主编,叶澜、施良方选编:《教育学文集·教育研究方法》,人民教育出版社 1988 年版,第276 页),也于 80 年代后期又提出与之相对应的"建构主义范式"(constructist)和"实证主义范式"。不过,也有其他学者提出与"建构主义范式"并列的"实用主义"(pragmatist)、"后实证主义"(post-positivist)和"教育批判主义"(educational criticisim)等范式,作为定性研究的具体范式[见 Lecompte, M. D., etc. (1992)(eds) *The Handbook of Qualitative Research in Education*. San Diego: Academic Press, Inc. pp. 732—752]。还有学者辨析了质的研究所用的三种"另类范式"(alternative paradigm):后实证主义、批判理论和建构主义(转引自陈向明著:《质的研究方法与社会科学研究》,教育科学出版社 2000 年版,第 15 页)。此外,还有学者在介绍美国的范式之争时提到了三种定性研究:现象学的定性研究(从 60 年代起)、象征互动主义的定性研究(从 60 年代末起)和自然主义的定性研究(从 60 年代末起)(见沃野:《当代美国教育研究方法论战述评》,《教育研究》,1998 年第 9 期)。

（一）实证主义研究范式的评价标准

1. 实证主义范式评价研究质量的出发点

这种范式以自然科学的研究为典范，强调通过观察和实验、运用数学工具、推究因果关系，对研究对象加以说明或解释。实证主义研究范式在本体论上认为教育现象和规律是客观存在的、不受主观价值因素的影响；在认识论上强调客观事实独立于认识主体之外，因而研究者应该保持价值中立，以保证通过经验的手段获得客观的资料和认识；在方法论上认为方法可以独立于对象，具有普遍适用性，并强调通过量化的方法。它所采用的"假说—演绎法"思路使得其研究程序表现为：在研究开始时形成一定的假说，界定有关的变量并假设它们具有因果关系，然后通过某些观测工具考察这些变量，其中，实验研究还强调验证预定的假设。

2. 实证主义范式评价研究质量的内容

（1）研究结果的客观真实性。实证主义范式要求研究者保持价值中立的态度，以便客观地反映研究对象的真实情况。为此，需从研究对象的选择、研究工具的设计和选用、控制干扰因素的手段和统计处理等方面考察。

（2）研究过程和结论的可检验性。为了保证研究的客观性，实证主义范式还要求研究过程和结论能够接受反复的检验，也就是说，要使同行专家在相同的研究条件下，依照相同的程序和方法，能够重演研究过程，并且得到同样的结果。

（3）所获认识的确定性。实证主义范式强调通过研究揭示变量之间客观存在的因果关系，因为它把科学（包括社会科学）的主要任务看作是作出因果关系的解释，并在研究目前行为的基础上预测未来的行为。[①]

（4）研究结论的普遍有效性。它强调通过观测具体行为而归纳出具有普遍性的结论，并能在不同时间、不同空间和不同的人那里普遍适用。

3. 实证主义范式评价研究质量的主要指标

一般来说，采用实证主义范式的研究往往较多地采用定量研究的方法、手段和工具，相应地，在评价研究质量的上述内容时主要考察如下指标。

（1）有代表性的抽样技术。通过合理的抽样技术选取研究对象，以使研究结果中出现的差异能被归因于研究中的原因变量（如实验研究中的自变量），而不是因为研究者的个人偏见而产生的。其中，最理想的是利用随机抽样的技术选取研究对象。

（2）确立研究变量的规范。实证主义研究范式特别强调通过将教育现象分解为变量进行研究，因为其基本信念之一就在于可以以数量的形式来呈现各种现象。它要求将所研究的现象分成不同的变量，并通过定量化的手段考察变量。为此，首先要看每一个变量是否有清晰的操作性定义，以便准确地控制和考察。其次，还要看变量之间及变量内部是否具有逻辑联系，如同一变量的不同指标之间是否既不重复也不遗漏。

---

① （瑞典）胡森著，唐晓杰译：《教育研究的范式》，瞿葆奎主编，叶澜、施良方选编：《教育学文集·教育研究方法》，人民教育出版社1988年版，第179—180页。

（3）标准化的研究工具。通过定量化、标准化的研究工具考察教育现象，以便获得系统的、确定的资料。与自然主义研究范式相比，它更偏重于不利用人作为收集资料的工具，而采用标准化的问卷和测验、观察项目系统等定量化的工具，以获得客观的研究资料。

（4）控制干扰变量的手段。通过各种手段控制变量的目的，是为了获得符合研究需要的信息。从实证主义范式角度评价一项研究时，除了考察它所采用的抽样技术和标准化研究工具，还需要考察研究者是否通过合理分配研究对象、安排研究程序等多种手段控制干扰变量，以防它们干扰所获信息的客观真实性。

（5）符合线性因果观的论证过程。在以演绎推理出的假设为基础而设计研究程序和工具、搜集客观资料的基础上，研究者需要运用归纳论证的方法检验假设并确立这种线性因果关系，从而获得确定性的认识。

（6）检验假设时精确的统计处理。这既反映在通过标准化的研究工具获得定量化的资料上，也反映在对于研究资料进行必要的描述统计、推断统计处理，从而获得精确的描述和推论上。因此，在这方面，需要考察一项研究是否采用了标准化的工具、规范的统计处理技术并获得精确的结论。

（二）自然主义研究范式的评价标准

1. 自然主义范式评价研究质量的出发点

自然主义范式是在社会科学、人文学科的研究中形成的。在本体论上，它认为教育活动是由人在意识和情感支配下完成的，必然带有参与活动者的主观价值因素，因而不存在纯粹客观的现实，而只有由人来赋予意义的现实，因此，它反对实证主义的原子论，反对将人的特征和活动单纯地肢解为各种变量，而强调其整体性。在认识论上，它认为研究主体与客体不可能分离，主体对客体的认识实际上是主体通过与客体的接触和相互作用而产生的有意义的、可沟通的见解；认识的结果不是对变量之间因果关系的确证，而是理解人的特征、活动和教育情境。在方法论上，它特别强调研究者深入现场，在尽可能自然的情境中与被研究者一起生活，了解他们所关心的问题，倾听他们的心声。这种范式更多地采用归纳法的研究思路，研究者不是从一定的假设出发、只关注由此演绎出的变量特征，而是首先尽量完整而详尽地搜集具体的资料，然后对此进行归纳，找出不同的特征维度，分析其相互关系，从中形成概念、理论，得出研究结论。

2. 自然主义范式评价研究质量的内容

（1）研究资料和结论的真实可靠性。在这里，资料和结论的真实可靠性指的是这些资料和结论是否与需要研究的问题与内容、研究对象所处的情境、研究对象的看法一致，是否真实地反映了特定条件下研究对象及其所处情境的特征。

（2）研究过程的一致性。这种范式强调提高研究者个人的理解来搜集资料，因此，不仅要考察研究全程所获资料内容和性质前后一致的程度，还要考察不同研究者之间、研究者和被研究者之间是否达成共识，这样才能了解不同阶段、不同内容领域的一致性。

(3) 研究结果的可理解性。研究者应在获取资料和形成结论时关注自然情境中的参与者(当事人)的观点,而在表述结果时通过对定性材料的整理、归纳和深刻的描述表达出相关的内容。由此而获得的研究结果也需要结合其独特的情境来理解,而不能像实证主义范式那样追求超越具体情境的、普遍有效的"真理"。

3. 自然主义范式评价研究质量的主要指标

采用自然主义范式的研究往往较多地采用定性研究的方法、手段和工具,相应地,在评价研究质量的上述内容时主要考察如下指标。

(1) 深入自然情境的程度。不仅要在自然的情境中收集现场呈现的资料,而且要注意从现场的关系结构中发现这些资料所具有的意义。这种范式认为,人类行为在很大程度上受到场景的影响,所以需要进入研究对象所在的情境观察、调查,并理解其中发生的事件和各种事物的意义,从制度的、历史的脉络中全面深入地了解这个情境,研究者甚至需要为此而与研究对象共同生活较长的一段时间(有的研究甚至长达多年)。

(2) 选取研究对象和场景时采用的目的抽样技术。这类研究主要采用目的抽样技术选取对象和场景,因为它需要深入研究对象所在的自然情境,需要与对象建立值得对方信任的人际关系才能从现场参与者那里获得真实而全面的信息。

(3) 获取资料的方法。采用自然主义范式的研究主要通过与对象的访谈、现场观察和实物分析等方法获取资料。所有这些方法都是为了深入了解场景中的参与者(即"局内人")的观点,包括组成情境的各种因素所具有的意义。

(4) 研究者个人作为研究工具所发挥的作用。在自然主义范式的研究中,研究者就是主要的研究工具,他们在自然情境中和研究对象(现场参与者)共处、互动,与他们长期接触,观察他们的行为、聆听他们的话语、查看他们的作品或使用的文件,并在此过程中以开放的心态关注、感受、理解对方的思想观念和周围事物所具有的意义。

(5) 研究资料的性质——以定性资料为主。这种研究范式强调搜集和呈现描述性的研究资料,即多以文字或图片的形式呈现,描述人们的语言、行为和事件,以呈现出研究对象所在情境的整体性和相关事物的意义。这些资料的来源包括:访谈记录、观察记录、照片、个人资料、研究对象使用的正式文件、问卷、录音、录像等等。

(6) 归纳分析的研究思路。自然主义范式强调从自然情境中搜集资料并上升到理论,反对从预设理论或假定出发到现实中搜集资料来证明理论或假定。在原始资料收集上来以后,研究者不是用已有的理论框架整理资料,而是根据这些资料本身所呈现出来的特点进行分类、归档和编码,然后分析各种资料的特点和相互之间的联系,包括因果联系、时间关系、语义关系等,并由此发展和归纳出具有概括力的概念和具有说服力的理论,由此形成的理论被称为"充足根据理论",也译为"扎根理论",这与实证主义范式的研究所要验证的"先在理论"(prior theory)恰好形成对比。

二、不同类型研究的不同评价标准

从研究目的、功能和作用这个维度,可以相对地区分出基础研究和应用研究两类教育研究;不同类型的研究各有一些不同的要求,在评价它们的质量时也就有不同的标准。

(一) 基础研究的评价标准

基础研究的主要目的在于发展和完善理论。为此,它要不断地深入认识和理解教育活动,揭示其中一些带有规律性的东西,弄清教育的目的、教育活动与其他社会活动的关系、教育自身的发展规律、教育对社会文化的选择和改造作用、教育对个体发展的影响等等。据此,评价基础研究的质量时主要考虑其理论意义,这主要体现为如下几方面的内容和具体指标。

1. 创造性

是否具有创新性的内容或思想见解,这是衡量一项基础研究价值和质量的首要条件。一般来说,基础研究的创造性可以表现为:

(1) 提出新的理论、观点、概念,论证充分。

(2) 对已有理论作出新的解释、论证,使原有理论得到深化;充实已有知识,使之条理化、系统化;合理改变或补充已有观点。

(3) 探索出教育活动的新规律或变未知为已知,深化认识;纠正原有认识中的错误;即使不能做到内容全新,也应对事物之间的关系进行更深入的分析,有利于说明事物的本质,得出某些新结论。

(4) 为学术界争鸣的问题提供新资料、提出新见解,使问题有所突破,并得到学术界的认可。

(5) 在本学科边缘学科开辟新的研究方向、新的问题域,提出有研究价值的新问题,并予以初步论证。

2. 现实性

创造性的基础研究要立足于该学科领域和相关的应用领域前沿,针对实际存在的问题或发展方向作出有价值的探索,并在学科建设和应用方面产生作用。这可以表现为:

(1) 对学科建设或学科分支建设有一定的贡献。

(2) 对应用研究有重要的指导作用;对相关部门或应用领域产生较大的推动作用。

(3) 对改变人们的思想文化、伦理观念、价值观念和行为方式有一定的作用,产生一定的影响。

(4) 获得学术界和社会舆论的良好反应。

3. 逻辑性

好的基础研究应该在核心概念和命题等方面具有严密的逻辑性,而这与研究者规范地运用相关的研究方法和思维方法有密切关系。基础研究的逻辑性往往表现为：

(1) 核心概念和命题有规范的表述和严密的论证。

(2) 所用的研究方法具有科学性,研究思路清晰,思维方法合理。

(3) 研究资料系统全面,能有力地证明研究结论。

(二) 应用研究的评价标准

应用研究的目的在于应用或检验理论,以验证理论在解决教育实际问题中的作用,改进教育工作。为此,它需要鉴别理论的创造性和可能具有的实践价值,更需要结合具体的教育实际问题运用理论,以求推进工作。据此,评价应用研究的质量时主要考虑其实践意义,这主要体现为如下几方面的内容和具体指标。

1. 实用性

应用研究要针对实际问题,力求对教育实践产生实质性的推动作用。应用研究的实用性可以表现为:

(1) 研究针对教育实践和教育改革中有价值的现实问题,形成真正为教育工作所需要的成果。

(2) 在先进理论的指导下探索解决现实问题的策略、方法并形成有条理的认识,从教育改革实践中总结和提炼成果,并经过科学验证。

(3) 对教育工作和教育决策产生积极影响,增进教育活动和决策的科学性。

2. 适应性

应用研究固然要在具体的情境中探索解决实际问题的途径,但不能仅仅局限于解决一个单位里的具体问题,而应超越经验探索和积累的层次,从中提炼出能在更大范围内起作用的认识和解决同类问题的方法。这可以表现为:

(1) 研究的问题具有典型性,能深入现实的教育活动和改革,抓住其中的关键因素进行探索,而不是简单地应对事务性的问题。

(2) 所选研究对象具有代表性,能从这些研究对象身上获得更全面的、与问题相关的信息。

(3) 形成有条理的认识和可操作的工作策略与方法,以便在更大范围内推广。

3. 新颖性

应用研究面对的是现实问题,尤其需要注意突破狭隘的视野,避免重复性的研究和简单验证某一已有定论的观点。要争取利用先进的理论解决现实中的关键问题,探索新的工作思路。这可以表现为:

(1) 理论依据先进,在相关领域中处于前沿水平。

(2) 研究思路符合教育改革趋势,能抓住具有前瞻性的关键问题,并在研究规划和设计上有所创新。

(3) 提出解决实际问题的新规划、新方法和新建议。

三、评价标准的普遍性和特殊性

（一）评价标准的普遍性

不同范式的研究、不同类型的研究因其研究思路和目的等方面的差异而在评价研究质量时强调不同的方面，这可以在不同方面促进各种教育研究得以规范而深入地开展。与此同时，不同的教育研究之间仍需沟通和交流，互相促进对教育现象的认识，共同致力于教育事业的发展。为此，人们也就不同教育研究的某些共性问题进行探讨，达成了共识，使有些评价标准具有一定的普遍性。可以从教育研究在不同阶段的要求来探讨这些具有普遍性的评价标准。它主要涉及如下内容和指标。

1. 目标评价

教育研究的目标集中在研究所追求的理论建树，或者解决某些问题的系统策略与方法上，因此，进行目标评价就是对教育研究的理论思路、所要构建的理论体系和解决问题的策略与方法进行评价。在这方面，主要考察如下方面。

（1）研究课题的价值。这涉及理论价值和实践价值两个部分。从理论上说，要考察选题是否反映先进的教育思想、代表教育改革的趋势，是否能在相关领域的认识上取得一些突破或拓展；从实践的角度看，要考察选题是否有可能给学生、教师和学校带来更大的发展，能否为教育决策提供更好的思路和依据。

（2）研究假设的科学性。大部分的教育研究往往是从一定的预定假设出发的，即使采用自然主义范式进行定性研究，也需要就相关问题有一个初步的设想（只不过这种设想是有待进一步充实、发展的）。要考察研究假设是否得到清晰的阐述，是否有初步的理论依据和事实依据，所涉及的概念系统是否完备、确切，是否具有内在的逻辑联系。

（3）研究目标的可操作性。要考察目标是否明确具体，是否可以在进一步的研究中得到实施和考察。这还涉及研究是否能够获得足够的物资、人员和资料等方面的支持条件。

2. 过程评价

这是对研究过程的科学性、规范性的评价，它主要涉及准备阶段的设计、实施阶段的资料搜集和总结阶段的分析论证等方面。这需要考察这样一些方面：

（1）研究设计的合理性。研究设计需要与特定的研究目的和研究对象的特点相适应。这就需要考虑：研究的题目是否明确指出了问题的范围，是否已彻底查阅过相关文献、了解已有研究成果，研究涉及的内容是否得到了清晰的界定或解释，研究的思路是否符合有关规范，选取研究对象和场所的抽样方法是否合理。

（2）实施过程的规范性。用以达到研究目的的各种技术、程序和材料要规范、可靠，这需要结合研究所属的范式和类型具体考察。若采用实验等方法进行定量研究，就需要清晰地界定变量、有计划地操纵变量和控制干扰因素；若采用访谈、观察等方法进行定性研究，就需要注意研究者本人是否能够获得可靠的信息。

（3）分析论证的严密性。在充分搜集资料的基础上，研究者还需要通过严密的分析论证才能获得可信的结论。为此,要考察论证所用的思维方法是否合理,是否从不同方面作了慎重的考虑,研究结论与资料之间的关系是否直接。

3. 成果评价

教育研究的成果可以分为实践成果和理论成果两个方面。实践成果主要涉及学生的全面发展(知识、能力、态度、体格等)、教育教学方法的改革、教材或课程的改革、教育管理体制的改革等内容,理论成果则涉及对实践研究成果的逻辑证明、对已有教育理论的清理和更新、对各种教育理论观点的评价和整合、对某种新理论的验证等内容。此外,还要看研究得出的结论是否可信、能在多大的范围内推广。具体内容可参阅不同类型研究的评价标准。

(二)评价标准的特殊性

上面讨论的具有普遍性的评价标准和不同范式、不同类型研究的评价标准,都是衡量一项研究质量高低所应参照的。不过,在具体评价一项研究时,还需结合具体研究内容的特殊性,更准确地衡量研究质量。下面以教育实验研究的评价标准为例作一说明。

首先,结合教育实验这种研究的特殊性,从实验目标、实验过程和实验结果等方面制订评价标准[①]。

其次,结合具体的教育实验研究项目的特殊内容制订评价标准。如有一项《为儿童个性发展的整体、合作、优化教育综合实验》,其假说是:为了使小学生乐学、善学,个性获得和谐、主动、充分的发展,必须强调学校系统整体的综合性的教育影响,讲究教学活动的最优化和学校生活中人际关系的人道化,搞好师生合作,创设学校最佳的教育环境和学生最佳的精神状态,以课程结构改革为突破口,逐步建立起学校教学组织的新体系,这就有可能使实验班学生在形成德、智、体公民素质和个性发展方面,一般高于对照班学生所能达到的水平。[②] 显然,这项实验"以课程结构改革为突破口,逐步建立起学校教学组织的新体系",相应的评价标准就要体现这一特色。

第二节 教育研究的效度问题

教育研究的效度,是指教育研究的结果反映研究对象情况的真实程度。如果研究结果是基于事实或确凿的证据,也就是说这个结果是得到严格证明的,则这项

[①] 参照王汉澜主编:《教育实验学》,河南大学出版社1992年版,第440—442页;王策三主编:《教学实验论》,人民教育出版社1998年版,第312—314页;裴娣娜等著:《教育实验评价的研究》,四川教育出版社1997年版。

[②] 杭州市拱墅区实验小学、杭州大学教育系:《"整体·合作·优化"教改实验报告》,《教育研究》,1990年第11期。

研究是有效的,效度就是用来表示这种有效性的一个指标。但是,教育研究所面对的教育现象是十分复杂的,不同研究范式的赞同者对于是否存在绝对客观的本质和事实尚有异议,对于研究能在多大程度上有效地反映这些事实也有不同的看法。尽管如此,人们还是希望研究能真实地反映研究对象的情况,从而提高研究的效度。为此,许多研究者区分了不同的研究效度,并探讨了影响效度的因素和检测效度的方法。

一、教育研究效度的分类

在教育研究领域,效度这个概念最初是被用来探讨实证主义范式研究(定量研究)中的相关问题的,后来,人们也将其主要思想引用到其他范式的研究当中,从而区分出了多种效度,并可以从不同角度进行分类。

(一)从研究结果解释范围和适用范围的角度,可以区分出内在效度和外在效度

1. 内在效度

这是指研究结果在研究对象所涉及的领域中可以精确解释的范围。内在效度反映了研究结果所达到的科学性。

许多学者将教育实验研究作为实证主义研究范式的代表,较系统地探讨了教育实验的内在效度和外在效度。其中,内在效度是指实验因变量的变化可以用自变量变化来解释的程度,也就是实验结果揭示自变量与因变量之间因果关系的准确程度。人们探讨教育实验的规范,尤其强调运用控制干扰变量的手段,目的就是为了提高实验的内在效度,清晰而准确地凸现变量之间的关系。自然主义范式倡导的定性研究则需要在自然的情境中进行,因此难以像定量研究那样采用控制手段。尽管如此,定性研究仍需考察内在效度,只不过考察的具体内容有其特点,因为自然主义范式对现实的看法与实证主义范式有重要区别。在定性研究中,研究者通过以自己为工具来关注和理解研究对象对其所在的自然情境及其中各种事物的认识,研究情境中的意义。相应地,研究结果在反映研究对象的种种体验和认识、反映情境中各种事物的意义方面所具有的真实程度,也就是定性研究的内在效度。

2. 外在效度

外在效度又称推广效度。这是指结果能被推广的人、情境和条件。外在效度反映了研究所具有的社会价值。

在实证主义范式的研究中,要使研究所获得的结果具有较高的外在效度,往往要求通过抽样选取有代表性的研究对象等手段使研究结果能说明同类情境中的教育现象,并能在更广范围内产生相似的作用。在自然主义范式的研究中,往往采用目的抽样的方法选取研究对象,而且进入自然情境的定性研究需要与研究对象有深入的交往和相互理解,因此难以简单地比照实证主义研究范式对外在效度的评价,而需根据该研究范式的特点考察外在效度。人们认为,首先,尽管这类研究在

实施时因为研究者个人、研究对象、自然情境等方面的因素而各有特殊性,但研究者在实际操作中仍遵循着一定的原则和行为规范。其次,定性研究形成结论时运用的是归纳型概括(不同于定量研究所用的集合型概括),也就是说,它的判断建立在归纳推理的基础之上,人们可以由此而获得"显而易见的推论"。因为人类的大脑具有某种自律性,人类享有很多共同的生活经验和意义建构方式。同一文化中的人们往往共有类似的心理行为和社会反应模式,他们用以阐释世界的思想概念也有很多相同之处。这与人们常说的"个性"与"共性"的关系有关。[1] 深入细致的研究不仅使研究结果更为真实,而且也提高了研究内容所代表的意义的可转换性。再次,更为重要的是,对定性研究所获结论外在效度的判断既依赖于研究本身,也与研究之后读者的解读有关。一方面,对定性研究结果的检验,责任不仅仅在于研究者,也不仅仅在于研究过程中,更在于使用该项研究的人,在于研究之后的不断解读、不断解释之中。另一方面,定性研究外部效度的判断是对其研究结果适用于其他情形的"合理可能性"的结果。这种"合理可能性"需要使用该研究结果的读者对新的情形与该项研究所面对的情形之间进行比较和判断。所以,对于自然主义范式的研究而言,"证明的责任(目的是结果的概括性)很少在于最初的调查者,而多在于寻求适用于其他地方的人……最初的调查者的责任结束于提供丰富的描述性资料以便能够做出类似的判断(在'新'的形势下)"。[2] 定性研究的阅读者和使用者有解释结果和判断其外在效度的责任——这种责任比在定量研究中要大得多。

就内在效度和外在效度的关系而言,一定的内在效度是决定该研究的结果能否适用于同类研究对象的一个重要条件。也就是说,一定的内在效度是保证较高外在效度的一个前提条件。另一方面,旨在提高内在效度的企图可能会降低外在效度,反之亦然。所以,研究者需要求得一种平衡,使某一结果得到合理的解释,同时具有某种程度的推广价值。他必须作出选择,而难以求得绝对的两全其美之策。此外,还需注意:内在效度所衡量的是研究过程的质量,外在效度所衡量的是研究结果被推广运用的过程的质量,均不是对研究的最终结果的鉴定,这是与下面所介绍的几种效度的区别。

(二)从研究工具和手段可靠性的角度,可以区分出内容效度、准则效度、结构效度、统计结论效度、理论型效度、描述型效度、解释型效度

内容效度、准则效度、结构效度、统计结论效度往往被用来考察定量研究的质量,理论型效度、解释型效度往往只适用于考察定性研究的质量,而描述型效度在两种范式的研究中都适用。

---

[1] 陈向明著:《质的研究方法与社会科学研究》,教育科学出版社 2000 年版,第 411 页。
[2] Lincoln, Y. S. & Guba, E. G. (1985), *Naturalistic Inquiry*. Beverly Hills, CA: Sage. P. 298. 转引自(美)威廉·维尔斯曼著,袁振国主译:《教育研究方法导论》,教育科学出版社 1997 年版,第 331 页。

1. 内容效度

内容效度又称表面效度、逻辑效度，用来衡量一个测量工具的各个部分是否真实而全面地测量了研究对象的相关特征。内容效度包含了两层意义：(1)测量工具所考察的是不是研究者所想考察的行为或品质，即测量结果是否符合测量的目的；(2)测量工具本身的内容是否足以代表相关特征的所有表现，即测量内容是否符合测量对象。

2. 准则效度

准则效度又称效标效度，是指测量工具所测查到的结果与被选定的标准一致的程度。如果这个测量工具所测结果与这种标准高相关，那么这一测验的效度就高；反之，效度就低。人们又把准则效度区分成共时性准则效度和预测性准则效度等不同情形。

共时性准则效度，又称共变效度，是指一个测量工具的测查结果与所选标准（往往是一种已定的权威测验）结果同时或近似同时得出，由此而考察出的该测量工具的准则效度。如果我们需要测查研究对象的某项特征，而且在这方面已经形成了权威的或者标准的测量工具（如一些智力测查量表、由权威部门制订的数学能力测验、汉语水平考试等。在下文的图解中，记作 A 工具），但根据研究的需要，我们还是要选择或设计一些新的测量工具（在下文的图解中记作 a 工具）。

预测性准则效度，又称预测效度，是指一个测量工具预测未来可能出现情况的能力。它往往是在使用该测量工具测查出一个结果之后一段时间（比如几个月）再得出标准结果（如用另一种权威测量工具测查对象特征），然后考察前面的那个测量工具与标准结果之间的一致程度。例如，要考察一项能力倾向测查的预测效度，就要将它原先测查的一些人的结果与这些人后来在学习中相应能力的发展状况进行比较。

3. 结构效度

有的学者也称之为"理论效度"，这是指测量工具测查到的结果与设计该工具依据的理论基础一致的程度。假定有一个描述"教师期望"与"学生智力"（两个概念）之间关系的理论（命题）——教师期望越大，学生智力发展越快。有一项权威的测量手段或工具（如有一份标准问卷，设为 A 工具）测查了一些教师（通过随机抽样选取的、样本数量足够多）"对不同学生的期望"，另有一项测量工具（设为 B 工具）通过前测和后测考察了这些学生的"智力发展速度"，而且这些测查已经证实了这一理论。现在，研究者想设计另一个测量手段或工具（设为 a 工具）测查教师"对不同学生的期望"，也获得了与前面相同的结论，即验证了理论（教师期望越大，学生智力发展速度越快），那么，我们就说新的测量工具（a 工具）具有较高的结构效度，因为它测查出了它所依据的理论基础。

显然，考察一个测量工具的结构效度时，必然要涉及与该工具所测量的概念（如 a 工具所测的"教师期望"）有关的其他概念（如 B 工具所测的学生"智力发展速度"）及测量这些概念的工具（如 B 工具）。例如，在考察新编智力测查工具的结构效度时，既需要与原有的权威智力测查工具进行比较（此时还属于"准则效度"的考察),还需要使用诸如实际年龄等概念和测查实际年龄等概念的工具。

上述三种效度主要用于定量研究中对测量工具或其他定量考察手段质量的考察。人们已区分了三者之间的不同之处,可以图解如下。

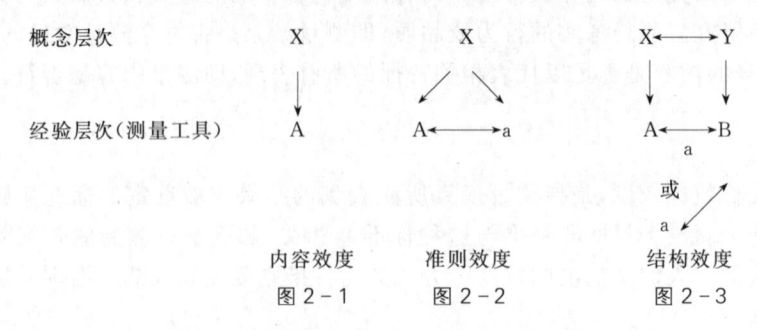

```
概念层次              X              X              X ←→ Y
                      ↓             ↙ ↘             ↓      ↓
经验层次(测量工具)    A            A ←→ a          A ←→ B
                                                      a
                                                      或
                                                      ↕
                                                      a

                   内容效度        准则效度         结构效度
                    图2-1           图2-2           图2-3
```

图2-1表明:内容效度只需要一个单一的概念(X)和一个对它单一的测量工具(A),因此它是效度评估中最简单的鉴定程序。

图2-2表明:准则效度也只需要一个概念(X),但需要对该概念有两个以上的测量工具(A 和 a),这两个测量工具是相关的。只要两者效度高,两者就可以相互取代。

图2-3表明:结构效度不仅需要一个概念(X)以及测量这个概念的两个工具(A 和 a),而且还需要其他概念(Y)和测量这些概念的工具(B),这些概念(Y)与测量工具(B)同所要测量的概念(X)和测量工具(A 和 a)相关。由此可见,从内容效度到准则效度,再到结构效度,实质是一个递进的过程,即后面的效度类型包括前面类型中的所有成分,并且还有新的成分特征。相应地,后者需要比前者更多的信息。所以,结构效度是三者中最完备、最有力的衡量研究工具质量的指标。

4. 统计结论效度

这是指统计结论反映相关特征的真实程度。面对数量化的研究结果,研究者需要考察这些数据及结论是否真的有效。如果被测查者没有正常地参与测试,如处于非正常的身体状态和情绪状态、随意猜测答案或随意回答,则由此获取的原始测查数据本身就没有反映出测查对象的有关特征,据此而做的统计分析也就会失去效用。即使获取的原始数据是真实可靠的,在进行统计分析时也需要慎重采用适宜的指标和推断公式,否则即使计算出来的结果很精确,也可能无法准确地反映出测查对象的相关特征。[①]

5. 理论型效度

这与定量研究中的"结构效度"(理论效度)类似。它是指研究所依据的理论以及从研究结果中建立起来的理论反映教育现象的真实程度。所谓"理论",一般由两个部分构成:一是概念,比如"学校"、"好学生"、"差学生"等;二是概念和概念之间的关系,如因果关系、序列关系、时间关系、语义关系、叙述结构关系等。例如,研究者在研究了一所学校的老师如何看待差生之后,得出一个结论:"老师把有些学

---

① 参阅蔡敏:《教育实验研究的效度评价》,《教育研究与实验》,1999年第3期。

生称为差生,是因为这些学生成绩不好",这便是一个因果关系的理论陈述。如果这个理论并没有恰当地解释该校老师看待学生的情况,如有些学生被视为差生,并不仅仅是(或者并不主要是,或者并不是)因为他们成绩不好,而是因为他们上课喜欢做小动作、说话粗鲁、不讨老师喜欢等原因,那么,这一理论就不能有力地、令人信服地说明所研究的现象,从而缺乏足够的理论效度[①]——它首先没有完整地界定"差生"这个概念的内涵与外延,其次没有完整而准确地说明"老师把某些学生称为差生"的原因。

6. 描述型效度

这是指对事物或现象进行考察后所作描述的准确程度。采用这种效度考察研究质量,必须满足两个条件:其一,所描述的事物或现象必须是具体的;其二,这些事物或现象必须是可见或可闻的。如果研究者到课堂上观察师生互动作用的情形,而教室外的噪音使得研究者无法听清教师和学生所说的话,他所作的记录可能因此而不完整、不正确,由此而作出的描述就缺乏足够的效度。若为此观察创设比较安静的外部环境,并采用录音、录像等手段记录原始情况,然后根据现场观察记录和对照录音、录像进行整理,则对课堂所作的描述具有较高的效度。

7. 解释型效度

这是指研究者了解、理解和表达研究对象对事物所赋予的意义的"确切"程度。满足这一效度的首要条件是:研究者必须站在被研究者的角度,从他们所说的话和所做的事情中推导出他们看待周围事物的态度、观念以及构建意义的方法。这与定量研究中研究者从预设理论出发搜集资料来检验假设的做法形成了对比。

二、影响效度的主要因素

要使研究具有更高质量,就要着力提高研究的效度,为此,就需要分析影响研究效度的各种因素。不过,不同的效度概念考察的内容不同,依据的理论基础也不相同。即使是同样的效度概念,在不同研究范式中也有不同的含义和考察方式。所以,我们需要结合具体的研究项目选择合适的效度概念和各自的水平(如在内在效度与外在效度之间取得平衡),并关注相关的影响因素,作出相应的安排。我们在这里主要探讨研究全程各阶段中可能影响研究效度的因素,其中主要从研究工具和研究者与被研究者方面予以考察。

(一) 研究设计中影响效度的因素

1. 概念界定的清晰程度

实证主义范式的研究强调在设计时就形成可供检验的假设,为此就需要清晰地界定相关的概念。概念的内涵与外延是否清晰、是否具有可操作性,不仅关系到研究过程中对相关因素的干预和控制(如教育实验中对自变量的操纵和对干扰变量的控制),而且关系到研究工具的选择和设计(如编制问卷、观察项目系统)。在

[①] 陈向明著:《质的研究方法与社会科学研究》,教育科学出版社2000年版,第394页。

自然主义范式的研究中,也同样要注意明确概念的含义,因为不同的研究者、被研究者各自有着自己所接受的一些文化前设或所在情境氛围形成的暗示,他们有可能用着同样的词语,却说着不同的内容。例如,在讨论学生的学习负担问题时,如果访谈者和被访谈者对"学习负担"有不同理解,则在了解"学习负担是否重"时,很有可能获得看似十分明确,却缺乏效度的信息。

2. 取样的代表性

这里的取样,既指研究对象的选择,也指研究材料(如需要分析的课文内容、需要检测的题目类型)的选择。只有根据研究需要采用合理的抽样技术选取样本,才能避免取样时的偏差,从而不影响研究的效度。

(二) 研究过程中影响效度的因素

1. 对无关因素的控制程度

教育现象涉及非常多的复杂因素,任何研究者在一个项目中只能选择其中一部分进行研究,而那些未被选择的、因而与研究目的无关的因素仍有可能会影响研究效果。因此,研究者必须决定如何控制这些无关因素。

2. 研究过程中的偶然因素

在教育研究中,无论控制程度如何,都必然要面对真实的教育活动、面对具体的教师和学生,由此牵涉到的复杂因素可能使研究过程中出现种种偶然因素,这也有可能影响研究的效度。例如,实验班或对比班的教师或学生(尤其是处于两极的学生)可能中途离开、在时间较短的教学实验中遇到停电事故而无法按预定计划进行研究,等等。

3. 测验或调查之间的影响

被研究者具有学习能力,这使他们有可能在前一次的测验或访谈、问卷调查中积累了经验,从而有可能更顺利地完成后面的测验和调查,提供更充分的信息。但也有可能因此而更巧妙地掩饰一些信息,或者因为已有经验而表现出超出真实水平的表现。这些情况,有的可能提高了研究效度,有的则会降低效度。

4. 研究过程中的副效应

在研究过程中,研究者和被研究者都有可能产生一些主观反应,从而影响了研究效果。这些因研究而产生的反应被称为副效应,因为它们不是研究者预期的情况。如"霍桑效应"[①],这是指参加实验的被试(如学生)因得知自己参与实验研究、受到关注而提高了活动积极性,从而表现得比平时更好。还有"期望效应"(也称"皮格马利翁效应"或"罗森塔尔效应")、因时间推移而产生的"履历效应"、来自被

---

① 1924年,罗特利斯伯格和狄克逊在美国芝加哥西方电力公司霍桑工厂进行一项实验研究,目的是为了确定提高劳动生产率的最佳照明条件。但实验结果表明,对于参加实验的班组,不管照明条件是否改变,其产值都有明显提高。针对这一出乎意料的情况,罗特利斯伯格等人花了几年的时间进行深入研究,最后得出结论:增产是由于劳动纪律的加强,而劳动纪律的加强又是由于参加实验的工人们感受到了厂方对他们的关心所致。后来人们就把罗特利斯伯格等人在霍桑工厂实验中发现的这种心理效应叫做"霍桑效应"。

试的疲劳与生理变化的"生成效应",以及参与研究的老师因实验时间长、失去新鲜感而怠于坚持实验措施的"不忠实"现象,被访谈者揣摩研究者的心理而故意投其所好、片面强调某些信息甚至捏造信息,等等。

(三) 获取资料的方法和工具中影响效度的因素

1. 资料来源是否直接

如果研究者所搜集的并不是第一手资料,而是经过别的渠道获得的二手资料或经过更多次传递而获得的间接资料,则这些资料可能会在传递的过程中因种种原因而失真,从而影响研究的效度。

2. 观察不清,或者因语言障碍而产生误解

研究者在观察研究对象时,可能因为环境影响或自身情绪、身体等方面的不适而看得不清、听得也不准确,这也会影响研究所获资料的准确性,从而影响研究效度。

3. 研究的信度

信度是指研究的前后一致性以及研究能在多大程度上重复。这包括:多位研究人员同时收集的资料的一致程度(这属于研究的内在信度,如两个或更多观察者在记录同一位教师的表现时所达到的一致程度)、一个独立的研究者在相同或相似背景下重复研究的结果之间的一致程度(这属于研究的外在信度)。对于一个测量工具来说,信度就是指它在不同时间测量相同研究对象所获结果的相似程度。研究工具的信度是较高效度的必要条件(但非充分条件)。如果一项研究或一个测量工具本身是缺乏信度的,由此获得的结果肯定是缺乏足够效度的。

(四) 资料处理中影响效度的因素

1. 原始数据的可靠性

即使运用权威的、标准化的测查工具,仍有可能获得不合适的数据。这是因为被测查者有可能产生猜测答案、随意回答等行为,从而使获得的数据质量受到影响。一般地,在获得原始数据之后,还需要对其进行检查,以剔除一些不合要求的数据,同时也要防止丢失真实的信息。

2. 统计分析工具的适用性

各种统计学的分析与计算方法都有特定的理论假设和使用条件,只有满足了这种假设和条件才能正确使用这些方法,获得有效的结论。若没有考虑这些假设和条件,而赶时髦地应用一些统计方法,有可能提供看似很精确、但没有意义的无效数据。

三、对研究效度的检测

既然研究效度是衡量研究质量的一个重要指标,就需要通过一定的方式检测它。在探讨如何检测研究效度之前,我们应该认识到:研究的效度只是一个度的问题,事实上不可能得到某种纯粹的效度。一方面,正如上面所说到的,不同的效度之间有着相互影响，例如，旨在提高内在效度的企图可能降低外在效度，研究工具的准则效度是以另一个标准工具所具有的内容效度为前提的。另一方面，不同研究者对现实的看法及其认同的理论基础不同，他们在选择衡量各种效度所参照的"事物的本真面目"或标准时也可能有不同维度的考虑，于是一个绝对有效的衡量效度的依据是不存在的。尽管如此，研究者和评价者仍应注意采用可靠的手段检测研究效度，致力于提高研究质量。一般地，在检测研究效度时人们主要采用如下手段。

（1）对研究内容进行逻辑分析。对研究结果、测量工具所依据的概念、实验研究的假说等进行逻辑分析，并将其与原始资料、测量内容、实验措施等进行对比。

（2）考察选择研究对象和研究材料时所用的抽样技术。定量研究较多地采用随机抽样、分层随机抽样等技术，定性研究则较多采用目的抽样技术。但具体的研究项目有可能将不同范式的考虑都结合进来，因而可能有特殊的研究目的和需要，有可能在不同阶段、不同方面需采用不同的抽样技术。

（3）考察研究人员所具有的素养。定性研究需要以研究者本人为研究工具，研究人员本身的素质高低、与研究对象的人际关系、访谈时的发问水平等都将决定其所获信息的真实性和完整性。在定量研究中，也同样需要考察研究人员的素质。例如，利用标准化量表或问卷测查研究对象时，施测人员的现场表现，包括解释测查目的和要求的方式和态度，有可能会影响研究对象的回答。

（4）考察研究过程中的控制手段。有的研究需要在研究过程中控制一些干扰变量（选取合适的研究对象和研究材料可以视为在设计研究时就在控制某些干扰变量），相应的控制手段及控制程度如果合适，将有利于提高研究的效度。例如，合理安排研究程序，消除研究人员和研究对象身上产生的副效应。

（5）比较实验研究前测和后测的结果。在控制干扰变量的前提下，为了更有效地考察实验研究所操纵的自变量的效果，有的项目在研究开始和结束时分别测量一次研究对象的相关特征（如学生的学习成绩、创造性思维能力、性格特征等），然后对比前测和后测的结果。由此考察到的自变量对研究对象产生的效果，就能说明经过验证假设而形成的研究结论反映教育活动的真实程度。

（6）比较实验研究中实验组和控制组的表现。这与比较前测和后测结果有着类似的效果。需要注意的是：第一，在比较前测与后测、实验组与控制组的表现时，如果所获资料是定量数据，需要根据实际情况选用合适的统计方法，包括进行差异显著性检验。第二，除了定量数据外，一些定性资料也能用来进行比较。例如，学生的精神面貌、发言情况、参与班级活动的积极性等方面的表现。

（7）比较从不同来源获取的信息。研究者获取的资料能真实地反映实际情况，才能为进一步的研究提供好的基础。为此，需要比较从不同来源获取的信息，以确认资料的可信程度。例如，在问卷调查中，需要为比较和确证调查信息而设计特定的项目（题目）；在观察（包括定量观察和定性观察）研究中，需要比较不同观察者对同一行为表现或事件所作的记录；在有些研究中，需要将研究者所获信息与提供信息者,包括当事人和与相关事件有关的人(如一位辍学学生的老师、同学、家长)进行核对。

(8) 比较不同的假设。在证明一个假设时,存在着两种思路:其一为证实法,其二为证伪法。在检测一项研究的效度时,需要兼用二者,而不能仅仅搜集和利用可以证实假设的资料。在对某些数据作差异显著性检验时就用到了"备选假设",证实一个假设,也就意味着证伪另一个假设。在搜集到可靠、全面的研究资料之后,还需注意比较多种假设(可能有不止两个假设),从中作出缜密的结论。这在定性研究中尤为重要,因为不同的人对同样的资料可能会有不同的理解(解释),研究者不能仅因发现了与自己观点一致的材料就草率地下结论,而应多从不同角度、不同层次听取参考意见。

(9) 计算不同测量工具所测结果之间的相关系数。在考察某些测量工具的效度(如准则效度、结构效度)时,需要将使用该工具所得结果与另一标准测验所得结果进行比较,其中一个常用的办法就是计算两者之间的相关系数。(这在教育测量学中有系统的介绍。)

(10) 核对统计方法所采用的前提假设和使用条件。在对定量数据进行统计处理时,应核对适用的前提假设和条件,以免用错方法,获得无效的结果。(这在教育统计学中有系统的介绍。)

第三节 教育研究的基本规范

教育研究要通过理性的探究活动获取真实而有价值的信息,进一步认识教育现象,揭示其规律,就必须遵循一定的规范。由于教育活动是由人来设计和进行的,为了保证研究所涉及的各种人的权利,教育研究必须遵循一些伦理规范。同时,教育研究又旨在获得具有科学性的认识,这就需要遵守一些操作规范。

一、教育研究的伦理规范

教育研究的内容主要涉及学生、教师、学生家长和其他人的一些行为、思想等方面。在了解这些人的各种特征时,一些研究可能会对他们的生活产生一些影响,其中就包括一些负面的影响。为此,研究者必须遵守一些伦理规范,这些伦理规范既应符合普遍道德原则,也应考虑到研究活动自身的特殊要求。这主要体现在下面这些方面。

1. 尊重被研究者和参与研究者的权利

教育研究往往需要选取一些学生、教师、学生家长和其他人作为研究对象或者参与研究的人员(如实验教师使用某种新的教育方法、应用某种新的教育理念,校长和教研人员作为一项研究的组织者和培训者)。无论研究多么急需、多么紧迫,首先要考虑到尊重这些人的若干权利,不能有违法律赋予的人身自由。在这方面,他们的主要权利有:

(1) 私人不参加协作权;
(2) 保持不署名权;
(3) 保密权;
(4) 要求实验者承担责任权。[①]

研究者应自觉尊重被研究者的这些权利,因为有些被研究者(尤其是未成年人)可能没有清晰地认识到自己拥有这些权利。一旦研究者要求这些人参与研究活动,就可视为研究者已经承诺尊重权利。为此,应让被研究者或参与研究的人员了解将要研究的内容对于他们来说意味着什么,包括使他们正确理解研究意图、研究内容与他们的关系、他们需要付出的时间和需要作出的努力、他们可能要承担的压力。例如,若要进入他们的学习或工作情境,就需要协商或预先声明研究者对所获信息的态度和将会采取的措施。在很多研究中,需让被研究者明白:研究者本人主要从学术研究的角度来搜集和处理信息,而不会对他们当下的利益、地位等造成影响(尤其是负面影响),以免对被研究者造成不必要的心理压力。若要公开有关的个人信息,需征得相关信息提供者本人的同意。

2. 审慎解释研究成果

研究者在获得研究结果后,需要向公众作出合理的解释,有时候,还需要向被研究者或合作者作出解释,以免造成误解,甚至误导。

一般说来,公众对科研工作者经过认真努力工作而形成的研究成果有一种信任感,也乐于成为这些成果的使用者。越是这样,科研工作者就越应本着高度的责任感,审慎地解释研究成果或结论。错误的结论、不真实的成果和不合适的推广应用,都有可能造成难以估量的后果。研究者应详尽解释成果有效性的条件和范围,不能因为私利或其他原因曲解研究结果,骗取公众信赖。教育行政部门或教师,在推广某项成果前,应以科学的验证为依据,并以对自己所在地区、学校和师生实际情况的正确分析为基础。传媒在宣传介绍研究成果时,也应实事求是,不能为追求新闻效应而夸大其辞。

在向被研究者或合作者解释研究结果时,同样也要有高度的责任感,因为研究结果与他们的学习或工作有密切关系,很有可能造成一些影响,包括罗森塔尔(Rosenthal, R.)的研究所揭示的"期望效应"。若对学生或教师某些方面的成就作出评价,就需要将该结果的适用条件和限制性因素向学生或教师作出解释。例如,在对一个班上的学生进行了智力或某项能力测验之后,可能需要对学生、家长和教师解释为什么要对此测验结果予以保密,否则可能引起不必要的误会。而对该校主持相关课题的负责人,则可能要让他知道结果,但同时要让他理解如何解释结果、为什么要在适当范围内承担保密的责任。

3. 避免给研究对象造成伤害

在搜集资料或实施某些研究措施时,要避免让研究对象受到人身的、社会的、心理的伤害,包括让他们承担不利的压力和负担。为此,研究者要多从对方的角度

[①] 郝德元、周廉编译:《教育科学研究法》,教育科学出版社1991年版,第16页。

考虑相关的影响。例如,某研究者希望发现处理学生行为的三种方式——表扬、批评和无评价对学生学习的影响效果,于是确立三个小组分别采用一种处理方式:第1组,有好的行为就表扬,不好的行为不予批评;第2组,好的行为不表扬,不好的行为给予批评;第3组,各种行为都不予评价。在这个过程中,就涉及一定的伦理问题,至少第2组学生有可能承担过量的压力和负担。此外,研究者在向有关人士提供一些调查信息时,应该考虑到被调查者可能受到的影响。例如,在一个实验班中进行智力测查或其他能力测查后,应防止测查结果使教师或其他同学对某些学生产生偏见或不良预期,尤其要防止有些学生因测试得分较低而受歧视。

再如,在德育研究中,有意让某组儿童说谎或让某些学生看不合适的读物或影视作品,显然是违背伦理原则的。若要了解这些方面的信息,不一定非得采用主动干预变量的实验法,可以考虑采用问卷调查或访谈调查等方法了解已经存在的一些事实——其中仍要从伦理规范的角度考虑调查内容和提问方式。如果让学生进行某方面的学习(如训练某种学习方法),结果证明这种措施是不科学的,甚至对他们的发展(尤其是学习态度、思维能力和知识结构等方面)是有负面影响的,此时造成的影响已经难以逆转。所以,研究者应该未雨绸缪,在实施研究之前就审慎地选择研究内容,同时在研究方案中设计一些防范和补救措施。这不仅是科学研究的规范,更是一种伦理要求。

在实际的教育研究过程中,每一个研究者都应该自觉地遵守这些伦理规范,并逐步将这些要求转化为一种研究信仰和职业品质。当然,具体的研究场景往往是复杂的。研究者如何处理相关的问题,并不是几条规范就能简单地规定的。即使是同样的伦理问题,也可能因为研究者与被研究者和合作者的个人关系而以不同的方式得到不同性质的处理。这就需要研究者本人提高自己的研究水平和个人修养,灵活而不失原则地开展研究。

二、教育研究的操作规范

不同范式和类型的教育研究各有一些特殊的要求,这些特殊的要求实际上也是教育研究基本规范的具体化,这在上文所讨论的评价标准中已有较多讨论。为了保证进行有效的学术对话和交流,不同范式和类型的研究之间也应遵守一些基本的操作规范。不过,就教育研究本身的特殊性而言,这些操作规范本身的适用性和发展方向仍处于不断探索之中。

传统的社会研究往往以自然科学研究作为参照系,形成一些得到广泛认同的操作规范。就教育研究而言,这主要体现为如下几个原则。

1. 客观性原则

也称价值中立原则。诚然,研究者选择课题、提出假设或选择研究对象与范围时会有价值选择,这是教育研究的特殊性之一。但在搜集资料、分析和解释结果时,研究者不能因为自己的价值倾向而有意或无意地遗漏不符合其倾向的信息,更不能任意剪裁事实。在实证主义范式的研究中,研究假设需要接受检验,检验有可能证实假设,也有可能证明假设不成立。即使假设被证明不成立,这并不等于研究就没有价值——这很有可能纠正了一些看似正确的认识,或者澄清了某些事实。因此,研究者不能只关注能证实假设的资料,而忽视其他信息。在自然主义范式的研究中,研究假设需要逐步形成,而不是预先设定,这就更需要研究者全面地了解实际情况,不能因为个人倾向而只注意搜集某一方面的资料,形成片面的结论。

2. 操作性原则

在研究中所使用的概念术语要有明确的可操作的语义规定,以便对其进行定性或定量的考察。从理论上讲,任何事物和现象都可以构造出操作性定义,即描述出被定义事物的可观测到的具有独特性的特征。不过,在教育研究中,人的种种复杂因素使得研究者不易给某些概念下操作性定义,这就需要研究者结合实际情况作出更多的创造性努力。其中,人的思想、行为、态度(如"热爱"、"拥护"、"关心")等概念,尤其是情感信息这种整体的、流动的、夸张的因素,更难准确而详尽地描述其可观测特征。这就更需要研究者在用心体验的基础上把状态与情境、动机与效果、行为表现的频次与条件等联系起来作具体说明。

3. 公共性原则

研究者要用明确的文化符号清楚地表达研究工作的研究程序、方法和成果,以保证同行专家了解整个研究过程。在学术交流频繁,特别是与其他国家和地区的交流日趋密切的今天,人们对教育中的许多基本概念术语可能持有不同的看法,包括从不同学科视野、不同地域、不同时代等角度提出的新认识。一方面,研究者要把握追踪学术发展的脉络,立足相关领域的前沿,注意在交流中辨析相关的概念定义,把握学者们形成的共识;另一方面,对于一些尚有争议或语义模糊的概念,在研究报告中应作出自己认可的定义,并将这一定义贯彻到底。

4. 检验性原则

同行专家在相同的研究条件下,依照相同的程序和方法重新进行研究,应能得到相同或相近的结果。教育研究不可能像经典自然科学研究那样准确地重复操作并验证结果,因为进入教育研究程序的各种因素、条件和场景不可能在异时异地原样重复,因此,研究结果只能以概率方式加以陈述和印证,表现在文字上,也就不可避免地要用"基本"、"部分"、"相当"之类的修饰词作程度限定。不过,在自然主义研究范式的赞同者看来,研究成果的使用也应承担确定教育研究(尤其是定性研究)外在效度的责任,因为他必须判断新情境与该研究成果原先所面对的情境之间的一致程度。所以,为了检验教育研究成果,研究者应该尽量全面而清楚地交代所在情境的关键特征。

5. 系统性原则

在教育研究中,一方面要有中心概念和可以为实证性材料检验的命题,另一方面还要有能够将这些分离的命题联系起来的理论结构,以便使各项研究成果逐渐积累成为一个知识系统,获得对研究对象的整体认识。这就要求研究活动具有中心概念、可以检验的命题和具有统整作用的理论结构。

6. 解释性原则

研究要能达到探索教育现象、获得规律性认识的目的,以便揭示其中的因果联系和其他特征,使其成为认识深化的知识基础。其中,揭示事物间的因果联系是一个重要方面。对于教育研究来说,还应明确:第一,不同类型的研究在解释性上应有不同要求。例如,观察研究和调查研究主要以获得事实为目的,重点是如实描述观察到的事物因果联系和相关特征,并作出中肯的解释。一些改革性和建设性的实验研究,除了要说明因果关系外,还应以此为基础,陈述其效用和产生的条件。第二,在解释方式上,不应仅强调精确的定量描述(其实,任何定量描述都有一个精确程度的问题,而精确程度也是相对的、需要作出定性选择的),应允许以具有一定模糊性的概率描述和定性分析来表述研究结论。

近年来,随着我国教育研究的深入,一些研究者更为关注教育学科的独立性和教育研究的特殊性,这也涉及对教育研究操作规范等方面的进一步探讨。例如,对于"价值中立"的原则,也有了更深入和系统的认识。教育活动是人为的社会实践活动,它总与人的需要和目的相关,因此,不存在纯粹客观的教育事实。相应地,教育研究不可能像自然科学那样强调只研究不含价值的纯粹教育事实。[1] 这样看来,教育研究中的"价值中立"问题牵涉到复杂的因素,需要研究者谨慎对待。

在这方面,社会学家马克斯·韦伯的观点也许给我们一些启发。韦伯摆脱了社会科学方法论中的实证主义价值中立的局限性,认为价值中立不是取消价值关系,而是要求研究者严格确定经验事实与价值评价判断的界限。为此,他将"价值关联"和"价值中立"作为一对相伴随的概念同时提出。一方面,社会科学的理解必然包括在特定的价值之中,必然要遵循一定的价值观念去解释社会现象。例如,在分析政治、经济、宗教、文化等行为时,必须探讨这些行为所表现出的价值。为了理解这种价值,就必须探讨行为者在什么观念驱使下作出行动,这就是"价值关联"。另一方面,社会科学研究又必须排除研究者个人的情感好恶,避免以自己的价值去解释客观对象,从而实事求是地作出判断,因此,研究者又必须坚持"价值中立"[2]。这样看来,不能因为看到教育领域中不存在绝对客观的事实就片面强调遵循价值关联原则而忽视价值中立原则,也不能因为要遵循价值中立原则就抛弃价值关联原则。

> **探究与操作**

1. 试比较实证主义范式和自然主义范式评价研究质量的出发点和主要内容。
2. 自然主义范式评价研究质量的主要指标有哪些?
3. 教育研究的通用评价标准主要有哪些内容?
4. 举例说明实证主义范式的研究和自然主义范式的研究在内在效度上的不同要求。
5. 试析内容效度、准则效度和结构效度的区别与联系。

---

[1] 叶澜著:《教育研究方法论初探》,上海教育出版社1999年版,第313—314页。
[2] 参阅(德)马克斯·韦伯著,韩水法、莫茜译:《社会科学方法论》,中央编译出版社1999年版。

6. 研究过程中影响研究效度的因素主要有哪些？

7. 教育研究应遵循哪些伦理规范？

8. 有位研究者想对当前中学生的自主学习情况进行研究。他设想了两个项目：(1)对中学生进行系统的调研，获得一批定量数据。(2)对一个班级的学生进行一个月的现场研究(包括听课、访谈、分析学生作品)，希望获得更为充分的定性资料。

请你根据本章内容，对这两个项目的设计与实施各提出 5 条以上的建议。

拓展性阅读材料

1. 陈向明著：《教师如何作质的研究》，教育科学出版社 2001 年版，"1. 什么是质的研究方法"。

2. 杨小微、刘卫华主编：《教育研究的理论与方法》，湖北教育出版社 1994 年版，第二章"社会科学研究方法概观"、第三章"教育科学研究概述"。

3. (美)威廉·维尔斯曼著，袁振国主译：《教育研究方法导论》，教育科学出版社 1997 年版，"1. 教育研究的性质与特征"、"附录 1 研究中伦理和法律问题的思考"。

主要参考文献

1. 瞿葆奎主编，叶澜、施良方选编：《教育学文集·教育研究方法》，人民教育出版社 1988 年版。

2. 裴娣娜等著：《教育实验评价的研究》，四川教育出版社 1997 年版。

3. 陈向明著：《质的研究方法与社会科学研究》，教育科学出版社 2000 年版。

4. (美)威廉·维尔斯曼著，袁振国主译：《教育研究方法导论》，教育科学出版社 1997 年版。

5. 叶澜著：《教育研究方法论初探》，上海教育出版社 1999 年版。

第三章
教育研究的选题与设计

学习目标

理解教育研究问题的发现与课题的选择；掌握教育研究假设的提出与表述；了解教育研究方案的基本构成。

内容提要

在教育研究的准备阶段，必须考虑两个关键问题，一是研究什么，一是怎样研究。课题的选择就是要确定"研究什么"；课题的设计则回答"怎样研究"。选题的作用在于明确研究的方向、任务、对象与范围，课题的设计则关系到预期的研究目标能否实现、研究工作的效率如何，最终影响着研究结果的科学性和可靠性。要成功地开展教育研究，必须首先学会选择课题和设计课题。本章介绍了课题的来源与类型、发现问题的思维策略、课题的确定、相关文献检索、假设的提出与表述，以及课题研究方案的形成与论证。

重要概念和术语

问题　课题　假设　研究变量　抽样　课题论证

一位教师发现，近些年来上级多次发出减轻学生过重课业负担的文件，而在她任教的学校里，大多数学生似乎并不感到课业负担太重，但是，她在外校工作的朋友却对此反应强烈，于是陷入思索：学生的负担究竟重还是不重呢？

当她决定以"本地区是否存在学生课业负担过重问题"为主题展开调研时，同事给了她各种建议。这个说，你称称孩子们的书包吧，看看究竟有多重；那个说，就在课堂上观察学生，看他们是否有疲劳或厌倦的表现；还有的建议，设计、发放问卷，看看学生自己对课业负担的反应……这又让她陷入选择的困惑之中。

上例提到的这些研究思路孰优孰劣？是否还有别的思路或方法？研究得出的结论有没有价值？这些都是研究者在选题和设计过程中会反复碰到的问题。

教育研究是以课题研究为基本方式运作的，课题选择是否恰当、方案设计是否合理，直接关系到研究有无成效。本章介绍了课题的来源与类型、发现问题的思维策略、课题的确定、相关文献检索、假设的提出与表述，以及课题研究方案的形成与论证。这一章的内容,对我们在教育领域开展教育科研或评鉴同行的教育科研,无疑具有十分重要的意义。

第一节 教育研究课题的选择

一、问题的发现与课题的确定

(一) 课题的来源与类型

1. 课题的来源

申报课题(project),在若干年前似乎只是高等学校和科研机构专职研究人员的专利,而今,在中小学也已成家常便饭,"国家级课题"、"省级课题"也不是那么高不可攀的了。有心人也许会想一想:他们是从哪儿得到这些课题的?下面就来谈谈课题的几个主要来源。

(1) 纵向来源的课题

纵向来源的课题一般称为"纵向课题",是指由国家、省市(区)等上级科研主管部门发布(或招标)、个人或集体申报、有关部门及专家审查批准的项目。这些课题大多由一些基金组织资助,项目执行过程中,要由有关管理部门和基金组织实施监督检查,项目结题时也要由这些部门组织专家鉴定。我国教育口的纵向课题,主要来自由教育部设在中央教科所的"全国教育科学规划领导小组办公室"负责组织审批的五年一度的规划项目。这些项目所需经费,由国家哲学社会科学基金、中华基金、教育部基金等共同承担(并非全部经费)。此外,还有教育部一些司局如直属司、社政司、师范司等,也拨出一些专项经费来资助某些热点问题研究。近些年来,各省市教育科学规划办相继成立,也组织实施一些地方规划课题。

纵向课题在内容上大多与社会热点问题有关,偏重于解决较为重大的实践问题和一些应用性较强的重大理论问题。

(2) 横向来源的课题

通常也称委托课题,是指由一些企事业单位或非直接的上级部门委托实施研究的项目,如由国家移民局委托某科研小组实施的"三峡库区移民心理与对策研究",由某国营大型企业委托某教授实施的"企业子弟学校管理体制改革研究",由某县政府委托某大学教育理论队伍实施的"科教兴县发展战略研究",等等。横向课题也十分重视项目研究的应用性,资助额度一般比纵向课题要大。

(3) 研究者自选课题

这类来源的课题虽说主要是个人行为,却是非常重要的研究资源,许多有价值的选题及成果出于其中。绝大多数的硕士论文和博士论文都属于自选课题。许多中小学教师在看似平凡的长期实践中悟出深刻道理或闪现灵感火花因而自觉地展开教育教学研究,也属于自选课题。这类课题可能涉及很专很深的理论前沿问题,也可能针对很现实很具体的实际操作问题。

当然,三个来源的划分只是相对的,三者之间也是可以转换的。比如,国家的规划课题在组织申报前,一般要向不少专家征询选题意向,以便编制课题申报指南,这样,许多本来只是属于自选课题范围的题目,因为被编入指南而成为纵向课题。

2. 课题的类型

(1) 理论性课题和应用性课题

根据研究课题的来源及研究的目的,可把研究课题分为理论性课题和应用性课题两大类。

① 理论性课题又被称为基础性研究课题。主要包括那些以研究教育现象及过程的基本规律,揭示青少年身心发展以及影响因素间的本质联系,探索新的领域等为基本任务的课题。

理论性课题是不可能都在同一层面上展开的,根据课题对理论不同程度上的突破与发展,可以把课题分为三级。

凡是那些对构成教育科学理论体系具有全局性影响的核心概念、基本范畴和基本原理等作突破性研究的课题都属于一级课题。教育史上一些世界著名的大教育家选择的都是此类课题,如夸美纽斯的《大教学论》、赫尔巴特的《普通教育学》、杜威的《民主主义与教育》等。近年来,国内教育理论界关注的教育本质问题、教育与人的全面发展的关系问题、教育与社会经济发展的关系问题、教育的主体性问题等,都属于一级课题的研究。

教育理论研究的一级课题是难度较高的研究课题。这类课题具有开创性,又涉及全局。它要求研究者有较强的批判思维能力、较高的专业理论修养和较宽的知识面。

凡是对教育科学某一领域中已形成的概念、原则作进一步探讨(或使它更完善,或使它更具体细致)的课题均可列入二级课题。它所要达到的目标不是对理论的根本性突破,而是补充性的发展。它所涉及的不是全体,而是局部。如赫尔巴特的弟子们在发展赫尔巴特学派理论方面所进行的研究。近些年,国内关于教学过程优化理论的研究,思想品德教育模式构建的研究,以及教学过程中掌握知识与发展能力之间的关系的研究等课题,都属于二级课题。

选择二级理论研究课题,一般要求研究人员对该领域内的基础理论有透彻的了解,知其长又知其短。只有这样,才能通过研究达到补充、完善理论的目的。

第三级理论研究课题指对教育理论中个别原理、概念等做出修正或更详细说明的研究课题。如对教学中启发式原则形成、发展以及基本思想的阐述,对政治思想教育中正面引导原则的分析,以及对教育史上某个教育家或某种教育观的分析和评述等。

第三级课题涉及的范围较小,是对个别理论问题的探讨,所以与前两级课题相比难度较低。

② 应用性课题,主要包括那些为基础理论寻找各种实际应用可能性途径的课题,是以改造或直接改变教育现象和过程为主要目的的。与理论研究的课题等级

相对应,也可以把应用性研究的课题分为三级。

第一级的应用性研究课题探讨的是涉及教育实际的某些全局性问题,这类课题要求能提出前人未提出过的解决问题的方法,并能在全国范围内推广,对教育实践的发展具有直接的推动作用。从近年的研究实践看,全国招生制度改革的研究、中国教育法的制订、学生品德评价方法的改革、教育评价的研究等都可算是一级课题。

研究教育领域中某一方面或某一部门、地区内提出的实际问题的课题,属第二级的应用性研究课题。这一级研究的目的,主要是寻找在一定条件下解决某些实际问题的科学、有效的方法。如:山区或少数民族地区如何实施义务教育法;中学语文教学方法改革研究;犯罪青少年的教育问题;教师工作的评价问题等。在这些研究中都不涉及应用性的基本原理、原则和一般方法本身的研究,它主要涉及的是这些原理、原则或方法在某一地区或领域的具体应用。

属于第三级应用性研究的课题是与个别实际问题的解决相关的。它的研究成果使用的范围更小,大多局限在与该课题研究条件接近的范围内,提出的解决问题的方法,也较多局限在一些操作性问题上。如:为某课程设计一系列高质量的教案,某些教师的富有特色的工作经验总结,关于学生的个案研究,校史编写,等等。

正如理论与实践经验不可分割一样,理论研究与应用研究之间的区别只具有相对意义,很难把二者截然分开,它们间最理想的关系是相辅相成。

(2) 承续性课题、再生性课题、热门性课题、创见性课题、开拓性课题

① 承续性课题是进一步研究他人已经提出的问题,在他人已经取得的成果的基础上的更有深度或广度的课题。例如:他人已经分析了社会发展的需要、应试教育的弊端,得出要进行主体性教育这样一个结论。但对于怎样进行主体性教育,中小学主体性教育有什么区别与联系的研究课题,就属于承续性课题。

② 为了比较而研究的他人曾经提出与完成过的课题,叫再生性课题。这类课题不是简单地重复他人已经搞清楚了的问题,而是在不同的时间、地点等条件下,对他人已经完成的课题及其规定的同类对象进行再调查与再研究。如暗示教学法、纲要信号法、发现法、探究—研讨法等的引进,就属于再生性课题。这类课题本身没有创造性,但课题具体展开后独立得出的结论,同他人研究的结论有比较意义,也使老课题在新的背景下获得再生。开展再生性课题研究,使用与他人相同的方法,可以检验他人的研究结论。

③ 热门性课题是比较及时地反映社会热点问题或学界热点问题的课题,一旦有人提出,往往就有许多人响应。这类课题容易引起人们注意,竞争性强,可能会形成较大的社会影响与效益,弄得不好也容易一哄而上、一哄而下。例如,学法指导、创造教育、整体改革、心理辅导、素质教育等,都是近些年来教育研究的热门课题。

④ 直接用新观点揭示的课题,即是创见性课题。这类课题不以"问题"的形式出现,而往往以通则或准则性假设的形式出现。也就是说,这类课题本身就是一种关于特定事物及其属性的陈述。著名的研究课题,创见性占的比重较大。在他人曾经研究过的领域可以提出崭新的见解,形成新的课题。

⑤ 研究从未有人涉足的对象领域的课题,即是开拓性课题。开拓性课题在研究对象与范围方面,具有填补空白的性质。这类课题适用于研究新情况与新问题,以及长期被人忽视的早已存在的情况与问题。

以上所述课题类型划分是不同维度的划分,两大类之间可能存在交叉现象,比如,热门性课题既可能是理论性课题又可能是应用性课题,理论性课题中有的可能是创见性的而有的可能是再生性的,注意避免孤立地或割裂地看待课题类型划分。

选择课题总是和发现问题联系在一起,没有问题就没有进行研究的必要,研究就是为了解决问题。选题从其本身的涵义来讲,是指经过选择来确定所要研究的中心问题。选题作为研究的第一步,应选择那些值得研究又有条件研究的问题作为课题。

(二) 发现问题的思维策略

教育科学发展的历史可以说是研究问题发展的历史,是问题的不断展开和深入的历史。就研究者本身而言,在自己研究领域内发现和提出一个有科学意义的问题,本身就是认识的成果。能否提出有质量的问题是能否进行高质量科研的关键,选题决定研究价值大小,决定研究的成功与否。正如杰出科学家爱因斯坦所说:"提出一个问题往往比解决一个问题更重要,因为解决一个问题也许仅仅是一个数学上的或实验上的技能而已。而提出新的问题、新的可能性,从新的角度去看旧的问题,都需要创造性的想象力,而且标志着科学的真正进步。"这个见地是深刻的,并告诉我们真正的科学研究始于问题。

1. 发现问题的前提

发现问题(problem)的首要前提是研究人员要对自己从事的领域有一定的了解并保持经常的关注。机会总是偏爱那些有准备的头脑,对头脑一片空白的人来说,问题往往与他擦肩而过。从事教育研究的人需要经常阅读教育方面的报纸、杂志,出席一些教育方面的学术会议,以便及时了解当前国内外教育理论界和实际工作者关心的问题,尤其是热点问题。这既有助于研究者把握教育研究的时代脉搏,又可以使研究者的头脑经常处于激活和开放状态。当然,阅读不限于教育科学领域信息,研究越深入,就越可能在涉猎其他领域时获得灵感与启示。

发现问题的另一重要前提是研究者具有好思索、不安于现状的性格。安于现状、把一切现存的都看成是合理的人,决不会有改革的意向和发现的冲动。尤其对那些不以研究为专职的中小学教师来说,容易被繁重的工作、琐碎的事务消磨掉理论兴趣和探索热情,所以他们要保持探索的精神需要付出更大的意志努力。总之,实践只有对好思索和善于思索的人才是创造之源。

2. 发现问题的具体策略

叶澜教授在《教育研究及其方法》一书中介绍了数种发现问题的思维策略,现简述如下。

(1) 怀疑的策略

怀疑是对已有结论、常规、习惯行为方式等的合理性作否定的或部分否定的判断,怀疑必然引起人对事物的重新审度,会在原以为没有问题的地方发现问题。

怀疑不是胡乱猜疑,而是有根据的。作为怀疑根据的有两个方面,一是事实与经验,二是逻辑。

作为怀疑根据的事实与经验,总是与现有结论或常规不一致甚至相悖。如在我国的教育学著作中,通常都无条件地承认学校教育对学生发展起主导作用,但在现实中,我们也发现在青少年品德面貌发展的过程中,家庭背景、社会风气的作用很大,有时学校教育在他们面前显得十分苍白,远不是在起什么主导作用。由此,我们可以对"学校教育对人的发展起主导作用"一说提出一系列疑问:学校教育究竟能否对人的发展起主导作用?是有条件的还是无条件的?是在一切方面起主导作用还是在某些方面起主导作用?是在人发展过程的任何阶段都起主导作用,还是在某个阶段起主导作用?等等。

逻辑是检验理论合理性的有效工具,对理论的逻辑推敲可以从推敲概念,尤其是一门学科的基本概念做起。对于一时十分流行的概念也应仔细推敲。如用"第一课堂"与"第二课堂"两个概念来表述学校课堂教学内外的活动是否科学?它有什么价值?"教师主导"与"学生主体"是不是一对范畴?等等。通过怀疑发现问题的人,一般都具有批判性思维的品质。正如爱因斯坦所描述的那样,他们对陈旧过时的观念往往有一种不可遏制的挑战的冲动,而且具有一种内心的精神上的自由。

通过怀疑提出的问题,经过研究后,有两种可能的结果,一种结果是部分或完全证实了研究者的怀疑,自然,这是令人兴奋和满意的结果。另一种与此相反,研究的结果证明研究者怀疑错了,这是令人扫兴和遗憾的结果。但是,研究者大可不必为此沮丧,甚至从此丧失怀疑的勇气。

(2) 变换思考角度的策略

与怀疑不同,变换思考角度不是把思维的利剑指向原有的结论,而是从与得出原有结论不同的角度,或不同的层次上来认识原有的研究对象,以形成关于对象的新认识。它需要摆脱原有的思维定势和已有知识的影响,另辟蹊径。

思考角度的转换是多类型的。一类是在同一层次上的转换。从思考问题的一个方面转向另一方面,如历来抓学校工作,都把教学放在第一位,在教学中又把几门主要学科的教学放在第一位,音乐、体育、美术等所谓副科一向不被重视。另一类角度的转换是在两个不同的层次上进行的。其中有的是从较抽象转化到较具体,如研究教学中传授知识与培养能力的问题,相当长的一段时间里停留在一般性目标问题的讨论上。美国教育学家布卢姆把这个问题的研究推进到对知识与能力作出分类的具体水平上,并对教学过程中的情感目标和操作性目标也作出分类,提出了教学目标分类学的理论。也有的是从较具体的层次,如苏联教育家巴班斯基对教学过程最优化的研究就是一例,他努力用系统优化的理论作指导,寻找教学过程各因素、各阶段、各方面的最佳组合。第三种转换角度的类型是把研究的重点放到事物与事物之间,同一事物不同发展阶段之间的结合部。这往往是人们容易忽视,但又有可能开发出新课题的地方。如前一段提出的幼儿园与小学、小学与中学、中学与大学各阶段的教育如何衔接等问题,就属于这一类型。第四种转换的类型是比较。这种比较可以是纵向的历史比较,如近代中国课程与现代中国课程的比较;也可以是横向的区域比较,如城市中等教育结构与农村中等教育结构的比较等。善于通过转变思考角度发现新问题的人,往往表现出具有灵活性和严密性等思维品质。

（3）类比与移植的策略

它是通过与其他学科研究对象类比和借用其他学科的思维方式,来发现本学科研究的新问题。这种思维策略的特点是从别的学科研究中获得启发,找到发现的"工具"。

捷克教育家夸美纽斯在17世纪完成的名著《大教学论》,就是在把教育现象与自然现象作类比的基础上,根据自然规律提出了一系列教学原则。夸美纽斯的依据为:人是自然的一部分,人的成长遵循自然规律,教育是模仿自然的艺术,故教育应遵循自然规律。又如,把教育看作有机体,移植病理学原理,开展教育病理学研究等等。还有,人们发现教育具有系统的特点,因此可用系统论来重新认识教育现象,构建教育理论。以上种种说明,由于教育现象的复杂性和综合性,通过移植其他学科的思维方法和与其他学科研究对象作类比而提出新问题的可能性是存在的。

善于用这种策略来发现问题的人,在思维品质上,往往表现为较强的迁移性和概括性。他们较善于发现表面看来不甚相近的事物间的相似之处,能在较抽象的层次上对它们进行概括、比较,从而为思维的由此及彼架起桥梁。此外,这样的人一般知识面较宽。

（4）探究与体察的策略

前面说到的三种策略都与对事物的已有认识有关。探究与体察的思维策略则要求面向实际,从对现象的思考中提出新问题。

南京师范大学附小的教师设计了一种新型的实验课——听读欣赏课。这种课的设计除吸取国外的暗示教学理论之外,还从附小教师在实践中遇到的两件事情中受到启迪。一件是一位教师的侄女学语文的事。女孩还在幼儿园读大班的时候,父亲便经常在灯下给她讲《365夜》中的故事。孩子听得入迷,好多故事都能背,有时听完之后,还禁不住要翻开书看。父亲见女儿很想看书,就试着让她看着书上的文字听他读。不久,他发现女儿无意中识了不少字,就尝试着让女儿跟着自己读,有时遇到容易的地方,就让她独自读。这样,不到一年的时间,女儿居然能独立阅读《365夜》中的故事了。另一件是他们在家访时,了解到家长经常播放配乐故事给孩子听,孩子听得津津有味,从小就喜欢语文。附小的教师从这两件寻常小事中受到启发,他们设想:如果把听录音跟读文字材料结合起来,配上音乐,让"听"来激发"读"的兴趣,激发学生的感情;利用"听"的能力迁移,更有效地提高"读"的能力和识字能力,同时又让"读"巩固并提高"听"的效果,不就可以全面提高学生听、说、读、写的能力了吗?

生活在一个丰富、多变的现象世界中,只要善于问几个为什么,就会发现许多值得研究的新课题。对于一些司空见惯的现象,我们的探究指向其背后的实质,像瓦特提出壶盖为什么会动,牛顿提出苹果为什么落地那样,我们也可以提出学生为什么要做作业,教师为什么要打分数,不打分数行吗等问题,通过深究弄明白教与学的一些内在机制。通过探究与体察发现新问题的策略,要求研究者具有敏锐、深刻的思维品质。只有敏锐,才能及时捕捉到有价值的现象;只有深刻,才能发现深藏在现象背后的本质。

(三) 确定课题的步骤与方法

如果说,发现问题需要发散性思维,要"举一反三"、"数一见百",那么,确定课题就需要集中性(辐合性)思维,能够"百里挑一"。在"发散"到一定程度之后,就需要逐步聚集"焦点",从必要性到可行性一步一步仔细论证。

1. 分析课题价值,确认研究的必要性

这一步是对某一问题值不值得研究的考虑。一个问题在你着手研究它之前,应能大体上估计出对它的研究有无理论价值,有无实际(应用)价值,或者是否兼而有之。从理论价值看,主要表现在学术上可否填补空白,学界会不会承认它的重要性,其成果能否出版。从实际价值看,则涉及它是否有助于改进教育行为,同行会不会感兴趣,应用起来有没有真实的效益。概言之,基础性研究(理论研究)的衡量标志侧重于发现新知、深化认识的学术价值;应用性研究的衡量标志侧重于转换理论、直接指导实践的社会价值;开发性(发展性)研究则要看它们带来多大的经济效益,即经济价值。

在确认有价值之后,还须进一步确认其价值的大小。如前所述,理论性课题和应用性课题均可根据价值大小划分为三个级别。这里应避免一个误解,三个级别的课题价值有大小,但并不意味着与研究者的水平高低相对应,只能说,越是涉及全局,就越要求合作攻关,并需要有高水平的专家学者领导攻关。实际工作者、理论工作者和行政管理人员,均可在不同层次不同类型的课题中各得其所、各显其能。

2. 考察主客观条件,确认研究的可行性

(1) 客观估计研究者的知识结构、研究能力和兴趣

知识结构指研究成员的各种知识的组织形式,例如,专业基础知识、其他学科知识的程度、水平。研究能力包括思维能力、选用各种研究方法的能力及写作表达能力。仅仅精通和爱好一门专业的"专才",所从事的课题一般不要过多涉及外专业内容;知识广博、兴趣广泛的"通才",从事跨学科项目,较为有利;具有多向性、逆向性、求异性思维的研究者,做探索性的课题较为合适;而习惯于从事实出发思考问题的人,能在应用性课题上取得成就。研究者对方法的掌握程度,则影响着对研究规模和主要研究方法的选择。兴趣对于科研来说,具有特殊的价值。兴趣是生活的向导,也是科研入门的向导、研究持续的动力。研究活动较之其他实践活动更需要发挥主体的主观能动性,浓厚的兴趣,可以激发超常的毅力、智力、灵感,使思路畅通、忘我工作。否则,强迫自己干不喜欢的事,难以调动积极性。

(2) 分析资料信息来源、工具设备状况、经费以及可借助的力量

没有资料,研究寸步难行。课题的完成只能够达到所占有的资料积累能够支撑的高度。对于某些项目,活资料比死资料更重要。活资料的掌握有利于研究者动态地把握事物的发生、发展及变化趋势,对科研具有前瞻性意义。工具设备包括观察和实验设备、处理信息资料的设备、交通设备等;经费财力对于项目实施的规模大小是重要的,可借助的力量包括物力与人力两方面,人力包括可求教的导师、专家,可合作的同仁。

(3) 考虑研究者的本职工作性质和环境

在某种程度上,研究者的本职工作性质和环境决定了选题的范围。因为,工作性质和环境制约着选题的动机和时间、精力、物力等各种条件。一位小学教师研究基础理论问题并非完全不可能,但至少会使自己面临极大的困难。如果选择有关师生关系优化、转变差生策略、教学方法和教学组织形式改革等方面的课题,就有得天独厚的条件,并能从理论与实践两方面获得收益。

二、相关领域的文献检索

在发现并初步确立了自认为有价值的选题之后,就应当从文献检索和课题论证中寻找支持。

(一) 文献检索对选题的意义

1. 为什么要重视文献检索

首先,文献可以告诉研究者在本领域内已做了哪些工作。通过查阅有关文献,要搜集现有的与这一特定研究领域的有关信息,对所要研究的问题做出系统的评判性的分析。要了解该课题所涉及的领域内前人或他人的主要的研究成果,达到的研究水平,研究的重点,研究的方法、经验和问题。还要了解哪些问题已基本解决,哪些问题有待于进一步修正和补充,在此问题上争论的焦点是什么,从而进一步明确研究课题的科学价值,找准自己研究的真正起点。

其次,文献可以帮助研究者更具体地限制和确定研究课题及假设。找准研究的起点之后,要形成一个可以集中精力研究的具体问题也并不容易。换句话说,要选择适合研究者的兴趣和物力的、便于操作并有希望取得明显效果的研究变量,往往不是轻而易举的。这就需要从更详细的文献资料中,通过筛选和比较进一步缩小研究范围,找出比以往同类研究更集中的变量范围,形成更凝练、更准确的研究假设。

再次,文献可以提供一些可能对当前研究有帮助的研究思路和方法。文献资料反映了国内外研究学术思想和最新成就,是我们了解科研前沿动向并获得新情报新信息的有效途径。通过查阅文献资料,了解国内外最新的理论、手段和研究方法,从过去和现在的有关研究成果中受到启发,使研究范围内的概念、理论具体化,而且为更科学地论证自己的观点提供有说服力的、丰富的事实和数据资料,使研究结论建立在可靠的材料基础上。

总之,研究者充分占有材料,可以避免重复前人已经提出的正确观点,把握研

究中可能出现的差错,并为解释研究结果提供背景资料。

2. 文献检索的基本步骤

下面的案例显示出通过文献回顾来支持研究计划的重要意义。[①]

马歇尔(Marshall)的研究主题是女性学校行政人员在生涯发展过程中所面临的各种不平等。她首先回顾了过往的研究。在她之前,已经有许多研究者以调查研究来确认女性学校行政工作人员的特质、职位,以及她们在所有学校行政人员当中所占的百分比。此外,少数研究者也已经确认出若干形态的歧视。

马歇尔决定和这些过往的研究传统分道扬镳,她赋予自己的研究一个全新的概念架构。她把研究问题界定在成人社会化的领域,然后着手找寻生涯社会化方面的理论。她开始回顾有关学校行政生涯的理论,以及相关实证研究,包括:征员、训练、选任历程,以及女性工作与生涯等。这样的文献回顾,让马歇尔找到了一个可以重新界定研究问题的全新概念架构。她问道:"女性学校行政工作者有什么样的生涯社会化历程?""女性的生涯抉择、训练与获得支持的机会、克服障碍、升迁等,其中涉及哪些历程?"

从过往的研究当中,马歇尔已经知道歧视确实存在,而且研究也显示,女性行政人员和其他角色的女性也有所不同。在背景知识方面,她注重吸收那些强调组织规范与非正式程序的组织理论。有了这些背景知识之后,她得以创造出新的研究问题,以及不同于传统的研究设计。文献回顾,因此,决定了相关的概念(亦即规范、非正式训练),以及展示型的引导假设。文献探讨的焦点必须凸显此研究和过往研究传统的差别。从这样的文献的探讨,马歇尔逐步整理出理论架构、关键概念、过往研究当中有助于引导发展新研究的各项发现,以及此项新研究的重要性,从理论到概念,再到暂时性的研究假设,更进而确立研究问题的焦点。

研究问题大抵确定之后,选择使用质性方法也就显得顺理成章了,因为这类研究问题需要探索尚未被确认的历程,以及探究尚未被涵盖的理论层面。这项研究对于未曾探索过的领域与问题,必须保持开放,如此才有助于发掘前所未见的新发现。研究的设计必须保持弹性,以便顺利探索存在于复杂与默会历程当中各种新奇而微妙的意义。

此一理论架构的重新界定,建立于提问下列关于重要性的问题:谁在乎这项研究呢?要答复这个问题,就有必要回顾过往研究,以兹展现这些研究已经解决了哪些问题。但是,评论式的文献探讨则必须辩称,这些研究解决的问题其实有别于该研究计划所拟出的问题。马歇尔可以声称,她的研究确实是重要的,因为该研究聚焦地描述一种过往研究未曾真正探究过的历程。这项新

[①] Marshall C.、Rossman G. B. 著,李政贤译:《质性研究:设计与计划撰写》,台湾五南图书出版公司2006年版,第56—58页。

的研究将会探索女性在男性主宰的职业当中的生涯社会化历程,从而为理论增添新页。此研究也会确认女性生涯社会化当中涉及的各种相关变项(包括社会的、心理的与组织的变项)。如此一来,通过展现此项研究将如何增进知识,研究计划的重要性因而获得建立。

此项文献探讨也综览回顾了"肯定少数族群行动方案"(affirmative action)与其他平等议题,从而建立她的研究对于实务与政策的重要性。如此一来,研究问题、文献回顾与研究设计,都紧密呼应这方面的重要性。整个研究计划必须要让读者清楚看见,确实存在着这么一个重要的知识与实务领域亟待探索,而且质性方法是最适合用来进行这项研究的选择。

从上述案例不难看出,文献探讨可以确认知识传统,而且更重要的是,还能够建立研究主题的重要性,发掘新的问题,以及从新的角度来探索老问题。如果没有文献的支持,研究者就不可能论述研究的重要性。同样地,如果没有讨论研究的一般主题,研究者也不可能描述研究的设计。面对浩如烟海的文献资料,究竟从何处着手呢?

下面是对文献检索一般步骤的简略描述:
- 确定与课题相关的关键内容(关键词或词组);
- 确立合适的索引或修正系统的材料来源;
- 确定与研究有关的潜在的标题;
- 有选择性地将材料按内容或重要程度排序或分类;
- 对包含的相关信息进行摘要或总结,并写出文献评论。文献评论包括:限制和确定研究课题及假设,与当前研究有关的思路和方法,该领域研究者已做的工作。

在定性研究中,有关文献的内容可以根据研究报告的需要出现在不同的地方,参见表3-1[①]。

表3-1　定性研究中的文献运用

文献的运用	标准	适用的研究类型举例
文献通常用于研究序言中,以便拟定问题。	必须有文献可用。	可用于所有的定性研究。
以"文献综述"的名义在一个独立部分提出。	在那些熟知传统方法、实证主义和文献综述的读者中,本方法是可接受的。	这种方法适用于在开始研究时便用了很大影响的理论和文献背景的研究,比如民族志研究、批判理论研究等。

---

① (美)约翰·W·克雷斯威尔著,崔延强主译:《研究设计与写作指导:定性、定量与混合研究的路径》,重庆大学出版社2007年版,第24页。

续 表

文献的运用	标准	适用的研究类型举例
在研究的最后提出文献,是与定性研究结果进行对比的基础。	本方法最适宜于"归纳性"定性研究过程;文献并不指导和控制研究,但研究模式或种类一旦明确,它就是很好的助手。	这种方法可用于所有定性研究设计中,但它最适宜在扎根理论研究中使用,作者可以将其与其他理论进行对比。

在文献检索过程中,研究者需要形成一张清晰的文献构成"图",以便概括而直观地把握全部相关的重要文献。图3-1显示的是一个与组织管理中的程序正义(procedural justice)这一主题相关的研究文献(Janovec, 2001)。[①] 贾诺维克(Janovec)的文献图是用层次结构图来说明的,她遵守了设计一个好的图表所必需的几个原则。

● 在文献图的大方框内,她把文献综述的主题置于层次结构的顶端。

● 接下来,她把在电脑中搜索到的那些研究复制并保存,然后组织成三个明确的副主题(如正义认知模式、正义的效应和组织变革中的正义)。在其他的图中,研究者可能有四个左右的类别作为副主题,这就取决于与主题有关的出版物的数量了。

● 在每一个小方框中都标注了其相关研究的特征(即"结果")。

● 而且,在每一个小方框中都有一个主要参考书目的作者,展现出来的那些参考书目对于方框中的主题是非常具有代表性和说服力的。为了简化叙述,参考书目都是用省略了书名的简便格式来处理(如 Smith,××××)。

● 文献图要有几个层次,也就是在主要主题下有副主题,副主题下有次副主题。

● 图中的一些分支比另外一些分支更深入,这种深度取决于可获得的文献的数量及其作者探讨该主题的深度。

● 把文献组织成图表以后,贾诺维克任务图表的分支为她打算着手的研究提供了出发点。她把"需要研究的"(或"打算研究的")小方框置于图表的底部。她简洁地阐明了她打算进行的研究的性质("程序正义和文化"),并且找到了她计划要深入研究的相关文献,这表明她将进行的这项研究是以其他学者的研究为基础的,她的研究是他们的"未来研究"部分。

3. 怎样写文献综述

在正式的课题申报中,往往需要写一个文献综述,这个工作当然是在文献检索之后进行。写文献综述的目的,既是为课题评审人提供重要的参考信息,也有助于研究者自己进一步理清思路。

[①] 以下内容参见(美)约翰·W·克雷斯威尔著,崔延强主译:《研究设计与写作指导:定性、定量与混合研究的路径》,重庆大学出版社2007年版,第30—32页。

图 3-1 文献图

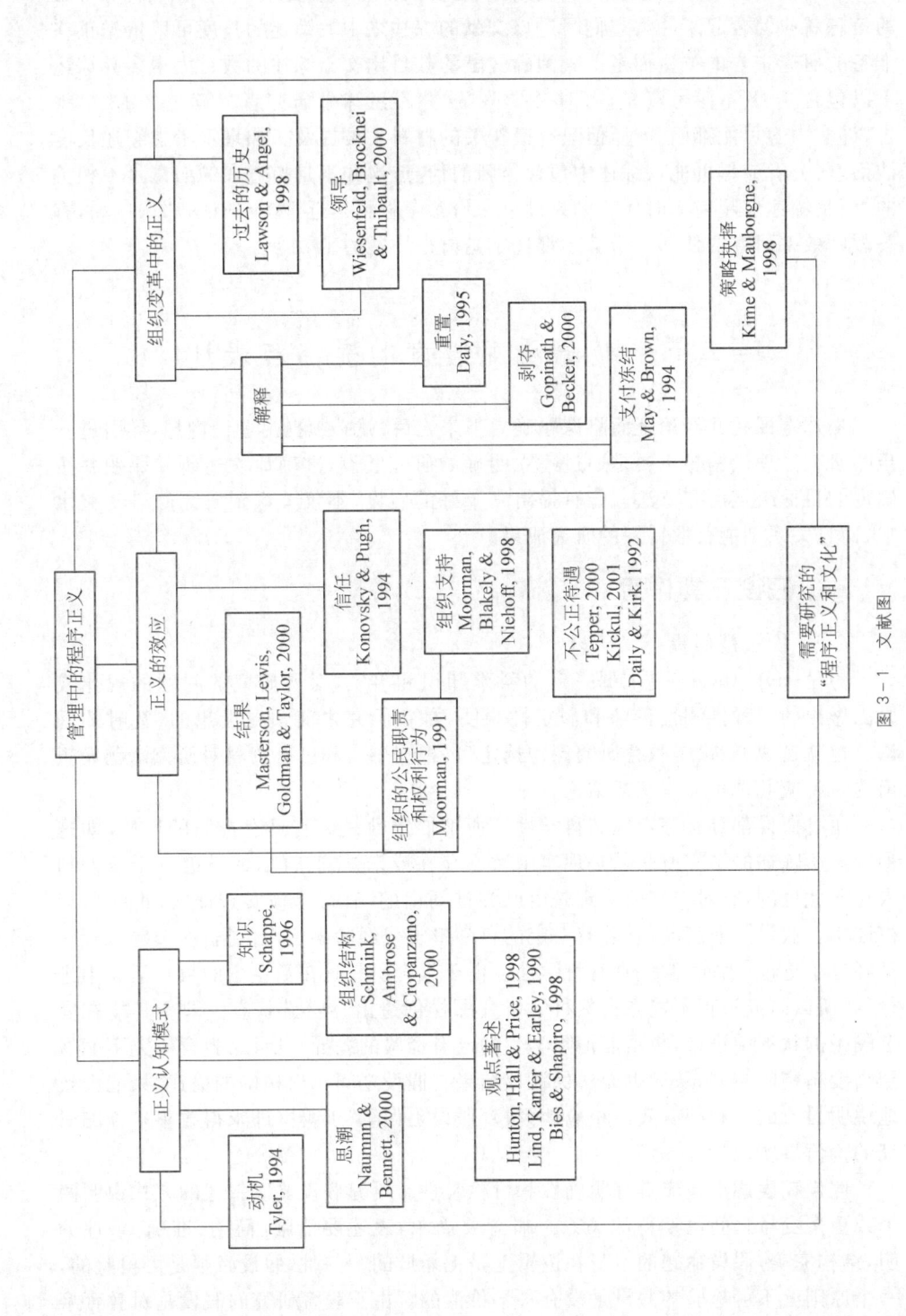

当研究者觉得一篇报告可以利用,或至少大部分内容是可以利用的话,那有关的信息就应综合起来并将它们写进该文献的综述之中。综述的长度可以依据正在准备的研究报告的类型而定。查阅的文献的数目比文献综述的数目大得多。综述可以包含6—8本参考资料,有时会少些,这并不意味着研究者只读过2—3本报告,许多内容可能都已读过,但只有最相关的材料才被提及。如果不考虑综述长度的话,研究者应尽可能在综述中包含最新的信息,这并不是指过去的信息是不相关的,而是综述应超前于时代。如果没有一份参考材料是近10年的话,那么比如,有关教师效率研究的任何一份综述都肯定是值得怀疑的。

第二节 教育研究假设的提出与表述

当选定课题并经论证而将课题确立下来之后,就必须提出理论构想,导引进一步的研究。理论构想主要是通过建立明确的研究假设,准确地表述研究课题并按确定的目标决定研究方法。能否提出一个好的假设,不仅关系到研究的科学化水平,而且关系到能否取得好的研究成果。

一、假设及其作用

(一)什么是假设

假设(hypothesis)是依据一定的科学知识和事实,对所研究的问题的规律或原因做出的一种推测性论断和假定性说明,是在研究之前预先设想的、暂时的理论。也就是说,假设是教育研究课题选定后,根据事实和已有资料对研究课题设想出的一种或几种可能答案或结论。

所有假设都具有假定性和科学性。所谓假定性是说它具有推测的性质,即这种判断所陈述的事实或联系是现实中暂不存在或未被确认的,或虽曾见于彼处却未见于此处的,它对未知的构想是由已知推断出的,有可能被实践证实,也有可能被证伪。假设并非臆断,它总有一定的科学事实或经验事实作依据,在选题过程中又经过了论证,因而,假设具有科学性。由于教育研究是在活生生的教育活动中进行的,所以研究过程不能像自然科学研究那样创造出"纯化"状态。即令其能在完全隔绝的状态中进行,也不能消除学生的已有经验的差异。所以,教育研究不能做到高度精密的控制,从而也无法保证在结果与假设之间作出精确的描述,只能大致地说明对人的有利与有效。相应地,教育假设更偏重"求善"(即求得改善),推测研究的价值事实。

假设在表述上还应具有明确性和可检验性。研究假设要以叙述的方式说明两个或更多变量之间可期待的关系。概念要简单,表述要清晰、简明、准确,条理分明,结构完美,假设命题的本身在逻辑上是无矛盾的。并且,假设必须是可检验的,一个原则上不可检验的假设是没有科学价值的。由于教育研究的假设是对教育事实或现象间的关系所作的推测性假定,要使假定变成理论,关键在于它所预期的事实为研究及以后的实践所证实。因此，原则上的可检验性是科学假设的必要条件。

（二）假设的作用

1. 假设为研究活动指明方向

假设的基本功能在于引导研究，起着纲领性作用。假设能帮助研究者明确研究的内容和方向，通过逻辑论证使研究课题更加明确，并按确定目标决定研究方法和收集资料，指导教育研究的深入发展，以避免研究的盲目性。一旦有了明确的假设，研究者就可以根据假设验证的要求，在特定范围内有计划地设计和进行一系列的观察研究、实验研究。而假设一旦得到观察、实验的支持，就会发展成为建立科学理论的基础。

2. 假设是教育科学探索的必经阶段

假设是建立和发展科学理论、正确认识客观规律的正确途径和有效手段。在事实、经验与新的理论之间，并不总是存在着逻辑通道，研究者在长久对一个重大问题的思虑中，时常能借助灵感、顿悟等非逻辑思维方式得到解决问题的某种假设，实现"柳暗花明又一村"的转折。一个假设如能被证实，它将成为新的理论（或新理论的一"分子"）或者引出新的问题并刺激人们提出新的假设、开始新的研究。一个假设如果未被证实或未被完全证实，研究活动则将持续进行下去。

3. 假设可以提高研究活动的新颖度和预见性

科学的本质在于求新，而假设正是研究者对"未知"、"未有"领域的一种试探，是新事物新认识出现的前奏。当然，在科学昌明的今天，要找出严格意义上的完完全全的"新"是很困难的，但广义的"新"可以从不同角度不同层次来理解。例如，在不同学科领域、不同地域之间的迁移是一种"新"，把已有的因素加以重新组合是一种"新"，把某种口号、理论变成现实也是一种"新"。假设也是一种走在行动之前的思想、一种先于事实的猜想，是研究者从思想观念上对未来的洞察和把握，所以它能使研究活动更富有预见性。

事实证明：一个好的假设，是探讨教育问题、发现教育规律、形成科学的教育理论的前提，是进行教育研究的核心。

当然，一个好的有价值的研究假设的提出是要经过一个过程的，研究者要在研究过程中不断修改、完善研究假设。

二、假设的基本类型

（一）假设的几种分类[①]

1. 归纳假设和演绎假设

按照假设的形成逻辑，可将教育研究的假设分为归纳假设和演绎假设。

（1）归纳假设（inductive hypothesis）

归纳假设是人们通过对一些个别经验事实材料的观察、调查，得到启示，进而

[①] 参见裴娣娜著：《教育研究方法导论》，安徽教育出版社1994年版，第108—111页。

概括、推论提出的假设。

在一项名为"六课型单元教学法"的研究中,研究者通过对一万多名各类中学生的学习方法的调查,尤其是对三百多名优秀生的学习方法特点的深入研究,将学生的"八环节系统学习方法"从心理活动上概括出十条学习规律,并将八环节学习和十条学习规律作为中学生学习的本质学情。以此为依据,将现成教材分成若干单元,每单元按照自学课—启发课—复习课—改错课—小结课等六种前后紧密联系的课型进行教学,以提高教学质量,达到优化教学的效果。

(2) 演绎假设(deductive hypothesis)

演绎假设是从教育科学的某一理论或一般性陈述出发推出新结论,推论出某特定假设。它是根据不可直接观察的事物现象或属性之间的某种联系的普遍性,通过综合和逻辑推演而提出的理论定律和原理的假设。如北京师范大学冯忠良教授的"结构—定向教学实验",依据能力和品德的类化经验说、学习的"接受—构造"说、教育的系统论观点和教育的经验传递说,推论出结构—定向教学实验研究的一系列假设。

又如一项在小学进行实验的"综合构建数学教学新体系",按照现代哲学、美学、心理学所揭示的儿童智力结构、意志结构、情感结构立体镶嵌、全面发展的规律,研究者依据构建生成学习理论,提出了"语言符号镶嵌结构教学模式"。这项研究的假设是:工具操作与语言符号结合,构建成"操作语言镶嵌结构"而导致从感性认识向理性认识的飞跃。

2. 研究假设(research hypothesis)及其方向性和非方向性

从操作上定义,研究假设陈述的是研究者所假定的两个(及两个以上)研究变量之间可能存在的某种相关关系或因果关系。

如有人认为传统的横平竖直的课桌椅排列方式不利于学生课堂上的交流,因而提出研究假设:马蹄组合式的课桌椅排列方式可以使学生在课堂上更好地交流,从而不仅提高学习质量而且有利于交往能力的形成。又如,通过数学教学过程中语言的培养来促进思维能力的发展的研究。准确地掌握数学概念是数学思维的基础,多角度思考复杂的数学问题时要求用较复杂的语言加以表达,因此,需要探讨语言与思维发展之间的关系。这类研究形成的假设都是研究假设。

在研究假设中,又有方向性假设和非方向性假设两种类型。二者的区别在于:方向性假设,指出相关或差异的特点,如"思维能力上男生的推理能力比女生强";非方向性假设只简单地指出那里存在一个相关或差异,如"思维能力上男女生有差异"。

如杭州大学教育系与杭州市天长小学综合实验组进行的"整体优化教育"实验,实验目的是探索一条从儿童实际出发,综合设计和组织教育过程,力求以不超过规定的时间和能力,取得尽可能高的教育效果的途径。实验假设是:"在整体性观点指导下,运用综合性的方法,综合设计和组织教学过程,其教育教学效果可以高于目前一般教育教学工作所能达到的水平,体、美、劳诸方面都得到最优发展。"这非方向性研究假设,往往是研究者对所研究对象的内在关系不甚了解,凭已有知识经验只能肯定研究对象内在诸变量之间有相关,但不能肯定是什么样的相关。如关于集中学习与分散学习两种学习方式在运动技能学习与语言学习中的不同效果的研究,关于惩罚与奖励在个性形成中的作用的研究,家庭教育对儿童智力发展影响的研究等等,这类课题的假设就是非方向性研究假设。

3. 描述性假设、解释性假设和预测性假设

按假设的性质和复杂程度,可以把研究假设分为描述性假设、解释性假设和预测性假设。做这样的区分,其实也是对研究假设形成发展三阶段的一种刻画。

(1) 描述性假设

描述性假设是从外部表象和特征等方面来大致地描述研究对象,从而提出关于事物的外部联系与内在性质关系的推测。例如,通过画几何图形中的线段,研究学生对图形认知结构的心理特征。调查结果表明,初学几何的学生,在分析观察复合图形时,认知结构上可能具有"顺序"、"对称"、"封闭"及其组合的某种认知特征,这种特征对学习效果起着积极的作用。统计表明,在该实验中,认知特征较强者,相对误答率低(占 5%);相反,认知结构上特征不显著者相对误答率较高(占 25%)。从几何教学的经验中归纳出假设命题:"学生认知图形是存在着结构性心理特点的。不同认知结构对学习效率有不同影响。"

(2) 解释性假设

解释性假设是揭示事物的内部联系,指出现象质的方面,说明事物原因的一种更复杂、更重要的假设,这是比描述性假设高一级的形式。在研究中,处于解释这个层次的假设,是从整体上揭示事物各部分相互作用的机制,揭示条件与结果、研究主体的最初状态和最终状态的因果关系原理。

(3) 预测性假设

预测性假设是对事情未来的发展趋势的科学推测,它是基于对现实事物的更深入、更全面的了解基础上提出的更复杂更困难的一种假设。比如,要对当前我们实行的计划生育、独生子女政策对今后 50 年我国社会结构和社会关系的变化,对教育结构及发展的影响这样一个问题提出科学预测,这是一项比较困难的研究课题,要求我们不仅对当前的人口构成和社会经济发展条件下的社会结构和社会关系非常了解,而且对西方由于人口出生率下降引起的社会在各方面的变化也应有所了解。仅仅具备这些知识对于制订一个长期的科学预测还是不够的,解决制订科学预测的关键性问题是找出研究对象的未来发展中的决定因素,揭示这种决定性的要素对社会过程的影响以及社会过程对研究对象在未来发展的各要素的反作用。预测性假设主要用于全国范围内的、具有战略意义的某些综合性课题的研究。如,要普及九年义务教育,如何解决农村普及教育的经费问题。又如,关于 21 世纪中国普及课程体制改革的设想。这类具有战略价值的研究课题,绝不是哪一个学科研究所能承担起的任务,一般是多学科综合协调进行的。当然,教育科学研究中多是一些与当前关系密切的现实课题,采用预测性假设不是太多。

三、假设的表达方法

如前所述,假设就是对所要研究的变量之间关系如因果关系、相关关系的一种假定性描述。假设所描述的变量必须是明确的,才是可操作的,其关系的假定才是可被检验的。为了避免掺杂进一些与概念无关的或模棱两可的意思,导致表述上的含混模糊,有必要对假设的命题进行语义分析,推敲每一个概念及联结词,从而,把课题变成可以测量的概念和可以经受检验的命题。

（一）研究变量

变量(variable)是与常量相对的概念,常量只有一个不变的值,如校名、人名、具体的时间值。变量则具有两个以上的值,如性别、年龄、抽象名词等。当某一对象的组成成分间在性质、数量上可以变化,并且可以操纵或测量,那么这些变化的特征就可以作为研究变量。如一群学生,可以有学业、成绩、智力、动机、兴趣等等不同的特征,这些特征就可以称为变量(或称维度、因子、分类标准)。

一个具体的教育研究课题,往往涉及多个变量及其相互关系。所以,在确定研究计划时必须依据研究目的,详细列出研究所涉及的研究变量,并加以具体确定和认真选择。下面简述一下研究变量的类别:

变量依其相互关系可分为自变量、因变量和无关变量(控制变量)。

自变量(independent variable)是由研究者主动操纵而变化的变量,是能独立地变化并引起因变量变化的条件、因素或条件的组合。在教育实验中,自变量一般是我们所关注的教材、教法、教学手段或教学组织形式等等。

因变量(dependent variable)是由自变量的变化引起被试行为或者有关因素、特征的相应反应的变量,它是一种结果变量。因变量通常与教育目的有关,如知识的掌握、能力的增进、品德及其他优良个性品质的形成等。

无关变量又称控制变量(control variable),泛指除自变量以外一切可能影响因变量数值因而对研究可能起干扰作用的因素。说它无关,是指它与自变量无关,与研究目的无关。但由于它对研究结果将产生影响,所以需要在研究过程中加以控制。

（二）因变量的确定

确定因变量主要包括两方面的工作。

1. 列出该研究主要的变量

研究中由于自变量的变化而发生变化的因素可能是很多的,因此有必要在若干可能产生的效果中有所倾斜,以确定研究重点目标。如,以五年为一周期的小学整体改革实验的总体效果,可概括为三个"一":一批合格的学生、一套有效的教育模式、一支教育管理人员和实验教师队伍。其中,第一个"一"是最主要的,教育总是以培养人为最根本目的的,有了第一个"一",后两个"一"便是必然引出的副产品。

2. 确定加以测量和检验的反应指标——抽象定义和操作定义

所谓抽象定义(abstract definition)，是指研究变量共同本质的概括，如卢仲衡的数学辅导实验，因变量是学生的自学成才能力，抽象定义则要对"自学能力"的概念、自学成才能力的结构进行界定，作出明确说明。整体实验中将学生发展质量分出知识、技能、智力、品德、个性和体质六个方面。在发展学生主体性的实验中，需抽象出主体的自主性、主动性、创造性等行为表现特征。抽象定义是操作定义的基础。

操作定义(operational definition)是指变量的较精确与不含糊的定义，将其以操作的方式表示，标明因变量是能被觉察和测量的。从本质上讲，变量的操作性定义就是关于用什么办法测量以及如何测量变量的描述。

以下是操作性定义的几个例子：

学习能力：在斯坦福—比奈智力量表 LM 表格中的分数。

发散思维："砖的用途"项目测试的分数。

概念理解能力：要求准确回答五个概念的内涵以及回答所用的时间。

操作性定义不仅是为了满足交流的需要，而且是满足教育研究所必须的，同时也是如何测量变量所必须的。如，在构造"学生偏爱非命令式的教师，而不喜欢命令式的教师"的假设之后，研究者必须提出这样一类的问题来：我所说的"偏爱"是什么意思？而"非命令式"和"命令式"的教师又是指什么？对这几个问题的答案就要采取操作定义的形式。"偏爱"在操作上可以解释为学生对某位特殊的教师比对其他的教师更为喜爱；或"偏爱"可以要求学生把他们的全体教师按喜爱的程度排列成序来测定。对"偏爱"的操作定义侧重点不同，就会引起测量方法的不同。"偏爱"第一种操作定义要求把"特殊教师"与其他教师进行相比，而后一种定义则要求对全体教师进行两两相比。

(三) 研究变量与假设

在对研究变量及其操作性定义有了简单了解以后，我们来说明研究变量与假设表述的关系。假设是一种推测或对问题答案及情况状态的一种猜测。一般地说，假设具有理论的某些特征。如前所述，假设从操作上讲是对所欲研究的变量之间因果关系或相关关系的假定。下面就列举几个假设以供参考：

假设 1：在无形的强化条件下，中班儿童较小班儿童的学习有显著的优良成绩。

自变量：在同一种条件下的中班儿童和小班儿童。

因变量：学习的进度与质量。

假设 2：在小学年龄组中，超出平均身高的儿童往往比低于平均身高的儿童更容易被同班同学选为班长。

自变量：超出平均身高的儿童和低于平均身高的儿童。

因变量：被同班同学选为班长。

假设 3：优秀或比较好的教师特有的感性认识部分地取决于其对教育的态度。

自变量:教师对教育的态度。
因变量:优秀或比较好的教师特有的感性认识。
假设4:开放型的课堂教学有利于学生主体性的发展。
自变量:开放型的课堂教学。
因变量:学生主体性的发展。
一般认为,一个规范表述的假设,至少应具备以下标准:
● 说明两个以上变量间的期望关系。
● 假设必须是可检验的,即表述的语义是明确的、可操作的、不至于造成歧义的,假设语义模糊就无法检验。
● 必须是陈述句,而不能是疑问句。当然,可以是肯定陈述,也可以是否定陈述;可以是全称肯定或否定,也可以是单称(部分)肯定或否定。

第三节 课题研究方案的形成与论证

研究设计初步完成并得到确认之后,更为大量而细微的工作就是形成研究方案(research plan)。形成研究方案主要包括确定研究对象,选择研究方法和手段并编制工具,制订行动(工作)计划等内容。

一、课题研究方案的形成

(一)确定研究对象

1. 明确研究对象总体和分析单位

研究者在确定研究对象时,首先要明确研究对象总体和分析单位。所谓总体(population),是指所要研究的对象的所有个体单位构成的全体(universe)。在特定的研究中,其总体的大小是由课题内涵所决定的,假若课题是要研究某校某年级差生形成的原因,那么,该校该年级中符合差生定义的所有学生便构成研究对象总体;如果课题是当代中国青少年理想调查,那么中国(包括台、港、澳地区)所有青少年便构成这项研究的对象总体。

分析单位(unit of analysis)是研究中采用的基本单位。在教育研究中,分析单位是多种多样的。它可以是个人,在对青少年各种状况的研究中,在对教师状况的研究中,往往多以个人为分析单位。分析单位也可以是群体或组织,如学校、城市、正式或非正式的学生团体(如学潮)等都可以作分析单位。不同性质的总体和研究目的,要求采用不同的分析单位。

2. 选择抽样方法

要想得出百分之百可靠的研究结论,去考察对象的全部或整体当然是最理想了,然而,限于人力、财力和时间要求诸种条件,除少数微型研究,如对某校某班差生形成原因的调查,绝大多数不可能穷尽对象的全部,而只能采用从对象总体中抽取一部分有代表性的样本进行研究,然后将研究结论推广到对象总体的方法。样本(sample)是从总体中提取出来用以研究的一部分分析单位,例如,从某城市的几所学校抽出100名教师进行素质调查,这100名教师就构成了一个样本。样本是总体的缩影,是用以估计或推断总体全面特征的依据。我们直接研究的对象是样本,实际研究的对象是总体。按统计惯例,样本单位数达到或超过30个称为大样本,低于30个便称为小样本。在书面调查中通常采用大样本,而教育观察或实验因投入高、风险大,故常采用小样本。

抽样(sampling)的方法很多,大致可分为两类:概率抽样和非概率抽样。

(1) 概率抽样方法

概率抽样的方法是多种多样的,常用的有简单随机抽样、分类(或分层)按比例抽样、整群抽样等等(这些方法的具体内容将在调查法、观察法等章节详述)。通过概率抽样,可以得到近似总体的样本。

(2) 非概率抽样方法

当研究者不要求样本必须代表总体,只求从中找到答案,并不企图把这些答案推广到总体范围时,就可以用非概率抽样方法来选择研究对象。这类方法常用的有:偶然抽样、质量抽样、定标抽样和雪球抽样等(具体内容也将在有关章节详述)。

3. 满意的样本容量

尽管样本不足会影响样本的代表性进而影响研究结论的可靠性,但样本容量也不是越大越好,超出需要会造成研究力量的浪费,所以,确定适当的样本容量是很重要的。

一般说来,不同性质的研究,对合理样本容量的要求不同。描述研究和调查研究,满意的样本容量应在总体的10%,特殊情况下应不少于100,即使总体范围很大,样本在400—500之间也可以了。一项关于人的现代化素质的跨国调查研究,样本可能大到6000。相关研究和比较研究的满意样本容量是每组至少30。对变量控制要求较高的实验研究,如心理学实验,样本数一般不少于每组15。对教育实验而言,以自然班的数量为准,即实验班和对比班至少要有30名学生才是适当的。

样本占研究总体的比率要参照总体绝对数量的大小,例如,10%的比率,对总体为50的抽样来说,显然是非常不够的,但对于数量为2000的总体来说,则已经足够了。

(二) 选择研究方法和手段

正像教学要选择恰当的方法和手段一样,教育科研也需要精心挑选得心应手的工具,教育研究可供选择的方法很多,研究者不能盲目地赶时髦,流行什么选什么,而只能是从"方法总是服务于特定研究目的的"这一认识出发来选择合适的研究方法。

概略地讲,你的研究目的是形成新的科学事实,且对象又是活动形态的,你就应该选择观察、调查、实验等方法;若对象是文献形态的,你就应该选择文献法和内容分析法。你的研究目的是形成新的科学理论,那就应该选择归纳演绎等理论研究方法。

再进一层,研究题目所指向的研究对象,也是选择具体方法的依据。譬如你研究的是分析单位的意向(以人为分析单位的研究常以意向为对象),假定是要考察课堂上教师对学生的态度或者家长对子女上大学的期望,那就适于用调查法而不宜用观察法或实验法。倘若研究的是分析单位的行为,如退学、弃教、从事第二职业、攻击行为等等,那么最佳选择就是观察法。假若研究者希望搞清楚这些行为产生的原因,或者期望出现某些积极状态等等,那也可以设计实验来研究。

各种研究往往还需要使用特定的工具,如观察法需要观察记录表,调查法需要问卷或谈话提纲,实验法需要试题或量表,在没有现成可用的工具时,就要专门编制。这些工具的编制要领,我们将在有关章节介绍。

(三) 制订行动计划

研究的行动计划一般称工作计划,研究工作计划的制订建立在研究设计基础上,是对如何实现某一研究设计的行动规划、时间规划、组织形式规划和经费规划。研究工作计划的主要内容是划分工作阶段与程序,明确每一阶段的工作任务和要求,结算每阶段需要的工作时间,确立研究的组织形式,列出研究人员之间的分工职责与合作项目,规定对研究工作开展状况的检查时间与方法,以及研究成果的形式、评价与鉴定,研究经费的预算等。研究工作计划是对整个研究过程的全面规划,应把它建立在对研究活动的系统分析基础上,寻求最佳组合。

研究工作计划的完成,意味着研究准备阶段的构思部分基本结束。在进入实际研究前,往往还有一些具体的准备要做。如基本的研究经费的筹措,物质、技术设备的添置,参与研究的、不熟练工作人员的培训,对具体研究对象或环境的初步了解。这些工作的完成都将为研究工作的顺利开展创造条件。

二、课题研究方案的论证

(一) 课题论证的意义和实施步骤

前述文献查询与综述本身就是课题的一种自我论证。文献综述表明了研究者对国内外同类或相关研究了解多少,把握得是否准确。但是,仅有自我论证是远远不够的,为确保课题的研究价值和效益,还应作正式的论证,利用专家的见识和智慧来确认这项研究的必要性和可行性。

1. 意义

实践证明,对科研课题作详细的正式的论证,具有如下方面的意义:

(1) 确认课题研究价值,明确研究方向。

(2) 完善课题方案,明确保障条件。

(3) 为参加课题研究的教师提供一个集思广益、取长补短的环境,达到带着问题进行教育科研理论方法学习的目的,初步认识课题研究的规范。

(4) 使科研管理部门本身更充分地了解到各个课题研究的条件,进而为今后保证重点,建立更完善的体系,进行科学管理提供更具体的依据。

2. 范围

正式论证主要围绕以下问题展开：

(1) 研究问题的性质和类型。

(2) 课题研究的目的、意义(理论价值和实践意义)。

(3) 与课题相关的国内外研究现状,预计可能有所突破的方面。

(4) 分析研究的可能性、基本条件及能否取得实质性进展。

(5) 课题研究策略、步骤及成果形式。

(6) 论证报告的格式、语句等写作上的问题。

3. 步骤

以上还只是很粗略的论证范围,一些教育研究部门通过实际运作,归纳出很有参考价值的论证步骤和论证内容条目。为了适应不同类型课题的需要,可把详细论证确定为 4 个一般步骤:

第一步,明确课题评议的内容。

第二步,提供课题详细研究方案。

第三步,内部论证准备。

第四步,同行评议。

对研究人员提供的课题详细方案进行评议,可以归结为 7 个方面 16 个问题。

(1) 课题研究依据

——课题研究的目的、意义

——课题形成的理论、实践和思维方法依据

——课题相关的国内外研究动态

(2) 课题研究的目标系统

——课题的目标确切性

——课题的目标体系

(3) 课题研究的范畴

——课题研究的类型

——课题研究的内容、对象、范围

(4) 课题研究的方法、步骤、进度

——课题研究方法的预计效果

——课题研究步骤的落实程度

——课题研究进度的可行性

(5) 课题研究的策略

——课题研究工作与常规工作的协调

——课题研究的难点、重点与对策

(6) 课题成果的结构形式

——课题成果的组成结构

——课题成果的提供形式

(7) 课题研究的保证条件

——课题研究人员结构及其与任务的匹配

——课题研究的经费预算和物资器件

（二）课题论证的实例

下面以上海市普陀区教研室的课题论证为例[1]，介绍如何展开详细论证。

1. 关于课题形成依据的论证

任何一个研究课题的产生或是来源于理论的启发，或是来自实践的发展，都为课题提供了一定的、确定的（可以不必充分）根据，任何一个课题的提出总是伴随着一定的思维方法，或是演绎推理，或是概括归纳，等等。缺乏根据与思维方法不合理的课题不应投入研究。

首先，必须充分注意对与课题研究相关的理论与实践经验的把握，一方面可以避免与前人研究产生重叠，另一方面又包括对前人研究的继承问题。

在论证中，既要帮助研究者分析课题研究中必需的理论和当前的一些研究成果，还要考虑研究者对这些理论、有关的情报资料、研究成果以及各种经验掌握的程度及占有量，从而提出相应的建设性意见，有助于问题的解决。

例如，普陀区的"生物学教学中学习迁移的探讨"实验研究课题，在理论上涉及学习迁移的一系列重要理论，如，迁移与认知结构的变量之间的关系；学习迁移与"先行组织者"材料之间的关系，等等。在理论方面，该课题组的初步方案中存在着不少问题。但通过共同的努力，利用已掌握的资料，论证工作对于改善这方面的问题起到了极大的作用。如在论证会上设计出了这样的一个"先行组织者"材料：比较两班被试学习有关菌类植物的知识。实验班在学习该材料之前，先学习一个"陈述性组织者"。"陈述性组织者"强调了菌类植物与藻类植物（已教过）的异同，各自的主要特征和菌类在植物中的地位。"陈述性组织者"就是用学生能懂的语言写成有关菌类植物知识的具有一定概括性的、一般性观念框架的简短文字。控制班在学习菌类植物的知识时，学习这段材料。此外，还设计了实验的两栖纲动物知识的"组织者材料"。

其次，课题形成的思维方法的论证，主要是指如何提出研究的问题或假设。以普陀区的一个研究课题"关于公开课教学研究问题"为例，研究者首先分析了当前公开教学活动中研究功能和教学功能混淆，两者关系不清，评价结论不明等问题，然后，据此提出研究假设：公开课教学研究的成功是由公开课的研究行为和教学行为及其各自的作用来决定的。对这个假设的论证需要从科学原理和逻辑推论两个角度进行。

论证者分析了"公开教学"这个概念：公开教学是各类学校探讨教学的规律、改革教学内容和方法、评价或推广教学经验、开展教学研究活动的一种教学组织形式。因此，公开教学是一种与日常教学不同的活动形式，它一方面具有教育科学研究的功能，另一方面，公开课教学又毕竟还是一种教学，当然应具有一般课堂教学

---

[1] 详见阮龙培等：《教育科研课题论证的实践和认识》，《教育研究与实验》，1989年第4期。

的功能。我们总希望每次公开课教学研究后,既能强烈地体现出研究作用,又能强烈地表现出教学作用,但由于研究者的设计、执教教师的素质和学生的情况等等因素,经常造成实际上的研究行为和教学行为两者不能兼顾,而且还常常发生如下情况:由于教师远离研究要求而使自己的教学行为很少甚至无法适应研究的需要,造成研究作用与教学作用的方向性严重不一致。因此,努力促使公开课教学中的研究和教学的指向性一致,是公开课教学研究根本所在的又一个本质的问题。这里,"假设"中的所谓"研究行为"、"教学行为"之意也就显而易见了。因此公开课教学的研究就涉及了对教育科学研究方法论的研究和对教学理论的研究两方面。这两方面是不同的两个领域的活动,但作为公开课的教师行为表现就必须把这两种研究意识结合起来,以此来达到研究者原先假设中的研究和教学两重目的。

2. 关于课题目标系统的论证

作为一个科研课题,所确定的目标必须描述精确,要经过深思熟虑的推敲,才可能把握研究的总内容与总方向。一个研究项目往往会包含好几个层次上的问题、任务和目标,研究计划要对此做出分析,要按照由浅入深、由近及远的原则规定自己研究过程各个阶段上的目标和任务。另外,有一些综合性较强的课题,往往存在着子目标系列,应当给予明确,按它们之间的关联影响以及隶属关系形成一个具有新质内容的目标系统,便于落实与管理,最后也容易使课题成果形成一个完整的有机体系。这些方面,必须在论证中详加分析。

例如,区教研室承担上海市普教系统第三次科研课题规划重点课题"综合地区特点组织学生参加社会实践的研究",研究的总目标是解决在新的历史时期,地区如何使社会实践成为一种"课",能在学校教育中有目的、有计划、有材料地进行。显然这样的课题有一系列子目标,在课题设计时分解成3个阶段9个子目标完成。

第一阶段(1987年8月—1988年7月)前期研究阶段

子目标 A:总结组织学生参加社会实践的经验

子目标 B:完成有关社会实践理论的概括总结

子目标 C:完成社会实践、乡土教材及使用方案

子目标 D:完成社会实践指标体系、评价组织与方法

第二阶段(1988年8月—1989年4月)分析综合构想方案

子目标 E:完成区、校两级社会实践管理系统的设计

子目标 F:筛选、确定本地区社会实践与乡土教材

子目标 G:确定社会实践各年级时间序列与具体途径

子目标 H:确定效果分析与评价方法

第三阶段(1989年5月—1990年6月)具体实验阶段

子目标 I:完成整个研究任务

此外还有关于课题研究范畴的论证,限于篇幅,此处不再详述。

探究与操作

1. 找出这一章里你认为最重要的 10 个概念,并用方框和箭头表明它们之间的关系,如:

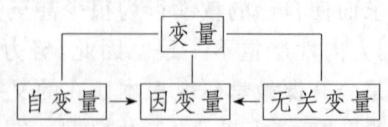

```
           变量
   ┌────────┼────────┐
  自变量 → 因变量 ← 无关变量
```

2. 如果你想弄清楚在教育科研中怎样发现问题、怎样确立课题、怎样拟定和论证研究方案,不妨在你的专业领域中,设想从若干问题中筛选出一个你认为有价值的问题,然后在想象中将其转换为一个课题,界定这一课题的研究假设和主要变量,并拟定一份研究方案(提纲式即可,可以分小组进行,完成方案后小组之间交换,相互论证和评论对方设计的课题研究方案)。

3. 比较以下同一研究假设的两种表述,哪一种更符合研究要求? 为什么?
——聪明的孩子对学校的态度好
——韦氏量表测试所得智商在 140 分以上的在校就读学生能提早到校、推迟离校

拓展性阅读材料

1. 陈向明著:《质的研究方法与社会科学研究》,教育科学出版社 2000 年版,第四章"质的研究的设计"、第五章"研究设计的组成部分"、第六章"研究对象的抽样"。

2. (美)约翰·W·克雷斯威尔著,崔延强主译:《研究设计与写作指导:定性、定量与混合研究的路径》,重庆大学出版社 2007 年版。

主要参考文献

1. (美)杜威著,姜文闵译:《我们怎样思维·经验与教育》,人民教育出版社 1991 年版。

2. (美)威廉·维尔斯曼著,袁振国主译:《教育研究方法导论》,教育科学出版社 1997 年版。

3. 叶澜著:《教育研究及其方法》,中国科学技术出版社 1990 年版。

4. 裴娣娜著:《教育研究方法导论》,安徽教育出版社 1994 年版。

第四章
教育观察法

学习目标

了解教育观察法的基本类型,掌握常用的教育观察方法和主要实施步骤。

内容提要

教育观察法是教育研究中最常用的一种研究方法。要让其服务于规范的教育研究,从而提供真实、有效的教育信息,就需要理解并达到一些基本要求。在本章中,首先辨析其优势与不足,介绍其主要类型;其次,介绍几种具体的观察方法;再次,阐述实施教育观察法的主要步骤。以上述认识为基础,研究者就可以根据实际需要,在选择教育观察法的具体内容、方式和程序时作出合理的选择。

重要概念和术语

观察法的类型　常用方法　实施步骤

当我们听别的教师讲课时,需要观察教师和学生的言语和行为表现,其中,很多人会注意"学生学习是否主动"。大多数听课者主要是随机地进行观察,也就是说,并没有在事先就设想好要观察哪些学生、在什么场合观察、观察他们的哪些行为表现、如何记录他们的行为表现等问题。他们在听课过程中虽然也在注意了解学生学习是否主动,但主要是了解一些典型的、最能吸引他们目光或注意力的关键事件,如教师和学生的一段对话、教师提问后学生的短暂沉默、个别学生的精彩发言、一个小组生动的表演等等。由此获得的信息当然也有重要价值,但它们具有较明显的随机性,其价值也受到很大局限。

实际上,如果我们不满足于随机观察,也许就会进一步关注到如下方面:
- 教师和学生的这段对话,在这次课的师生交往中居于什么地位?
- 它是由教师发起的,还是由学生发起的?
- 若由教师发起,教师是在什么样的情境中提出问题或建议的?

在这之前,学生对相关问题有没有思考?为什么有或没有?

在教师提出这个问题之后,学生的回答是否及时(间隔时间有多长)?

学生回答得是否合理?

教师又是如何处理的？（后面还可思考：教师的处理反映出他的哪些观念？）

教师作出反馈后，学生又有何反应？（后面还可以思考：学生的反应与教师的反馈之间有什么关系？）

● 若由学生发起，当时是什么具体情境？

学生提出问题或建议后，教师的反应是否及时？是否合理？

教师作出反应后，发起对话的那名学生有何进一步表现？其他同学呢？

如果我们在研究中要系统地研究这些问题，我们就需要专门设计观察方法（例如，设计一些专用的观察记录表），以使我们关注的关键信息得以更明确地凸显出来。

第一节 教育观察法概述

一、教育观察法的概念

教育观察法是教育研究者通过感官或借助一定的设备，有目的、有计划地考察学生或教育现象的一种研究方法。教育观察法有如下三个基本特征：

第一，直接性。即教育研究者与观察对象的直接联系。由于观察的直接性，研究者所获得的资料真实可信，准确有效。之所以说"百闻不如一见"，就是因为观察法具有直接性这一基本特征。

第二，情感性。由于教育观察的对象是人，教育研究者与观察对象之间的关系，有时也是一种人与人之间的关系。特别是当教师具有双重角色时，即教师既是教育工作者，又是教育研究者时，教育研究者与观察对象之间的关系，实际上是师生之间的互动关系。师生之间的互动，除了认知上的互动之外，还有情感上的互动，这时，作为教育研究者的教师，在观察学生的行为表现时，往往带有个人主观上的感情色彩。观察的情感性特征，容易影响教育观察的客观性。

第三，重复性。即教育研究者有必要也有可能对学生或教育教学现象进行反复多次的详细观察。重复观察可避免观察的表面化和片面化。

教育观察法的优点是：简便易行；获得的资料可靠性较高；有时，它还可获得一些意料之外的资料。

教育观察法在教育研究中有着广泛的应用价值。早在20世纪初，教育观察法就经常作为一种教育研究的方法加以应用，大约在30年代达到高峰。20世纪以来，许多教育家都十分重视观察研究，如我国幼儿教育家陈鹤琴，曾用日记的方式，从他的第一个孩子一鸣出生之日起，就逐日对其身心变化和各种刺激进行周密的观察，并作出详细的文字记载与摄影，连续追踪观察808天，积累了大量研究材料。苏联教育家赞科夫进行教育研究，也采用长期追踪观察的方法。他的实验人员，长期进行课堂观察，在课室后面，隔着窗口，一边听课一边观察记录。赞科夫特别重视后进生的发展问题。他的"使全班学生包括后进生都得到发展"的教学原则,就是在长期观察、积累材料的基础上提出来的。苏霍姆林斯基也一样,他一生著述甚丰,研究所需的大部分资料都是靠长期观察得来的。为了研究道德教育问题,他曾先后为3700名左右的学生做了观察记录。国内外著名教育家的经验说明,观察是教育研究的一种最基本的方法,它对于认识教育现象,收集第一手材料起着重要作用。

当然,观察研究也有一定的局限性,主要是研究者观察时受到一定的时间和空间的限制,因为研究者不可能在任何时刻、任何情况下都能对研究对象进行观察。此外,由于观察的样本数小,以及观察得来的只是表面性的和感性的材料,因而也容易使观察结果带有片面性、偶然性的东西。例如:

> 据《吕氏春秋》记载,孔子周游列国,潦倒在半路上,七天没饭吃。他的学生子贡去弄了一点米来煮给他吃,等到饭刚要煮熟时,孔子看见子贡从锅里抓起一把饭吃了,孔子假装没看见。过了一会儿,饭煮熟了,子贡端着饭送给孔子吃,孔子站起来说:"今天我梦见我死去的父亲,饭是干净的话,我来祭奠他。"子贡说:"不行,刚才有烟灰掉进锅里,我觉得扔掉可惜,就把它抓起来吃了,这饭不干净了。"孔子听了感叹地说:"我所信任的是眼睛呀,可是眼睛也不是完全可以信赖的。我所依靠的是心呀,可是心也还不足以完全依靠。弟子们要记住:认识、了解一个人真是不容易呀!"

这个例子说明,观察法虽然有直接性和可靠性,但有时却往往具有表面性、片面性和偶然性。在德育研究的观察中特别应该注意这一点。

教育观察法有着悠久的历史。原始社会时期,教育在生产劳动中进行,人们一方面以言传身教的方式把知识经验传授给下一代,另一方面对传授过程的方式方法以及对年轻一代的教育效果,进行自然的观察,以便不断改进。诚然,那时的观察往往是无计划的、不自觉的,而且是零散的、低水平的。通过观察获得的新发现,具有很大的偶然性,观察是直觉的,不可能有任何设备。观察的结果,只是停留在思维上,还不可能有文字上的描述和概括。在古代文明社会,教育观察法仍是最主要的教育研究方法,当时的教育教学理论就是以观察研究为基础而提炼出来的。但那时的观察法是缺乏系统性的,教育观察者往往以不完全的经验或证据为基础,忽视同时存在的复杂的教育因素在起作用,或者让感觉及偏见影响观察与结论。在现代社会,随着儿童心理学的研究成果日丰,以及现代教育研究技术的发展,教育观察法逐步趋向科学化。

二、教育观察法的类型

教育观察的方式多种多样,可以从不同维度加以分类,这里先介绍几种常见的分类。

（一）自然观察法与控制观察法

如果观察研究是在自然发生的条件下，在对观察对象不加变革和控制的状态下进行的，如实地观察法，这种观察法称为自然观察法。但是，有时观察研究也可在控制情形下进行，如实验室观察研究法，这种观察法称为控制观察法。教育观察大多数情形是自然观察法。

（二）直接观察法与间接观察法

直接观察法是指直接通过感官考察研究对象的方法。其优点是直观、生动、具体、真实。间接观察法是人的感官通过仪器观察研究对象的方法。它的优点是扩大了感官研究的范围，提高了观察的效率，使获得的材料更为精确。教育上的观察法大多是直接观察法。

（三）结构性观察法与非结构性观察法

结构性观察法是有详细的观察计划、明确的观察指标体系以及有系统的一种可控制性观察。这种观察多用于描述性研究和实验研究中的资料搜集。结构性观察法又可分为实地观察法和实验室观察法。实地观察法是指观察客体所处的地点、情势是处在自然状况下的，观察者前往观察实地所进行的一种观察研究。在实地观察研究中，观察者明确观察对象在运动过程中的各种因素，并尤其注意和记录对研究有意义的因素，取得有明确目的性的观察资料。实验室观察法的根本特点是，它不仅要有明确的实验目的和严密的实施计划，而且观察者必须精确地测量观察对象，必须严格地控制一个或一个以上的变量，并观察这种控制对另外变量的影响，从而发现观察客体内部的因果关系和相互关系。

非结构性观察法大多没有周密的观察计划和观察提纲，观察目的也只限于对观察客体的一般性了解。非结构性观察法又可分为现场观察法和实地观察法。现场观察法是指观察客体时间上的突发性和地点环境上的不确定性，观察的目的仅限于在较短时间里得到最基本的资料的一种观察研究。它适用于对集体行为以及一些偶发事件的观察研究。非结构性的实地观察法一般是在观察地点比较确定，时间比较稳定，并有一定目的性的且在自然状态下所进行的观察研究。它适用于教育行政部门检查工作，领导干部体察民情，有计划的社会调查，科学研究探索性的资料搜集和补充调查中的资料搜集等。这种方法简便易行，但资料的获取主要是凭印象而得，观察的成功与否取决于观察者的世界观、综合知识结构、个人气质和专业技能等各种因素。教育工作上大多使用非结构性观察法，而教育研究上大多使用结构性观察法。

（四）系统观察法和随机观察法

系统观察法是把观察客体视为一个整体——这个整体便是一个有一定边界范围和逐级阶梯体系的系统——并对这个整体进行观察研究。这种观察不仅是凭直觉和经验的观察，而且是有系统的观察客体构成的要素、结构功能以及发展过程的立体式观察研究。它要求运用系统思想,从总体系统出发对各子系统进行分解观察研究,即对子系统诸要素、层次、功能、环境条件、相互关系的分析观察研究,而后又回到系统的综合观察研究。在整个观察过程中,系统的思想是贯穿始终的。简言之,系统观察研究是以立体观察研究取代平面观察研究的一种方法。

随机观察法是按照随机抽样的基本原则,从观察总体单位中科学地抽取部分单位进行观察研究,搜集资料并以此推断整个观察总体的一种方法。它与系统观察法的主要区别在于观察客体的确定和范围的选择。在随机观察的客体单位中,也可以应用系统观察的方法进行更深入的观察研究。

(五) 参与观察法和非参与观察法

在参与观察研究中,观察者深入到观察的客体中去,充当其中的一个角色,参加其中的活动,使该集体中的人们把他视为集体的一员,以相应的态度对待他,观察者便利用这种有利的条件观察客体的深层结构及其关系,了解有价值的资料。例如,人类学家为了研究不同民族的生活方式,往往学习其他民族的生活习惯和语言,和他们住在一起,以便收集一些局外观察者无法获得的直接资料。社会学家为了了解流浪者、不良少年与监狱收容者的行为,也常常应用这种参与观察研究。在教育研究中,教师有时也参与学生的活动,以观察他们的行为。但是,观察者必须保持清醒的头脑,保持敏锐的观察触角,以防止被观察对象同化。同时,在观察中还应注意科研道德,不能观察和过问个人不愿公开的隐私。参与观察又可分为完全参与观察和部分参与观察。完全参与是指完全置身于观察客体之中,与观察对象实行同吃、同住、同工作。部分参与则是部分地介入观察客体,有些活动和观察对象保持一致,有些活动则独立进行。

非参与观察法,就是指观察者纯粹扮演观察的角色。观察者被视为局外人,不参与被观察者的任何活动。非参与观察研究既可在自然情境下进行,也可在实验情境下进行。例如,研究者每天以一小时的时间去教室观察教师与学生的交互作用的行为,连续观察五周后,比较教师期望高的学生与期望低的学生是否有不同的师生关系存在。这是在自然状态下进行的非参与观察研究。又如,研究者在实验情境中,安排一些好玩有趣的玩具,让一组儿童进入观看但不准玩弄,但让另一组儿童玩弄这些玩具,然后观察两组儿童的攻击性行为,这个研究便是在实验情境下进行的非参与观察研究。

上述各种观察研究方法之间是互相联系、互相补充、互相渗透的,一般都以交错的形式出现。了解各种观察研究方法的特征、分类及相互间的关系,可以使我们在制订调查计划、确定观察对象和具体实施观察时有一个系统的理论概念。

根据国内外相关教科书,观察还可以更概括地划分为定量观察和定性观察,前者注重以数据反映事实,后者则一般以描述的方式记录事实。以下是一项定性观察研究中记录下来的片段:

整理后的课堂观察记录	观察者的关注点
教师提问:"有谁知道,海水为什么看上去是蓝色的?看看哪个小朋友肯动脑筋,积极举手发言?"话音刚落,将近三分之二的学生举起了手,并且都看着教师。所有中队干部和小队干部都举了手。	这些"干部"学生真的都知道吗?若真的都知道,似可说明这些"干部"学生比其他"群众"学生知道的多?若并非都知道,说明"干部"学生比"群众"学生更注意"积极响应"教师的要求?
靠着观察者的这位留着小分头的学生此前五次提问都举了手,但均未被指名发言,这次将手举得更高,几乎站了起来。	教师为何不叫这个举手最积极的学生发言?这是一个怎样的学生?是他平时不太讨教师喜欢,还是经常答错问题?
没有举手的学生大多目不正视教师,表情较为紧张。	为什么他们都目不正视教师?是一般的难为情,还是慑于教师的权威?
……	……

定性、定量两类观察之间无所谓好坏高低,只要是既符合观察研究目的又适合观察对象的,都是有用的方法。

第二节 教育观察的常用方法[①]

一、实况详录法

实况详录法也称连续记录法,是指在某段时间内,连续而详细地把观察对象在自然状态下的行为表现收录下来的一种观察方法。运用实况详录法要注意三个问题。

(一)根据观察目的确定观察的场景和时间

学生活动的场景是很多的,既有校内的又有校外的,校内又分课内场景和课外场景。观察的时间也可长可短。一般而言,应根据本次观察的目的来确定观察的场景和时间。例如,要观察小学三年级学生的注意力分散情况,可选定三节课进行观察详录。若要了解学生之间的交往情况,则可选择一天中的课余活动进行实况详录。

[①] 资料来源:1. 沈庆华、马以念主编:《幼儿教育科学研究方法》,甘肃科学技术出版社 1990 年版,第 27—31 页。2. 王坚红著:《学前儿童发展与教育科学研究方法》,人民教育出版社 1997 年版,第 77—104 页。3. 张燕、邢利娅编著:《学前教育科学研究方法》,北京师范大学出版社 1999 年版,第 73—108 页。4. 陶保平编著:《学前教育科研方法》,华东师范大学出版社 1999 年版,第 93—108 页。5. 华国栋主编:《教育科研方法》,南京大学出版社 2001 年版,第 75—80 页。

（二）善于借助先进的设备

传统的实况详录法只是在观察现场采用手工的纸笔记录，速度慢，且容易出现错漏，记录不细不全。现代的实况详录法注重借助摄像机、录音机等现代化设备，把某段时间内的现场实况摄录下来，以供回放研究。

（三）记录要客观、全面

无论是用人工记录，还是用设备摄录，都应客观反映观察对象的实况，尽可能多角度拍摄或记录，反映全貌，使获得的资料原始、真实、详细、全面。在进行人工书面记录时，先忠实地观察记录、客观地描述事实。记录完后，再对描述的事实进行解释和评价。客观描述和主观解释或评价，两者应严格区分。

实况详录法的优点是能提供详尽的行为事件及其发生的环境背景等资料；实录下来的资料系统、完整并可作长久的保留，供反复观察与分析使用。缺点是对记录的技术要求较高；用人工记录很困难；用现代化的观察设备代价昂贵；记录和整理资料费时多。

二、日记描述法

日记描述法简称日记法，是以日记的方式记录观察对象行为表现或教育现象的一种观察方法。日记描述法可分为两种类型：一种是综合性日记描述，即把观察对象的各个方面如实记录下来，为全面研究观察对象所用；另一种是主题日记描述，即只记录观察对象某一方面或某几方面的情况，为专项研究观察对象或某种特征所用。如皮亚杰就是以主题日记描述的形式对自己孩子的认知发展进行观察研究的。

日记描述法是一个传统的观察研究方法。最早运用这种方法的是瑞士教育家裴斯泰洛齐，裴氏用此法跟踪观察其子3年，于1774年出版了《一个父亲的日记》，在日记中记录了自己孩子的生长、发展情况，同时对母亲的早期教育作用及其他对儿童生活有重要影响的因素进行分析。接着，达尔文写了《一个婴儿的传略》，描述他儿子的行为和发展。以后，德国心理学家普莱尔（Preyer, W.）花了3年时间对他的孩子从出生到3岁连续进行日记描述，在此基础上，于1882年写成了《儿童心理》一书。现代儿童心理学家皮亚杰也用日记描述法搜集观察资料，写成《儿童心理学》一书。我国最早使用日记描述法的是教育家陈鹤琴，他对自己的孩子进行跟踪观察，作了详细的观察日记并拍了几百幅照片，在此基础上，于1925年写成了《儿童心理之研究》一书。一般认为，19世纪末20世纪初，这种记录有关儿童成长和发展的日记描述法，是研究儿童的一种主要方法。[①]

日记描述法比较适用于长期跟踪观察研究和个案研究，有利于研究儿童发展的顺序性和连续性，记录的材料真实可靠，方法简便易行。班主任对本班学生的观

---

① 参见陶保平编著：《学前教育科研方法》，华东师范大学出版社1999年版，第93页。张燕、邢利娅编著：《学前教育科学研究方法》，北京师范大学出版社1999年版，第73—74页。

察研究可以使用此方法。但样本和观察结果缺乏代表性,如果作长时期持续记录,则比较费时费力。

三、轶事记录法

轶事记录法又称记事法。轶事是指独特的事件。这种方法以记事为主,即将研究者认为有价值的、有意义或感兴趣的事件完整地记录下来。它与日记法有所不同,它不是连续记录某一特定儿童(个案)的行为及其发展,而是着重记录有研究价值的事件或信息。它要求从事件刚刚发生到事件结束,全过程都要完整地按顺序记录下来。轶事记录法观察记录的内容可以是典型事件,也可以是反映学生身心发展某一方面的行为事件。但无论是哪一种事件,都应是研究者亲自观察到的,而不是道听途说或从其他资料转抄过来的。

轶事记录法要求记录资料具体、详细、完整、客观、准确,不仅要记录有关行为、言谈,还要记录事件发生的背景以及与之相关联的其他情况。由于轶事记录法常常是事件发生后的回忆,所以一定要及时记录。例如,教师带学生去散步,碰到一些事情,学生反应很大,而且事件的内容又正是与教师感兴趣的研究课题有关,学生可能对周围的草木、蓝天、白云等展开想象、谈话。教师可将事件记在脑中,回来后立刻用文字把当时情景客观地、详细地记录下来。又如,教师在家访中,可能观察到学生在家中的行为表现的典型事例,或感受到反映其家庭成员教育观念和教育方法的事件,家访后应及时记录下来。[①]

轶事记录法所获得的资料真实可靠而且典型,有长期保留和反复研究利用的价值。它的运用简单、方便,无需编制观察记录表格,是教师常用的一种观察方法。但由于它往往不是现场作记录,而是事后回忆作记录,回忆的内容可能不够准确。

四、事件取样法

事件取样法是以特定的行为或事件的发生为取样标准,注意记录某些预先确定的行为表现或事件完整过程的观察方法。

事件取样法与轶事记录法有相似之处。不同的是,事件取样法是实施正式观察活动时采用而不是事后追忆记录的。

运用事件取样法,研究者需等待所选行为、事件的出现,然后即时作记录。它只记录预先确定的行为表现或事件过程,通过从样本的观察资料中推断出这种行为或事件的一般情况。

事件取样法的运用要注意两点:

第一,观察前,确定所要研究的行为或事件,确定记录哪些事件的发生发展过程,并确定所需记录的资料种类与记录形式,制订出相应的记录表格(如表 4-1,表 4-2)。

---

① 参见张燕、邢利娅编著:《学前教育科学研究方法》,北京师范大学出版社 1999 年版,第 76 页。

第二,观察时,只要预定的行为或事件一出现,就要立即记录,并可随事件的发展持续记录。

事件取样法的优点是:可在有准备的情况下获取有代表性的可行样本,收集资料所用的时间比较经济。缺点是:集中观察特定事件本身,对导致其发生的条件和环境等信息不能充分了解。

表 4-1 学生争执事件记录表

学生	年龄	性别	争执持续时间	发生背景	行为性质	做什么说什么	结果	影响

资料来源:陶保平:《学前教育科研方法》,华东师范大学出版社 1999 年版,第 100 页。

表 4-2 专断事件记录表

事件第_____号　　场景_____　　日期_____　　时间_____
　　　　　　　　　　　　　　　　　　　　　　　　观察者_____

专断儿童(姓名)_____　　　年龄_____　　　性别_____
专断对象(姓名)_____　　　年龄_____　　　性别_____

情景(描述):

专断行为:
C_____
PL_____
ID_____

专断行为表现(描述):

行为结果:
COMP_____
REF_____
+C/N_____
-C/N_____
IG_____

注:表中 C、PL 等编码符号的含义:
C——命令;PL——身体指导;ID——暗示指令;COMP——服从;REF——拒绝;
+C/N——协调而达积极结果;-C/N——协调而达消极结果;IG——不予理睬。

资料来源:张燕、邢利娅:《学前教育科学研究方法》,北京师范大学出版社 1999 年版,第 94 页。

五、时间取样法

时间取样法是研究者在特定的时间内观察和记录所发生的特定的行为。这种方法把观察对象在每一时段中的行为表现或教育现象看作一个样本。

这种方法的具体做法是:
- 确定观察的总时间。例如,持续观察2周。
- 确定若干观察时段。例如,每天上午8—10时,对每位学生观察10分钟。
- 作出所要观察的行为或现象的操作性定义,制订观察表格,如表4-3,并熟记表格项目内容,如表4-4。

表4-3 儿童社会参与性活动观察记录表

时间	儿童代号	活动类型					
		无所事事	旁观	单独游戏	平行游戏	联合游戏	合作游戏

资料来源:王坚红:《学前儿童发展与教育科学研究方法》,人民教育出版社1997年版,第83页。

表4-4 社会参与性活动类型操作定义

(1) 无所事事:幼儿未参与任何游戏活动或社会交往,只是随意观望任何可能引起兴趣的情景。如没有可观望的,便玩弄自己的身体,走来走去,跟从老师,或站在一边四处张望。

(2) 旁观:幼儿基本上是观看别的孩子游戏。可能与那些孩子说几句话、问个问题,或提供某种建议,但不参与其游戏。始终站在离那些孩子较近的地方,故可听见他们说话,了解他们玩的情况。与无所事事幼儿的区别是,旁观幼儿对某一组(或几组)同伴的活动有固定的兴趣,不像前者对所有的组均无特别兴趣,一直处于游离状态。

(3) 单独游戏:幼儿独自游戏,在近处有其他幼儿在用不同玩具游戏,但幼儿不作任何努力设法接受他人或与别人说话,只专注于自己的活动,不受别人的影响。

(4) 平行游戏:尽管有别的幼儿在旁边用同样的玩具游戏,幼儿仍独自玩,不想影响别人,也不受别人影响。因而,他们只是在旁边各自玩而不是一起玩。

(5) 联合游戏:幼儿与其他孩子一起,分享玩具与设备,相互追随,有控制别人的企图,但并不强烈。幼儿们从事相似的活动,但无组织与分工,每人做自己想做的事,而不把兴趣首先放在小组活动上。

(6) 合作游戏:幼儿在为某种目的而组织起来的小组里游戏,如用某种材料编东西、竞赛、玩正式的游戏等。具有"我们"的概念,知道谁属于哪个组。有1—2个领头者左右着小组活动的方向,故要求角色分工,并相互帮助,支持这种分工角色的执行。

资料来源:(美)帕顿:《学前儿童的社会性参与活动》,《异常与社会心理学杂志》1932年版,第243—269页。

- 实施观察，并作好记录。
- 整理观察资料，并作出研究结论。

时间取样法与事件取样法有不同之处：事件取样法不受时间间隔和时段规定的限制，而时间取样法必须严格按事先规定的观察时间，在规定的时间段里进行观察记录；事件取样法侧重特定行为或事件的特点及全过程，而时间取样法则注重在规定时段中预先设定的行为是否出现，出现的次数以及持续的时间。

时间取样法的关键在于预先规定所要观察行为或现象的操作性定义，以及各种行为或现象的记录代号，并精心设计好记录表格。

时间取样法的优点是省时、简便、客观，可进行量化分析；不足之处是，它仅适用于研究经常发生的行为，如学生的上课表现、师生交往、对教师指令的关注等等，但不适宜观察学生的内隐行为如心理活动等。同时，这种方法所获得的资料往往是说明行为的种种特征（如频率）的资料，而一般没有关于环境、背景的资料。

六、行为检核法

行为检核法也称清单法，或称查核清单法。这种观察法是将要观察的行为项目排列成清单式的表格，在这些行为项目旁边标明是否出现的两种选择，然后通过现场观察，检查核对这些行为项目是否呈现，只要某种行为一旦出现，就立刻标记。如表4－5。

由于这种方法的实施，要预先制订观察表格，即观察清单，列出观测的具体项目，观察是在一定的现场和规定的时间内进行的，所以它具有诊断、测量的功能。有时，在观察过程中，为了使儿童对某些项目作出反应，研究者可对这些项目进行提示，类似于智力测验的实施。

行为检核法的关键在于行为检核表的编制。检核表编制的方法如下：

第一步，列出重要项目。研究者应确定所研究的问题包括哪些内容，有哪些方面的表现。

第二步，根据主要项目分解出具体项目。要从每项主要项目中分解出更具体的项目，即各类行为的详细表现。例如，"学生对几何形体的认识"这一主要项目，可具体化为：当教师说出圆形、三角形、正方形、长方形等几何形体的名称时，学生能否正确指出。

第三步，按一定逻辑顺序排列项目，编制出行为检核表。如，可以难易程度为序，也可以字母为序。

行为检核法可与调查法、测验法、时间取样法等并用。其观察目标明确、省时、简便易行，教师可根据本校、本班的具体情况自制行为检核表，从事标准参照测查，也可以采用已有的标准化行为检核表对本校、本班学生进行观测，然后将观察结果与常模比较。这种方法的主要缺点是：它不保留原始实况，包括所观察行为的详细情况和背景资料。

表 4-5 6 岁儿童对形状及数概念理解的行为检核表

儿童姓名_____ 性别_____	记录者_____		
观测内容	能	不能	日期
按名称指出图形:圆形			
正方形			
三角形			
菱形			
长方形			
椭圆形			
……			
数数:从 1 数到 100			
从 10 倒数到 1			
用偶数数到 20			
用奇数数数到 19			
5 个 5 个数到 50			
10 以内的加减法运算			
……			

资料来源:陶保平:《学前教育科研方法》,华东师范大学出版社 1999 年版,第 107 页。

第三节 教育观察法的实施

一、教育观察法的实施步骤

教育观察法的实施,一般步骤是:准备工作,实际观察,观察资料的整理与分析。

(一)观察的准备工作

观察前的准备,主要做好如下三项工作。

1. 制订观察计划与提纲

(1)观察计划

为确保观察的顺利进行,在观察前必须制订出观察计划。观察计划是教育观察法实施的蓝图,是确保教育观察有目的、有计划、有步骤地进行的指导性文件。因此,必须从实际出发,深入思考,拟订出切实可行的观察计划。在制订观察计划时,要明确观察目的、任务,在何时何地观察,采用何种方式观察,使用什么技术手段记录观察结果等一系列问题。

观察计划的结构没有固定不变的模式,可作参考的格式如表 4-6。

表 4-6　观察计划的参考格式

教 育 观 察 计 划
一、研究课题 二、观察目的、任务 三、观察对象、范围(观察谁) 四、观察内容(要搜集哪些资料) 五、观察地点(在什么地方观察) 六、观察的方法、手段(选用哪一种具体的观察方法,采用什么仪器设备;如何保持观察对象和情景的常态等) 七、观察步骤与时间安排(观察如何进行,包括观察的次数、程序、间隔时间,每次观察要持续的时间等等) 八、其他(包括组织、分工和有关要求) 　　　　　　　　　　　　　　　　　　　　　　　　拟定计划人: 　　　　　　　　　　　　　　　　　　　　　　　　年　月　日

制订观察计划总的要求是:符合实际情况,考虑周密,条理清楚,明确具体,有指导性和可行性。观察计划的执行也不是绝对不变的,有时在实际观察中如果发现新情况、新问题,或原定的观察计划不符合实际,也可以根据需要,对原计划作适当的补充与调整,因此,制订观察计划应留有余地。

(2) 观察提纲

为了有效地搜集资料,必须草拟观察提纲。观察提纲是由观察的目的和有关理论假设来确定的,它以纲要的形式使观察的项目内容具体化。观察提纲既可放在观察计划中,作为其中一部分,也可以从观察计划中分离出来,作为一个相对独立的文本。观察提纲的制订难度较大,因为它的编制不仅仅是方法问题,还牵涉到观察研究者的专业理论基础和对观察对象基本特征的熟悉程度,以及对观察目的的理解深度。因此,要拟订观察提纲,最好事先查阅与研究课题有关的文献资料,弄清有关变量的内涵,掌握一定的理论框架,并结合实际进行分析,然后制订出观察提纲来。

制订观察提纲时,可以先确定观察的具体内容,然后将这些内容进行分类,分别列入观察提纲。观察提纲一般应回答如下六个方面的问题(Goetz & LeCompte, 1984)[1]。

① 谁?(有谁在场?他们是什么人?)
② 什么?(发生了什么事情?在场的人有什么行为表现?)
③ 何时?(是什么时候发生的?持续了多久?)
④ 何地?(在哪里发生的?这个地点有什么特色?)
⑤ 如何?(这件事是如何发生的?事情诸方面关系如何?)
⑥ 为什么?(为什么这些事情会发生?促使这些事情发生的原因是什么?)

---

[1] 参见陈向明著:《质的研究方法与社会科学研究》,教育科学出版社 2000 年版,第 238 页。

2. 准备观察所用的辅助工具

（1）记录表格

为了便于迅速、有条理地记录所观察到的情况，以便日后整理和运用，在准备工作阶段就要制订有关的观察记录表格。编制记录表格应根据研究目的、内容和特点，全面考虑。优良的观察表格，不仅可使观察记录简约化、精确化、条理化和便利化，减少做记录的时间，确保观察者把注意力始终集中在规定的观察内容和范围，同时还能使观察资料具有数量化特征，便于量化，或使观察结果清晰明确，一目了然，便于整理和比较分析。

（2）记录方法

目前，观察记录的方法多种多样，所使用的记录符号也五花八门，较常用的有五种：

① 等级式。即观察者对所观察的对象评定等级。观察者可以在预先印好的表格上按级划圈。

② 频率式。观察者将规定好要观察的研究对象的项目预先印在纸上，凡出现某种现象，就在这个现象的框上画一个"√"，或在表格相应的项目中，记录观察到的某种行为出现的次数，如某种行为出现 8 次，可记录为"正下"。

③ 实录式。可用笔记的方法，在现场作连续记录，也可以运用录音机、录像机、摄影机将观察到的情况摄录下来。

④ 是非式。在表格相应的项目中，写上"√"表示"是"，写上"×"表示"非"。

⑤ 符号式。即用某些符号代表某些行为表现。

（3）仪器设备

观察活动开始前，务必将所用的观察仪器设备准备好，并要预先进行细心的安装、试用和检查，熟悉各种设备的功能和使用方法。

3. 确定观察途径

教育观察的途径很多，通常有如下基本途径。

（1）访谈

与观察对象访谈，可以直接观察和了解对象的个性心理特征、思想倾向、仪表情态以及身体状况等。访谈包括个别访谈和小组访谈。访谈时，研究者要善于察言观色。

（2）听课

听课的目的是观察课堂上教师的教与学生的学的情况，可以直接收集到教师课堂教学的资料，了解教师的教学思想和技能；还可以考察学生的学习活动以及心理特征。此外，通过听课，也可以在一定程度上间接了解教师的备课情况。

（3）实地参观考察

如开展办学评价时，务必亲自到现场参观校舍、学生活动场地、设备、校内外环境等，还要巡视校园管理、课外活动。

（4）参与有关活动

如参加学校的各种集体活动，"身临其境"，考察师生在活动中的表现，了解校风、学风的情况。

(二) 实际观察

观察者通过适当的观察渠道进入观察地点,熟悉观察的环境,并接触观察对象。观察者一旦进入观察领域,应当确定自己以何种方式观察对象的活动。为了达到研究目的,在进入观察初期,观察者应以较大精力去与观察对象建立一种和谐的关系,为进行深入的观察奠定基础。当观察者与被观察者的状态都比较自然时,即可开始正式观察。

在实际观察中要注意几点要求:(1)灵活地执行观察计划;(2)抓住观察的重点;(3)注意做到观看、倾听、询问、查看、思考等五个方面相互配合;(4)做好观察记录。

其中,如何做好观察记录,主要是现场实况记录,是实际观察中较困难的一个环节。叙兹曼(Schatzman, L.)和斯特劳斯(Strauss, A.)(1973)提出了一个系统的现场观察记录格式。他们将观察记录分为四个部分:(1)"实地笔记",主要记录在现场看到和听到的事实性内容;(2)"个人笔记",主要记录观察者观察时的感受和想法;(3)"方法笔记",主要记录观察者所使用的具体方法及其作用;(4)"理论笔记",主要记录观察者对观察资料进行的初步理论分析。下面是叙兹曼和斯特劳斯现场观察记录的格式,供参考。见表4-7。

表4-7 现场观察记录表

实地笔记	个人笔记	方法笔记	理论笔记
12:00——食堂里大约有300人,10个窗口前队伍平均有4米长。	我感觉很拥挤。	这个数字是我的估计,不一定准确。	中午12点似乎是学生就餐的高潮。
12:05——在卖馅饼的窗口排了一个足有两米长的队,而且排队的大部分(大约四分之三)是男生。	我想是不是今天的馅饼特别好吃?是不是男生特别喜欢吃馅饼?	我站在距离卖馅饼的窗口有5米远的地方,看不清楚馅饼的质量,不知道这些人买馅饼是否因为馅饼好吃。	也许买某一样食物的人数与该食物的质量之间有正相关关系?
12:10——食堂里有5对成双的男女坐在一起吃饭,两个人坐得很靠近,都是男的坐在女的左手边。	也许他们是恋人。	我只是根据他们坐在一起的亲密样子判断他们是恋人,这个猜想需要进一步检验。	也许在食堂里就餐时,男生习惯于坐在女生的左手边?
12:20——一位女生将一勺菜送到旁边男生的嘴边,望着对方的眼睛说:"想不想吃这个菜?"	为什么这些"恋人们"在公共食堂里如此"放肆"?!我对此有反感。	我现在与他们坐在同一张桌子上,可以听到他们的对话。	似乎女生喜欢主动向男生"献殷勤",这一点与我平时的印象不一样,需要进一步观察和检验。

资料来源:陈向明:《质的研究方法与社会科学研究》,教育科学出版社2000年版,第248页。

（三）观察资料的整理与分析

在结束观察后,要对观察资料进行初步整理,如对笔录资料分门别类地归类存放,对录音带、录像带和照片逐个登记,根据镜头做出卡片,以免事后因记忆模糊而造成资料混乱。

通过研究者亲自观察得来的资料一般比较真实可靠,但有时也有人为的虚假成分。如在一些教育调查中,有时由于某种原因,被调查的学校或个人会做出种种假象来掩饰事实的本来面目。同时,对教育现象的感知和解释也往往受观察者自己的价值标准和以往经验的影响,这也可能成为观察资料不准确的原因。因此,在整理与分析这方面资料时,要注意几个问题:首先,要检查观察资料是不是严格遵循科学方法的程序而获得的。其次,如果资料是用多种方法收集的,则应把通过观察获得的资料和通过其他方法获得的资料进行比较,发现问题可再去核实。第三,当观察是以小组进行时,可将观察者之间所获得的资料进行比较。若有差异,小组要进行讨论和验证。第四,对于较重要的问题应注意观察时间的长短。一般说来,长时间的观察总比短时间的观察真实可靠。

二、教育观察法实施中应注意的问题

1. 观察的目的性

目的性是科学观察区别于一般感知活动的根本标志。科学观察必须以明确的目的性为基点,做到观察的整个过程有目的、有计划、有步骤地进行。

2. 观察的客观性

观察所得的事实材料是否真实、准确,亦即是否反映了被观察客体的本来面目,直接关系到研究结果的真实性。因此,研究者必须坚持客观性原则,以实事求是的科学态度进行观察研究,在观察的整个过程中,不应掺杂个人的主观倾向性。

3. 观察的全面性

研究者要从研究对象的空间分布上,观察它的各个方面、它的全体;从研究对象的时间演化上,系统地观察它的变化发展的各个阶段和发展的全过程;从研究对象的内部关系以及它与其他事物之间的相互联系上,观察它的整体特征和它在周围环境或更大系统中的表现。只有全面地、系统地、动态地观察研究对象,才能比较客观地反映对象本身。

4. 观察的典型性

由于教育现象的复杂性,为了研究某一类事物的一般特征及其发生、发展的规律,有时人们不可能也不必要对该事物的全体逐一进行详细观察。这时,可以从各种类型中选择能代表一般的典型进行观察。但应避免以偏概全。

5. 观察者的训练

观察资料是否正确和可靠,观察者是主要的决定因素之一。因此,教育观察法对观察人员提出了严格的要求,它不仅要求观察者具有一丝不苟的认真态度和优秀的个人品质,还要求观察者掌握技术和技巧。这都要求对观察者进行观察前的培训。

探究与操作

1. 简述实况详录法、日记描述法、轶事记录法、事件取样法、时间取样法和行为检核法的运用。比较实况详录法与日记描述法、轶事记录法与事件取样法、事件取样法与时间取样法之区别。结合自己的研究兴趣,选择以上一种或几种方法到实地进行观察、记录和整理分析。

2. 教育观察法实施的基本步骤有哪些?如果你自己做过观察研究,尝试把自己的研究过程写下来,与教材上的规定步骤进行比较,看看自己的研究有何创新和不足。

3. 请根据表4-8回答几个问题。

表4-8 课堂教学师生提问行为观察记录表

	教师提问(指名读)的座次分布			学生提问的座次分布		
	讲 台			讲 台		
	左	中	右	左	中	右
前 区						
中 区						
后 区						

(1) 采用此表,可以进行哪些类型的观察?为什么?
(2) 采用此表进行观察,可以了解到哪些资料?主要的研究目的是什么?

拓展性阅读材料

1. 陈向明著:《教师如何作质的研究》,教育科学出版社2001年版,"7. 如何进行观察"。

2. 陈向明著:《质的研究方法与社会科学研究》,教育科学出版社2000年版,第十五章"观察——我如何了解被研究者的所作所为"、第十六章"观察的实施——我看到了什么"。

3. 裴娣娜著:《教育研究方法导论》,安徽教育出版社2000年版,第九章第三节"教育的观察研究"。

参考文献

1. 陈向明著:《质的研究方法与社会科学研究》,教育科学出版社2000年版。
2. 李方编著:《现代教育科学研究方法》,广东高等教育出版社1989年版。
3. 杨小微、刘卫华主编《教育研究的理论与方法》,湖北教育出版社1994年版。

4. 沈庆华、马以念主编:《幼儿教育科学研究方法》,甘肃科学技术出版社1990年版。
5. 王坚红著:《学前儿童发展与教育科学研究方法》,人民教育出版社1997年版。
6. 张燕、邢利娅编著:《学前教育科学研究方法》,北京师范大学出版社1999年版。
7. 陶保平编著:《学前教育科研方法》,华东师范大学出版社1999年版。
8. 华国栋主编:《教育科研方法》,南京大学出版社2001年版。

第五章
教育调查法

学习目标

了解教育调查法的基本要求和主要类型,掌握设计调查问卷的方法,掌握访谈调查法的基本程序。

内容提要

在教育研究中,要全面地了解研究对象的一些感受与看法,可以采用调查法(主要是问卷调查和访谈调查)来搜集信息。本章首先介绍了调查法的意义、作用、实施要求和主要类型,然后较为全面地阐述了问卷调查和访谈调查的具体内容。其中,介绍了问卷的基本结构、设计问卷的具体要求和方法、问卷调查的优点与不足,还介绍了结构式访谈和无结构式访谈的主要特点、访谈的程序与技术。

重要概念和术语

问卷   问题逻辑结构   问卷设计方法   结构式访谈   无结构式访谈

若要了解一个班级"学生学习是否主动",除了运用前面介绍的观察法以外,还可以通过调查法进行。例如,可以设计一份问卷让该班学生回答,与该班学生开座谈会,或者选取一些学生进行小范围的访谈。这样做,可以弥补观察法或其他方法的缺陷,获取更多信息,尤其是由研究者本人直接提供的、反映其主观认识或感受的信息。以某校开展的一项"促进学生主动学习的教学策略"的实验研究为例,在筹备阶段,参加研究的几位教师设计了一份问卷,以了解学生当时的学习状态和他们对教师教学行为的感受,从而为实验研究提供方向。其中的部分问题是:

① 在上课或课后学习时,我都能集中注意力。

    A. 经常这样   B. 有时这样   C. 很少这样

② 上课时,听到老师对我们提问,我就感到紧张。

    A. 经常这样   B. 偶尔这样   C. 从不这样

③ 课本或参考书上有些思考题,我_____。

    A. 很少做   B. 有时会做一做   C. 经常做

④ 上课时,老师可能在一个问题上讲错了,我会_____。

A．事后跟老师说　　　B．当场指出　　　　　C．装作不知道

⑤ 学习课文时,遇到还没有理解的内容,我会_____。

　　A．问老师

　　B．等其他同学问的时候跟着听一听

　　C．放过去算了

同时,这几位教师在思考:究竟要设计多少道题目更合适？每个题目中的备选答案应该达到什么要求？为什么？

如果要了解人们对某一教育现象的看法、态度以及对某一教育问题所持的立场、观点,使用教育调查法是最为恰当和便利的。运用调查法,还可以了解教育领域某一方面的实际情况和状态。本章重点讨论了问卷调查法和访谈调查法,这两大类方法均有其独特的功能,各自独立又相互补充,在许多情形下可以结合起来运用。

第一节　教育调查法概述

一、调查法的意义和作用

调查法是在自然条件下,通过提出问题的方式搜集资料,以分析教育现状或变量之间相互关系的研究方法。调查研究涵盖了相当广泛的研究范围,"从集中于探讨在自然情境下所发生的社会心理变量之关系的事后追溯研究的方法,到致力于研究现状与某些现象的现状调查的方法"。[①] 如在教育科学研究中,运用调查法,可以了解教育领域中某一方面的实际情况,搜集已有成绩、经验和存在的问题,探索教育活动变化的规律。

调查法在教育研究中有它的特点,与其他研究方法既有区别又有联系。与实验法不同,实验法是在对研究对象加以一定的人为控制的条件下观测其变化,而调查法则对研究对象不加任何干涉,只在自然过程中搜集反映实况的材料。它也与观察法不同。观察法是由研究者直接对所研究对象进行实地观察,而调查法则是由研究者通过开调查会、问卷、访谈等方式,间接地搜集反映研究对象的材料。但调查法与其他研究法不能截然分开。在研究某些问题时,调查法常常需要跟实验法相配合,给实验法建立假设提供有力的根据,以便确定或证实某些材料或情况。调查法也往往需要用观察法作为调查手段之一,而且通过其他各种手段搜集到的材料,又常常运用观察法加以核对。另外,调查法又可以用来补充观察法之不足。因为,观察法只能使观察者看到眼前所发生的行为或现象,不能看到在观察以前或

---

① (美)威廉·维尔斯曼著,袁振国主译:《教育研究方法导论》,教育科学出版社1997年版,第200—201页。

110

以后所发生的事情,不能看到研究现象的发生和发展过程和研究对象内心深处的观念及想法,而通过调查可获得重要的补充。

调查法的作用体现在:通过调查,研究者能够搜集到有关研究对象的第一手资料,作为分析问题的依据,并为可能进一步实施的实验研究提供资料。通过调查法,研究者还可以从中发现新的研究课题或发现某种规律性的东西,以便作进一步的研究。再者,调查法不仅适合小规模的专题调查,也适合大规模的综合调查,并对取得的数据进行数量化处理。

二、实施调查法的要求[①]

(一) 明确调查目的

实施调查研究,必须根据课题的性质和研究任务,明确调查的目的。对所研究的问题,必须有确切的内涵与外延,所提出的调查问题应该围绕调查的目的、任务,明确而系统地提出问题。例如,要想了解中小学的学生课后复习功课的情况,那么问卷中所提出的问题就应包括通常的复习方式、复习习惯,并且问题集中,不要涉及毫不相干的问题,以免造成时间和精力上的浪费。

(二) 弄清调查对象

研究者进行调查,就必须有要调查的对象。必须根据研究的性质和目的任务,限定调查对象的总体,确定总体的定义,选择有代表性和典型性的调查对象。也就是说,对于研究者计划从中取得资料和信息并引出结论的群体或组别,必须事先确定说明谁应包括在该总体之内,谁应排除在该总体之外。

由于构成总体的组别可能影响研究结论的性质,因此,调查对象的总体界限必须适合调查的目的。如果总体所限范围过宽,外部效度或概括化的可能性将会扩大,造成样本缺乏代表性,调查达不到预期的目的。相反,如果将总体的界限定得过窄,就会使研究的结论和概括性受到局限,也不符合调查研究的目的。

至于调查时应从总体中抽取多大样本,即样本容量的大小,一方面应考虑合理地使用人力和物力,另一方面也要有足够大的容量,以保证调查样本的代表性。

(三) 搜集反映客观事实的资料

研究者采用的调查方法和手段,应保证能正确地反映客观情况,有利于搜集到能比较全面、客观、正确地反映和说明调查现象的材料,并有助于探寻、确定和阐明有关调查情况的原因、事物的因果关系和相互联系。为此,调查法不仅可以采用各种不同的搜集材料的方法,如对学生数学能力的研究,对学生作文能力的研究等等,可以以调查分析书面材料为主要方法,而且对某些问题的研究还应更多地考虑将几种方法结合起来综合运用。

[①] 周谦主编:《心理科学方法学》,中国科学技术出版社 1994 年版,第 247 页。

（四）采用标准化的调查手段

研究者在调查过程中,要尽量使调查材料具有最大限度的精确性。为此,调查中所要求的标准必须保持一致,如采用统一的问卷格式、统一的调查表格和记录方式,根据统一的记录标准进行分析,对于凡有可能进行量化调查的材料,应经过统一标准的准确测量。

（五）遵循客观性原则

研究者对调查材料的分析所做出的结论,必须保证最大限度的可靠性、客观性和真实性。在调查之前,不能以任何成见或偏见先入为主,不能先有结论然后进行调查。对于调查所得材料,要注意到由于被调查者的观点、态度和对问题的认识不同,所提供的材料难免带有不同程度的主观成分,或夸大或缩小真实情况。研究者必须认真辨别每一件材料所反映的真实性,而且对于所得结果,不管是否符合自己的愿望,都应遵循客观性原则,实事求是地做出结论。

三、调查法的类型

采用调查法进行的任何研究,都必然涉及调查的目的任务、内容性质、对象范围、提出和回答问题的标准化程度,以及采用的主要方式和方法等各个方面。因此,从不同的方面或角度,可把调查法分为各种类型。在实际调查中,研究者应注意将其各种类型的调查方法恰当地结合起来实施。

（一）根据研究目的而划分的调查类型

根据研究的目的任务,调查法可分为一般调查和专题比较调查两种类型。

1. 一般调查

一般调查是指研究的目的在于了解教育的一般情况或搜集与心理、行为或教育有关的有代表性的数据。例如,某学校在新生入学时,调查他们的来源、性别、兴趣、文艺体育特长、从众行为、道德品质自我评价倾向、预习和复习功课的方法等。又比如,搜集学生上课和参加政治活动的出勤率、按时完成作业的人数比例、遵守作息时间的人数等。有关反映被调查者常规情况的数据都属于一般性调查。

2. 专题比较调查

专题比较调查是指目的在于就某项专题对两个地区、单位、群体或个人教育情况进行比较研究的调查。例如,就中等学校学生的志愿,对普通高中和职业高中毕业班学生进行调查比较。又比如,就社会交往对大城市和偏僻农村高小学生进行调查,以比较不同环境和生活条件对儿童心理特征的影响。这些都属于专题比较调查。

（二）根据研究内容的性质而划分的调查类型

研究内容的性质是多方面的,研究者需要根据研究的目的和任务而确定适当的调查内容。但概括起来,有以下两种调查类型。

1. 事实特征调查

事实特征调查是指对研究对象的现有特征及行为或事件事实的调查。例如，对中小学教师在教书育人过程中表现出的人格特征或取得的经验事实的调查。

这种调查的目的主要在于了解事实，从中总结出某种规律或经验。但是，被调查者可能由于对有关资料积累不够完善，或者由于认识的原因所回答的问题使调查者不一定能从中获得完全符合事实的资料或数据。为此，研究者应该使调查问题尽量设计具体。例如，教师为达到教书育人的目的，在人格上是否首先做到理解学生？而要理解学生，教师能否做到对身体、智力、感知、运动、社交、情绪及态度上各有差异的学生同样关注，并严格要求他们？在学生产生某种需要、情感、冲突以及困难时，能否做到更深刻地了解学生，更深入地联系学生实际去教育、疏导他们，使他们的看法与见解、思想与情感，以及价值观念沿着正确的方向发展？等等。

2. 征询意见的调查

征询意见的调查是指就某个问题向被调查者征求意见和建议，或请他们提出自己的看法和评价。例如，调查学生对教师教学效果的评估。又如，询问学生传统教学法与自学辅导教学法相比，哪一种更能使自己发挥学习主动性，等等。

这种征求意见的调查，也可以将某项改革试行方案发给被调查者，取得他们同意与不同意的信息或同意与不同意的理由，作为修改和最后做出决定的参考。

（三）根据所提问题和要求回答的标准化程度而划分的调查类型

根据问题和回答内容的标准化程度，调查法又分为：

1. 结构性调查

结构性调查是指所调查的问题以及被试的回答形式，以预先设计好的固定模式出现，并对回答结果可用数量化处理方法的调查形式。例如，在利用量表进行的调查中，由于量表一般要求有标准化的问题、标准化的答案和计分标准，要求被调查者的反应限于一定范围之内，因此此量表调查属于结构性调查。又如，有些研究者自编问卷调查，调查题目为选择式提问和量表式提问的问题形式，被调查者只能依据若干个固定答案回答，回答结果按统一标准计分，此类调查也属于结构性调查。

2. 非结构性调查

非结构性调查是指所调查的问题允许被调查者较自由地回答，所得的资料难以作数量化处理，因而这种调查类型多用于对问题的实际状况研究，所得结果为描述性的。

（四）根据调查方式而划分的调查类型

研究者对被调查者进行调查可采用的方式、方法多种多样，即在实施调查研究时，有各种搜集资料的手段可供选择。研究者应根据调查的目的、内容性质，以及要求获得资料的标准化程度来选择适当的方法，或者将几种方法结合使用。调查的方法主要有：

1. 书面材料分析法

书面材料分析法指通过搜集正确反映研究现象的书面材料来进行分析研究。例如,反映学生学习的认真程度、对知识的理解和掌握水平、独立分析问题和解决问题的能力等的材料,主要涉及笔记本、练习本、各种作业、实验报告、劳动或其他社会实践收获总结、试卷、记分册等等。

通过分析研究有关研究现象的书面材料,可使研究者了解到许多信息。研究者如具有善于深入分析材料的技能,便能够充分利用所搜集的书面材料,从中发现每种材料可能反映的各种不同因素。例如,通过对学生各种系统作业的分析,除了从中可以了解学生理解和掌握知识、技能、技巧的水平,思维方式,表达能力,学习态度,个性特征,学习效果和发展情况之外,还可以从学生作业中反映出教师和教学效果对学生学习的影响:教师布置的作业是否符合知识性、科学性和教育性原则?教师是否足以促进学生加深和巩固对课堂讲授内容的理解、掌握和独立运用,以发展他们的认知能力和个性特征?教师检查或批改作业是否认真、仔细和正确?教师对学生的学习要求是否严格、合理?教师是否注意通过作业培养学生的表达能力、思维方式和认真态度?书面材料分析法的突出优点在于所搜集的书面材料是已有的、现成的,同时,可以不受时间限制地被保存下来,被不定期地、反复地分析核对,有较大的客观性。所以,书面材料分析法几乎在所有的调查研究中都有一定作用。在以其他某种方法为主的调查中,研究者也经常把书面分析法作为辅助或配合的方法使用。

2. 召开调查会

采用调查研究的另一种方式是开调查会,即邀请对与研究问题有关的情况和事实十分熟悉的,或亲历其境的、有代表性的一些人进行座谈,由他们从各个不同角度或侧面提供大量实际材料。

采用这种调查方式,研究者需要按搜集资料的目的,事先做好计划,有充分的准备。调查会要始终围绕所要调查的主题进行座谈,防止漫无边际地谈些无关的情况。同时要引导参加座谈会的人能够毫无保留地提供其所了解的与调查有关的真实情况。

3. 问卷法

问卷法是以书面语言或通讯形式进行调查、搜集资料的调查形式,即研究者根据研究目的将编制成的系统问题或表格发给(可邮寄)被调查对象,请求填写答案,然后收回,加以整理、分析和研究。

研究者为了更有目的、更直接地了解与所要研究问题有关的某些信息、事务、意见或数据,常常采用向被调查对象发调查问卷,要求作书面回答,并回收问卷进行整理和分析的方法。所以,问卷法所搜集的资料不是现成的材料。一般来说,问卷调查法是研究者设计表格或提出问题,用书面或通讯形式,以取得数据和资料,并进行统计分析和研究的一种非常重要而又被广泛运用的调查法类型。

4. 访谈法

访谈法,又称为谈话法或面谈法,是指研究者通过与被调查者面对面地以口头交谈的方式,直接搜集资料的一种调查类型。采用访谈法,研究者需要根据研究的目的和内容,事先初步拟定一些问题,通过与谈话对象直接交谈的方法,了解情况——或教育与教学经验,或对某事、某问题的看法、意见和态度。

采用谈话法所选择的谈话对象可以是被试本人,也可以是与被试有关的其他人物。例如,对学生理想的研究,可以请被调查者本人谈个人经历、兴趣、爱好、志向和信念、理想,并让其自我分析产生的原因;也可以根据需要,请其家长介绍家庭经济、文化背景,对子女的教育观点和方法,子女表现出来的心理特点和行为表现、认识能力和思想状况,以便探索被试的某些心理特点和行为表现的产生根源及家庭环境和家庭教育的影响。因此,访谈法对于了解个案研究是很有用的。研究者将通过访谈法所获得的内容与用其他调查方式所得资料结合起来加以分析,便可得到某些结论和某些教育规律,或为针对学生的个别差异进行培养教育提供线索。

第二节　问卷调查法

问卷调查法是教育研究中最常用的资料收集方法,特别是在教育调查研究中,它的使用更为普遍。"美国社会学家艾尔·巴比称'问卷是社会调查的支柱'。而英国社会学家莫泽则说'十项社会调查中就有九项是采用问卷进行的'。"[①]除了在教育调查中使用外,问卷法还用于实验研究,研究人员常常用问卷来对实验对象进行前测和后测。

一、问卷的基本结构

一般来说,一份问卷通常包括以下几个部分:封面信;指导语;问题和答案;其他资料。

(一) 封面信

即一封致被调查者的短信,其作用在于向被调查者介绍和说明调查者的身份、调查的目的等内容。封面信的篇幅虽然短小,但在整个问卷中却具有相当重要的作用。因为,你能否说服每一位被调查者参加到你的调查中来,能否让他们如实地填写问卷,能否让他们把填好的问卷寄回等等,在很大程度上都取决于封面信的效果。在封面信中,一般需要说明下列内容:

1. 调查的主办单位或个人的身份

这种身份既可以直接在封面信中说明,比如,"我们是北京市××学校,我们正在进行一项……调查",也可以通过落款来说明,比如落款为:北京市××学校。落款一定要注明具体的单位,而不能只写"探究式学习方式课题组"这类的署名。因

[①] 袁方主编:《社会研究方法教程》,北京大学出版社1997年版,第231页。

为,人们即使看到这样的署名,仍搞不清楚对方是哪里的,是干什么的,从而会对调查产生很多疑虑。如果能附上单位的地址、电话号码、邮政编码、联系人姓名等就更好,就更能体现调查者的诚意,体现调查的正式性和有组织性,从而有利于得到被调查者的信任和合作。

2. 调查的内容和范围

一般来说,应尽可能用概括的语言,明确地说明调查的实际内容。即既不要含含糊糊甚至欺骗被调查者,又不要过分详细地在封面信中大谈调查的具体内容。通常只用一句话指出内容的范围就行了。比如,"我们正在进行物价改革方面的调查",或"我们这次调查,主要是想了解人们对离婚现象的看法"等。

3. 调查的目的

这是封面信中一项十分重要的内容,要尽可能地作出恰当的解释。比如,"这项调查的目的,是要通过对学生在家学习情况的了解,为学校探讨有效的学生学习方式"。目的叙述得当,有利于调动回答者的积极性和责任心。

4. 调查对象的选取方法

合适的选取方法能消除调查者心理上的压力和顾虑。比如,"我们根据科学的方法选定了一部分家长代表,您是其中的一位"。再加上有关不记名的说明和对回答保密处理的许诺,这样回答者的心理压力就会小些。

除以上内容外,通常还把填答问卷的方法、要求、回收问卷的方式和时间等等具体事项写进封面信。在信的结尾处一定要真诚地对被调查者表示感谢。封面信的文笔要简明、亲切,切忌啰嗦。

(二) 指导语

所谓指导语,即用来教被调查者如何正确填答问卷的一组陈述。指导语有卷头指导语和卷中指导语之别。卷头指导语一般以"填表说明"的形式出现在封面信之后,正式调查问题之前。其作用是对填表的要求、方法、注意事项等作一个总的说明。例如:

① 请在每一问题后适合你自己情况的答案序号上画圈,或在_____处填上适当的内容。

② 如无特殊说明,每一问题只能选择一个答案。

③ 填答问卷时请不要与他人商量。

卷中指导语一般是针对某些较特殊的问题所做出的特定指示。比如,"可选两个答案";"请按重要程度排列";"若不是,请跳过 10—14 题,直接从 15 题开始答起";"家庭人均收入即全家人的总收入除以全家的人数",等等。总之,问卷中每一个可能使回答者不清楚、不明白、难理解的地方,一切有可能成为回答者填答问卷的障碍的地方,都需要给予某种指导。而对于编写指导语来说,最主要的标准,就是要简明易懂。

(三) 问题和答案

问题和答案是问卷的主体,可以说,被调查者的各种情况正是通过问题和答案收集的。问卷中的问题在形式上可分为开放式和封闭式两大类;在内容上又可分为有关事实的、有关态度的和有关个人背景资料的三大类。

所谓开放式问题,就是不为回答者提供具体的备选答案,而由回答者自由回答的问题。例如,"您喜欢看哪一类书籍?""您学习的主要动力是什么?"等等。开放式问题的主要优点是,它允许回答者充分自由地按自己的方式发表意见,不受什么限制,因而,回答往往是最自然的。所得的资料也往往比封闭式问题所得资料丰富生动得多。但开放式问题也有一些令人头痛的缺点。首先,它要求回答者有较高的知识水平和文字表达能力,这就大大限制了调查的范围和对象。其次,开放式问题要求回答者花费较多的时间和精力。因为回答者要思考,要组织,还要书写,所以十分费神费力。第三,开放式问题所得到的资料难于处理,尤其难于定量地处理和分析。因为对于同一个问题,人们的回答往往是千姿百态、千差万别的,要对这样的回答进行分类、统计,无疑是十分困难的。

所谓封闭式问题,就是在提出问题的同时,还给出若干个可能的答案,供回答者根据自己的实际情况从中选择一个作为回答。封闭式问题的优缺点同开放式问题正好相反。由于封闭式问题已为回答者提供了供选择的答案,所以它实际上也就限制了回答者的回答范围和回答方式。这样,封闭式问题所得的资料往往失去了开放式问题所得资料中所表现出来的那种自发性和表现力。

封闭式问题的主要优点是回答者填写问卷十分方便,对文字表达能力也无特殊的要求。因此,回答者完成问卷十分容易,所需的时间和精力也要少得多。另外,封闭式问题所得的资料十分集中,而且特别便于进行统计处理和定量分析。

在实际的问卷调查中,研究者往往根据二者的不同特点,把它们用于不同目的、不同形式的调查中。例如,开放式问题常常用于探索性调查所用的问卷中,而正式调查所用的问卷主要是封闭式问题。

一般来说,问卷中问题的内容主要包括三个基本方面:一是有关行为方面的问题,比如:"你在家复习功课吗?"二是有关态度或看法方面的问题,比如:"你能接受数学教师的教学方法吗?"三是有关回答者个人背景的问题,比如年龄、性别、家庭收入、家庭人口等等。

(四) 其他资料

除了上述内容以外,问卷还包括一些其他资料,如问卷的名称、编号、问卷发放及回收日期、被调查者住址等等。

二、问卷设计

(一) 问题逻辑结构设计

问题逻辑结构是指问题本身以及问题与问题之间的逻辑关系。"问题"是向被调查者提出而要求回答的事实、态度、行为、理由等。每一种调查问卷都会向被调查者提出各种各样的问题。比如,"数学考试时,我愈想考得好,愈会觉得慌乱",或"数学难题是无聊的"。类似这些问题在局外人看来会感到莫名其妙或很有意思,但对调查者来说,这些问题都是经过反复思考和经过实践检验后筛选出来的。那么提问的根据是什么呢?总的根据是调查的题目和目的。但是调查的题目和目的比较概括,不便于根据其决定提什么问题。必须把调查的题目和目的具体化为理论假设,才能据此决定向被调查者提问哪些问题。假如我们研究小学生学习经验,那么学习经验很多,我们研究哪方面的经验呢?事先应有理论假设,理论假设是把一些相关变量包括进来,并指出各变量之间的关系,这样我们就可以根据变量选择调查指标,即提出问题。所以,从调查的题目到问题(指标)之间还有许多中间环节,如果没有许多中间环节的联系,就不可能知道究竟该问哪些问题。理论假设中包括许多概念,概念之中又包括许多变量,每一项指标都需要用一个或几个指标来衡量,指标即问卷中的问题。见图5-1:

调查项目 → 理论假设 → 概念1 → 变量1、2……n → 指标1、2……n
　　　　　　　　　　　 概念1 → 变量1、2……n → 指标1、2……n
　　　　　　　　　　　 概念1 → 变量1、2……n → 指标1、2……n

图5-1

例如:

调查项目	理论假设	概　念	变　量	指　标
小学生数学学习经验	良好的数学学习经验有利于数学学习效果的提高	焦虑程度	考试焦虑 学习焦虑	
		投入动机	内在兴趣 外在压力	具体问题
		学习态度	信心水平 用功程度	

有了问题逻辑结构的设计框架,提出问题就会使问题既具有针对性,又不会杂乱无序。

(二) 问卷设计的两个原则

1. 为被调查者着想作为问卷设计的出发点

问卷调查的过程是调查者通过问卷向被调查者了解情况的过程,即"调查者—问卷—被调查者"。显然,问卷在调查过程中充当的是为调查者服务的角色,它是研究者思考和设计的结果。不同的研究者按照自己的研究目的和意图设计出各种不同的问卷,用以收集各种特定的资料。从这一方面来看,问卷设计的出发点当然应该是从研究者的角度来考虑,即一切为着研究者的需要。

但是,我们必须同时看到问题的另一面。在"问卷—被调查者"这一环节中,问卷是被调查者主宰的,被调查者是问卷所作用的对象。不同质量、不同形式的问卷,对被调查者的刺激和影响是不同的,对被调查者的要求也是不同的。合适的问卷可使得被调查者愿意回答,也容易回答,而质量低劣的问卷则既可能使被调查者拒绝填答,也可能使他们难以填答。因此,要达到我们的调查目的,就必须在问卷设计时,首先从被调查者的角度出发,为被调查者着想。

在实际调查中,有些研究者还是对这一原则注意得不够,因而产生出各种只为自己着想,只从自己的需要出发,不为被调查者考虑的错误。主要表现有:

(1) 问卷设计得很长,问题太多,需要填答的量太大。比如,有的问卷长达40页,共133个问题,供选择的答案3000多个,其中,答题者需要填答500多项。如果只从调查者的角度考虑,当然是问题提得越多越好,因为这样就可以收集到更多的资料。但是若从被调查者的角度考虑,这么多的问题意味着什么呢?人们从头到尾仔细看一遍都得一两个小时,填答起来所需时间就更多了。

(2) 问卷中要求被调查者进行难度较大的回忆和计算。比如,有一份对小学生家长的调查,问卷中提出了下述问题:"孩子2—3岁时,平均每月抚育费约多少钱?""这个孩子从小到现在,大小玩具共花费了约多少钱?"这些问题看起来只是要求被调查者回忆一些过去的情况和做些计算工作,但是设计者却忽视了进行这种回忆和计算工作的复杂性。

2. 对阻碍问卷调查的因素有明确的认识

问卷调查实质上是调查者与被调查者之间的一种社会互动过程。一项问卷调查成功与否,关键在于被调查者能不能很好地与调查者合作。因此,明确问卷调查中阻碍被调查者与调查者合作的各种因素,了解问卷调查过程中可能出现的各种障碍,对于提高问卷调查的质量,取得良好的调查效果,有着十分重要的意义。从问卷设计的角度来分析,主要有下述一些影响被调查者与调查者合作的障碍。

(1) 主观障碍

即由被调查者心理上和思想上对问卷产生各种不良反应所形成的障碍。在问卷调查这一社会互动过程中,调查者发到被调查者手中的问卷,实际上就是一种作用于被调查者的刺激物,它必然会在被调查者的心理和思想上产生各种不同的反应。设计不当的问卷往往会引起一些不良反应,正是这些不良反应构成了影响被调查者与调查者合作的主观障碍。它们包括:

① 畏难情绪。当问卷内容太多,问卷表太厚或者问卷中的开放问题,特别是需要花较长的时间思考、回忆、回答的问题太多时,这种不良反应最容易产生。它往往直接导致被调查者放弃问卷,或者采取应付态度,使得问卷的回收率大大减少,废卷增加,同时也使资料的真实性受到影响。

② 顾虑重重。这是一种担心如实填写会给自己带来不利的影响,会有损于切身利益的心理反应。当问卷调查的内容越敏感,这种心理反应就越容易产生。它往往会导致被调查者从稳妥出发,以不会影响到自己的利益为标准。对有关国家政策,或对道德教育的态度方面的问题,则常常按大多数人的看法填写,或者按"正确"的看法填写。还有些被调查者为迎合调查者而违心地填写。造成这一不良反应的原因主要是调查者在问卷封面信中对填答问卷的匿名性、资料的保密性解释不够。其次也有部分是调查者在问题编制方面,对某些敏感的问题设计不妥、安排

不当。这种心理反应最容易形成假的资料。

③ 毫无兴趣。这是被调查者对问卷最平淡、最微弱的反应。它往往是由于问卷内容脱离被调查者的生活实际,或者所用语言与被调查者的社会文化背景极不协调,或者问卷设计呆板、杂乱,或者没有说明被调查者填写问卷的作用与意义等,从而使得问卷对被调查者的吸引力很小,丝毫不能引起他们的兴趣。在这种情形下,被调查者常常把问卷置于一旁,不予理会,有些甚至弃如废纸。这是影响问卷回收率的最重要原因。

(2) 客观障碍

这是指被调查者受自身的能力、条件等方面的限制所形成的障碍。由于大多数问卷调查所使用的都是自填式问卷,所以客观上对被调查者的能力提出了一定的要求。调查者在设计问卷时若不考虑到被调查者的各种能力等客观因素,会形成客观障碍。这些障碍主要包括:

① 理解能力的限制。显然,无论是对调查目的、调查意义的不理解,还是对问题的含义、填答问卷的方法的不理解,都会直接影响到被调查者填答问卷及同调查者合作的态度和效果。此外,我们还应该看到,一个人对某一事物的理解程度,除了受文化水平的影响,还会受到社会生活环境和个人成长经历等方面的影响。调查者在设计问卷时,除了尽量使所提的问题清楚明白,不含糊、不费解,语言通俗易懂外,还要考虑到被调查对象总体的社会生活背景和时代特征等。

② 表达能力的限制。封闭式问题的回答方式相对简单,对被调查者表达能力要求不高。回答开放式问题,或者回答访谈员的提问,被调查者则常常受到表达能力的限制。有的被调查者可能会把他的本意表达错了,有的则可能表达得很不完全,很不清楚,有的还可能完全表达不出来。所有这些,都会使所得的资料存在缺陷,都会使调查的成果受到影响。

③ 记忆能力的限制。许多问卷调查常常希望得到有关调查对象经历的资料。但是,问卷设计者应该记住:并不是每个人对自己所经历的各种事情都能回忆得起来,同时,也并不是每个人都愿意去进行这种回忆。因此,我们在设计问卷时,一定要设身处地地从被调查者的角度去考虑,要充分估计调查对象回忆某件事情的可能性以及他们回忆的准确程度。否则,问卷中的有些问题可能会使调查对象难以回答或不愿回答,从而放弃同调查者的合作。

三、问卷设计的主要步骤[①]

(一) 探索性工作

编写问卷中的问题并不是问卷设计工作的第一步。在具体动手编制问卷的第一个问题之前,必须有一段时间的探索性工作。这种探索性工作才是问卷设计的第一步。

探索性工作最常见的方式,是问卷设计者亲自进行一定时间的非结构式访谈,

---

① 袁方主编:《社会研究方法教程》,北京大学出版社 1997 年版,第 245—248 页。

即围绕着所要研究的问题,以十分随便、十分自然、十分融洽的方式,同各种类型的回答者交谈。把研究的各种设想、各种问题、各个方面的内容,在不同类型的回答者中进行探究和比较,以便从中获得对各种问题的初步印象和第一手资料。

在问卷回答中,许多致命的含糊性及许多不符合客观实际的回答,常常潜藏在设计者难以察觉、未曾料到的地方。而探索性工作对于防止这种情况的出现,对于设计问题的实际用语有着极大的帮助。因为在访谈过程中,当我们提出的问题还是含糊的或者太抽象时,我们同回答者的交谈必然会受到阻碍,回答者要么会提出疑问,要么会文不对题地回答。当遇到这种情况,研究者就可以对自己的提问进行分析,不断改进问题的提法。

(二) 设计问卷初稿

经过了探索性工作,就可以开始动手设计问卷初稿了。此时,头脑中已经有了研究所涉及的主要问题及答案的初步印象。现在的问题是,如何把这些零散的问题和答案"组装"成一份合适的问卷。

这就需要用到前面所讲的问题逻辑结构设计。在有了问题逻辑结构以后,就可以按下列步骤编写问题了。

首先,根据研究假设和所测变量的逻辑结构,列出问卷各个大部分的内容,并安排好它们的前后顺序;其次,一部分一部分地将探索性工作中得到的问题及答案写在一张张卡片上;第三,在每一部分中,安排并调整卡片间的结构和顺序;第四,从总体上对各部分的卡片进行反复检查和调整;最后,将满意的结果抄在纸上,并附上封面信等有关内容,形成问卷初稿。

(三) 试用和修改

问卷初稿写好后,必须先将它用于一次试调查,而不能直接将它用于正式调查。试用这一步在问卷设计工作中至关重要,时间再紧也不能不做。

访谈调查中各种缺陷和遗漏可以随时得到修改和补充。但是在问卷调查中,我们却常常难于做到这一点。只要问卷一发出,一切潜在的缺陷和错误都将直接展现在被调查者面前。然后,又带着使研究者十分遗憾和后悔的资料回到研究者手中。在这一过程中,研究者即使发现了所存在的缺陷,也无法纠正。所以,问卷设计中的任何一点不足,都将在最终的问卷资料中留下印记,造成难以弥补的损失。正是在这种意义上,我们强调试用在问卷设计过程中的不可省略。

试用的具体方式可称为客观检验法。它是将设计好的问卷初稿打印几十份,然后在正式调查的总体中选择一个小样本来进行试用。这样,正式调查时会遇到和会出现的问题,通常也都会在这种试调查中遇到和出现。这种方法起到了对问卷进行客观检查的作用。试用的结果是我们关注的中心,通常可对下述方面进行检查和分析。

1. 回收率

在某种程度上,回收率可看成是对问卷设计的总评价。如果回收率较低,比如说 60%以下,那么,说明问卷设计中有较大问题,必须作较大修改,甚至重新设计。

2. 有效回收率

即除掉各种废卷后的回收率。它比一般的回收率更能反映出问卷本身的质量。如果某一问卷的回收率较高,如 80%,但若其中一半没填,明显乱填乱写的、个人所有背景资料都未填的问卷占了 30%,则仍说明问卷设计中存在较大问题。

3. 对未回答的问题的分析

如果问卷中有多个问题普遍未被回答,那么就要仔细检查这几个问题,分析被调查者未填答的原因。如果是从某一个问题开始,后面部分的问题都未填答,那么,即有可能是前半部分的问题太难回答,或太花费时间,导致被调查者不愿继续填写下去;也有可能是中断部分前后几个问题难以回答,使回答者"卡壳",从而放弃继续填写。

4. 对填答错误的分析

如果是填答内容上的错误,则可能是对问题的含义不理解或误解造成的,因此要仔细检查问题的语言是否明确、具体。如果是填写形式上的错误,则有可能是问题形式过于复杂,或者指示不清楚造成的。

四、问卷设计的具体方法

(一)问题的形式

开放式问题由于不需要列出答案,所以,形式很简单,在设计时,只需在问题下面留出一块空白即可。唯一要考虑的是这块空白留多大比较合适。空白太大,增加了整个问卷的篇幅,同时也意味着希望或要求回答者多写一些。空白太小,客观上限制了回答的内容,因而可能导致填答不全或简单应付,达不到收集全面资料的目的。

封闭式问题,包括问题及答案两部分,形式复杂得多。下面对问卷中常见的封闭式问题的形式及其特点、作用等作逐一介绍。

1. 填空式

这种形式常用于那些对回答者来说既容易回答,又方便填写的问题(通常只需填写数字)。

例如:您有几个孩子?_____个。

2. 是否式

即答案只有肯定与否定两种,回答者根据自己的情况选择其一。特点是回答简单明确,划分界线分明,被调查者可以被严格地"一分为二",即分成两类不同的群体。这种形式的弱点是,得到的信息量太少,类别太粗,不能了解和分析回答者中客观存在的不同层次。

例如:您是中学教师吗?是□　否□

3. 多项单选式

即给出的答案至少在两个以上,回答者选择其一。这是问卷中采用得最多的形式。

例如,您的文化程度:(请在合适答案后的方框内打"√")

(1) 小学及以下□　　　　　(2) 初中□

(3) 高中□　　　　　　　　(4) 大专以上□

4. 多项多选式

与多项单选式有所不同的是,我们可以在所列举的多个答案中,要求回答者根据自己的情况从中选择若干个。

例如,您最喜欢看哪些电视节目?(请从下列答案中选择三项打"√")

(1) 新闻节目□　　　(2) 电视剧□　　　(3) 体育节目□

(4) 广告节目□　　　(5) 教育节目□　　　(6) 歌舞节目□

(7) 少儿节目□　　　(8) 谈话类节目□

(9) 其他节目(请写明)_____□

5. 表格式

当询问若干个具有相同答案形式的问题时,可以将其设计成表格形式。

例如,你觉得你的心理状况不佳,这种情况是:(在每一行合适的格中打√)

	很严重	比较严重	不太严重	不严重	不知道
(1) 焦虑					
(2) 自卑					
(3) 胆怯					
(4) 消沉					

表格形式的问题显得更为整齐、醒目。要注意的是,表格形式虽具有简明、集中的优点,但也容易使人产生呆板、单调的感觉,故不宜用得太多。[①]

(二) 答案的设计要求

答案是封闭式问题中非常重要的一半。如何列举答案,关系到回答者是否能够回答,是否容易回答,还关系到问卷资料价值的大小。设计答案时要注意什么呢?

首先要保证答案具有穷尽性和互斥性。我们知道,问卷中的每一个问题,都是在对某一个变量进行测量。而为该问题准备的答案,实际上就成为变量的取值。由于变量的最基本特征是取值必须既是穷尽的,又是互斥的,所以,我们为每个问题所编制的答案也应符合这一要求。一方面,我们所列的答案要能包括所有可能的回答,不能有遗漏,不能使有的回答者无答案可填(即没有一个答案符合他的情况);另一方面,我们所列的答案相互之间又不能相互重叠或相互包含,不能使有的回答者可以填多于一个的答案(即有两个以上的答案都符合的情况)。当然对于多

---

① 风笑天著:《现代社会调查方法》,华中科技大学出版社2001年版,第115页。

项多选式,问题又另当别论了。

其次,要根据研究的需要来确定变量的测量层次。不同测量层次的变量具有各种不同性质,而且,高层次的变量可以转化成低层次的变量来使用。因此,我们在设计问题的答案时,先要看问题所测的变量属哪个层次(是定类的、定序的还是定距的),然后根据研究的要求和变量的层次来确定答案所应具备的特征,再根据这种特征决定答案的形式。比如要测量"人们每月的工资收入",这是一个定比的变量,即最高层次的变量,它可用于任何层次。因此,当研究者希望准确了解每一个回答者相互之间的差别和比例关系时,可采用填空形式,如"您每月的工资收入是多少?_____元"。若研究者希望了解的是总体中人们每月工资收入处于不同等级的分布情况,就可把月工资收入转化成定序变量来测量。如:

您每月工资收入处在下列哪个范围内?(在合适的答案号码上打"√")
(1) 1000 元以下　　　　(2) 1000—2000 元
(3) 2000—3000 元　　　(4) 3000 元以上

如果研究者仅想了解某一总体的人们月工资收入水平处于全国平均水平(假设为 2000 元)上下的比例,就可以把月工资收入转化为定类变量来测量。例如:

您的月工资收入属于下列哪一类?(在合适的答案号码上打"√")
(1) 2000 元以下　　　　(2) 2000 元及以上

最后,在实际问卷设计中,设计者常常遇到这样的情况:问题的答案如果要将它们全部列出是十分困难的。比如说人们选择对象的条件,要全部列出来也无必要。因为即使有 50 种不同的条件,但大部分人的选择却往往会集中在若干个主要的条件上。所以,可以采取几个主要答案,然后加上一项"其他"。当然,如果问卷回收后选择"其他"一类的回答者非常多,那就说明所列举的那几类还不恰当,还有更重要的类别没有单列出来,而是并入了"其他"一类中。

(三) 问题的语言和提问方式

语言是编制问题的基本材料。要设计出含义清楚、简明易懂的问题,必须注意问题的语言。另外,同样的问题,提问方式不同时,所产生的效果也会不一样。因此,必须同时注意这两个方面。下面是几条常用的规则:

1. 尽量用简单的语言

设计问题和答案时,要尽可能寻找简单通俗、人人都明白的字眼。不要使用专业术语、行话,如"社区、社会分层、核心家庭、社会角色"等,也要避免使用抽象的概念,如"政治体制、教育体制、创新精神"等。

2. 问题要尽量简短

问题越短,产生含糊不清的可能性越小。有的社会学家认为,短问题是最好的问题。在设计中,要尽可能不使用长问句,要使问题尽可能地清晰、简短,使回答者很快看完,很容易看懂。

3. 避免双重含义的问题

双重含义的问题就是在一个问题中,询问了两件事情,或者是在一句话中实际上询问了两个问题。比如:"您喜欢语文、数学课吗?"这一问题实际包含了"您喜欢语文课吗?"和"您喜欢数学课吗?"这两个问题。这样的问题往往使一部分回答者无法填写。

4. 问题不要带倾向性

人们对问题的回答在一定程度上很受问题措辞所表现出来的倾向性,也称诱发性的影响。因此,问题不能带有倾向性,应该保持价值中立的态度。要避免提问方式对回答者形成诱导,即避免使回答者感到研究者提该问题是想得到某种特定的回答,或是在鼓励他、期待他作出某种回答。比如,要了解被调查者是否喜欢读书,一般会问:"您喜欢读书吗?"如果把问题改成:"您喜欢读书,是吗?"就带有一种希望被调查者回答"是的,我喜欢读书"的倾向。在问题中引用常识,比如,"人们认为读书是有益的,您的看法如何?"也会使问题带有倾向性。另外,在问题和答案的用词上也要注意保持价值中立的原则,不要用贬义和褒义的词语。

5. 不用否定形式提问

由于用否定形式提问容易产生误解,所以问卷设计中要避免用否定形式提问。比如,当提出"您是否赞成课程不进行改革?"这样的问题时,很多人往往容易漏掉"不"字,并在这种理解的基础上来选择回答。结果许多赞成对课程进行改革的人选择"赞成",而不赞成课程进行改革的人却选择了"不赞成"。而且,这种实际态度与答案选择正好呈相反的情形,在问卷的答案中丝毫看不出来,研究者无法知道谁是真赞成,谁是误填的赞成。

6. 不提回答者不知道的问题

要使我们在问卷中提出的每一个问题都有意义,十分重要的一点就是回答者必须具备回答这个问题的知识。如果我们提出这样的问题:"您对我国的学校教育制度是否满意?"那么普通公民中的大部分人都将无法回答,因为人们并不具备学校教育制度方面的知识。人们对自己不知道、不了解、不熟悉的事物怎么可能客观地评价呢?要提这样的问题,必须先提一个过滤性的问题,如,"您了解我国目前的学校教育制度吗?"然后仅对那些回答"了解"的被调查者提出前面的问题。

7. 不直接问敏感性问题

对于敏感性问题,如果直接提问,往往会引起很高的拒答率。因此,对这类问题最好采取间接询问的方式,并且语言要特别委婉。

(四)问题的顺序

问题的前后次序及相互间的联系,会影响到被调查者对问题的回答,甚至影响到调查的顺利进行。一般来说,有下列常用的规则:

第一,被调查者熟悉的、简单易懂的问题放在前面,比较生疏、较难回答的问题放在后面。问卷的头几个问题一定要相当简单,回答起来相当容易,这样就可以给回答者造成较好的感觉;完成这份问卷很方便,有利于他们继续填答下去。

第二,把能引起被调查者兴趣的问题放在前面,把容易引起被调查者紧张和顾虑的问题放在后面。问卷调查主要依靠被调查者的积极合作。如果开头的一批问题能够吸引被调查者的注意力,引起他们的兴趣,问卷调查工作将会十分顺利,质量也会比较高。相反,若是问卷开头部分出现的是几个触及人们思想深处的问题,或者是有关伦理、道德、政治见解、个人私生活等的敏感性问题,就容易导致被调查者产生强烈的自我防卫心理,对问卷调查产生反感,甚至拒绝合作,使调查难以进行下去。

第三,把开放式问题放在问卷的结尾部分。由于开放式问题一般需要回答者较多的思考和书写,所以,回答开放式问题所用的时间要长一些。如果问卷一开始就提出开放式问题,当回答者发现他答完前边问题的一部分就花了很多时间,他就会感到没有那么多的时间和精力填完这份问卷。

第四,先问事实方面的问题,再问态度方面的问题,最后问有关个人的背景资料。问卷中的问题大致包括事实、态度和个人背景资料三个方面的内容。客观的、已发生的、具体的事实,容易回答。而态度方面的问题涉及回答者的主观因素,宜放在后一些的地方。个人背景资料问题虽然也是事实性问题,但由于它们是除了姓名以外的有关回答者本人特征的全部信息,若放在开头部分,即使封面信中说明了不记名,但一上来就问这些特征,人们的潜意识中仍免不了产生一种本能的防卫心理,影响到问卷资料的真实性。

第五,按一定的逻辑顺序排列问题。从时间框架来说,一般按时间先后顺序来提出问题,既不要颠倒也不要打乱,即把询问同一方面事物的问题尽可能地排在一起。否则会破坏回答者的思路和注意力。

(五) 相倚问题

在问卷设计中,经常遇到这样的情况,有些问题只适用于样本中的一部分调查对象。而且,某个被调查者是否需要回答这一问题,常常要依据他对前面某个问题的回答结果而定。这样的问题,称之为相倚问题,而前面的那个问题则叫做过滤问题或筛选问题。一个回答者是否应该回答相倚问题,要看他对前面的过滤或筛选问题的回答而定。比如,对过滤问题:"您是市学科带头人吗?"有两种可能的回答,"是"和"不是";而相倚问题"您被评选为市学科带头人有多长时间了?"适合"是"的那一部分回答者。

相倚问题的格式一般如例1、例2和例3所示:

例1:您是市学科带头人吗?

(1) 是 ⟶ | 请问,您被评选为市学科带头人有多长时间了?____年 |
| 一般情况下您每天上多少节课?____节课。|

(2) 否。

相倚问题的这种格式有两点要十分注意：一是它要用方框与过滤问题隔开；二是要用箭头将相倚问题方框与过滤问题中的适当的答案连在一起，以表明回答这一答案的那部分回答者才继续回答方框中的问题，回答其他答案的人则不答方框中的问题，而只需继续往下填答。

有时，问卷中还需要更复杂的相倚问题。只要掌握了上面的方法和原则，同样可以设计出条理清楚的多层相倚问题。

例 2：您有孩子吗？
(1) 有 →　您的孩子中有正在读小学的吗？
(2) 没有。　(1) 有 →　他上学放学有人接送吗？
　　　　　　(2) 没有。　(1) 有。
　　　　　　　　　　　　(2) 没有。

常常存在这种情形，即有好几个问题都只适合于一部分回答者。此时，则可采用跳答指示。比如：

例 3：您的孩子是独生子女吗？
(1) 是的。
(2) 不是 →　请跳过问题 4—问题 8，直接从问题 9 答起。

这里的问题 4—问题 8 都是询问有关独生子女方面的情况，对于多子女家长来说，显然就是无意义的，因此通过跳答指示，让他们从问题 9 开始回答。

五、问卷调查法的特点及其运用

（一）问卷调查法的优点

第一，问卷调查法节省时间、经费和人力。一方面，由于问卷调查可以采取邮寄的方式进行，所以，它可以由很少的调查者在很短的时间内，同时调查许多人的情况。另一方面，这种邮寄的方式还可以使问卷调查不受地理条件的限制，到达的空间范围十分宽广。

第二，问卷调查法具有很好的匿名性。由于社会调查的对象是现实生活中具体的、有思想感情的人，所以，不同的调查方法必然会对他们产生不同的影响，引起他们不同的反应。在面对面的访谈调查中，人们往往难于同陌生人谈论有关个人隐私、社会禁忌或其他敏感性问题。但在问卷调查中，由于被调查者在回答这类问题时，并没有其他人在场，问卷本身又要求匿名，所以，问卷调查的方式可以减轻调查者心理上的压力，便于他们如实地回答这类问题。从这一方面考虑，问卷调查更能客观地反映社会现实的本来面貌，更能收集到真实的社会信息。

第三,问卷调查法可以避免偏见,减少调查误差。在访谈调查中,常常由于访谈员的不同(在性别、年龄、能力、态度等方面的不同)、访谈员提问的方式的不同、访谈进展情况的不同以及被调查者回答问题的语言的不同等原因,产生出各种访谈偏见,形成一定的误差。但在问卷调查中,由于每个被调查者所得到的都是完全相同的问卷,因而无论是在问题的表达、问题的先后次序,还是在答案的类型、回答的方式等方面,都具有高度的一致性。每个被调查者受到的刺激和影响都是相同的。这样就能很好地避免由于人为的原因所造成的各种偏误,减少调查资料中的误差,更真实地反映出不同被调查者的不同情况。

第四,问卷资料便于定量处理和分析。教育研究向定量方向的发展,是当前教育研究的一大趋势。由于问卷中的问题是研究者把所研究的概念、变量进行操作化处理的结果,而各种答案又都进行了编码,因此,问卷调查所得到的原始资料很容易转换成数字,特别适于用电子计算机进行处理和作定量分析。

(二)问卷调查法的缺点

首先,对被调查者的文化水平有一定要求。由于填写问卷的人首先必须能看懂问卷,所以,问卷调查客观上要求被调查者必须具有一定的文化程度。他们必须能够阅读和理解问题的含义,能领会填答问题的要求和方法。但是,现实社会中并不是所有的人都能做到这一点的。因此,问卷的使用范围常常受到限制。对于那些文化程度较低的群体,问卷调查就往往难以进行。

其次,回收率往往难以保证。在教育调查中,一定程度的回收率是保证调查资料代表性的必要条件之一。调查是以访谈的形式进行时,由于访谈员在场进行面对面的交谈,大多数访谈一般都能顺利完成,所以,访谈调查往往可以保证较高的回收率。但是在邮寄问卷调查中,问卷的回收率往往难以保证。这是因为一份问卷能否完成,能否收回,主要取决于被调查者。如果被调查者对该项调查的兴趣不大、态度不积极、合作精神不够,或者被调查者受到时间、精力、能力等方面的限制,他就有可能放弃问卷,使问卷的回收率受到影响。

最后,不能保证填答问卷的环境和填答的质量。问卷调查由于无调查员在场,被调查者填答问卷的环境无法控制。他既可以同别人商量着填写,也可以和其他人共同完成,甚至还可能完全交给别人代填。所有这些,调查者都无法知道。另外,当被调查者对问卷中的某些问题不清楚时,也无法向调查者询问,往往容易产生误答、错答和缺答的情况。因此,问卷调查所得资料的质量常常得不到保证。这也是问卷调查面临的主要难题之一。

(三)问卷调查法的运用

我们要在社会研究中很好地运用问卷这一工具,不能不对它在教育研究方法中所处的地位、所扮演的角色有一个清楚明确的认识。在实际教育研究中,问卷调查法作为一种主要的资料收集方法,常常同大规模的抽样调查以及资料的定量分析相联系。可以说,抽样—问卷—定量分析三者的结合体,是现代教育定量研究中最常见,也是最重要的一种方式。这种方式与那种以参与观察、深度访谈等方法对个案进行定性研究的方式有着明显的区别。

在问卷调查法的具体运用方面,我们还应该结合我国的情况,明确它的适用范围。由于采用问卷作工具,所以收集资料的一个重要前提就是被调查的对象必须具有一定的文化水平。

问卷的适用范围还受到调查对象总体构成情况的影响。一般来说,问卷调查法在成分单一的总体中(比如全部是工人,或者全部是学生等)比在成分混杂的总体中适用。在成分单一的总体中进行调查时,由于人们的社会背景中相同或相似的因素比较多,可以减少许多问卷设计上的困难和麻烦。而在一个成分混杂的群体中,人们社会背景中的各种因素往往相差很大,相互之间共同的或相似的东西很少。因此,要设计出一份适合每一部分人情况的问卷,往往难度较大。

第三节 访谈调查法

访谈调查法是一种最古老、最普遍的收集资料的方法,也是教育研究中最重要的调查方法之一。访谈的过程实际上是访谈者与被访谈者双方面对面的社会互动过程,访谈资料正是这种社会互动的产物。

访谈因研究的目的、性质或对象的不同,而有各种不同的方式。例如,根据访谈中访谈者与被访谈者的交流方式,可分为直接访谈和间接访谈,前者是访谈双方面对面的交谈,后者则是通过电话进行的交谈。根据一次被访谈的人数,访谈又可分为个别访谈与集体访谈。目前社会研究中广泛采用的是按照对访谈过程的控制程度进行的分类,按照这一分类方式,访谈分为结构式访谈与无结构式访谈。

一、结构式访谈

结构式访谈又称标准化访谈,它是一种对访谈过程高度控制的访谈。这种访谈的访谈对象必须按照统一的标准和方法选取,一般采用概率抽样。访谈的过程也是高度标准化的,即对所有被访者提出的问题,提问的次序和方式,以及对被访者回答的记录方式等是完全统一的。为使这种统一性得到保证,通常采用事先统一设计、有一定结构的问卷进行访谈。访谈中所有调查员都必须严格按问卷上的问题发问,不能随意对问题作解释,当被调查者表示不明白时,只能重复一遍问题或按统一的口径进行解释。通常这种类型的访谈都有一份访谈指南,其中对问卷中有可能发生误解的地方都有说明,这些说明规定了访谈者对这些问题解释的口径。

结构式访谈的最大优点是访谈结果便于量化,可作统计分析,它是统计调查的一种。与另一种统计调查——问卷调查法相比,结构式访谈的最大特点是能够控制调查过程,从而可以最大限度地降低来自被调查者方面的误差,提高调查结果的可靠程度。例如,在调查中可以使调查对象听清所问的问题并能当场核实答案,因而使误答和因问题不清而不回答的数量大量减少。由于调查员可以设法做到在没有第三者在场的情况下完成调查,确保访谈对象独立回答问题,从而避免了在用问卷法时常常发生的由他人代填或由几个人商议填写的弊端等。

与问卷调查法相比,结构式访谈的另一大特点是回收率高,一般的结构式访谈回收率可以达到80%以上,并且回收了的问卷的应答率也高。

与问卷调查法相比,结构式访谈的应用范围也较广泛,由于可以自由选择调查对象,可以问一些比较复杂的问题,并可选择性地对某些特定问题作深入调查,因而大大扩展了应用的范围。

此外,由于能在回答问题之外对被访谈者的态度行为进行观察,结构式访谈能获得问卷法无法获得的有关访谈对象的许多非语言信息。例如,他家的生活水平,他是否精明能干,他的态度是否合作等。访谈员还可以根据这些观察资料,分辨其回答的真实程度,对资料或答案的效度与信度进行评估。例如,被访者在问卷的收入一栏中填报的数字很低,但从他家的情况看生活水平属于一流,就应怀疑他的回答是否真实,并要想办法进行核对。如果看到访谈对象头脑不清,反应迟钝,就要考虑这份问卷是否作废。

与问卷调查法相比,结构式访谈费用高,时间长,因而往往使调查的规模受到限制。对于敏感性、尖锐性或有关个人隐私的问题,它的效度也不及前者。由于结构式访谈是由访谈员进行的,因此,访谈员的态度、素质、经验等对访谈结果有决定性的影响,访谈员往往自觉不自觉地将自己的主观意见或偏见都带到访谈过程中,从而使调查结果产生偏差。

由于结构式访谈要使用统一的问卷和表格进行调查,这种统一的问卷和表格显然无法包括事件的全部,故而只能从中选取几个方面进行调查,这就使这种类型的访谈很难触及教育的深层及其变化过程,难以综合性地多层次地把握问题,使研究流于表面化。对于某些统计结果,由于不知道有关的背景情况,而无法进行恰当深入的解释。此外,由于结构式访谈不能像参与观察那样,提供对研究对象在其中生活和行动的生活环境的感受,虽然因与被访者有一定的交往而有某种程度的感性体验,但由于严格的标准化程序,访谈者与被访谈者的积极性难以发挥。这种感性体验无法深刻。因此,在实际调查中,往往与另一种访谈方法——无结构式访谈结合使用。

二、无结构式访谈

无结构式访谈又称非标准化访谈,它是一种半控制或无控制的访谈。与结构式访谈相比,它事先不预定问卷、表格和提问的标准程序,只给调查者一个题目,由调查者与被调查者就这个题目自由交谈,调查对象可以随便地谈出自己的意见和感受,而无需顾及调查者的需要,调查者事先虽有一个粗线条的问题大纲或几个要点,但所提问题是在访谈过程中边谈边形成的,是随时提出的。因此,在这种类型的访谈中,无论是所提问题本身和提问的方式、顺序,还是被调查者的回答方式、谈话的外部环境等,都是不统一的。

与结构式访谈相比,无结构式访谈最大的特点是弹性大,能充分发挥访谈者与被访谈者的积极性。双方可围绕所给的题目,就有关的问题、事件、现象,从历史到今天,从原因到结果,从动机到行为,从个人到重大的社会环境等进行深入广泛的交谈与讨论。在这种交谈与讨论中,被访谈者提供的许多想法和事情往往是调查者所不曾料到的,从而给他以很大启发,使之找到研究的新思路或提出新的研究问题。因此,无结构式访谈常常被用于探索性的研究,用于提出假设和建构理论。

与结构式访谈相比,无结构式访谈的另一大特点是访谈者能对问题作全面、深入的了解。无结构式访谈的过程不仅是调查问题的过程,同时也往往是研究问题的过程;不仅是收集资料的过程,同时也往往是评价解释资料的过程。

无结构式访谈不仅能获得与研究问题有关的丰富的教育背景材料,还能获得有关研究对象生活与行动于其中的教育环境的生动的感受,这就使访谈者能综合性地多层次地全面地把握问题,从而可以对结构式访谈所得到的统计结果作出合理生动的解释。

与结构式访谈相比,无结构式访谈比较费时,从而使调查的规模受到很大限制。由于访谈过程是非标准化的,因此,访谈的结果难于进行定量分析。而且,访谈的结果更依赖于访谈员的素质、经验和技巧,对访谈员的要求更高。

三、访谈的程序与技术

访谈是一种社会交往过程,访谈中调查者与被调查者之间形成了一种社会互动关系,访谈资料正是通过这种社会互动得到的。因此,访谈的成败,在很大程度上取决于调查者对这种社会互动过程组织得如何。调查者只有在这种互动中,与调查对象建立起基本的信任与一定的感情,并根据对方的具体情况进行访谈,才能使被访谈者积极提供资料。由于被调查者一般是陌生地方的陌生人,他们又往往不乐意主动提供资料,此外,这些人都是有思想、有感情、有心理活动的个性化的人,这就使得这种组织工作并非易事,它要求访谈员必须具备良好的访谈技能,并能掌握和灵活运用访谈的各种技巧。一般说来,访谈大体可分为访谈准备、进入访谈、访谈过程的控制、结束访谈等几个阶段。下面我们结合每一个阶段的特点,介绍具体的访谈技巧。

(一)访谈准备

对于无结构式访谈,访谈前的准备工作首先是根据研究目的和理论假设,准备详细的访谈提纲,并将其具体化为一系列访谈问题,同时还要充分准备与调查内容有关的各种知识。一个知识丰富的访谈员常常能够达到与被访者的深入交谈,提高被访者回答问题的积极性,访谈者则可获得丰富深入的资料,并可对资料的真伪作出判断,而且往往能捕捉到一些有价值的新信息,触发新的思想。

对于结构式访谈,访谈前的准备工作首先是弄懂统一设计的问卷及访谈手册,了解访谈目的、要求、步骤、可能出现的问题及解决的办法等。

因此,访谈准备的另一个重要内容是确定适当的访谈对象。在无结构访谈时,究竟以哪些人为访谈对象,则与研究目的及社区特性密切相关。不过一般来说,不管什么研究,当地或部门的决策者或领导层总是在被访之列,只有这类人对地区事务和文化传统了解较深。结构性访谈多采用随机抽样选取调查对象,以保证结果能进行统计分析。

访谈对象选定后,就要尽可能充分了解被访者,例如其性别、年龄、职业、文化程度、经历、专长及当前的思想状况、身体状况和精神状况等,这对于顺利进入访谈,与访谈者建立良好的交谈气氛,提高访谈的信度与效度大有好处。

临赴现场访谈前的最后一步工作是准备工具,如笔、纸、调查表格、调查说明书、问卷,此外还应有调查机关所发的公文、介绍信、证件等。

(二) 进入访谈

在实地访谈之前,有必要与调查对象取得联系,在获得对方允许后,才能着手进行访谈。随着越来越多的商业部门和其他组织,如,保险业用挨门挨户搜集资料的方法,采取这一行动更加不可少。

访谈者在接近被访者时,首先要进行自我介绍,然后说明来访目的以及为什么要进行此项研究,请求他的支持与合作。此外,还要告诉被访者,他是如何被选出来的,根据具体情况有时告诉他是依据科学方法随机抽样的,无特殊目的,他的回答将给予保密;有时则告诉他是因他在这次研究中的重要性而特意挑选的。这一阶段的主要任务是与调查对象建立融洽的关系,消除其顾虑,使他们产生参与研究的动机。在这一阶段,最容易出现如下情况:陌生感,它使双方拘束无言;调查对象以各种原因拒绝受访,访谈者因此产生冷场或不耐烦情绪。因此,为了创造有利于访谈的气氛,除对访谈对象表示礼貌外,为打破僵局,正式谈话前可以先谈谈调查对象非常熟悉的事情,从而消除拘束感,比如他的住房、家庭、爱好等。由此展开谈话。

有了利于调查的气氛后,就可以详细说明要调查的内容,提出第一批问题,这时被访者的意识尚未转向问题题目,他必须有一个心理上的酝酿过程,切忌提出一些大而复杂的问题。经验证明,起始问题回答顺利能使被访者信心增强,双方互动协调到这时才可以深入进行访谈。

(三) 访谈过程的控制

访谈的过程,是调查者提问的过程,因此,提问成功与否是访谈能否顺利进行的一个关键。但访谈是对调查对象施加影响的,并不只是提问本身,调查者的举止动作都会影响到调查对象的情绪,关系到访谈是否能顺利进行。因此提问与表情(动作)是控制访谈的两个主要手段。

1. 提问控制

(1) 题目转换

如果在访谈中,向被访者连续提出一系列与其工作活动有关的问题,随后又提出一个毫无明显联系的家庭关系和朋友关系的问题,那么这种从一个题目突然转换到另一个题目的做法,会使调查对象因为毫无心理准备而产生困惑。因此,转变应不露痕迹。例如,在从工作问题转向家庭关系问题时,可以问:"您的工作真忙,回到家里可以轻松一下吧?"这种过渡性的问题使谈话容易保持连贯与自然。

访谈中被访者有时会跑题,这时就需要调查者进行引导性提问,使他回到原来的主题上。在转换话题时,切忌粗鲁地打断对方谈话,或者说,"你跑题了"、"你没有按要求回答"之类的话,这会使调查对象感到难堪,从而产生抵触情绪。调查者将调查对象谈的那些漫无边际的情况加以归纳说:"您刚才谈的是×××问题,很好,现在请您再谈×××问题。"以此把对方话题引过来。亦可选取一两句与主题有关的话进行提问,如:"您刚才谈的×××问题,是怎么一回事?"在不知不觉中改变话题。

(2) 对问题的追问

当被访者对问题的回答含糊不清时就要进行追问,以期引导调查对象作更准确更充分的回答,或至少给予一个最低限度可接受的回答。当回答前后矛盾不能自圆其说,或回答残缺不完整时,也需要追问。追问可以采取正面的方式,即正面指出回答不真实、不具体、不准确,请对方补充回答。例如:"你讲的这个是什么意思?"或"你是否能给我再多讲一些?"追问也可以采用侧面的方式,即换一个侧面或换一个角度追问相同的问题。追问特别是正面追问是一种比较尖锐的访谈方式,容易引起被访者的反感,因此追问一般放在访谈后期进行。

(3) 合适的发问与插话

访谈过程组织得好坏,取决于问题的好坏、提问的方式、提问时机的把握。访谈既然是双方的互动,它就是一个动态的过程,不可能完全按照某种模式进行,访谈员必须根据具体情况灵活处理,其中包括提问与插话,这就要求调查员善于捕捉时机。调查者有时需要调查对象的回答,特别是当他对其过去的经历不作任何回答时。例如他只讲他们的外在活动而不讲内在动机、当时的想法等,这时就需要提问,像问一些有关他们对这些活动所形成的个人关系和社会现象等的看法和态度的问题。

有时调查对象在谈话中途可能停顿一下等待调查者暗示,以便开始另一个问题的谈话,这是调查者提出准备好的问题的最好时机,如,"以往怎样呢?""你对此事的看法如何?"等等。有时为鼓励调查对象,特别是那些不善于讲话的人,调查者要插几句鼓励或表示对刚才的谈话满意的话。当调查对象对其过去经验不能清楚地回忆时,可提一些补充问题帮助他回想,有的插话与提问则完全为消除被访者的疲劳之用。

2. 表情(动作)控制

访谈技巧也包括表情与动作技巧,访谈员可以通过自己的表情与行为表达一定的思想、感情,从而达到对访谈过程的控制。例如当调查对象跑题时,可以利用送水递烟中断他的谈话,然后就可顺理成章地重新开始话题。又如,连连点头,表示"很对"、"同意",或匆匆记录,说明对方讲的内容很重要,这些动作都意在鼓励对方谈下去。

表情也是传达思想的一种重要方式,在访谈中,访谈员自始至终都要使自己的表情有礼貌、谦虚、诚恳、耐心。用表情控制人,即访谈员要控制自己的表情,使其符合调查对象所谈的情境。当调查对象谈到挫折、不幸时,要有同情和惋惜的表情;谈到不平的事时,要有义愤的表示;而当调查对象谈到一些难于启口的隐私时,不要有轻蔑的表示,要表示理解;调查对象谈到成就时,要表示高兴等。调查者还应当是真情倾听的听众,应表现出对对方的回答感兴趣,切忌边听边打哈欠,或目光游离,三心二意,甚至搞一些小动作,使对方产生反感,失去谈下去的兴趣。

(四) 结束访谈

结束访谈是访谈的最后一个环节,有时比开始访谈还困难。访谈结束应掌握两个原则:(1)适可而止,即访谈时间不宜过长。(2)要把握住结束谈话的时机。例如有时调查对象仍然很有兴趣,还有其他重要的话要说,而他自己又要求转换话题时,调查者趁机插话,就能圆满结束。有时双方都感到非常疲乏和厌倦,谈话难以进行下去了,这时应尽快结束谈话,最好问调查对象:"我们忽略了什么没有?""我们有什么地方没有谈到?"或"你还愿意告诉我些什么?"之类的问题以结束调查。最后要对被访者表示感谢。

四、访谈调查法的特点

访谈调查法是一种使用十分广泛的方法,它也是一种十分有力的研究和调查方法,特别是当将它与其他方法结合使用时,效果更佳。

与其他调查方法相比,访谈调查法的最大特点在于,访谈是一个面对面的社会交往过程,访谈者与被访者的相互作用、相互影响贯穿调查过程的始终,并对调查结果产生影响。这就是说,一方面访谈者收集的资料、形成的意见看法等要受到被访者的回答和态度的影响;另一方面被访者的回答也受到对访谈者的看法与想法的影响。访谈的这种特征是其他调查方法所不具备的,这就使访谈调查法不仅能收集到其他调查方法所能收集到的资料,而且还能获得其他调查方法所不能获得的资料,后一种资料正是通过访谈者与被访者相互刺激与反应得到的。

访谈既可以了解主观动机、感情、价值方面的问题,又可以了解客观问题;既可以了解现时资料,又可以了解历史资料;既可以获得语言提供的信息,又可以获得大量非语言提供的信息;既可以用于文化水平高的调查对象,又可以用于文化水平低的调查对象。因此,与其他调查方法相比,访谈可以获得的资料更丰富,实行起来也更灵活,弹性更大,且有利于对问题进行更深入的探索。

此外,环境可控是访谈调查法的另一大优点。当访谈对象对问题不理解或误解时,访谈者可及时引导和解释;当被访者的回答不完备或不准确时,访谈者可以当面追问;当回答出现明显错误时,可以当场进行纠正,而且可以确保被访者独立回答问题不受干扰。因此访谈调查法可提高调查工作的可靠性。

由于访谈是一个访谈者与被访者相互作用的过程,双方具有不同价值观、社会经验、社会地位及思想方式,这些主观因素会导致访谈误差,因为双方都无法做到完全客观,互不影响。

对于敏感性问题、尖锐问题和隐秘问题,被访者一般不愿当面回答,或者不作真实回答,对于这类问题不宜用访谈去进行调查。

此外,与其他调查方法相比,访谈调查的费用较高,费时较长,需要的人力较多,这就限制了它的规模,这些都是访谈调查法的弱点。

探究与操作

1. 为什么教育研究常常采取调查的方法?开展教育调查的基本要求有哪些?
2. 教育调查有哪些主要的方法?试比较问卷调查法与访谈调查法的优点与局限性。
3. 调查法与观察法有何异同?各有何优缺点?
4. 结合教育实践中的一个热点问题,设计一份小型调查问卷。
5. 仔细阅读下列材料,请尝试为一项课题设计一份调查问卷。

小学班主任褚老师在新闻晨报上看到这样一篇报道:"上课插嘴、喝水、出去小便、随自己的心意选择同桌……这些被传统课堂定义为违反课堂纪律的行为,在上海市虹口区幸福四平实验小学却被'扶正'。该校在进行小班化教育中,赋予了学生六项课堂权益,并向老师提出:'请千万不要忽视学生的课堂权益!'这六项课堂权益是'发言不必先举手,允许学生插嘴,允许质疑老师,自选学习伙伴,内急可以上厕所,考试能再来一次'。"褚老师对此非常感兴趣,与虹口区幸福四平实验小学的教师取得了联系,拟利用自己授教的三年级二班与该小学的三年级某班开展对比实验,以通过真实的数据来验证这项改革举措的利与弊。她的想法得到了该校三年级某位教师的认可,于是两人组成研究小组,详细地设计了对比研究的方案与评价标准。

在整个课题开展之前,他们想对孩子们当前的学习习惯、学习态度、社会交往能力等进行一次问卷调查,在课题结束时,再进行一次问卷调查,以便进行对比分析。

请你帮助褚老师来设计这份调查问卷。

问卷题目	
调查目的	
理论假设	
调查对象	
封面信	

续 表

指导语		
核心概念及其操作性定义		
由核心概念分解出的若干概念（领域）	① ② ③ ④ ……	
各领域问题（各举1例，然后，列出成型问卷中相应问题的编号）	① ② ③ ④ ……	
最后成型的问卷		

拓展性阅读材料

1. （美）威廉·维尔斯曼著,袁振国主译:《教育研究方法导论》,教育科学出版社1997年版,"7.调查研究"。

2. 裴娣娜著:《教育研究方法导论》,安徽教育出版社2000年版,第九章第二节"调查表、问卷及访谈"。

3. 陈向明著:《教师如何作质的研究》,教育科学出版社2001年版,"5.如何进行访谈?"、"6.如何进行集体访谈?"。

4. 陈向明著:《质的研究方法与社会科学研究》,教育科学出版社2000年版,第十章"访谈——我如何了解被研究者的所思所想?"、第十一章"访谈中的提问——我想知道什么?"、第十二章"访谈中的倾听——我听到了什么?"、"访谈中的回应——我应该如何与对方对话?"、第十四章"焦点团体访谈——我如何组织一群人一起交谈?"。

主要参考文献

1. 陈向明著:《质的研究方法与社会科学研究》,教育科学出版社2000年版。

2. （美）威廉·维尔斯曼著,袁振国主译:《教育研究方法导论》,教育科学出版社1997年版。

3. 叶澜著:《教育研究及其方法》,中国科学技术出版社 1990 年版。
4. 杨小微、刘卫华主编:《教育研究的理论与方法》,湖北教育出版社 1994 年版。
5. 裴娣娜著:《教育研究方法导论》,安徽教育出版社 1994 年版。

第六章
教育实验法

学习目标

理解实验和教育实验的概念及特征；了解教育实验的基本类型；掌握教育实验的设计与实施要领。

内容提要

一般认为，实验法是教育研究中最重要的实证性方法，由于研究者主动控制实验因子，考察实验因子之间的因果关系，并以教育实践加以检验，所以研究结论具有说服力。特别是在发现和证明因果关系方面，实验法被认为是优于其他方法的。然而，由于教育活动的特殊性和复杂性，实验法也显示出它的局限性，也要求人们在运用实验法的过程中充分考虑教育活动特质，并能有效地加以变通。

重要概念和术语

实验 教育实验 前实验 准实验 真实验 变量控制 内在效度 外在效度 单组设计模式 等组设计模式 多组轮换设计模式 前测 后测 随即分派被试

某研究者想探明教学方式与学生思维品质形成的关系，于是在一所小学随机选择了一个班作为实验班，采用新的应用题教学方式实施教学，如，以自编应用题（一题多变）和解应用题（一题多解）来培养学生思维的灵活性，以应用题归类教学来培养学生思维的深刻性等等。实验前后分别对该班进行了难度相当的测试。该班前后测试平均成绩的差异被视为实验产生的效果。

上述实验属于何种类型？研究者想证明什么样的研究假设？这一实验设计存在什么问题？应如何改进？学完这一章，这些问题便可找到答案。

第一节 教育实验法概述

一、教育实验的概念

教育实验法就是为了解决某一教育问题,根据一定的教育理论或假设组织有计划的教育实践,经过一定时间,就实践效果进行比较分析,从而得出有关实验因素的科学结论来。

教育实验有四个基本特征:

(一)由"因"追"果",是描述"未来事件"的研究

教育实验法把在一定条件下将产生什么结果的因果关系作为焦点。它是为了解决某一教育问题,根据一定的教育理论,组织有计划的教育实践,到规定的时间以后,就实验效果进行比较分析,从而得出科学的结论。教育实验更加关注"未来"的实验结果。

(二)适当控制自变量

这里所说的自变量,包括了实验变量(或称实验因子)和无关变量。实验变量是指研究者所操纵的变量;因操纵实验变量而发生改变的变量,称为因变量,亦即实验的结果;还有一些自变量可能影响因变量而干扰实验结果,这些干扰实验结果的自变量,称为无关变量(extraneous variable)。此外,自变量与因变量的关系不是简单的刺激对反应的关系。还有一些变量(如动机、疲劳、焦虑等)不能直接观察控制或测量,但对实验结果有重要影响,这些变量往往介入因与果之间的关系,这些变量称为中介变量(intervening variable)。中介变量不能直接观察辨认,只能凭个体外显的行为线索去推知。

(三)以教育实践为基础

教育实验是在教育实践中进行的,教育实验本身也是一种教育实践,但教育实践不等于教育实验。两者的主要区别在于是否对自变量实施"控制"。教育实践是一种无"控制"的教育活动,而教育实验则是一种有"控制"的教育活动。教育实验既是教育工作过程,也是教育研究的过程。目前,我国有些教育工作者将教育实践过程理解为教育实验,把一般的教育实践总结报告,宣称为教育实验报告,这是错误的。没有"控制"的教育实践,不能算作教育实验。

(四)具有教育性、开放性和社会性

虽然教育实验的一些概念和基本方法是从自然科学实验移植过来的,两者有共通性,但两者也有显著的区别:(1)自然科学实验大多数情况下其实验对象是无

意识的东西,没有教育性,而教育实验的对象是成长中的人,实验过程具有教育性,不能有负面影响,更不能出"废品"。(2)自然科学的实验过程是封闭式的,大多在实验室进行,不受社会因素干扰,而教育实验对象是自由的、开放的,既是学校的学生,又是社会成员,实验过程受社会因素干扰较大,具有开放性和社会性。(3)由于教育实验具有教育性、开放性和社会性特征,导致教育实验的控制不可能像自然科学实验的控制那样严密。教育实验大多是准实验。

实验研究的优点是:第一,在控制无关因素对因变量影响方面,实验法是最优的。如调查研究一般对环境中的干扰因素难以控制;观察研究虽然常常是纵贯地进行,但一般不能控制外部因素对因变量的影响,也不能准确地测量因变量的变化;文献研究有时也可能是纵贯的,但也不大可能进行控制。一个真正的实验,在控制方面应是做得较好的,控制对于资料分析和假设检验具有重要的效果。第二,它可以使我们能够得到自然条件下遇不到的或不易遇到的情况,这样可以扩大研究的范围。它使研究者可以在各种不同情况下,研究教育现象。第三,它可以重复验证。在实验中,通过人为地改变条件,可多次地获得同一形态下的特定现象,因此,它比采用观察、调查等方法能更加确切地研究这一现象。第四,实验使研究者有可能准确地、精细地、分别地研究事物的各个组成部分,比较容易地观察某种特定因素的效果。第五,进行实验时,可以有计划地控制现象和环境,造成便于精确测量和准确记录的条件,使研究更为精密。

但是,实验研究法也有缺点,它需花较多的人力,有时往往受到实验设备,以及其他实验条件的限制。它控制现象和环境比较困难。教育实验的对象往往是活生生的人,要像自然科学的实验室实验那样实行严格的控制是不可能的,甚至也非完全必要的。它对参加实验研究人员的要求较高。有的实验,要求研究者熟练地掌握实验研究法的有关技术,并要求训练有素。有的实验还需要有关单位、学校的配合和协助方能进行。正是由于这些缺点,在教育研究中,实验研究法的应用不如其他研究方法广泛。

二、教育实验的种类

(一) 前实验、准实验和真实验

美国教育实验专家坎贝尔(Campbell, D. T.)和斯坦利(Stanley, J. C.)根据实验变量的控制程度,将教育实验分为三类:前实验、准实验、真实验。[1]

前实验可以进行观察和比较,但对无关因素的干扰和混淆因素则缺乏应有的控制,因而无法验证自变量与因变量之间的因果关系,也很难将实验结果推论到实验以外的其他情形。

准实验是不能随机分派实验对象的,无法像真实验那样完全控制误差来源,只能尽可能地予以条件控制。准实验是在教育的实际情境中进行的,因而具有推广

---

[1] Campbell, D. T. & Stanley, J. C. (1963), *Experimental and Quasi-Experimental Designs for Research*.

到其他教育实际中去的可行性。之所以说教育实验大多属于准实验,是因为教育实验的情境和教育实验的对象的特殊性。教育实验难以满足一般科学实验的规范要求,在许多教育实验中,实验对象是处于正常的自然状态下接受实验的。

真实验是能随机分派被试,完全控制无关干扰源,系统地操作自变量的实验。真实验相对于前实验和准实验,它是最规范的。但就我国目前教育实验的水平看,能称得上"真实验"的,确实很少。

(二)探索实验、改革实验、验证实验

探索实验把研究放在第一位,按预先的研究目的操纵实验变量,目的是搞清楚所要研究的某个问题的状况,即把某个教育问题弄个水落石出,探索教育规律。例如:探索对学生进行自觉纪律教育良好方法的实验即为探索实验。

改革实验的做法是按事先制订的改革计划进行实验,看改革的方案是否可行。如进行教育整体改革实验,或进行单项的课程改革实验。

验证实验对已取得的实验结果进行重复实验,是在一定理论基础上进行的,目的是通过实验,验证某些教育经验或研究成果是否可以推广。

(三)综合实验和整体实验

综合实验和整体实验是我国颇具特色的教改实验,它伴随着我国教育改革的日益深入而产生、发展。由于两者的近似性和联系性,有人把两者混为一谈。但两者是有联系和区别的,综合实验是整体实验的一个部分,整体是各部门,包括各个方面和层面的构建。当然,整体是相对的,由于整体中各部分还可以再分,因而各部分也可以理解为一个小整体。从这个意义上说,综合实验也可理解为整体实验。就一般而言,两者是有区别的。综合实验考察的只是"面",是同时的、横向的,即考察同一层面上的诸因素之间的相互关系,或同时考察各方面的问题。而整体实验考察的则是一个"体",是全方位的,既有横向,也有纵向,从纵横交错的关系中考察问题。

具体说来,综合实验是从多角度或多方面同时开展几项有关课题的实验,旨在探索有内在联系的多项教育因素的相互关系,[1]以便对教育进行综合性的改革和治理。如,对新编教材及与之相适应的新的教学方法和新的教学组织形式这三个因素进行综合实验;对语文教学中的识字教学、阅读教学、欣赏教学、作文教学这四个因素进行综合实验。

整体实验是在系统论思想指导下,对学校教育的各阶段(或各种水平)和各种因素进行系统设计与全面的改革,以期达到整体最佳效果的实验。在横向上,要求各种教育因素的整体结合;在纵向上,要求各级培养目标(或内容)的系统衔接。它不是学校系统中各单项改革实验的简单相加,而是一种多方面、多系列、多因素、多

---

[1] 参见《教育辞典》,上海教育出版社 1990 年版。

功能、多层次、多维度的整个体系的实验。[1]

三、教育实验与教育试验和教育过程

教育实验与教育试验是既有联系又有区别的两个概念,从本质上看,两者都是有目的、有计划地探索"未发生情况"的教育实践活动,因此,有人把教育试验也看成是教育实验。但从严格意义上说,两者也有区别。

首先,从历史的角度看,先有试验,后有实验。教育试验是教育实验的基础,教育实验则是教育研究方法走向相对成熟的标志。教育试验作为教育改革实践中的一种尝试,是教育教学历史发展的产物,它可溯源于15世纪。而教育实验则兴起于19世纪前后,它的实施方法,既受到那时日趋成熟的自然科学实验方法的影响,但又是以往不断发展的教育试验为背景的,是教育试验发展的必然趋势。

其次,从目的上看,教育试验作为科学研究的一种探索活动,总是和教育教学革新联系在一起的,其目的是总结某些新的教育教学措施在实施过程中的经验,并检验其实际应用的效果。它表现为:在教育教学实践中,教育者有新的想法或主张,并企图对以往的模式进行改良或变革时,便可在实践中进行尝试,在尝试的过程中,保存其优点,修正其缺点,以此不断完善和丰富自己的设想并逐步上升到理论。教育实验的主要目的是探索在适当条件下教育情境与教育现象之间存在的某种因果关系。

再次,从方法上看,教育试验的显著特点是"尝试",它一般无须进行特别的控制和精确的测量,大多数情况下,其结果是作定性分析和文字描述。试验的设计和操作过程不那么严格,有较大的灵活性。教育实验是一种科学性很强的研究活动,它的设计和操作方法,主要是从心理实验和测量以及生物实验、物理实验等自然科学实验移植借用过来的,它具有一切科学实验共同具有的本质特征——控制。借助于控制,可较准确地探索与教育现象有关的事物间的因果关系。

在某种情形下,教育实验也是一种教育活动,一种教育过程。但现实的教育过程是在正常条件下,自然状态中的一种活动过程,它要比教育实验复杂得多。在教育过程中多种因素相互联系,相互交织在一起,互相影响,互相起作用,人们一般只凭经验去观察其因果关系或相互关系,因而往往无法确切地弄清哪些因素是真正的原因,哪些因素起主导作用。教育实验可借助于科学的手段,根据研究目的,提出假设,设计方案,严格控制无关变量的影响,科学地操纵实验变量和测量工具,使实验变量与因变量之间的关系明确地显示出来,即把研究对象的某种属性或联系,以纯粹的形式呈现出来。由此可见,教育实验也是一种纯化和简化的教育过程,是一种在特殊情境下的教育过程。

---

[1] 参见《教育辞典》,上海教育出版社1990年版。

四、教育实验与其他研究方法

(一) 教育实验与历史研究和教育调查

教育实验是纵向研究,是旨在探索"未发生情况"的研究。历史研究是从某种教育现象的发生、发展、变化过程进行纵向的系统研究。它为了解现状和预测未来而把思考、记载、分析、解释过去的事实作为主要过程。它通过对人类过去的教育思想、教育实践的分析,去认识和揭示教育发展的规律,它是属于描述"过去发生情况"的研究方法。教育调查是旨在探明"现在发生情况"的研究,它把记述、分析、解释现状作为重点,它要弄清与教育相关的各种因素,以及教育的倾向性,在大多数情况下是横向进行的,而非在整个时期内进行。但实验一般是纵向的,尽管时间可能很短,但自变量与因变量两者总有时间的先后顺序,即自变量在前,因变量在后。教育实验探索"未发生情况"在本质上是求新,是针对未知,追求发现;针对现状,追求发展。它将新思想、新方法付诸教育实践,旨在填补前人留下的空白或开拓新的领域。

(二) 教育实验与教育观察

教育实验和教育观察都离不开观察这样一种基本活动,但两者重要的区别在于:教育观察是自然状态下的观察,教育实验则是控制了条件的、特殊状态下的观察。观察虽然常常是纵贯地进行,但一般不能控制外部因素对因变量的影响,也不能精确地测量因变量的变化。一般的教育观察没有干预或再造教育环境,是在自然状态下进行的,而教育实验是在控制了条件的特殊状态下的观察,它可以使我们观察到自然条件下观察不到或不易观察到的情况,发现纯粹的观察所不能发现的新事实。

(三) 教育实验与溯因研究

由于受到道德上和法律上的制约,有些教育现象是不能用实验的方法去研究的,如,中学生早恋研究,学生成绩下降的研究,学生身体素质减弱的研究,青少年犯罪研究等是不能用实验法去研究的,但可以用溯因法去研究。溯因法是事实发生过后,从事探讨与这一事实有关的先在因素的一种研究法。实验法与溯因法的主要区别是:(1)实验法是由因追果,溯因法则是由果追因。(2)在实验法中,研究者可以操纵自变量;在溯因法中,研究者是不能操纵自变量的。

第二节 教育实验的效度与控制

一、教育实验的效度

实验效度是指一个实验的有效性,它是衡量教育实验成败优劣的关键性质量指标。美国的坎贝尔和斯坦利在1963年把教育实验效度分为内部效度和外部效度两类。①

(一) 内部效度

内部效度是指实验者所操纵的实验变量对因变量所造成的影响的真正程度。影响教育实验的内部效度的因素有八种：

1. 历史（或同时事件）

是指除了实验变量之外，一些未经控制的因素会介入周期较长的实验过程，引起实验结果的变化。例如，教育工作者想试验一种新的数学教学法，显然，实验变量是新数学教学方法，实验处理后，紧接着测验学生数学成绩。在实验过程中，部分参加实验的学生同时参加课外数学兴趣小组学习，这一"同时事件"可能和新的教学方法同时发生作用而混淆实验结果，如果学生的数学水平有所提高，也许并非单纯由新的数学教学方法所导致。一般说来，实验的时间越长，实验处理外的其他事件的影响可能性就越大。

2. 成熟

指在实验期间，实验对象的身心发生变化也会影响实验变量对因变量的作用。例如，实验对象在实验期间变得更成熟、健壮、疲劳、饥饿、分心、没兴趣等，这些改变会影响实验结果。若以小学低年级学生作为实验对象，测验的时候，由于学生身心成熟程度低，施测60分钟后，因疲劳而令成绩下降。在这种情形下，实验变量对因变量的影响程度如何，不容易分辨。再如，教育工作者是要试验一种新的阅读方法的效果，在一年的新的阅读方法教学过程中，实验对象因年龄增长而在认知能力方面的自然发展和成熟或词汇的自然增长，都可能干扰实验处理的效果，所以阅读能力的提高，就难以单纯归因于新的阅读教学法。

3. 测验

指前测的暗示对实验因变量的影响。有些教育实验，为了比较实验前后的情况，往往在实验处理之前进行测验（称"前测"），但前测的经验，却常常有助于实验处理之后的测验（称"后测"）分数的提高，尤其是前、后测的题型基本相同时。这是因为实验对象在经过前测之后，会熟悉测验的技巧和题型。所以，即使没有实验处理的效果，也可能因前测经验的影响，而导致后测分数的提高。

4. 工具

指测量手段对实验因变量的影响。实验的测量工具（如试卷、仪器等）、测量主持者、评判者（如评卷人员）的不同或不一致，都可能使测量的标准不统一，从而影响测量结果的准确性，使实验处理作用的效果被混淆。例如，如果教育实验的实验班和对照班的测量主持者和评判者分别以不同的标准和测量工具对自己班进行测量，那么，这两种测量的结果是不能加以比较的。因为"工具"的差异可能会造成两个班成绩的差异，则两个班的成绩的差异不一定是由实验处理所导致的。

---

① Campbell, D. T. & Stanley, J. C. (1963), *Experimental and Quasi-Experimental Designs for Research*, p.5.

5. 统计回归

在有前、后测的教育实验中,若以极端分数(高或低)的学生为对象,就容易产生统计回归现象,从而使实验结果难以解释。所谓统计回归现象,是指某次测验中成绩特别高或特别低的学生,不管是否接受实验处理,均可能使第二次测量的成绩向团体平均数回归。即高分组的学生在第二次测量时,其分数由于向平均数回归而有降低的趋势;低分组的学生,其分数却有升高的趋势。例如,我们如果选择一些阅读测验分数极低的学生进行教学实验,经过一段时间实验后,再以相同或相似的阅读测验测量他们的阅读能力,由于统计回归现象,这些受试者的分数会有升高的趋势。如以阅读测验分数最高的学生作实验对象,其分数则会有降低的现象。这种统计回归现象很容易混淆实验处理对因变量的效果。

6. 差异的选择

所选择的两组或几组受试者,在未受实验处理之前,本来各方面的能力就有所偏差或不相等,那么实验结果的差异,就不能说是单纯由实验处理所造成的。例如,进行英语教学实验,在实验方案要实施之前,实验组的学生的英语基础就明显地高于对照组的学生,在实施实验方案后,测量的结果如果显示实验组成绩显著高于对照组成绩,这种差异可能并非完全由实验处理所造成,而是实验组和对照组原来的英语基础的差异所导致。所以,在采用两组或多组的实验中,实验者必须考虑不同组别实验对象在各项特质上是否一样。如果组别之间实验对象的特质不一样,实验效果可能是原来实验组之间所存在的差异,而非实验处理的结果。我国当前有的教育研究人员在教育实验中往往忽略"差异的选择"这一因素,如,有的实验在实验对象的选择问题上,不是按随机抽样、均等分组之原则,而是实验的学校挑最好的学校,实验班挑最好的班级,实验教师也配备最好的教师,这种实验对象的优化选择,所得到的实验结果一般较满意,把这满意的结果解释为是实验处理所造成的,显然不科学。

7. 实验对象的流失

实验对象在实验期间的流失,如择校、转学、迁居、退学、死亡等,则可能使实验结果难以解释。例如,研究者随机分派两组小学一年级新生进行某一新课程的新方法教学实验,假定实验一年期间,不少智力低的学生从实验组退出,而控制组却无此现象,实验结果如发现实验组成绩优于控制组,此结果很可能不是因实验处理所造成,而是因实验组多数低能力的学生中途退出实验而导致。当实验组和控制组有不同比例的实验对象退出实验时,就会导致结果的偏差。

8. 选择与成熟的交互作用,选择与历史的交互作用,等等

上述七项因素的彼此交互作用,是影响内部效度的另一个因素。例如,实验者要试验某种心理教育方法的效果,于是分别选择一组心理正常的学生和一组心理异常的学生做实验,两组实验前的条件本来就不同,这是"差异的选择"因素;实验处理后,异常组学生发生了自然恢复,正常组学生则无,这是"成熟"因素。这两种因素的交互作用,干扰了实验的效果。这是"选择与成熟的交互作用"因素影响了实验的内部效度。

（二）外部效度

外部效度是指实验结果的概括性和代表性。具体说来，就是指实验结果是否可推论到实验对象以外的其他受试者或实验情境以外的其他情境。一个实验越能实现这个目的，就表示该实验越有良好的外部效度。

坎贝尔和斯坦利认为，有四个因素影响实验的外部效度：

1. 测验的反作用或交互作用效果

测验的反作用指前测对后测的作用；测验的交互作用，指前测与后测的交互作用。有前测经验造成后测成绩好。在有前测和后测的实验设计中，前测的经验往往会限制研究结果的推论性。因为，由于实验对象对实验处理具有敏感性，平常情境下未曾注意到的问题或现象，这时变得更加敏感和警觉，以至实验效果可能部分来自于前测的实验所产生的敏感性。例如，教育管理人员欲了解一周政治理论学习对学生政治理论学习的态度改变的效果。学习之前，如先测量学生对政治理论的态度，则由于这一测验经验的影响，学生在一周的学习期间，特别集中注意学习和前测经验有关的问题和内容，结果导致测验成绩有很大的改变。这种改变可能是前测所产生的敏感性和政治理论学习的交互作用结果（因为前测使学生对政治理论的学习更加引起警觉和重视），但在没有前测的实验情境下的一周的政治理论学习，可能就不会有这样好的测验成绩。因此，前测的实验结果，只能推论到有前测经验的情境，而不能推论到其他没有前测经验的团体中去。

2. 选择偏差与实验变量的交互作用效果

当我们选取一些具有独特心理素质的实验对象做实验时，选择偏差与实验变量的交互作用效果就容易产生，因为这些独特的心理素质有利于对实验处理造成较佳的反应。例如，如果选择一些具有高智力的学生进行启发式教学和传输式教学比较，实验结果发现前种教学法优于后种教学法。但这一结果不能推论到实验以外的其他一般的学生中去。因为选择参加实验的对象具有高智力的独特心理素质（选择偏差），他们比低智力的学生更能从启发教学法（实验变量）中获益。如果将这种结果随意推论到智力一般或较低的学生，显然会造成推论的错误。

3. 实验安排的反作用效果

由于实验情境的安排，实验对象知道自己正在被观察或正在参加实验，他所表现出来的行为，自然而然地与他不知道正在被观察或不是参加实验时，有很大不同。这时，他们往往为投实验者之所好，可能改变正常的行为方式，努力表现实验者所期望的行为，以获得实验者的欢悦。但他们在非实验情境中的表现，可能与此完全不一样。例如，学生知道自己被选择在参加一项新的教学方法的实验，因而在实验期间表现出比平时更高的兴趣和动机，更大的学习主动性和积极性，结果使实验效果产生很大的改变。由此可见，在实验情况下所得的结果，可能和自然情境下的结果大不相同，这就是为什么教育实验结果常不能适用于日常教育情境的原因。

实验安排的反作用效果，也可看作是"霍桑效应"。在我国开展的教育实验亦有这种现象，如，我们有些实验常常指定实验班和实验教师并大力宣传动员，使参加实验的师生有清晰的实验意识，知道自己在搞实验，这样，实验对象自然会情绪高涨,干劲倍增。这样的实验结果,就不能推广到其他一般的教育情境中去。所以,在教育实验中,我们必须巧妙地选择和安排好教育实验的情境,尽量减少"霍桑效应"。

4. 多重实验处理的干扰

当同样的受试者重复接受两种或多种的实验处理时,由于前面的处理通常不易完全消失,以致几项实验处理间会相互产生干扰的作用。因此,这种实验的结果,只能推广到类似这种重复实验处理的情境。例如,试验集中学习法、分散学习法、整体学习法和部分学习法的效率时,让每位受试者重复采用这四种学习方法,如果发现其中的整体学习法效果最好,研究者并不能将这种结果推论到仅仅接受一种整体学习法的处理情境,因为整体学习法之所以取得良好的效果,可能是和其他三种方法共同交互作用的结果[1]。

美国教育实验研究专家布拉切特和格拉斯(Bracht C. H. & Glass C. V.)于1968年发表《实验的外部效度》,对实验的外部效度的性质作了区分,提出了两种性质的外部效度:总体效度和生态效度。

总体效度是指实验的结果能推论到何种总体。实验结果可以从实验样本推论到既定总体。例如,从一个特定的学区随机抽取100名小学生进行活动教学的实验,实验结果显示活动教学法比常规教学法效果为佳。这一实验结果,一般只能推广到作为样本来源的总体,即那个特定的学区。布拉切特和格拉斯称这一有限群体为"实验切近总体"。如果样本是随机抽样的,实验结果就完全可以推论到"实验切近总体"。有时我们想把实验结果从"实验切近总体"进一步推广到更大的群体,如上例,进一步推广到全国的小学生,"全国小学生"这一更大群体称为"目标总体"。但如果作这样的推广,就需要比较"实验切近总体"与"目标总体"之间的相同程度。如果"实验切近总体"与"目标总体"的重要特征相类似,那么,由"实验切近总体"推广到"目标总体"也是可以的。

生态效度是指一种情境或条件下的实验结果推广到其他情境或条件的程度。如果实验结果受实验情境或条件限制,那么它的推广也要受到同样的限制。要提高生态效度,应注意如下问题:(1)应完整地描述实验所涉及的操作和实验背景。(2)推广实验结果时应考虑实验安排,尽量减少"霍桑效应"。(3)应考虑变量的代表性。(4)避免相互作用的效果影响,如前测提高实验对象的敏感性,其所获结果就难以推广到无前测的总体。(5)测量工具的影响[2]。

二、教育实验的控制

要提高教育实验的效度,必须重视教育实验控制。控制是教育实验的核心和精髓,没有控制,就谈不上实验的科学性。

---

[1] 李方编著:《现代教育科学研究方法》,广东高等教育出版社1989年版,第198页。
[2] 张定璋:《教育实验科学化的几个认识问题》,《教育研究》,1995年第2期;张武升:《教育实验评价问题探讨》,《教育研究与实验》,1990年第2期。

（一）教育实验控制的内容

开展教育实验，实验者要操纵和控制的是什么？是实验变量、无关变量和测量工具。控制这三方面内容的总原则是"最大最小"。具体说来是：(1)使实验变量发生的变化差异最大，以便于比较分析；(2)使无关变量干扰实验结果的程度最小，从而提高实验的内部效度；(3)使测量工具误差最小，从而提高实验效果测量的准确性。

上述(2)和(3)是控制非实验因素。非实验因素又可分为恒性非实验因素和变性非实验因素两种。恒性非实验因素是在实验过程中恒定地影响实验效果的因素，如整体实验中实验者的偏向、技能的好坏、变量界定的不明确、测量手段的不统一、"学习迁移"和多重处理的干扰等均属恒性非实验因素。在实验中对这些因素应进行有效的控制，使这些非实验因素尽可能互相一致。变性非实验因素是指在实验过程中变性地影响着实验结果的因素。如学习环境、学生身体状况、学生学习态度、学生情绪、教师心境等，这些非实验因素是随机发生，不易控制的。[①]

上述实验控制内容是从"事件"的角度阐述实验控制问题的。然而，如果从"人"的角度看，教育实验控制的内容是相当复杂的，首先表现在学生方面。学生是教育实验的对象，但实验者对学生是不能随意控制的。学生是活的机体，是教育对象，不能像做自然科学实验那样，对同一班学生进行反复实验，也不允许用学生进行风险性实验，让学生中出"废品"。同时，教育实验既是实验操作和实验观察的过程，又是对学生进行教育的过程。实验控制不能机械地进行，在实验过程中必须不断地作出调整。因此，一贯性的控制难以实施。此外，学生来源的复杂性，也可能导致实验控制内容的复杂化。

教育实验控制内容的复杂性还表现在实验教师方面。教育实验离不开教师的参与，教师在教育实验中所扮演的角色是影响实验结果的重要因素之一，必须对教师在教育实验中的角色进行有效的控制。在不同的实验情境中，实验教师的角色地位是不同的。有时，与一般教师一样，实验教师也是教育者。有时教师是一个实验的研究者，有时教师又是一个实验者，有时还成为实验对象。作为研究者和实验者的教师，应具备科研工作者的起码素质，同时应懂一点教育科研的基础知识，初步掌握从事实验设计、统计、测量的技术，以便于科学地控制实验过程。作为实验对象的教师，应树立正确的实验观，懂得实验参与者的职责是检验实验变量的性能，而非确保实验变量的高效，因而要善于进入实验角色，自觉地保护实验情境的自然状态或控制状态。由此可见，教师既是实验过程的主动控制者，又是实验过程的被控制者，教师在教育实验中所扮演的角色的复杂性，导致来自教师方面的控制内容也是相当复杂的。

上述分析说明，教育实验控制由于师生方面的复杂因素，其控制过程和内容要比自然科学实验的控制过程和内容复杂得多，艰难得多。正因为如此，显示出教育实验控制的特殊性。

---

① 王汉澜、王德如:《教育研究》,1990 年第 7 期。

（二）教育实验控制的方法

教育实验控制方法的思路是：对实验变量进行严格的界定，有效的操纵和运作。对无关变量和测量工具，则采用平衡对消法进行控制，即用综合平衡的方式使非实验因素对实验结果的影响保持平衡，从而互相抵消。

1. 实验变量的发现与操纵

要开展教育实验，其实验变量的发现和提炼是关键。在教育研究中，对变量的发现与提炼往往来自日常的观察或研究过程中对关键因素的敏感与体察。例如：

> 在一项关于大面积提高初中生数学成绩的经验筛选研究中，研究者发现一个反常现象：一位经验丰富的教师所教出来的学生成绩，竟然大不如另一所总体水平相当的初中学校中一位年轻教师教出来的学生成绩高。于是返回去重新调查，发现在这位年轻教师的班上，学生的数学练习本只有一本，而另一位资历较深的教师是按传统两本练习本交替使用。年轻教师的班上，练习本必须当天批改，这样可以及时了解学生对当天所学知识技能的掌握情况。如果个别学生存在问题，教师通过个别面批、指导的方式，帮助他们学懂学会；如果多数学生掌握情况不好，那么下一堂课，就先解决前面的问题。于是研究者推断：教师和学生及时了解教学结果的信息，随时反馈调节，这就是他的教学业绩高于另一位教师的关键所在。为了探明这一假设的原因，研究者将"效果回授（反馈）"作为实验研究的自变量，并设计相应的实验开展研究。

实验者对实验变量的操作和具体处理，就是所谓控制实验变量。控制时，要令其有系统的变化，而且变化的差异要尽可能大。例如，要研究时间（自变量）与遗忘（因变量）的关系，"时间"是实验变量，实验者怎样控制"时间"？正确的控制方法是：时间的选择应采用1，3，5，7，9，11等日期的变化顺序，而不宜采用1，2，3，4，5，6，7，8等小时的变化顺序，因为后者变化差异太小，所产生的效果不易辨别。又如，以教学方法作为实验变量时，则两种（或两种以上）教学方法应有显著的不同，实验效果才便于比较。譬如，要试验教学中启发式教学法的效果，比较组（即控制组）应采用直讲式教学法，而不应采用提问式或暗示式教学法。因为，直讲式与启发式差异明显，而提问式或暗示式均与启发式有相似之处，若采用后两种方法，效果不容易比较。此外，控制实验变量还可以理解为：(1)对实验因子进行明确界定，并写出操作性定义，令其重复不走样，推广不失实；(2)实验者严格地按预先界定的实验变量的含义和要求去实施。如，实验"启、读、练"综合教学法时，实验者对这种方法做出明确的界定，如"启"是指学生学习遇到困难时及时启发；"读"是指教师指导学生阅读课本；"练"是让学生单独地做作业和练习。做实验时，如果能严格地按上述界定和要求进行教学，就是对实验变量"启、读、练"的控制。

2. 控制无关变量的方法

无关变量是指实验变量之外一切可能影响实验结果的变量，包括外部干扰的变量和中介变量。控制的方法有排除法、纳入法、物理法、随机法、配对法、测选法等。

(1) 排除法

在实验设计时，预先将可能影响结果的变量，排除于实验条件之外，使自变量简化。如，在试验启发式教学法和演讲式教学法的优劣时，如果认为智力因素会影响结果，则只选高智力学生为实验变量(或只选中等智力生或只选低智力生为实验变量)，这样智力因素对实验结果的影响就被排除了。同样，如果认为性别因素对实验有影响，则可采用单一性别(如只用男生或只用女生为实验变量)，这样，性别因素对实验结果的影响可排除掉。

排除法能很有效地控制无关变量，但所得的实验结果缺乏普遍的推论性。例如，只用男生为研究对象，将来结果就不适用于女生。因此，在实验设计时，排除法并不常用。

(2) 纳入法

把影响实验结果的某种(或某些)因素也当作自变量来处理，将其纳入实验设计中，成为多因子实验设计。这样，不但可以收到控制之效，而且还可以进一步了解变量间的交互作用的结果。例如，上例中，可将智力因素分为高、中、低三个层次纳入设计中，这时，原设计就变成为 2(教学法)×3(智力)×2(性别)的三因子实验设计。

(3) 物理法

实验情境的控制常用物理控制法。物理控制法就是注意实验情境的物理条件是否保持恒定，以及实验的记录是否客观一致等物理性因素的控制。

(4) 随机法

随机控制法是将参与实验的受试者以随机分派的方式，分为实验组与控制组或各种不同的实验组。在实际使用时，随机分派法可分为两个步骤：第一步是用随机的方法将参加实验的所有学生进行均等分组；第二步是再以随机的方法决定哪一组为实验组，哪一组为控制组。随机控制的方法，虽然在事实上未必各方面都完全相等，但理论上他们相等的机会是比较多的。

(5) 配对法

运用配对法的目的主要是使实验组和控制组在一些重要条件上相等或接近，从而控制无关因素对实验结果的影响。具体要求是：①根据实验控制的目的和要求，将实验对象中有关条件相等或接近者，分配在一起，组成对子。②将对子一组一个分派给实验组和控制组。配对法的关键是配对的特征和条件，因此配对时应考虑以学生的什么特征作为配对的条件。假定实验因子是教法，无关因素可能有智力、基础成绩、非智力因素(态度、积极性等)、性别等，研究者应以欲控制的无关因素为配对条件。诚然，配对的条件越多，则越难配对，但若不全面考虑各种因素，则可能因某些因素不作为配对条件而成为未能控制的无关因素而影响实验结果。例如，要在初二年级 200 名学生中抽取 30 名学生分成两组，试验两种新的语文教学方法。拟控制学生的基础成绩及勤奋程度这两个无关因素对实验结果的影响,可用配对法。具体做法是:①将200名学生按他们平时的勤奋程度分为上、中、下三类。考察学生的学习勤奋程度可请班主任协助进行。②计算抽样比例,然后按比例计算出每类学生该抽取的大致人数(应为偶数)。③分别在这三类学生中按基础成绩配成对子。以同分者为对子,如果同分对子未达到每类应抽的对子数,则以分数接近者配对。④将各对子分派为两个实验组。分派对子时,要将不同分的对子,按成绩高低搭配分派,使两个实验组的基础成绩相等或接近。同时,也要考虑两个实验组的学生的其他特质(如性别、智力)尽可能相同或接近。

在理论上,配对后实验组和控制组的实验对象,在所据以配对的特质方面,可达到相等的程度。但在实际上是很难做到完全相等的,因为:首先,配对的变量若超过两个时,要找到几个变量同时相等的实验对象是十分困难的;其次,对于中介变量,如动机、态度等内在的因素,根本无法找到可靠的根据去进行配对。

配对法常与前测结合使用,一般先前测后配对。

(6) 测选法

测选法是把参加实验的对象于实验处理之前全部测量一下,然后根据测量的结果,予以合理的选择与分配。为了使各组均等而编制或采用的测验,必须合乎实验处理的要求。如,打算用两个组做实验,以比较两种数学教学方法的效果,那么所要测量的就是学生原有的数学水平。测量的结果出来后,就按分数高低的顺序排列好,然后再按排列顺序上的位置,用高低分搭配的方式把他们均等地分在各组里面。

3. 控制测量工具的方法

根据实验的需要,科学地选择、编制和使用测量工具。无论是选用现成的测量工具还是自行编制测量工具,都要有较高的效度和信度。各种测量工具应正确使用,想方设法降低测量的误差。此外,还可以运用物理控制法,降低测量工具的误差。

综上所述,教育实验控制的内容、原则、方法列表如表6-1。

表6-1 教育实验控制的内容、原则和方法

内　　容	原则:"最大最小"	方　　法
实验变量 (实验因子)	变化差异最大。	① 选择差异最大的实验处理方法,以便于比较。 ② 明确界定实验变量并给出操作性定义,严格按预先界定的实验变量的含义去进行实验。
无关变量	干扰结果最小。	平衡对消法,如排除法、纳入法、物理法、随机法、配对法、测选法。
测量工具	误差最小。	① 平衡对消法。 ② 在选择或编制、使用等环节上,确保工具的效度和信度。

第三节 教育实验的设计与实施

一、教育实验的设计

教育实验设计是教育实验研究的思维架构和范型。它的意义在于给研究者提供如何控制变量,如何分析资料,可以获得怎样的结果,怎样分析实验的效度的一种构想、计划和策略。

(一) 符号

为了简明地表示各种教育研究设计的特征,下面的教育研究设计将用符号来表示。兹介绍教育实验设计的符号及其涵义:[1]

- X:表示研究者所操纵的实验变量,或称实验因子,亦可理解为实验处理。
- O:表示测量分数或观察结果,或评估结果。
- R:表示实验对象是随机选择和随机分派到各组的。
- 同一横行的 X 或 O:表示一个组。
- ············:表示由虚线所隔开的各组研究对象之间不相等。
- ─────:表示由实线所隔开的各组研究对象之间都相等。
- 由左到右:表示时间次序或先后。
- (　　　)(　　　):表示时间分隔,一个括号为一段时间。

必须指出,上述"组"是指一个群体,是一个抽象的概念,它既可以是几个人、十几个人的小组,也可理解为一个班组,乃至一所学校或一个实验区。所谓等组,是指研究者欲控制的无关变量或条件,在各组相等或非常接近。

(二) 模式

1. 我国常用的三类教育实验设计模式

(1) 单组轮换设计模式

$(O_1 X_1 O_2)(O_3 X_2 O_4)$　或

$O_1 X_1 O_2 X_2 O_3$

以上设计,是一组实验对象分期接受不同的实验处理。在整个实验过程中,其他条件保持不变。其步骤是:

① 以一组学生作为实验对象。

---

[1] 参阅 Campbell, D. T. & Stanley, J. C. (1963), *Experimental and Quasi-Experimental Designs for Research*. p. 6 以及 Kerlinger, F. N. (1973), *Foundations of Behavioral Research*. (2nd ed.). New York: Holt. Chap. 18。

② 在不同时间给该组学生分别施加两种实验处理,每一种实验处理均进行前测和后测。

③ 比较两种实验处理的效果。

现以例子说明上述第一个设计模式之运用:

做两种识字教学方法之比较实验,可用同一个教学班,分两段时间进行。在第一段时间,实验甲种方法,在实施甲种方法前进行一次测评(O_1),在实施甲种方法(X_1)后,再进行一次测评(O_2),用两次测评成绩作比较(O_2-O_1),即可得出甲种方法所产生的效果。在第二段时间,用同样办法把乙种方法(X_2)实验一次,得出乙种方法所产生的效果。最后,将这两种教学方法的效果加以比较,就可知道哪一种方法的效果比较好。如果要作量化分析,通常采用相关样本平均数差异的显著性检验($N>30$,用 Z 检验;$N<30$,用 t 检验)。

这种模式在内部效度方面的缺点是:实验结果可能受到"历史"、"测量工具"等因素的影响。在外部效度方面,缺点是"多重实验处理的干扰",即后一实验处理在实验对象中所产生的变化,可能受到前一实验处理的影响。

必须注意的是,如果两段实验时间相隔较长,如,第一个学期实验甲种方法,第二个学期实验乙种方法,两个学期之间相隔了一个假期,这种情况宜采用 $(O_1X_1O_2)(O_3X_2O_4)$ 模式。如果两段实验时间是连续的,或相隔较短,则应采用 $O_1X_1O_2X_2O_3$ 模式。这一模式中 O_2,既可作为 X_1 的后测,又可作为 X_2 的前测。效果比较式为:$(O_2-O_1)-(O_3-O_2)$。

(2) 等组设计模式

① $R \dfrac{XO_1}{O_2}$ ② $R \dfrac{X_1O_1}{X_2O_2}$ ③ $R \dfrac{\begin{array}{c}X_1O_1\\X_2O_2\\X_3O_3\end{array}}{}$ ④ $\dfrac{O_1XO_3}{O_2\ \ O_4}$

⑤ $\dfrac{O_1X_1O_3}{O_2X_2O_4}$ ⑥ $\dfrac{\begin{array}{c}O_1X_1O_4\\O_2X_2O_5\\O_3X_3O_6\end{array}}{}$ ⑦ $\dfrac{O_1XO_2}{O_3\ \ O_4}$(实验组)(控制组) $\dfrac{XO_5}{O_6}$(实验组)(控制组)

这类模式是采用两个或两个以上条件相等的组作为实验对象,其中设计①④是一个组进行实验处理,设计②③⑤⑥是各组同时分别进行不同的实验处理。

这类模式中的设计①②③是等组后测实验设计,设计④⑤⑥是等组前、后测实验设计。

设计①的实验步骤是:

● 用随机的方法(R),将实验对象分成条件相等的两个组,一组为实验组,一组为控制组。

● 实验组接受实验处理(X),而控制组则无。

● 实验处理后,两组都接受测评(O_1,O_2)。

● 比较两组实验结果(O_1-O_2)。

现以例子说明设计①的实际运用:

实验目的是:教师和学校领导交换意见的机会是否有助于提高教师的工作积

极性。在同一所学校随机抽取一些教师参加实验,其中一部分教师随机分派为实验组,另一部分为对照组(控制组)。实验开始时,实验组的教师每月均有两次机会和校长交换意见,商谈校务和教学事宜,对照组则无此机会。经过一年后,实验组和对照组的教师,都接受一项测量"教师工作积极性"的问卷调查。然后比较两组教师的工作积极性是否有显著差异。

这种设计在内部效度方面,对影响内部效度的八个因素均可控制,而在外部效度方面,可避免因前测所产生的"测验的反作用效果"。

设计②和设计③是在设计①的基础上设计出来的,其实施步骤略有不同。不同之处是增加了实验处理或实验组(对照组变成了实验组)。现以例子来说明设计③的运用:

实验目的是:分散时间复习与集中时间复习,两者效果,孰优?用随机的方法将初二年级某班学生分为条件相等的三个组作为实验对象,要求他们用同样的时间总量进行同样内容的复习。三组学生不同的只是复习时间分配方式不一样,第一组共花 180 分钟,全部集中于第一天;第二组共花 180 分钟,分散在第一至第三天,每天 60 分钟;第三组共花 180 分钟,分散在第一至第六天,每天 30 分钟。第七天进行统一测验,将三组学生成绩加以比较,即可求出哪一种时间处理对学生的复习效果较好。

设计④的实施步骤是:

● 将实验对象分成条件相等的两个组,一组为实验组,一组为控制组(分组的方法不作规定,既可用随机法,也可用其他方法)。
● 实验处理前,两组都接受测评(O_1,O_2)。
● 实验组接受实验处理(X),而控制组则无。
● 实验处理后,两组都接受测评(O_3,O_4)。
● 比较两组实验结果($O_3 - O_1$)-($O_4 - O_2$)。

现以例子说明设计④的实际运用:

某县教育局要试验新编的中学德育教材是否优于旧教材,于是,在一所中学选择(或分派)条件相等的两个班做实验。实验开始前,对这两个班的学生进行一项思想品德水平测评。然后,实验班使用新编的德育教材,而对照班仍使用旧教材。一个学期后,两班再接受一项思想品德水平测评。最后,比较新旧教材之优劣。

这种设计的内部效度较高,干扰实验结果的八个因素均可控制。但在外部效度方面,由于有前测,实验结果可能受到"测验的反作用或交互作用效果"因素的干扰,"实验安排的反作用效果"因素的干扰有时也可能产生。

设计⑤和设计⑥是在设计④的基础上设计出来的,其实施步骤略有不同,区别在于增加了实验处理或实验组,控制组变成了实验组。

设计⑦称为所罗门四等组设计。

这一设计实际上是上述等组前、后测设计和等组后测设计的综合,是由所罗门(Solomon,1949)首创,故称为所罗门四组设计(Solomon four groups designs)。

这种设计包含有两个实验组和两个控制组,四组受试者均由随机方法选择而来。其中,有两个组接受前测,两个组则无。实验处理后,四组均接受后测。

如果对实验效果作量化测定,可用相关样本或独立样本的 Z 检验或 t 检验($N>30$,用 Z 检验;$N<30$,用 t 检验)的方法,检验下列四种平均数的差异显著性:

① 第一组后测和前测平均数的差异($O_2 - O_1$)。
② 第一组和第二组后测平均数的差异($O_2 - O_4$)。
③ 第三组和第四组后测平均数的差异($O_5 - O_6$)。
④ 第一组、第二组前测平均数和第三组后测平均数的分别差异($O_5 - O_1$ 或 $O_5 - O_3$)。

如果上述四个差异的检验都获得一致性的效果,研究者将更有信心确定是实验处理产生了效果,因为这等于重复做了四次实验(若以有前测和无前测比较,则等于重复做了两次实验)。有关前测实验的单独效果之检验,可比较第二组和第四组后测平均数的差异($O_4 - O_6$)。

这种设计对影响内部效度的八个因素均可控制,而且,可以控制和测量前测的主要效果,也可以控制和测量前测与实验处理间的交互作用效果(通过第一组和第三组的比较),还可以测量"成熟"和"历史"的综合影响效果(根据第四组的后测平均数 O_6 和第一、二组的个别前测平均数 O_1、O_3 的比较)。可见,这种设计是最严谨控制的实验设计之一。

但是,由于有四个组,需要大量的样本,研究者须付出很大的代价,故缺乏实用性。因此,在一般的教育研究中,这种设计的应用并不广泛。

(3) 多组轮换设计模式

① $\dfrac{A\ (OX_1O)\ (OX_2O)}{B\ (OX_2O)\ (OX_1O)}$

② $\dfrac{A\ (OX_1O)(OX_2O)(OX_3O)}{\begin{array}{l}B\ (OX_2O)(OX_3O)(OX_1O)\\ C\ (OX_3O)(OX_1O)(OX_2O)\end{array}}$

设计①的一般实施步骤如下:
● 选择两组作为实验组,两组不必均等。
● 两组在第一个实验时间内进行前测,然后,分别接受两种不同实验处理中的一种。
● 两组在第一个实验时间内,进行实验处理以后的测评。
● 在第二个实验时间内,每组于实验处理之前均接受测验,然后,将用轮换方式,将实验处理分别呈现给各组实验对象,使每组都有机会接受每一种实验处理。每组实验处理后均接受测评。
● 比较各种实验处理的结果。

现以例子说明设计①的实际运用:

实验目的是:实验两种不同的强化方式对学习效果的影响。这两种不同的强化方式是:第一,固定时间的强化(X_1),即不管学生的学习成绩如何,只有等待某一特定时间到才"强化"。如,教师固定在每个学期的中段考后,才对学习优者表扬,对学习差者批评。第二,不固定时间的强化(X_2),即教师对学生的强化,没有固定的时间。如,教师经常对学习优者表扬,对学习差者批评。

根据这类模式中的设计①,我们选择若干名学生分为 A、B 两组(不必均等),在第一学期,A 组接受固定时间的强化,而 B 组则接受不固定时间的强化。在第二学期,B 组接受固定时间的强化,而 A 组则接受不固定时间的强化。在每个学期的实验前后,都分别对各组学生的学习成绩进行测评。最后,把这两种不同的强化方式与各自在各学期内所发生的变化的总和进行比较,即可知两种不同实验处理对学习效果之优劣。

这种设计在内部效度方面,除了可能产生"选择与成熟的交互作用效果"之外,其他七个影响内部效度的因素均可被控制。但"多重实验处理的干扰"、"测验的反作用效果"因素可能影响外部效度。

这类模式中的设计②增加了实验处理和实验组,其实施过程类推。

2. 其他类型教育实验设计模式

(1) 单组后测设计模式

$$X \quad O$$

这种设计的要求是,首先选择一些受试者作为研究对象,并给予一种实验处理,然后测评实验处理的效果。例如,为试验一种新的教学方法对学习成绩的影响,于是采用同一班学生实施这种教学方法,一个学期后,测验学生的学习成绩,并凭研究者主观的判断下结论说:这种教学方法有助于学习成绩的提高。这个结论可能是不正确的,因为,这种设计的内部效度甚差,如"历史"、"成熟"、"差异的选择"和"受试的流失"等因素可能干扰实验结果。总之,这种设计虽然简单易行,但因缺乏控制组和可比较的量数,许多因素会混淆结果。在一般的教育研究中,这种设计已甚少采用,不过,能认识其优缺点,对于从事更适当的实验设计是必要的。

(2) 单组前、后测设计模式

$$O_1 \quad X \quad O_2$$

这种设计的要求是:对受试者进行实验处理前的测评(O_1),然后给予受试者实验处理(X),再给予受试者一次测评(O_2)。最后比较效果,如果作量化分析,通常采用两个相关样本平均数差异的显著性的检验($N>30$,用 Z 检验;$N<30$,用 t 检验),以检验前后两次测验平均数的差异显著性。

这种研究设计的优点是:相同的受试者都接受前测和后测,"差异的选择"和"受试的流失"两因素即可被控制。缺点则是:实验效果可能受到"历史"、"成熟"、"工具"、"选择与成熟的交互作用"的干扰,可见其内部效度也很差。少用为宜。

(3) 单组相等时间样本设计模式

$$X_1O_1 \quad X_0O_2 \quad X_1O_3 \quad X_0O_4$$

这种设计是对一组受试者抽取两个相等的时间样本,在其中一个时间样本出现实验处理(X_1),另一个时间样本不出现实验处理(X_0),然后,比较这两段时间测评结果。例如,新的教学方法与传统的教学方法对同一班学生相间出现,看两段时间的学习成绩有无不同。

这种设计能完全控制影响内部效度的八个因素。缺点主要在外在效度方面,实验结果可能会受到"实验安排的反作用效果"、"选择的偏差与实验变量的交互作用"、"重复实验处理的干扰"等因素的影响。

这一设计也可用于只有一个受试者的情况。

(4) 单组纵贯时间系列设计模式

$$O_1 \quad O_2 \quad O_3 \quad O_4 \quad X \quad O_5 \quad O_6 \quad O_7 \quad O_8$$

使用这种设计时,研究者要对该组做周期性的一系列测评,并在测评的这一时间系列中间呈现实验变量(X),然后比较实验变量前后的一系列测评记录是否有显著差异。例如,研究者欲探索提高工人的教育水平是否会提高工厂的产量,于是从1月至6月,在每月月末,都把准备参加教育培训的工人的生产量记录起来,然后,从7月至12月,对工人进行某一项专门技术的教育培训,接着,继续记录从第二年的1月至6月的生产量,看看经培训后的1月至6月产量比培训前的7月至12月产量是否有显著增加。

这一设计在内部效度方面的缺点是:"历史"的因素可能对实验结果产生干扰。要补救这一缺点,最好多增加一个控制组,成为"多重纵贯时间系列设计"。除了"历史"因素外,影响内部效度的其他因素均可被控制。在外部效度方面,"测验的反作用或交互作用效果"未能控制,因此,其实验结果只能推论到重复测验的群体。好在利用学校里的学生做实验时,学生便是常常接受重复测验的团体,而研究者所要推论的对象也正好是学生。因此,这一缺点,对于在校学生而言,并非真正的缺点。

(5) 静态组比较设计模式

$$\begin{array}{cc} X & O_1 \\ \hline & O_2 \end{array}$$

这种设计要求选择一班学生作为实验组,另一班学生为控制组,给予实验组实验处理后,测评两班学生的成绩。如果统计分析,可采用两个独立样本平均数差异的显著性的检验($N>30$,用 Z 检验;$N<30$,用 t 检验)。

这种设计由于使用控制组比较,"历史"因素可被控制。如果两组年龄相同,也可能控制"成熟"因素。因在设计中没有前测,"测验"和"工具"两因素也易控制。但由于两组不是用随机抽取的办法而来,"差异的选择"、"选择与成熟"的因素可能会影响实验结果。因为有两个组,"受试者的流失"也可能干扰实验效果。

(6) 不相等控制组设计模式

$$\begin{array}{ccc} O_1 & X & O_2 \\ O_3 & & O_4 \end{array}$$

这种设计与静态比较设计相比,唯一不同之处是:这种设计两组都有前测。而与等组前、后测设计相比,区别则在于:这种设计不是采取随机方法分派受试者,所以实验组与控制组在各方面条件未必相等。

运用这种设计的一般步骤是：①以班级为单位，将班级随机分派为实验组和控制组；②对两组实施前测；③实验组接受实验处理，而控制组则否；④实验处理后，两组进行测评。

例如，研究者欲试验新编的《思想品德》课教材是否优于旧教材，故接洽一所学校做实验，结果这所学校不允许他采用随机方法从各班组中抽取学生，并随机分派到实验组和控制组，而只能提供六个原来班级，随机分派三班为实验组，另三班为控制组（显然，这种分派方式不能看作是随机分派，因为每一位学生并没有同等机会被分派到实验组或控制组。不过，在不能完全随机分派学生的情况下，以班级为单位随机分派也是一种可取的措施）。接着，研究者实施一项思想品德成就测验于两组受试者，然后，实验组使用新教材教学，一个学期后，两组再接受思想品德课成绩测评，则可比较新旧教材之优劣。

这种实验设计在教育研究中使用很普遍。

这种设计在内部效度方面，可以控制"历史"、"测验"、"成熟"、"测量的工具"、"受试的流失"等因素。由于有前测，"差异之选择"因素也可控制（如，可用共变量分析法控制某些特质方面的差异）。但由于没有采用完全随机方式分派受试者，故"选择与成熟"、"选择与同时事件"等的交互作用，会干扰实验效果。如果两组受试的选择不适当，"统计回归"也有可能产生。在外部效度方面，不能控制"测验的反作用或交互作用效果"、"选择偏差的交互作用效果"和"实验安排的反作用效果"等因素。

（三）方案

教育实验方案是开展教育实验的蓝图。实验控制的水平和实验效度的高低均可通过实验方案去分析评价。

1. 优良教育实验方案的标准

"标准"是教育实验方案设计的指南，只有明确优良教育实验方案的标准，才能明确方案设计的指导思想和目标，才有可能把教育实验方案设计好，达到实验的目的。

（1）能检验假设并切实可行

一个优良的教育实验方案，应适用于检验研究假设，并且必须是实验者可以实施的，即具有适用性。如果一个实验方案，只能给人观赏，而不能检验假设，实施不了，这种实验设计就是形式主义了。正如印度学者 Lokesh Kcul（1986）所说："设计首要的和最重要的标准是：应适用于检验研究的假说。如果设计不适用，那么研究结果也就不值得认真考虑了。一个设计良好的实验的重要标准是适用，而不是繁或简。因此，研究者应选择那种期望于能起到作用并能客观地安排实验条件以满足他的研究要求的设计。"[①]所以，设计实验方案时，首先考虑的是方案能否检验

---

① ［印度］Lokesh Koul：《教育研究的方法学》，VIKAS 出版社 1986 年版，第 444—445 页。转引自张定璋：《教育实验若干理论问题的思考》，《教育研究》，1990 年第 7 期。

实验假设和方案的实用价值,然后才考虑其他问题。要从研究目的和实际出发,考虑方案检验假设的程度,分析实施方案时实验对象、实验人员、实验设备、实验情境、实验时间等方面的可能性。

(2) 控制恰当

一个良好的教育实验方案,应该充分考虑实验的控制问题。控制是为了检验假设,达到研究目的而设计的,因此,控制是否恰当,应以通过控制而达到检验假设和研究目的的程度来衡量。自然实验或准实验,虽然它突出研究的适用性,从实际出发,符合教育现象复杂性的特点,适应教育对象的特殊性,重视研究过程的定性分析,在一定程度上是可以达到研究目的的,是有效的,但它不能算作优良的实验,因为它的控制较差,检验假设的水平较低。

(3) 效度高

实验效度是实验者所追求的,它是衡量实验设计科学性水平的一个重要指标。一个无效的或效度极低的实验是毫无意义的。实验的效度与实验的控制有关,一般说来,控制得好,效度就高。但两者不能等同,不能说没有控制就没有效度。许多教育实验是在自然状态下进行的,但仍有效度,只是效度较差,科学性水平较低罢了。因此,实验方案设计时,在考虑实验控制的基础上,应进一步分析实验的内部效度和外部效度,务必对实验结果的产生及其推广应用作出科学的解释和恰当的评价。

2. 教育实验方案的设计过程

教育实验方案的设计大致经历如下步骤:明确实验的研究目的和假设检验的内容,变量的分析,实验对象的选择,实验设计模式的确定,实验方案的撰写。

(1) 明确实验的研究目的和假设检验的内容

目的与假设是一个问题的两个方面。从问题探讨角度看,实验目的是整个教育实验的出发点和归宿,它对实验方案的设计具有导向作用。实验假设是引导我们收集资料的桥梁。明确假设检验的内容,才能有效地进行研究设计、收集资料、分析实验结果、验证假设,达成实验目的。一般说来,是先有目的,然后在目的之下提出假设,但是,有时也可以先有假设后有目的,因为在教育研究中有些问题也许早已有了假设,只是等待实验验证而已。例如,非智力因素对学生学习成绩的影响问题,早就假设学生的非智力因素与学习成绩有密切相关,只是等待教育实验去验证而已。因此,实验方案设计时,有时目的在前、假设在后,有时则反过来。

(2) 变量的分析

变量的分析步骤就是全面分析教育实验中涉及的实验自变量、无关变量和因变量。首先要明确实验的自变量和因变量。实验的因变量是随着实验目的的确定、假设的提出而明确的,比较复杂的是实验自变量的确定。确定实验自变量主要要抓住两个问题:一是实验自变量的个数。例如,要明确这个实验是单因子实验呢,还是多因子实验?如果提出的假设,认为导致结果的原因只有一个,则该实验为单因子实验,其他一切对结果有一定影响的因素可视为无关变量;如果提出的假设,认为导致结果的原因有两个或两个以上,则该实验为多因子实验,其他一切对结果有一定影响的因素均被视为无关变量。在多因子实验中,各个实验变量之间要有本质的区别和差异(即彼此独立)。第二是实验自变量的具体化,即在实验设计时,对实验自变量做出操作性定义,以便对自变量的操纵。

(3) 实验对象的选择

在实验对象的选择上,一般实验设计和准实验设计是有差异的。准实验设计是自然实验,它是对学校现有的班级在自然状态下进行实验,不对实验对象作随机抽取和随机分派。可见,准实验的实验对象的选择非常简易。一般实验设计控制程度较高,实验对象的选择,要充分考虑对无关变量的控制。方法可采用随机法、配对法、测选法等。

(4) 实验设计模式的确定

教育实验的设计模式颇多,如上文所述,我国最常用的是单组轮换设计、等组设计和多组轮换设计三类,应从实际出发去确定设计模式。

(5) 实验方案的撰写

一份完整的教育实验方案(或称计划),一般由如下几部分组成:

① 实验的背景、目的和假设;
② 有关变量的界定;
③ 实验对象;
④ 实验方法;
⑤ 实验的观测指标,实验资料的收集和处理;
⑥ 实验的组织工作;
⑦ 主要参考文献等。

各部分的撰写,应简明扼要,具体可行,并注意科学性和规范化。

二、教育实验的实施

(一) 实验前的准备工作

教育实验实施之前主要做好理论研习、方案设计、环境布置、设备和测量工具的准备等方面的工作。理论研习是基础,实验前务必深入研习与教育实验课题有关的理论,弄清实验课题所涉及的重要概念和名词并进行界定。要分析实验课题各种变量的关系,在思想上建立实验的理论架构,明辨实验的背景、意义、目的和方向,提高自觉性,避免盲目性。方案设计是在理论思考的基础上进行的,设计要从实际出发,周密细致。特别是要充分考虑师生各方面的因素,尽可能实行一定条件的控制。要把方案设计的思考变成书面的东西,写出实验计划。如果需要教师配合,则应预先组织教师学习和训练,令其熟悉实验计划的实验操作规程,以便按要求开展教育实验。教育实验一般在学校班级里进行,实验在哪一个教室进行,对教室的环境布置有何要求,要事先有所准备。教育实验设置如录像机、录音机、记录表格、钟表、投影仪、放像机等,如果需要,应事先选定并检查和准备好。有些实验测量工具可以采用别人的,如智力量表等,有些则需要自行编制,如考核学生成绩的试题等。无论是采用专家编制的量表,还是自行编制的试题,都应考虑测验的目标与实验的目的是否一致,考虑测量工具的信度、效度、难度和区分度。

(二)实验方案的实施

做好充分的准备,教育实验即可按计划开始实施。实验方案的实施,主要抓好实验自变量的操作,无关变量的控制和测量工具的使用等三项内容。实验活动的开展,一般应严格按实验方案进行,不应随意更改实验程序和实验措施。

(三)实验资料的搜集和整理分析

实验资料包括实验实施过程中观察、谈话、测量所得的信息,如观察和谈话记录,测验分数等。对检验假设有用的资料都要搜集。搜集时,记录要客观、准确,还要考虑资料的可靠性。资料的整理与分析,既可定量统计,也可定性描述,按一定的统计程序和分析思路进行。在整理和分析资料的基础上,把实验结果简明扼要地表述出来。

(四)实验结果的验证

检验教育实验结果的准确性和可靠性,有如下几种方法:(1)从实验程序上检验,包括审核设计、抽样、分组、控制等工作。全面地考察整个实验的过程,检查实施过程的各个环节。一般说来,实验设计科学、程序正确,所得到的结果就可靠。(2)用实验系数进行检验[①]。(3)与其他有关的已确立的有关定理、定论对照进行验证。如果相一致,就证明此结果和结论是可靠的,否则就值得怀疑。(4)用重复实验来检验。这种方法是另行抽样,改变实验对象,进行重复实验。重复实验的结果若与原实验结果相符合或差别不大,就证明实验可靠。

> **探究与操作**
>
> 1. 教育实验有哪些基本特征?教育实验与教育试验、与教育过程有何联系与区别?教育实验与自然科学的实验有何异同?学校综合实验和整体实验能否运用实验法加以研究?
>
> 2. 搜集20世纪90年代我国教育学术界关于教育实验的争鸣文章,思考并讨论:"教育实验只能是准实验吗?"
>
> 3. 试分析下表所列的实验设计的效度,你认为是可控制的因素,在相应的表格内写上"＋"号,不能控制的因素或受影响的因素,写上"－"号,弄不清则不写。

---

① 李秉德主编:《教育科学研究方法》,人民教育出版社1987年版。

实验设计	内部效度							外部效度				
	历史	成熟	测量的工具	统计回归	差异的选择	实验对象的流失	选择与成熟的交互作用等	测验的反作用效果	选择偏差与实验变量的交互作用效果	实验安排的反作用效果	多重实验处理的干扰	效果分析
（例） $\dfrac{O_1 \; X O_2}{O_3 \quad O_4}$ $O_1 \; X O_2$	−	−	−	−	+	+	−	−	−	−		$O_2 - O_1$
$O_1 O_2 O_3 O_4 X O_5 O_6 O_7 O_8$												
$\dfrac{X O_1}{O_2}$												
$R \dfrac{O_1 \; X O_3}{O_2 \quad O_4}$												

拓展性阅读材料

1. （美）梅雷迪斯·D·高尔等著,许庆豫等译:《教育研究方法导论》（第六版）,江苏教育出版社 2002 年版,第十二章"实验设计:第一部分"、第十三章"实验设计:第二部分"。

2. 杨小微主编:《教育研究的理论与方法》,北京师范大学出版社 2008 年版,第 6 章"教育实验研究"。

主要参考文献

1. 李秉德主编:《教育科学研究方法》,人民教育出版社 1987 年版。
2. 郝德元、周谦编译:《教育科学研究方法》,教育科学出版社 1990 年版。
3. 李方著:《教育管理技术基础》,广东高等教育出版社 1999 年版。
4. 李方编著:《现代教育科学研究方法》,广东高等教育出版社 1989 年版。
5. 郭生玉著:《心理与教育研究法》,台湾精华书局 1986 年版。
6. 杨国枢等著:《社会及行为科学研究法》,台湾东华书局 1984 年版。
7. Campbell, D. T. & Stanley, J. C. (1963), *Experimental and Quasi-Experimental Designs for Research*. Boston: Houghton Mifflin Co., 1963.
8. Kerlinger, F. N. (1973), *Foundations of Behavioral Research* (2nd ed.), New York: Holt, Rinehart and Winston.

第七章
教育测量法

学习目标

了解教育测量的分类、尺度,理解教育测量的质量指标,掌握编制教育测量工具(试题)的基本方法。

内容提要

在教育活动中,常常需要通过教育测量法来了解研究对象的特征,最为常见的就是通过出试题来测量学生的学业水平。要让测量取得更为理想的效果,就需要理解教育测量法的规范要求。在本章中,首先介绍了教育测量的含义、类型及其所用的尺度,然后阐释了对教育测量自身的质量予以衡量的几个指标:信度、效度、难度、区分度,最后介绍了编制教育测量工具(试题)的几个基本环节和每个环节的要求。

重要概念和术语

尺度　信度　效度　难度　区分度　试题编制

每个学期的期中与期末,某校都与五个兄弟学校合作,分别由一个英语教研组给一个年级出一份试卷,用于这六所学校的学生考试,然后据此衡量自己学校的英语教学水平,并与其他学校进行横向比较。其中,有两个班级的平均分一直比较接近,但学校一定要在两者之间区分出高下。于是,有的教师就在考虑:

每个教研组出试卷时的方法科学吗?出试题需要遵守哪些规范?

用这些试卷考出的分数真的可信吗?

它们衡量出的分数差别究竟有没有反映出学生学业水平的真实差异?为什么?

类似的问题,几乎每位教育研究者(包括一线的教师和学校领导)都会碰到。这是因为,从事教育研究,必须收集大量资料。收集资料的方法很多,其中测量就是收集资料的重要方法之一。研究者要顺利地进行资料的收集工作,必须掌握测量的工具与技术。此外,研究者对教育现象的测量的设计与实施,是以研究教育现象为基础和前提的,因此,测量教育现象的过程也是研究教育现象的过程。教育测量也是教育调查研究的一种手段。

第一节 教育测量概述

一、教育测量的概念

教育测量是指根据某种规则和尺度,把所观察到的教育现象或教育对象的属性予以数量化的活动过程。

我们给教育测量所作的这一定义,受美国的史蒂芬斯(Stevens, S., 1951)关于测量定义的启发。他认为,广义说来,测量是根据法则而分派数字于物体或事件之上的。这个定义简要地指出了测量的基本性质。它包含三个要素:(1)事物及其属性;(2)数字或符号;(3)法则。

教育测量和教育评价是既有区别又有联系的两个概念。教育评价是指根据一定的教育目标,运用科学的手段,判断教育现象价值的一种活动过程。教育评价是建立在教育测量的基础上的。教育测量的目标在于探明教育对象或现象的量的多少,而教育评价的目标则在于通过对教育事实的了解,进而求得对成绩的肯定以及对缺点的改进;教育测量重在获得事实和量的测定,而教育评价则重在解释事实,作出价值判断。由此可见,教育测量是教育评价的手段,教育评价则是教育测量的目的。

教育测量的历史源远流长。我国自汉代以前就有了测量活动。隋唐以后的科举考试方法,曾处于世界领先地位。古希腊也有关于教师考核的记载。现代教育测量萌芽于19世纪末。1864年,英国的菲舍尔(Fisher, G.)编成世界上第一个成绩量表。尔后,美国的来斯(Rice)积极提倡教育测量,并于1895—1905年间编制了算术、拼字、语言等测验。与此同时,教育测量运动迅速兴起,各种客观标准化教育测量纷纷出现,著名的有法国比纳(Binet, A.)、西蒙(Simon, T.)1905年编制的智力测量。1909年,被称为教育测量鼻祖的美国教育心理学家桑代克运用统计学上的"等距原理",发明了编制量表的单位,编成了《书法量表》、《拼字量表》、《作文量表》、《图画量表》等标准测量工具,使教育测量走上科学化的道路,推动了教育测量的迅速发展。从此以后,各种学业成绩测验、智力测验、能力倾向测验、诊断测验、人格测验等客观标准化教育测量迅速兴起。

测量的作用很广泛,在教育科学研究方面,其主要作用有:

一是选拔学生。通过考试,把学生的学业成就进行量化,为选拔人才提供一定程度上的科学的客观的依据,有利于择优录取。

二是检查教育或教学目标贯彻的情况。通过测量,可以把学生德、智、体各方面的成绩与教育或教学目标进行比较,从而检查教育或教学目标的贯彻情况。

三是诊断。通过测验,可以诊断学生的优缺点,了解学生学习上的困难,解释成绩不良的原因。

四是鼓励和鞭策。通过测量,给教师的教和学生的学提供了反馈信息,使师生看到教育和教学上的成绩和存在的问题,对师生双方都有鼓励和促进的作用,也有利于改进教的方法和学的方法。

五是升级、编班与分组。学校内部的学生的升级、编班与分组,常以学生的测验成绩作为依据,这样便于管理和教学。

六是指导就业。进行智力和能力倾向测验,以决定被试适宜从事哪些职业。

七是预测。通过预测测验(如智力测验、能力倾向测验),可以推测某人在某方面未来成功的可能性。

二、教育测量的种类

教育测量的种类很多,以不同的目的、方法和范围而区分为不同类型。

(一) 根据测验的人数分类

1. 个别测验

在同一时间之内只能测量一个人。例如陆志韦的订正比纳-西蒙智力测验就是一种个别测验。

2. 团体测验

这类测验可以同时测试许多人。教育测量一般都是团体测验。一部分智力测验也是团体测验。

(二) 根据测验的对象分类

1. 智力测验

智力测验的目的在于测量智慧的高低。最早的是比纳-西蒙量表(Binet - Simon Scale,1905),共有 30 个题目,由浅到深排列,以通过题数的多少作为鉴别智力高低的标准。1908 年,比纳和西蒙发表了修订后的量表。这次修订的要点是:增加测验项目至 59 个,测验题目按年龄分组,组别自 3 岁至 13 岁,采用智力年龄(Meantal Age)的方法计算成绩。这是第一个年龄量表。1916 年,美国心理学家推孟(Terman, L. M.)发表了斯坦福-比纳量表。这个量表共有 90 个项目,其中 51 个是比纳量表中所有的,其余是新编制的。适用范围是 3—14 岁,另有普通成人和优秀成人两组。这个量表有 1937 年、1960 年和 1972 年的三次修订版。推孟最大的贡献是推广德国心理学家斯腾(Stern, W.)所发明的智力商数(Intelligence Quotient,或称 IQ)来表示儿童的聪明程度:凡智力商数为 90 到 110 的是中等程度;智力商数在 110 以上的是聪明儿童;智力商数在 90 以下的是愚笨的儿童。智力商数等于智力年龄除以实际年龄再乘以 100。

智力年龄(智龄)就是儿童在智力测验上所得的分数。求智龄的方法很简单,如斯坦福-比纳量表(简称 S-B 或斯-比量表)中,自 5 岁组至 14 岁组每组有 6 个测题,答对每个测题得智龄 2 个月。例如,一个儿童如完全通过了 5 岁组的测题(5 岁以下各组的测题不必进行,就算通过了),6 岁组 5 个测题,7 岁组 4 个测题,8 岁组及9岁组的测题都没有通过(9岁以上各组的测题就不必进行了),其智龄的求法是:5岁组得智龄5年,6岁组得智龄10个月,7岁组得智龄8个月,共计6年6个月。这个儿童的智龄就是6岁6个月。

20世纪30年代以后,美国心理学家韦克斯勒(Wechsler, D.)采用离差智商(Deviation IQ)表示测值,这种方法是根据常态分布将测得的分数换算为标准分数,然后在均数为100,标准差为15的常态分布中确定其位置。其基本原理是:把每个年龄阶段儿童的智力分布看作常态分布,某个儿童的智力高低视其与同年龄儿童智力分布的均数的离差大小而定。

2. 能力倾向测验

能力倾向是指可能发展的潜在能力,主要指特殊的潜在能力。测验的目的,是根据所测得的分数,预测接受训练后在知识或技能上达到的程度,预测将来可能达到的能力的水平。能力倾向测验分为两种:一种是特殊能力倾向测验,目的在于测量特殊的才能。智力测验大多是测量个人的一般能力,而能力倾向测验所测量的是个人的特殊能力,如音乐、画画、机械、文书等能力。另一种是综合能力倾向测验,这种测验是测量个人多种特殊的潜在能力。测验的结果,是采用多个分数来表示个人多方面的能力。这种测验的目的是测定个人各种能力的高低、偏向、优缺点,以便根据结果进行教育指导。

3. 成就测验或称学业成绩测验

成就测验的目的是测量学习或训练后的效果。测量的内容以学习内容为依据。

4. 人格测验

人格测验的目的在于测量儿童的兴趣、态度、情绪、需要、动机、性格等。

(三) 根据测验材料的形式分类

1. 文字测验

凡测验内容完全是文字的材料,或者大部分是文字材料的,都称为文字测验。大部分的教育测验和智力测验,都是文字测验。

2. 非文字测验

这种测验以非文字为测验材料,包括图形、物体或仪器等。测验时虽然有时主试者也可以作口头说明,但不需要受试者使用文字作答,不受文化因素的影响,也可以通过受试者的实际工作来测定能力。这种测验适用于年幼儿童、文盲和不同语言的受试者。

(四) 根据测验结果的解释分类

1. 常模参照测验

这种测验是在较大群体范围内取样的基础上,以常模为参照点来解释测验分数。常模参照就是把一个学生的测验成绩与同一学校同一班组或一个地方的同一个年级、甚至全国的同年级的成绩进行比较。例如,解释一个人的测验分数,看他在常模(总体平均数)之上或之下有多远的位置。这里,常模作为比较的标准。因此,常模取样必须能够代表总体。如果样本能代表总体,该样本就是标准化的样本。而按照标准化样本算出的平均数,即常模,则作为解释测验分数的参照点。

2. 标准参照测验

标准参照测验,指测验的结果是根据教学之前所制订的完成课题范围的客观标准而加以解释的。目的是了解学生能做什么,哪些已掌握,哪些还不懂,而不是与他人的成绩作比较。它是把学生的分数与一个固定的标准联系起来判断学习的质量的。

(五) 根据测验目的分类

1. 诊断性测验

这种测验是在教学过程的开始进行的,目的是了解学生的学习基础、某方面的特殊优点和缺点,发现学生的困难之处,作为改进教学方法、进行补救教育的依据或实施新方案的依据。

2. 形成性测验

这种测验是在教学过程中,随时采用内容简短而独特的测验,评价学生进步的情况。目的是不断提供给教师和学生一些学习成功或失败的反馈信息。这种反馈信息能强化学生的学习行为,指导其改正学习上的错误;也可使教师改进教学方法。由于测验内容简短而独特,故评价结果一般不给予评分。这种测验主要是用以了解一项新课程的实验或教育计划在实施过程中需要改进的地方。

3. 总结性测验

总结性测验是在教学的单元或课程结束后所进行的一种测验。测验后一般都需要给予成绩(分数)。这种测验的目的,在于确定教学目标是否达到。故适用于评价一项新的教育计划、教育方法和课程改革的有效性。

(六) 根据测验的功用分类

1. 预测测验

预测测验用于推测某人在某方面未来成功的可能性。智力测验、能力倾向测验就属于此类。

2. 普通测验

普通测验用于考查一个人或一个年级学生在某方面的大概程度。

3. 难度测验

难度测验用于测量被试的程度高低。它的时间限制的标准通常是 95% 的被试都有做完测验的机会,试题由易到难排列,以测量被试解决难题的最高能力。

4. 速度测验

速度测验用于测量被试做作业的快慢,它的测题难度相等,但严格限制时间,看规定的时间内能完成几道试题。

三、教育测量的尺度

教育测量有四种类型的量尺：类别量尺、等级量尺、等距量尺、比率量尺。

（一）类别量尺或名称量尺

测量上最简单的数值化的形式是分类，在这里，根据法则指派给事物某一类别特征的数字或其他标志，仅是符号或称呼，没有任何数量大小的含义。例如区分性别的符号，男生用Ⅰ表示，女生用Ⅱ表示。这些数字的特征，仅具有作为符号或标志的区别，没有序列性（顺序关系）、等距性、可加性，只能在每一类别中计算次数。因此，它所适用的统计属于次数的统计。例如，百分比、列联相关、χ^2检验。

（二）等级量尺或位次量尺

测量的等级标准按事物的大小、轻重等特征依次排列，进行分类和比较，或者依次划分为等第。它所标志的是测量某一类别的顺序关系，这类测量的数值具有等级性和序列性的特点。例如，把一个人的工作能力划分为：优、中、差，同时相应地用数字3，2，1来表示。在这种情况下，数值3，2，1之间的距离（或单位）不相等，不能作加、减、乘、除运算。它所能运用的统计有中位数、百分位数、等级相关系数等。在测量智力、能力倾向、人格成绩时，测验分数常使用等级量尺。

（三）等距量尺

等距量尺具有类别和等级尺的特征。此外，它还要求连续数量之间的差距相等。例如，以等距尺度测量四个物体，分别得值为8，6，5和3，那么，我们便可以说第一个和第三个物体的属性间的差异（8－5＝3）等于第二个和第四个物体间的差异（6－3＝3）。可见等距量尺的间隔可以用来加减。

等距量尺上的数值只能作加减运算，不能作乘除运算，因为等距量尺并没有绝对的零点。此种量尺的起点是任意选择的，没有真正零点。如得零分的学生并不表示他一点知识也不懂。等距量尺能最广泛地应用统计方法，如计算平均数、标准差、标准分数、相关系数和t、F检验等。

（四）比率量尺

比率量尺是测量的最高水平，也是科学家的理想量尺。除含有类别、等级和等距量尺的特征之外，还有绝对的零点，量尺上的单位是相等的，可以进行加、减、乘、除四则运算。在物理测量中使用比率量尺是普遍的。例如，绳子的长度，8米比4米长1倍。在教育测量中使用比率量尺有其特殊性和局限性。例如，智力的绝对零点是难以决定的，同时由于等距量尺对于大多数教育测量已经足够应用了，所以我们就不考虑发展用比率量尺作为教育测验的标准化记分尺度制度。它所适用的统计方法，除适用等距量尺的方法外，还可用几何平均数和相对差异量数。

上述四种量尺有高低层次之分，凡能采用最高层次量尺所测量的变量，通常也可用其他较低层次的量尺测量;反之则不然。因为这四种量尺所收集到的资料不同,所以统计分析的方法也因之而异。同时,在运用上述量尺进行测量时,都有一定的局限性和缺点。基于此,在测量时要慎重考虑:适合于哪一种量尺的测量,就要应用哪一种量尺。

第二节 教育测量的质量指标

教育测量的质量指标主要有信度、效度、难度和区分度。

一、信度

(一) 信度的概念

信度是测验所得分数的稳定性和可靠性。是指测量多次,测量的结果是一致的,而个人在数次接受同一测验时,获得的分数近似相同。几次测量的相关系数越高,信度越大。克林格(Kerlinger)说:"信度的同义词是:可信性、稳定性、一致性、可测量性、准确性。"[1]对于克林格关于信度涵义的解释,我们可以从两个方面去理解:

一是,当我们用同样的测量工具重复测量某一特征时,所得的结果是否相同?由此可知这一测量工具的可信性、一致性和可预测性。

二是,测量工具能否减少随机误差的影响,而提供某种测量个别差异程度的真实量数?由此可知测量结果的精确性。例如,一个运动员要比较新旧两支枪的准确性,两支枪经固定位置后,由同一个人对准靶射击,所得结果是旧枪的弹着点比较分散,而新枪的弹着点比较集中,后者比前者的差异小而准确,亦即后者的信度高而前者的信度低。[2] 教育测量的情形也相似。

(二) 信度的类型

1. 重测信度

在不同的时间使用同一份试卷,对同一集体的受试者进行重复测验,所得到的两组考试分数之间的相关系数,即为重测信度系数。这种信度表示两次测验结果有无变动,反映测验分数的稳定程度,故又叫稳定系数。

重测信度的优点在于提供有关测验结果是否随时间而变异的资料,作为预测受试者将来行为表现的依据,其缺点是易受练习和记忆的影响,以及两次间隔时间中其他偶发因素的影响。如果相隔时间太短,则记忆犹新,练习的影响仍大,使第二次考试更容易,往往造成假性的高相关;如果相隔时间太长,受试者本身的知识

---

[1] Kerlinger, F. N. (1973), *Foundations of Behavioral Research* (2nd ed.), New York: Holt, Rinehart and Winston, p. 404.

[2] Ibid, p. 404, p. 405.

和能力以及学习经验较之第一次考试时已有所发展或变化,这些因素足以改变测验分数的意义,而使相关降低,因此在实践中人们尽量不去使用这种信度系数。

2. 复本信度

同一集体的学生在几乎同时进行的、质量相等的两份试卷的两次考试分数之间的相关系数,即为复本信度系数。

复本测验要求两份试卷在内容、形式、数量、难度、区分度等方面都相等。复本测验可避免上述重复测验的缺点。但事实上我们很难单凭经验编出两套质量完全相等的考卷,也无法对同一集体的受试者同时进行两次测验。

3. 分半信度

将一个测验分为质量相等的两部分并同时进行测验,这两部分测验分数的相关系数就叫分半信度系数。

有些测验或考试(如高考)只能用一种测验,对一组被试测试一次,不能进行重测。对这一测试结果的信度的测定常用分半信度。这里所说的"分半"实际上是针对最后统计分数而言的,在考试实施过程中,考卷还是一份。考试结束后,将这一份试卷分为质量相等的两部分统计考分,因而在同一次考试中每一个考生都有两个分数。这里,问题的关键,是如何把一份试卷分为质量相等的两个测验呢?一个有效的办法,是将试题按内容、类型分类,对同一内容、同一类型的题目按难易顺序排列,然后将题号为奇数的试题得分归为一个测验,题号为偶数的试题得分归为一个测验,再分别求出总分。使用这样的"奇偶法"要注意的一个问题是,一份考卷无论总题数还是每一内容、类型的题都应力求是偶数,这样才有可能分半。

当求得奇、偶两部分考试分数后,可用积差相关公式计算分半信度系数:

$$r_{hh} = \frac{\sum(X_{奇} - \overline{X}_{奇})(X_{偶} - \overline{X}_{偶})}{N \cdot S_{奇} \cdot S_{偶}} \quad (7.1)$$

式中:r_{hh} 为分半信度系数;$X_{奇}$ 为题号为奇数的所得分数;$\overline{X}_{奇}$ 为题号为奇数的所得平均分数;$X_{偶}$ 为题号为偶数的所得分数;$\overline{X}_{偶}$ 为题号为偶数的所得平均分数;$S_{奇}$ 为题号为奇数的所得分数的标准差;$S_{偶}$ 为题号为偶数的所得分数的标准差;N 为考生数。

由于将一份试卷分为两半,实际上是将一个测验变为两个长度仅为原测验1/2的测验。我们知道,在其他条件相等的情况下,测验愈长愈可靠。上述公式在两个仅为原测验长度1/2的测验中求信度系数,因而不能真正反映我们所要的"全长度"测验的信度。因此,对于上述求出的分半信度系数,还必须使用斯皮尔曼-布朗(Spearman-Brown)公式(简称斯-布公式)加以校正,借以估计整个测验的信度:

$$r_{xx} = \frac{2r_{hh}}{1 + r_{hh}} \quad (7.2)$$

式中:r_{xx} 表示矫正后的"全长度"测验信度系数;r_{hh} 表示矫正前的分半测验信度系数。

分半信度又称为内部一致性系数,可说明受试者对两半内容反应的一致性程度,优点是简便易行。

当我们采用"斯-布公式"时,必须假定两半之间在平均数、标准差、分布的形态以及内容上都类似。如果缺乏这些条件,整个测验的信度估计就要有误差。下面两个公式就无须两分半测验分数的变异性相等。

弗拉南根(Flanagan)公式:

$$r_{xx} = 2\left(1 - \frac{S_a^2 + S_b^2}{S^2}\right) \tag{7.3}$$

式中:S_a^2 和 S_b^2 分别表示两分半测验分数的方差;S^2 为整个测验的总分方差。

卢氏(Rulon)公式:

$$r_{xx} = 1 - \frac{S_d^2}{S^2} \tag{7.4}$$

式中:S_d^2 为两分半测验分数之差的方差;S^2 为整个测验的总分方差。

4. 库信度

一个测验划分两半的方法是多种多样的,而每一种划分方法都能产生微小差别的 r_{xx} 估计量。应用项目统计量可以避免由于任意两分半而产生的偏差。

库德(Kuder, G. F.)和李查逊(Richardson, M. W.)在1937年设计了一种分析项目间一致性以估计信度的方法,最常用的是库-李20号公式(Kuder-Richardson Formula20, K-R₂₀):

$$r_{KR_{20}} = \frac{n}{n-1}\left(1 - \frac{\sum pq}{S^2}\right) \tag{7.5}$$

式中:n 表示整个测验的题数;$\sum pq$ 表示整个测验中每题答对与答错百分比乘积之总和;S^2 是测验总分的方差。

如果测验难度相近,则可用库-李21号公式(K-R₂₁):

$$r_{KR_{21}} = \frac{n}{n-1}\left(\frac{S^2 - n\overline{pq}}{S^2}\right) \tag{7.6}$$

式中:$\overline{p}$ 为各项目 p 的平均数;$\overline{q}$ 为各项目 q 的平均数;n 表示整个测验的题数。

5. α 信度系数

库-李公式适用于客观题(即答案只有两种可能的题,如答对一题得2分,答错为0分),但有不少测验是既有客观题,又有主观题(即答案有多种可能的题),如果是这样,就必须采用克朗巴赫(Cronbach)1951年所创的公式。这个公式就是所谓的 α 系数:

$$\alpha = \frac{n}{n-1}\left(1 - \frac{\sum S_i^2}{S^2}\right) \tag{7.7}$$

式中：α为信度系数；n为试题总数；S^2 为测验总分的方差；S_i^2 是第 i 道题的方差。$i=1,2,\cdots,n$，即是每一个测验题目的方差。

α 系数是用与 $K-R_{20}$ 类似的公式计算的，只是以 $\sum S_i^2$ 代替 $\sum pq$ 罢了。

公式中的 S^2 由于题型不同而求法有异。对于主观试题，则：

$$S_i^2 = \frac{\sum(X_i - \overline{X}_i)^2}{n} \qquad (7.8)$$

式中：X_i 为第 i 道题的原始分数；$\overline{X}_i$ 为第 i 道题的平均分；n 为考生人数。

如果是客观题目，则用公式 7.9：

$$S_i^2 = p_i q_i \qquad (7.9)$$

式中：p_i 为第 i 道题的通过率；q_i 为第 i 道题的未通过率。

6. 评分者信度

评分者信度的检验方法，是从测验卷中抽取一些样本，单独由两位评分者在每份测验卷上评分，然后根据他们评的分数求相关。两者的相关系数，就是评分者信度。这种信度所说明的误差来源为评分者间的评分差异。

二、效度

（一）效度的概念

效度是测量的准确性和有效性，也就是测量的结果与所要达到的目标两者之间相符合的程度。测量的效度与测量的目标有密切关系，效度就是指测验本身所能达到目标的有效程度。对某一目标准确而有效的测验，对其他目标就不一定准确而有效。一个测验所测得的结果必须符合该测验的目的，才能成为正确而有效的工具。一个测验所要测量的是被测者的某种比较稳定的水平，而不是其他方面的水平。例如，历史课测量考生对历史知识的理解与掌握水平，而不是测量考生的语文水平。如果历史测量的试题过多地牵涉到语文知识，考生分数的高低，过多地受到语文程度高低的影响，那么这个历史课的测验的效度就极低。

（二）效度的类型

美国心理学会在 1974 年出版的《教育与心理测量的标准》一书将测量的效度分为三大类：[①] 内容效度（Content Validity）、效标关联效度（Criterion-related Validity）和结构效度（Construct Validity）。

1. 内容效度

内容效度是指测验题目在多大程度上概括了所要测量的整个内容，也就是内容的代表性。它用测验内容与预定要测的内容之间的一致性程度表示。

---

① American Psychological Association (1974), *Standards for Educational and Psychological Test*, Washington, D. C：Author. pp. 25—48.

在教育测量中,预定要测的内容主要是教学大纲、教科书中规定的教学内容,它包括要求学生掌握的基础知识及应具备的一般能力。看一个测验是否具有较好的内容效度,关键在于测验内容是否较好地反映了预定要测的内容。因此测验题目的取样必须有代表性,即能够代表预定要测的内容。

为了使测验具有较高的内容效度,在设计一个内容参照测验(或称为标准参照测验)时,首先必须明确考试的范围和这一范围所包含的内容,然后确定各部分内容的比例,从而保证测验内容所具有的代表性;其次是将测验内容与教学内容和规定的教学目标进行分析对照,看看前者在多大程度上体现了后者,若教学内容规定的教学目标基本上能体现在测验中,则可推断这个测验具有较高的内容效度。

要评价一个测验的内容效度,一般根据课程的内容和教学目标进行认真分析,做出具体规定,审查测验内容与课程内容和规定的教学目标的一致性,以此来作为内容效度指标。由于这种分析实质上是一个逻辑分析和比较的过程,因而也称之为逻辑效度或课程效度。

2. 效标关联效度

效度是由两个量数之间的关系决定的,一种是测量到的量数,另一种是作为参照标准用的量数,后者就是效度标准(简称效标)。效标是用来衡量测验效度的尺度。要选择适当的效标是不容易的。选用何种效标,则须视测验的种类不同而有区别。测量到的量数和效标之间的相关系数称为效度系数。效度系数越大,测验的效度越高。效标关联效度就是指测验的分数与效标之间的相关程度。各种测验所采用的效标,有些是属于现时可以获得的资料,另有一些资料则须待将来才能搜集到,所以效标关联效度又分为同时效度(Concurrent Validity)和预测效度(Predictive Validity)两种。

同时效度指测验分数与当前的效标资料之间的相关程度。这种效度常用的效标资料包括在校现存的学生成绩、教师评定的等第、其他同性质测量的结果等。例如,智力测验的效度检定,可选用学生成绩或教师评定等级作为效标,计算测验分数与这些效标之间的相关系数。建立同时效度的目的是估计或诊断目前的实际情况。同时效度通常与心理特征的评估和诊断有关。

预测效度是指测验分数与将来的效标资料之间的相关程度。常用的效标资料包括专业训练的成绩与实际工作的成绩等。例如,对受试者实施某一能力倾向测量,而后再对他们的工作成绩进行考核,计算出某一能力倾向的测验分数与工作成绩的相关系数,就可以从能力倾向测验成绩预测工作成绩。

计算效标关联效度系数一般采用积差相关公式。

3. 结构效度

内容效度和效标关联效度所关心的是测验结果的实际用途。如内容效度旨在确定测验分数说明学习成就的程度如何,而效标关联效度旨在确定测验分数预测未来成就的程度如何。此外,我们还需要确定测验分数所能说明的意义是什么。这一问题是结构效度所关心的。所谓结构效度,就是指测验能够测量到理论上的结构和特质的程度。换言之,就是指测验分数能够依据某种理论构念加以解释的程度。结构(或称构念)是某种理论所涉及的抽象而属假设性的概念、特性或变量,例如,智力、焦虑、机械能力倾向、成就、动机等。

结构效度确定的方法大体上是这样的:(1)先从某一结构理论出发,导出各项关于功能或行为的基本假设,提出可检验的变量与其他变量间关系的预测。(2)据此编制测验,从事实证性的研究,以验证上述的预测(假设),可采用由果溯因,以及相关、实验和因素分析等方法。(3)查核测验结果是否符合理论上的见解,如果上述的预测(假设)成立,测验的效度就获得支持;反之,如果预测(假设)不成立,不是效度有问题,就是理论有问题,或两者都有问题。现举一个例子来说明:从现代智力理论,可以推论出四项主要功能上的假设:(1)智力随年龄而增长;(2)智力与学业成就有密切的关系;(3)智商是相对稳定的;(4)智力受遗传的影响。于是针对智力的心理功能,根据上述假设编制智力测验,而后对测验实施所得资料加以分析,如果测验分数随年龄而增加,智力与学业成就之间确有相关存在,智商在一段时间内保持相对的稳定性,同卵双生子的智力之相关高于一般兄弟或姐妹,那么,这些实际研究的结果就成为肯定这一测验结构效度的有力证据。由此可见,结构效度的检验方法,并没有单一的适当方法,它需要从许多种不同的资料来源中逐渐累积证据。

三、难度

在测验编制过程中,信度和效度的分析研究通常是从个别试题开始的,试题分析的目标是对测验的信度和效度加以改进。试题的分析过程主要是考察其难度和区分度。试题的难度和区分度是评价试题是否优良的两个重要指标。

难度是指试题的难易程度。客观题难度的计算公式为:

$$P = \frac{R}{N} \tag{7.10}$$

式中:P 为难度指标;R 为通过试题的人数;N 为总人数。

由此可见,P 值越大,说明通过这道题的人数越多,题目越易;P 值越小,说明通过这道题的人数越少,题目越难。如果一道题的 P 值太大,即大部分学生都能通过,则这道题对于鉴别考生的实际水平无多大意义;同理,P 值太小,大部分考生都不能通过,这道题对于鉴别考生的实际水平也没有意义。一般来说,质量优良的试题难度必须适中。当然,由于考试目的的不同,各种考试对试题难度也各有要求。

在实际中,很多考试不但采用客观题,而且也采用主观题,对于主观试题,其难度可用下列公式计算:

$$P = \frac{\overline{X}}{K} \tag{7.11}$$

式中:P 为难度指标;$\overline{X}$ 为某题平均分;K 为某题满分值。

此外,还可以用以下公式计算试题的难度:

$$\text{试卷的难度} = \text{试卷的平均分} / \text{卷面满分}$$

其中,试卷的平均分＝所取考生样本成绩的总和/样本量。

四、区分度

区分度是指试题对不同水平考生加以区分的能力。区分度高的试题,对被试者就有较高的鉴别力,好生得分高,差生得分低;区分度低的试题,好生与差生的得分无规律或差不多。一道题目的区分度是以考生在该道题目上的得分与他们的整份考卷上的分数之间的相关系数来表示的。以这种方法表示的区分度有一个理论假设,认为测试试卷作为一个总体能够反映出被测者的真实水平,全部试题的相互作用可使偶然误差抵消,因此,整份考卷测试的结果是可信的,但个别题目的得分容易受偶然误差因素的影响。

计算客观题的区分度,可用点二列相关作为计算公式:

$$r_{pb} = \frac{\overline{Y}_p - \overline{Y}_q}{S_y} \cdot \sqrt{pq} \tag{7.12}$$

式中:r_{pb} 表示点二列相关系数;$\overline{Y}_p$ 表示通过某道题的考生的整份考卷卷面分数的平均数;$\overline{Y}_q$ 表示未通过某道题的考生的整份考卷卷面分数的平均数;S_y 表示所有考生整份考卷卷面分数的标准差;p 为某道题的通过率;q 为某道题的未通过率。

此外,计算客观题的区分度,还有很多方法。最简单的是将所有考生的卷面分数进行高低排列,以分数较高的一半(或 1/3)的考生在某题上的答对比率减去较低一半(或 1/3)的考生的答对比率,即为某题的区分度。以公式表示如下:

$$D = P_h - P_L \tag{7.13}$$

式中:D 为某题的区分度;P_h 为高分组考生在某题上的通过率;P_L 为低分组考生在某题上的通过率。

D 值越大,说明高分组考生在某题上的通过率与低分组考生在某题上的通过率之差越大,该题的区分度也越高。

计算主观题的区分度,可用积差相关公式计算。

第三节 教育测量的工具

教育测量的工具包括试题、问卷、量表(含智能、体能、个性、情商等测验量表)。量表的编制或使用大多属心理测量的研究范畴,问卷的设计本书有专门的阐述,所以,本节仅阐述试题的编制。实际上,试题就是教育测量(主要是学业成绩测量)最主要的工具。命题要抓好如下几个基本环节。

一、教育测量目标的确定

教育测量目标是测量编制者所编制的测量所要达到的某种具体的目的,它明确规定测量所要达到的预期结果或标准。测量的目标是编制测量的出发点和依据。

测量目标的确定是以教育目标分类理论为基础的。自20世纪50年代以来,许多学者提出了各种不同的教育目标分类理论。影响较大的有美国的布卢姆(1956)、加涅(1971),日本的梶田叡又一(1983)等人,其中,布卢姆的教育目标分类理论是开创性的,在国际上影响最大。

美国的布卢姆于1948年开始致力于教育目标的分类研究,1956年公布了认知领域的目标分类体系。他把教育目标分为认知领域、情感领域和动作技能领域,再把认知领域分为知识、理解、应用、分析、综合和评价等六类。布氏的认知目标分类法一直被认为是测量目标分类的依据。我国目前许多测量的命题,均以布氏这个目标分类法为基础来确定测量的目标。布氏的认知目标分类法简述如下:

1. 知识

主要指记忆知识,对学过的知识和有关材料的识别和再现。这一目标要求学生做到:确认、定义、配对、指出名称、选择、默写、背诵、描述、标明、列举、说明等。

2. 理解

主要是对知识的掌握,能抓住事物的实质,把握材料的意义和中心思想。这一目标要求学生做到:了解事实与原理,解释文字资料,解释图表,转译文字资料为另一种资料形式,验证方法与过程,对所学的内容进行概述,举例说明所学过的问题等。

3. 应用

指把所学过的知识应用于新情境。这一目标要求学生做到:表现、列举、计算、设计、示范、运用、操作、解答实际问题等。如应用几何知识测量土地面积,应用意识对物质有能动的反作用原理去论述精神文明建设的重大意义,运用所学过的知识去解答实际问题,制作图表,设计模型,正确使用表现手法与过程等。

4. 分析

指能将知识进行分解,找出组成的要素,并分析其相互关系及组成原理。这一目标要求学生做到:能对事物进行具体分析、图示、叙述理由、举例说明、区别、指明、分开、再分;认出在推理上的逻辑错误;区别真正事实与推理,判断事实材料的相关性。例如,划分文章段落,写出段意及找出中心思想;指出一个实验中哪些是自变量,哪些是因变量等。

5. 综合

与分析相反,指把各个元素或部分组成新的整体。理解、应用和分析虽然也有将部分组合与重建的意思,但没有综合这样完整,综合更具独创性。这一目标要求学生做到:联合、组成、创造、计划、归纳、重建、重新安排、总结等。如写出一份结构完整的论文提纲,提出一份系统的实验计划或方案等。

6. 评价

指根据一定的标准对事物给予价值的判断。这一目标要求学生做到：比较分析、评价效果、分辨好坏、指出价值。如判断文艺作品成败之处，判断事件的真伪，判断一个调查的科学价值，判断某一实验结果的价值，判断解决问题的过程与方法的成败等。

布氏上述六类目标是有层次、有顺序的，知识是最低层次，是最基本的要求。其余依次是理解、应用、分析、综合、评价。评价为认知领域的最高层次，是前面五种目标的综合并增加了价值标准。这六类目标，由简单到复杂，由低级到高级依次排列。

1964年，布卢姆等人发表了《教育目标分类学：第二分册；情感学习领域》[1]。情感目标和技能目标的分类是由克拉斯弗（Krathwohl, D.）和哈罗（Harrow, A.）分别于1964年和1972年提出来的。他们的分类分别是，情感目标包括接受、反应、形成价值观念、组织价值体系、形成价值情结；技能目标包括观察、模仿、练习、适应。[2] 与认知领域目标一样，情感领域目标和技能领域目标都是由简单到复杂，由低级到高级依次排列。

但必须指出，虽然布卢姆在认知领域的教育目标分类比较成熟，但并不是完美无缺的。后来有实验研究证明：布氏的六个类别中的"分析"、"综合"是处于同一层次水平的类别。世界上一些专家也认为，布氏的"知识"、"理解"、"应用"的信度和效度都较高，而"分析"、"综合"、"评价"三个层次的信度和效度均不明显。近年来，我国教育工作者对教育目标分类理论也进行了探索。有的人认为，布氏提出的"分析"、"综合"，是解答一个综合问题的两个方面，这两方面往往同时出现在解决问题的过程中，很难人为地划分，因而可以合为一个层次。"评价"是在"分析"、"综合"的基础上提出见解，作出判断，具有一定的创造性。基于这种认识，可以把测验目标分为五个层次：知识、理解、应用、分析与综合、创造。[3] 总之，测验目标的分类可根据上述教育目标分类理论和实际需要，结合学科的特点，灵活确定。我国常见的测验目标分类在3—6类之间。例如，广东省自学考试命题要求目标分为"识记"、"理解"、"简单应用"、"综合应用"等四个类目和层次。这四个类目和层次的具体要求如下：

（1）识记　是认知能力的最低层次。它要求自学者通过学习，牢记、再现、再认，能准确地表述所学过的基本概念、基本原理和基本知识，并能说出它们的含义或具体内容。

（2）理解　是认知能力在识记的基础上进一步的层次。它要求自学者通过学习能够用自己的语言简述所学过的基本概念、基本原理，掌握有关概念、原理的区

---

[1] 张祖忻等编著：《教学设计：基本原理与方法》，上海外语教育出版社1992年版，第127页。
[2] 李秉德主编：《教学论》，人民教育出版社1995年版，第55页；张祖忻等编著：《教学设计：基本原理与方法》，上海外语教育出版社1992年版，第133—134页。
[3] 侯光文著：《教育测量与教学评价》，明天出版社1991年版，第79—85页。

别和联系,并能辨别或判断最基本的问题的真伪。

(3) 简单应用　是认知能力的较高层次。它要求自学者在识记、理解基本概念、基本原理的基础上,能够初步应用这些基本概念、基本原理进行推理和判断,分析和解决一般的理论问题和实际问题。

(4) 综合应用　是认知能力的最高层次。它要求自学者在识记、理解、简单应用的基础上,能够把学过的多个知识点综合运用到比较抽象、比较复杂的理论和现实中去分析、解决问题。

上述四个目标层次是递进关系,"理解"包括"识记","简单应用"包括"识记"和"理解","综合运用"包括"识记"、"理解"和"简单应用"。

二、教育测量题型的确定

测验的编制是在确定测验目标、选定测验题型和分析测验内容的基础上进行的。测验题型的确定是测验编制的重要环节。

(一) 题型的分类

题型可分为两大类,一类是封闭式,另一类是开放式。封闭式题型的答案是固定的,十分明确,评分客观、可靠。封闭式又可分为选择型和提供型。选择型的要求略低于提供型,前者只要求再认,而后者则要求再现。选择型又包括:是非题、配对题、选择题等,其中选择题又包括单项选择题和多项选择题,单项选择题又分为正误式和比较式。提供型包括:填空题、改错题、名词解释题、简答题。开放式题型正确答案的自由度比较大,由评卷者掌握,不能用机器阅卷。开放式题型包括:计算题、证明题、论述题、写作题、设计题、翻译题等。题型分类体系如图 7-1:

```
            ┌ 选择型 ┬ 是非题
            │        ├ 配对题
            │        └ 选择题 ┬ 单项选择题 ┬ 正误式
            │                 │            └ 比较式
   ┌ 封闭式 ┤                 └ 多项选择题
   │        │
   │        └ 提供型 ┬ 填空题
题型┤                ├ 改错题
   │                ├ 名词解释题
   │                └ 简答题
   │        ┌ 计算题
   │        ├ 证明题
   └ 开放式 ┼ 论述题
            ├ 写作题
            ├ 设计题
            └ 翻译题
```

图 7-1　题型分类体系

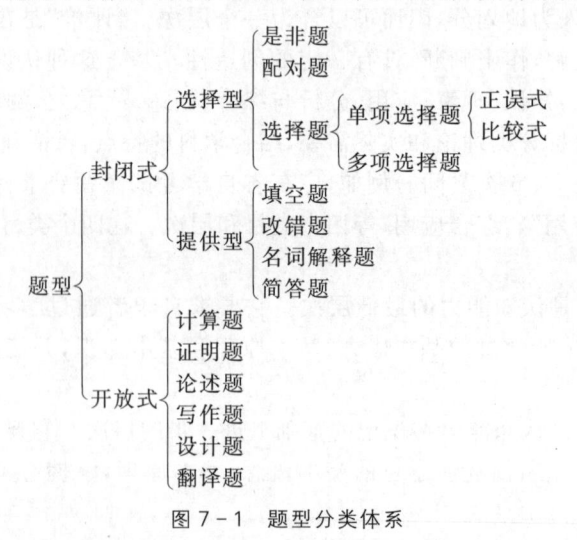

封闭式题型与开放式题型各有优劣,如表 7-1。

表 7-1 封闭式题型与开放式题型优劣比较[1]

	封闭式	开放式
信度	较高	较低
效度	较低	较高
覆盖面	较宽	较窄
陈述性知识	较适宜	较不适宜
程序性知识	较不适宜	较适宜
猜测可能性	测验时较大	测验前较大
常模的建立	较易	较难

(二) 较通用的题型

1. 是非题

它由一个陈述句构成,要求学生判断真或假,是或非,对或错,等等。其答案只有两种可能。它的主要功能是测量学生判断陈述句的正确性的能力。这些陈述句包括事实、术语的定义、原理的表述等。[2]

例题:一个半浮物体在液体中所受到的浮力等于它所排开液体的重量。(答案为:是)

是非题的优点是较易编写,适用于各学科测验,记分客观,取样范围较广,但它不适于测量较高层次的学习结果,学生答题猜测因素较大。

2. 配对题

配对题实际上是一种改造的选择题。它是把一系列的题干(称为前提)列成一列,把配备的选项列在另一列,即数个题干共同使用相同的几个选项,要求所有选项均构成为每一题干的似真项。这种试题的主要功能是测量学生对字词、事件、人物、地点、公式、原理等关系的识记能力和联结能力。它常用于测量和判断某些术语的意义,某些事件发生的时间、地点,人物所取得的成就,化学元素符号等记忆性知识。

例题:我国历史上若干战争的年代。[3]

① 中法战争　　　A. 1840 年
② 八国联军　　　B. 1900 年
③ 鸦片战争　　　C. 1883 年
④ 甲午战争　　　D. 1894 年

(答案为:① C　② B　③ A　④ D)

---

[1] 国家教委"高考题型功能"课题组编:《题型功能与考试命题》,江苏教育出版社 1992 年版,第 16 页。
[2] (美)格朗兰德著,郑军等译:《教学测量与评价》,河北教育出版社 1991 年版,第 83 页。
[3] 曾桂兴、张敏强编著:《现代教育测量方法》,广东教育出版社 1991 年版,第 76—77 页。

配对型能在极短的时间内测量大量相互关联的知识,也容易编制。但不适宜测量高层次的认知水平。

3. 选择题

选择题是由一个"题干"和几个"选项"所组成的试题,其功能是迷惑那些无法确定正确答案的考生,测量学生对问题的理解、再认、比较与辨别的能力,以及思维的敏捷性和准确的推断力。一般又可分为单项选择题和多项选择题。

(1) 单项选择题

单项选择题是一道试题中有几个可供选择的答案,要求考生只能从中选择一个答案。这种试题又可分为正误式和比较式两种。

① 正误式单项选择题

正误式单项选择题是一道试题有几个答案,其中只有一个是正确的,其余的都是错误的。

例:二面角是指
(A) 两个平面所组成的角
(B) 经过同一直线的两个平面所组成的图形
(C) 从一条直线出发的两个半平面所组成的图形
(D) 两个平面所夹的不大于 90°的角
(答案为:C)(1989 年广东省高考试题)

② 比较式单项选择题

比较式单项选择题是一道试题有几个答案,要求考生通过比较而作出最佳答案的选择。

例:用下面哪个作本文的标题最好?("本文"指丰子恺的散文《杨柳》,原文略)
(A) 杨柳 (B) 柳缘 (C) 我喜欢杨柳 (D) 杨柳风格赞
(答案为:A)(1988 年广东高考试题)

(2) 多项选择题

多项选择题是一道题有几个答案,要求考生作两项或两项以上的正确答案的选择。全选对才满分,否则零分。

例:下述关于汽车的功率的说法中,正确的是
(A) 当发动功率固定时,牵引力的大小一定与速率成反比例
(B) 功率越大的汽车牵引力一定越大
(C) 功率越小的汽车速率一定越小

(D) 在额定功率时,若牵引力等于阻力,汽车的功率就最大

(答案为:A、D)

(采自国家教委"高考题型功能"课题组编:《题型功能与考试命题》,江苏教育出版社1992年版,第135页)

选择题适合测试的内容较广,其组题方式灵活多变,可从不同角度对其分类。最常见的有八类:

(1) 辨识选择。常用于辨识字词的形音义、文化常识、公式定理、名词术语等。

(2) 阅读选择。前面给一段短文,后面提供备选答案,要求考生阅读后,选出正确的答项。

(3) 最佳选择。要求从几个备选答案中,通过比较,选择出最佳的答案来。

(4) 图解选择。将文字材料画成几幅示意图,要求选出符合文字材料所显示的情景或关系的示意图。

(5) 归类选择。列出一组事物,并将事物分成若干类,要求按一定标准选出归类正确的项。

(6) 承接选择。给定一个或几个待续的句子,然后列出几个承接句子,要求选出其中衔接恰当的承接句。

(7) 排序选择。将几个事物列出几种排列顺序,要求选出排列顺序正确的一种。

(8) 填空选择。在一句话中空缺一些字、词、句或标点,要求在备选的几种答案中选出恰当的填补项。

选择题评分客观、准确、省时。但是编制费时较多,且不大适宜测量学生的组织知识能力和表达能力。

4. 填空题

填空题的一般形式是提供一个留有空隙的不完整的陈述句子,要求考生将空缺的字、词、句补填下去。其主要功能是测量学生的记忆能力。

例:这篇文章写的是大河,但富有象征意义,它能使人联想到_____,它能激励人们_____。

(1988年上海市高考试题,原文略。)

常见的填空题有五种:

(1) 补省填空。列出句子,要求将其省略部分的字词补出。

(2) 默写填空。只写出开头和结尾句,留下中间部分,要求默写出来;或只以文字说明,指定默写的内容。

(3) 表格填空。将有关知识内容列成表格,要求按表格规定的项目关系进行填空。

(4) 排序填空。在一段课文中抽出若干句子,打乱次序,编上序号,要求将这些句子序号按顺序填在答案空格中。

(5) 语境填空。在一段文字中,空缺某些字句,要求根据上下文情境把空缺部分的字句填写出来。①

填空题取样广泛,可提高效度,避免学生乱猜,也容易编写,但容易造成学生死记硬背教材的现象。

5. 改错题

改错题提供有错误的陈述句子,要求考生在句子错误部分的下面画线,并将正确的答案写在线下面。这种题型的功能是测量学生的判断能力、记忆能力和理解能力,试题容易编制,可避免学生乱猜。但如果没有对考生的改错作出必要的限定,则会造成正确答案没法统一的情况。

6. 名词解释题

名词解释题提供重要的名词或概念,要求考生作出正确的解释。这种试题的主要功能是测量学生对一些重要术语、概念的掌握情况。命题简单,但容易导致学生死记硬背。

7. 简答题

简答题提供问题,要求考生对考题作出简要回答,它常常由一个直接问句或"不完全叙述句"构成。它的主要功能是测量考生对重要知识的记忆程度。适用于对一般知识层次学习结果的测量,有时也可测量考生解决问题的能力。优点是编写试题容易,不受猜测的影响;缺点是不能测量较复杂的学习结果和较高深层次的知识水平。

8. 计算题

计算题是在试题中提供计算条件,提出计算要求,要求考生计算结果,有时还要求作出解答。通常把求值、求解或化简作为目标,而且解答过程以计算为主。这种试题的主要功能是测量考生解决问题的思维能力以及对运算技巧的掌握程度。评分客观准确,但编题较难。

9. 论述题

论述题是向考生提出较为复杂的问题,要求作出分析、说明、解释、论证,或作出结论,或提出自己的观点和见解。这种试题的主要功能是测量考生组织知识、表达思维和分析问题、解决问题的能力。它使考生有较多的独立思考、自由发挥的机会。但评分主观因素较多。

各种题型有其各自的测量目标、功能及局限性,它们之间可以相互配合,相互补充。然而,命一套题究竟需要用哪几种题型,每种题型出多少道题,这要根据测验的目标、各种题型的特点和功能、测验内容的特点、考生的情况、测验的时间等方面的情况灵活确定。

---

① 国家教委"高考题型功能"课题组编:《题型功能与考试命题》,江苏教育出版社1992年版,第56—65页。

三、命题设计

当确定了测验的目标与测验的题型以后,接着便是命题设计。

命题双向细目表是设计试卷的蓝图。它使命题工作避免盲目性而具有计划性,使命题者明确测验的目标,把握试题的比例与分量,提高命题的效率和质量,同时,它对于审查试题的效度也有重要的指导意义。

命题双向细目表是包括两个维度(双向)的表格。较常见的双向细目表有:
- 反映测验内容与测验目标关系的双向细目表,如表7-2。
- 反映题型与难度、测验内容之间关系的双向细目表,如表7-3。
- 反映题型与难度、测验目标之间关系的双向细目表,如表7-4(表7-4是某学科测验命题设计的实例)。

表7-2 反映测验内容与测验目标关系的双向细目表

测验内容	测验目标					合计
	知识	理解	应用	分析与综合	创造	
合计						100

表7-3 反映题型与难度、测验内容之间关系的双向细目表

题型		题量	分数分布		难易度			覆盖面(试题在各章的分布数)							
客观题	主观题		每小题分数	每大题总分数	较易题数	中等难度题数	较难题数	难度较大题数	第一章	第二章	第三章	第四章	第五章	第六章	第七章	第八章	……
选择题																	
是非题																	
配对题																	
	名词解释题																
	简答题																
	分析题																
	论述题																
	计算题																
合计			100														

表 7-4 反映题型与难度、测验目标之间关系的双向细目表

题 型	填空题	选择题	判断说明题	名词解释题	简答题	论述题				合计
题 数	15	20	5	4	4	2				50
分数	每小题1分共15分	每小题1分共20分	每小题3分共15分	每小题3分共12分	每小题5分共20分	每小题9分共18分	每小题分共分	每小题分共分	每小题分共分	100
难易度 A	8	6	3	3						20
难易度 B	7	7	3	3	10					30
难易度 C		5		9	6	10				30
难易度 D		2				18				20
认知度 Ⅰ	8AⅠ 7BⅠ =15	5AⅠ=5								20
认知度 Ⅱ	1AⅡ 7BⅡ 1CⅡ =9	1AⅡ 1BⅡ 1CⅡ =9	1AⅡ 1BⅡ 2CⅡ =12							30
认知度 Ⅲ		4CⅢ=4	2CⅢ=6		2BⅢ 2CⅢ =20					30
认知度 Ⅳ		2DⅣ=2			2DⅣ=18					20

注：难易度：A：较易；B：中等难易；C：较难（偏难）；D：难度较大。
认知度：Ⅰ：识记；Ⅱ：理解；Ⅲ：简单应用；Ⅳ：综合运用。

命题设计者×××
命题组长签名×××

表 7-2 的测验目标就是参考了布卢姆的教育目标分类法，并结合某学科的特点，加以修订。表 7-4 中测验内容系列的确定方法是由命题者对教材内容进行系统分类，把它分成若干知识块（点），以知识块（点）作为测验内容的系列。如果对教材系统分类把握不大，则可用教材的章节作为测验内容的系列。

表 7-3 设计的主要目的是，解决题型数量及其在难易度、测验内容上的分配问题。优点是试题的取样代表性高，试题的难易程度也可以作适当控制，表中的数据容易分配，也容易根据表中的数据去编制试卷。局限性是未能反映测验的目标。

表 7-4 的设计，反映了试题的难易度、测验目标与题型三者之间的关系。其中，题型可以灵活选用若干种，每种题型都规定题量与分值、难易度、认知度（即测验目标层次）。在这里，认知度分为四个层次，较为系统、简明。局限性是没有反映测验内容的覆盖面，因而内容效度的分析较为困难。

四、试题编制的质量要求

试题的编制是整个测验编制工作的关键环节，因为上述三个环节的工作最终必须落实到每一具体试题的编制上。

（一）明确测验目标

要根据教学大纲的要求去确定测验目标,应以测验学生的基本知识、基本理论和基本技能为主,注重学生分析问题和解决问题的能力,以及理论知识的应用能力和科学创造能力。

整份试题的结构要有合理的目标层次。一份试卷中,试题一般应包括三个至五个层次水平。例如,根据布卢姆的有关分类,结合我国教育的实际,我们将试题分为如下五个层次:(1)知识;(2)理解;(3)简单应用;(4)综合运用;(5)创见。各层次试题的比例可根据不同课程的特点和要求而具体确定。

（二）题量大,覆盖面宽

测验是从课程全部内容中抽取部分样本考查应考者对本门课程的掌握情况,从课程中抽取的样本数量越大,试题越有代表性。因此,一般而言,题数多一点比题数少一点好。为了确保测验题目的代表性,提高测验的内容效度,要扩大考查面,各章、节,各方面知识都要兼顾到。同时,还要突出重点,加大重点内容题量和覆盖密度,做到试题的测验重点与课程教学的重点相一致。

（三）掌握好区分度和难度

试题的区分度要尽可能大,应基本上能区分出考生的上、中、下三种水平。从总体上说,平时用功,复习花时间多,水平较高的考生应考出高分数,而平时不用功,复习花时间少,水平较低的考生应考低分,中等生应考出中等分数。试题应把不同水平考生在相同知识点上掌握程度的差异区分出来。试题难度的掌握,大体上可分为较易、适中、较难和最难四等。在一般情况下,较易的试题占 20% 左右,适中和较难的试题各占 30%,最难的试题约占 20% 左右。

（四）注意改进题型

一套试题的题型一般不应少于四种,分值比例要恰当,客观题约占 60% 左右,主观题约占 40% 左右,题型尽可能灵活多样,要灵活运用教材中已阐明的原理或公式,联系实际命题,以便于考查学生了解和应用知识的能力。一道题,既可以只测验一个知识点,也可以测验不同章节的几个知识点。对于同一个测验知识点,也可以从不同角度选用不同题型去编制试题。

（五）讲究科学性和规范性

试题的内容要正确,不能出现知识性的错误。有争议的问题不要编入试题;文字表达明确、简练、通顺,标点符号正确;图表清晰,计算条件充分;不能出现语法上或用词上的错误;试题的分值要合理;各题必须彼此独立,不出现相同或近似的试题,不要有相互暗示或相互启发的现象。题干、选项的撰写以及图表的编排要规范。

（六）制订好标准答案、评分标准和评卷的具体要求

标准答案应具体明确，正确无误，答案各层次的分值要标明。试题赋分通常采用难度赋分法和时间赋分法，即试题难度较大，须花较长时间回答，分值应大一点，反之，分值应小。对答案的评分要求也要加以说明。

（七）认真拼卷和仔细检核

拼卷一般以题型为顺序，由易到难，由客观题到主观题，由短答案题到长答案题排列。检核的内容主要是：(1)试题能否测到命题双向细目表中的各项目标和内容；(2)试题的表述是否明确、科学；(3)分值是否合理；(4)试题的题型和编排是否合理；(5)难易程度是否适合；(6)试卷的长度与作答时间是否相符；(7)试题的标准答案是否正确、明确；(8)各小题分值之和是否等于大题分值，全卷满分是否为100分。

探究与操作

1. 教育测量有哪些基本要素？教育测量与教育评价有何区别？
2. 什么是常模参照测验？谈谈你对TOFEL考试的认识。什么是标准参照测验？布卢姆的教育目标分类学对教育评价的贡献何在？诊断性测验、形成性测验和总结性测验在教育过程中各有何功能？
3. 从你熟悉的学科中选择一个单元或一个学期的内容，就这部分内容编制一份试卷，请你为此设计一个命题双向细目表，并在小组内交流，听取其他同学的意见，然后再完善它。
4. 简述试题编制的质量要求。

拓展性阅读材料

1. （美）威廉·维尔斯曼著，袁振国主译：《教育研究方法导论》，教育科学出版社1997年版，"12.测量与数据收集"。
2. 裴娣娜著：《教育研究方法导论》，安徽教育出版社2000年版，第九章第四节"教育的测验调查"。
3. 杨小微、刘卫华主编：《教育研究的理论与方法》，湖北教育出版社1994年版，第八章"教育研究中的测量"。

主要参考文献

1. 戴忠恒编著：《心理与教育测量》，华东师范大学出版社1987年版。
2. 侯光文著：《教育测量与教学评价》，明天出版社1991年版。
3. 曾桂兴、张敏强编著：《现代教育测量的方法》，广东教育出版社1991年版。
4. 李方编著：《现代教育科学研究方法》，广东高等教育出版社1989年版。
5. 胡中锋、李方著：《教育测量与评价》，广东高等教育出版社1999年版。

第八章 教育预测法

学习目标

了解预测的涵义和教育预测法的作用、研究范围、类型和步骤;掌握定性预测的一些基本方法,如德尔菲法,并能将其应用于教育研究实践之中;了解定量预测的一些基本方法如无视外推、自建模型等技术及其在教育研究中的应用。

内容提要

本章主要讨论了教育预测法的一般原理,如概念、意义、研究范围、分类及实施步骤等等;重点介绍了德尔菲法这一定性预测方法,以及趋势外推预测技术、自建模型预测等定量预测方法及其在教育研究中的运用。

重要概念和术语

预测　预测法　德尔菲法　趋势外推预测技术　自建模型预测法

"未卜先知"在悠长的文化传统中一直充满着神秘感,然而,科学研究以一种不神秘的方式破解神秘,解答人们对未来的期待与好奇,不仅如此,也通过预测使人们得以更好地规划未来,并使面向未来的行动更加合理而有效。

如果你想知道到2020年中国教育发展整体上将进入一种什么样的状态,如果你想知道一个全民学习、终身学习的学习型社会在那时会不会形成,如果你还想知道你刚上小学的孩子到那时候会不会还要受你曾经受过的应试之苦……那么你不妨读一读《国家中长期教育改革和发展规划纲要(2010—2020年)》吧!那份文件就是教育预测的产物。不过,最好还是自己尝试着动动手,掌握一点预测的方法技术,你也有可能成为当代的"先知"。

人们在做教育决策时,无论是制订政策、规划,还是制订计划,基本的目的都是想按照决策者的愿望和设想去安排未来,以期避免出现不良后果,使未来更加美好。这就是说,在作任何决策之前,都要去进行预测。

第一节　教育预测法概述

一、预测与教育预测法的意义与作用

(一) 预测的含义

预测是对事物的未来状况作出估计或推测。预测作为一项探索未来的活动早在远古就已出现,我国古代就有了"凡事预则立,不预则废"的观念。然而,预测作为一门科学则是出现在 20 世纪,特别是 60 年代以来随着科学技术的发展而逐渐成熟。科学家们都不再以为对人类社会的未来或某一事物的未来进行预测是一种幼稚的举动。人类步入信息化社会,技术更新的步伐日益加快,为了适应信息社会的急骤变化,无论是政治家还是企业家或教育家,都必须研究未来,若不对未来进行预测,会被人们看作是目光短浅和不能控制人类社会自身的表现。人们已经认识到,预测是制订各种决策和计划,包括发展政策和发展规划的前提。

预测有多种多样,比如市场预测、科技预测、经济预测、人口预测等等。将教育学、社会学、预测学的理论、技术和方法运用到教育领域,对教育发展趋势、客观规律的未来倾向作出科学估计、判断,就形成了教育预测。

(二) 教育预测法的意义与作用

1. 教育预测法的含义

教育预测法是指研究者根据教育过去到现在的有关信息,运用统计资料、知识和经验、数学推理及技术来探索和推测教育领域在未来的可能发展趋势的一种研究方法。

2. 教育预测法的意义与作用

教育预测法与教育观察法、教育实验法、教育调查法既有关联又有区别。从某种意义上来说,教育观察法、教育实验法、教育调查法是通过收集信息和数据,探索教育领域中事物之间的关系和客观规律。而教育预测法,则是要借助于教育规律,借助教育过去的和现在的数据与信息,探索教育发展的未来趋势。也可以这样理解,教育观察法、教育实验法、教育调查法是为了寻找教育规律,而教育预测法则需从教育规律出发探知教育的未来。

教育预测法与教育测量法也有不同之处。教育测量法是借助于特定的测量量表,对教育中的人与事进行现状特征数量描述与判断,是一种对现实实态的把握。而教育预测法则是借用已有的教育规律和数理技术方法对教育的未来进行推测,是一种对未来趋势的预见。

上述的说法是相对于其他教育研究方法而言的,不可以绝对地理解。S·C·

惠尔莱特认为,预测需要注意三种因素。[①] 第一个需要注意的因素是,所有预测都涉及未来,直接涉及时间。即要在某一个时间点作出预测,若变更时间点,就会影响到预测的性质好坏。第二个因素是,预测中所存在的不确定性。如果决策者已经确知,在某一时间内将会发生何种情况,再进行这一时间点的预测就没有什么意义了。第三个因素是,预测有赖于信息或数据,而信息则包含在历史资料之中。

如果我们在预测中,在时间上分为两段,一段是利用历史资料信息建立某种模型,另一段是输入现在的资料数据到模型之中,就可以预测未来了。这样,前一段是在探索和发现教育客观规律,后一段才是进行教育预测。因此,有时教育预测法也可用来探索教育规律,只不过与教育调查法、教育实验法的手段、方法不同罢了。

教育预测是教育系统未来发展过程在某一特定时间内信息特征的预计、测量和描述。教育之所以具有可预测性,是因为教育的发展是有规律性的,而规律是可以被人们认识和掌握的。人们可以教育系统已知的信息特征为起点,对教育发展趋势(某一点上的)进行合乎逻辑的推演,由已知的条件推导出未来的发展状态,从而获得规律性的认识。

与其他预测一样,教育预测离不开社会现代化目标。社会现代化目标是教育预测的重要依据,通过教育预测能及时把握和调整教育现状与社会现代化目标的偏差,为教育规划、计划和决策提供科学的依据。也就是说,教育预测本身并不是目的,它的真正目的和实际价值就在于:(1)揭示和描述教育事业发展变化的趋势,勾勒出未来教育发展规模的轮廓,从而决定教育事业的发展目标、速度和各项比例关系。如通过对国民经济各部门专业人才和熟练劳动力的需求预测,就能知道应该发展哪一级(类)教育,限制哪些学校的专业规格和布点,对教育结构作出正确的调整。(2)为计划提供若干种可以互相替代的发展方案,指明教育事业可能出现的发展方向和途径,评估各种方案的损失和收益,为制订最优的发展计划提供科学的依据。如在普及九年制义务教育过程中,某地区选择出实现普及的若干种不同的目标年份,由此产生了实现普及年份不同的基础教育规模和发展速度,目标年内不同的教育投入以及配套政策措施实施的可行性、影响和后果等。(3)对教育事业发展可能出现的各种情况进行全面、系统的分析和估测,避免计划的局限性和片面性。如改革普通中等教育结构需要发展职业技术教育,就必须对影响和制约这一改革的学校因素、社会因素、文化传统因素进行全面系统的分析,才能较为科学地制订出合乎实际的发展职业技术教育的计划。(4)提供与教育发展过程相关的外部环境的各种变化和趋势的预示。如为了确定今后普及九年制义务教育的政策,需要预见到本地区今后数十年人口出生率的发展变化,居民人均国民收入增长速度,生产技术水平的发展变化等一系列对基础教育发展产生影响的因素。

[①] (美)S·C·惠尔莱特等著,崔之庆等译:《管理用预测方法》,上海人民出版社1986年版,第9页。

二、教育预测法的研究范围[①]

凡是影响教育发展目标的诸因素都是教育预测的研究范围。具体来说,包括以下几个方面:

(一)社会经济需求及影响预测

- 预测未来社会经济及其发展水平对教育结构的影响,为确立教育层次重点服务。
- 预测未来科学技术进步对教育的影响,为分析教育专业结构变动提供依据。
- 利用人口预测的成果,预测未来的人口及学龄人口,以便为教育规划提供背景数据。
- 分析研究区域内的人口分布与变动趋势,为学校分布提供依据。
- 预测与成人教育相关的就业人口变动发展趋势。
- 预测经济、社会、科技、文化发展对培养人才的需求。

(二)教育自身进步预测

- 预测师资队伍的变化与需求。
- 预测经济发展为教育发展提供的财力资源。
- 预测各级各类学校的招生数、在校生数和毕业生数的变动趋势。
- 预测研究区域内不同地域教师负担学生数的分布与达标趋势。
- 预测研究区域内不同地域各级各类学校的教育结构量的规定与比例变化趋势。
- 普及九年制义务教育的时间与区域安排。

(三)教学内容和方法的变化预测

- 课程设置、课程内容变化的趋向。
- 教学方法、教学手段变化的趋向。

(四)教育对象变化预测

- 受教育者成长的社会目标预测(包括社会对受教育者在伦理风尚、道德规范、价值观念、认知情感、知识结构、能力体魄等方面的要求)。
- 受教育者成长的职业目标预测(包括社会及个人对职业变化、意向、指导和训练的要求)。
- 受教育者成长的生活目标预测(包括受教育者参与社会生活、家庭生活和学校生活所具备的知识、技能、兴趣、习惯等要求)。

[①] 李经天编:《教育领导学讲稿》,湖北大学内部用,第3页。

三、教育预测法的分类

预测方法可以在不同的水平上进行，它们是：(1)在一般情况下的预测，只根据过去和现在的数据来推测未来，而不考虑在未来实际活动中，人们的行为可能发生变化；(2)考虑人在实际需要与面临环境发生变化时，人们的行为可能发生的变化，并在此基础上进行预测，即在预测时首先分析人们为了改变和适应未来可能作出的各种反应；(3)在考虑各种随机事件及其发生概率的基础上进行预测。[1]

教育系统是社会系统，在人与人关系为主结成的社会系统中，人起着能动性、关键性的作用。因此，教育系统中的预测只在第一种水平上进行是显然不够的。

预测方法尚无统一的分类标准，具体的预测方法多达 200 多种，可谓种类繁多。现大致分类如下：

（一）按预测的功能分类

1. 直觉性预测

这类预测方法依靠人们的创造性思维、洞察力、知识和经验来推测未来可能发生的情况。

2. 探索性预测

这类预测方法以历史及现状为基础，利用有关理论及经验，根据发展趋势来探索，或用仿真的方法来推测未来可能的变化趋势。

3. 规范性预测

这是先确定目标的预测方法，它根据提出的要求，研究达到既定目标的可能性和约束条件。

4. 反馈性预测

探索性预测侧重可能性探索，规范性预测侧重可行性研究，反馈性预测是把两者结合起来的综合性预测方法。

（二）按预测的技术含量分类

1. 定性预测方法

在对经济、人口、技术等过程进行预测时，以定量信息为统计数据进行研究比较适合，通常可以采用定量预测方法。但在对社会系统，如政治、文化教育等过程进行预测时，通常会遇到统计数据不足，只有定性资料的情况。这时就需要依靠人，尤其是靠有关问题专家的经验、直觉、判断能力和对有关资料，主要是定性资料加以综合，进行逻辑推理，这就是定性预测，常用的定性预测方法主要是专家预测法。

由于专家预测法要利用专家的专业知识和丰富的经验对历史情况进行分析、综合，对未来的发展可能出现的趋势加以推测，专家人选的重要性尤其突出。

---

[1] 岳超源等编：《教育系统决策》，贵州人民出版社 1988 年版，第 100—101 页。

专家预测法可以是个人判断，也可以是专家会议。由于专家对本学科或本部门的某个局部了解最深刻，对该局部在未来的发展趋势也最有发言权，因此，对专业局部的问题进行预测时可以采用这种方法。该法的主要优点是可以充分利用个人的经验和能力，缺点是预测结果纯粹由个人决定，难免有片面性。

为了避免个别专家在预测时可能出现的片面性，可以将同一领域的多个专家的意见判断加以协调，或将不同领域的许多专家的意见判断加以协调，或将不同领域的许多专家的意见加以综合，这就是专家会议。由于专家会议利用集体的智慧互相补充启迪，这就有利于利用各方面专家的知识和经验，在信息比较全面、充分的基础上作出比较客观的预测。但专家会议也有其明显的缺点，主要是受心理因素的影响较大，预测结果容易受权威和多数人意见的左右，忽视少数人的意见或少数人放弃个人意见，特别是有领导或权威在座并率先发表倾向性意见时，预测结果的客观性就会大打折扣。为了克服专家会议的这种缺点，一方面可以在选聘时注意挑选具有独立见解，在与权威和多数人意见不同时仍能坚持自己的主张、善于在集体中工作的专家；另一方面可以采用德尔菲法，德尔菲法采用分别调查的措施避免权威的影响，采用对多位专家进行调查克服个人判断的片面性，并通过多次反馈使意见趋于集中，不失为定性预测的较理想方法。

2. 定量预测方法

定量预测方法建立在具有完整的统计数据，较长时期的历史资料的基础之上，而且要求被预测的过程从过去到现在以至将来都是平稳发展的，即不能有突变。常用的定量分析法有因果关系分析、时间序列分析、类比法等等。

四、教育预测法的一般步骤

预测是复杂的工程过程，既要掌握广泛的资料，考虑各方面的因素，又要发挥预测者的经验和智慧，对未来作出恰当的估计，并提出可行的方案，精心组织实施。下面介绍教育预测法的一般步骤。

（一）确定目标

确定目标是制订预测方案的前提，也是评议、拟定评价标准的必要条件。决策者应直接参与和领导"确定目标"。预测目标有：教育的数量、质量目标——入学人口、教育成本、效率、质量等；发展目标——为满足社会需求而拟定的教育发展水平；条件目标——为某项预测需要而提出的教育依据和条件。如进行人才需求预测要以经济社会发展水平为前提，在确定目标时，可以有弹性，以提高在各种环境下的适应性。在确定目标时，也要考虑相应的评价标准。必要时还可将目标进行分解，提出相应的分目标。

（二）搜集分析资料

这是预测的基础和技术准备，需要较多的时间和力量。搜集资料可以用已公布的资料，也可以直接进行调查。有了资料之后，要进行资料的"解释"，解释时应注意客观性和各有关因素的定性、定量关系。搜集资料（特别是调查研究）和解释资料的过程，就是对预测对象进行诊断分析、解决问题的过程。所以搜集资料与解释资料的工作应贯穿于预测工作的始终。

（三）建立模型

预测的核心是建立符合客观实际的数学模型。依据预测对象与其影响因素间的关系，预测模型有如下几种。

1. 因果关系模型

在预测过程中，要研究众多变量间的关系，这种关系一般不同于物理量之间的函数关系（$s=vt$），而是相关关系，就是因变量与自变量的总体平均数呈函数关系。预测目标（y）与其影响因素（x）之间用函数表示，即 $Y=f(x)$，简称 $Y\leftarrow X$ 型数学模型。处理变量间相关关系的方法称回归分析。

2. 结构关系模型

该类模型的特点是被预测事物与其影响因素之间保持着某种结构比例的函数关系，简称为 $Y\leftarrow y$ 型数学模型。

3. 时间序列模型

所谓时间序列就是按时间顺序排列起来的观察或记录到的一组数据序列。通常是按一定的时间间隔进行观测统计的。实际上它是把各种复杂的影响因素综合到时间变量上去，简称为 $Y\leftarrow t$ 型数学模型。

一般可用最小二乘法拟合时间序列演变趋势，这种拟合可以是线性的，也可以是二次曲线、对数曲线等，还可以使用移动平均法和指数平滑法反映时间序列的总趋势。

4. 随机性模型

当被预测对象的影响因素为随机变量时，其未来某阶段的状态只与前一阶段的状况有关，则预测目标与影响因素间的函数关系为：

$$Y=f(y_{t-1})$$

其中 Y 为被测对象在 t 时刻的状态，而 y_{t-1} 为 $t-1$ 时刻的状态。马尔柯夫模型就是随机性模型。

（四）分析评价

分析评价是对预测结果或其主要构成因素之间的函数关系进行检验，看其是否符合客观规律。

（五）修正预测

修正预测的目的是通过对资料、模型或方法的评价以及对环境条件等影响因素的评价，提出改进意见，修正预测结果，甚至预测模型，直至得到比较满意的结果。

第二节 教育预测法的应用

由于教育预测法涉及的数理知识较多,也较难,一般人很难掌握和应用,在此,我们介绍一些最常见的教育预测方法。

一、德尔菲(Delphi)法

德尔菲是古希腊传说中的神谕之地,城中有座阿波罗神殿可以预卜未来,德尔菲法因而得名。此法为美国兰德公司于1964年首创。对于问题涉及面广、因素复杂的预测有一定成效,尤其在用于专家预测时有其独到之处。德尔菲法的实质是逐次逼近。

德尔菲法的基本特点是匿名性、反馈性和统计性。匿名性是指被调查的专家互不见面,通过匿名的方式(背靠背方式)传递信息,这样可避免由于权威人士参加而产生的心理因素干扰。反馈性是指这种方法一般要经过四轮反馈,达到相互启发的目的。统计性是将每一轮预测结果作出统计,用统计方法处理结果,作出量化判断。

德尔菲法的实施步骤是:选择专家,提供景象材料,设计调查表(咨询表或做答表),最后进行量化统计处理。其过程见图8-1。

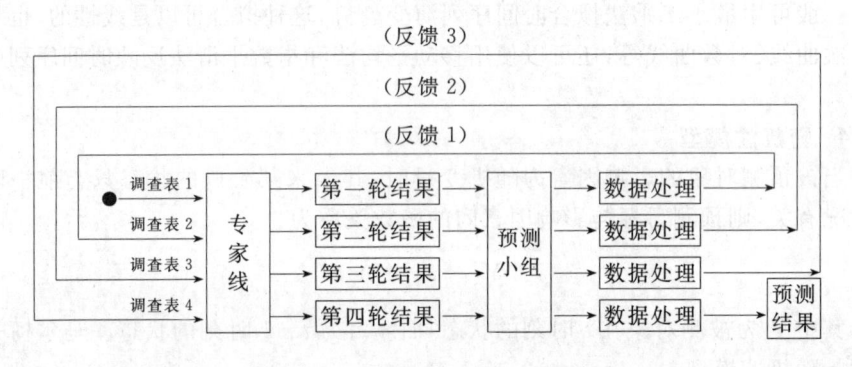

图8-1 德尔菲法的实施步骤

数据处理的方法有多种,在此只介绍平均值—方差法。此法是求出各专家答案的数学期望值及标准差。

设有 N 位专家 $1,2,\cdots,N$,相应的答案为 $X_1,X_2,\cdots,X_N$,则期望值 $\overline{X}$ 为:

$$\overline{X} = \frac{1}{N}\sum_{i=1}^{N} X_i$$

标准差 σ 为:$\sigma = \sqrt{\frac{1}{N}\sum(X_i - \overline{X})^2}$

在对专家进行第一轮调查时,尽可能不对估计范围作任何限制,但从第三轮开始应对结算范围作出相应的限制。若上一轮结果的期望值和标准差分别为 $\bar{X}$ 和 σ，则根据教育统计得知，大约有三分之二的专家答案落于区间 $[\bar{X}-\sigma, \bar{X}+\sigma]$ 之中，此区间就作为下一轮调查的估计范围。

德尔菲法的具体实施可以分为如下九步：

第一步是提出问题，即提出要作决策、进行预测或技术咨询的问题。这一步是关键，无论决策、预测还是技术咨询，问题都应当提得很清楚很确切，且能简明扼要地反映决策人希望获得什么信息。如果问题提错了，会使整个德尔菲过程受到损害。

第二步是选择和确定专家。由于德尔菲法要通过征求专家的意见作出决定，因此选择专家是这种方法能否获得正确结果的关键。对专家的主要要求有：(1)广泛的代表性，在专家中一般应包括技术专家、管理专家、情报专家和干部等。(2)对需要制订决策或进行预测的问题比较熟悉，有较丰富的知识和经验，有较高的权威性。(3)对提出的问题深感兴趣，并有时间参加德尔菲分析的全过程。(4)专家人数要适当，人数过多时，数据的收集和处理工作量大，周期长，而结果的准确性提高度并不多。但有时为了其他目的，例如使德尔菲分析的结果得到更广泛的支持，专家人数可稍微多一些。

在这种方法开始之前，要把需要制订决策或进行预测的问题向专家解释清楚，使他们充分理解提出的问题的目的、意义。必要时应向专家介绍德尔菲法的过程、特点，各轮反馈的作用，平均值、方差、四分位点等统计量的含义等内容。

第三步是制订第一个调查表，并把它散发给专家。这个调查表只提出决策或预测的问题和要达到的目标，而由专家提出达到目标的各种可能方案。

调查表没有统一的形式，应根据提出的问题去设计，但要求符合以下原则：(1)表格中的每一栏目要紧扣决策或预测的目标，而又不限制应答人的思考，要使他们能够充分利用自己的经验和知识去发表意见。(2)表格应当简明扼要，设计得好的表格通常使专家将大部分时间用于思考和判断，应答填表的时间很短。(3)填表方式简单，对某些类型的事件(如决策的重要性、迫切性和可行性，预测事件发生的时间等)进行评估时，尽可能用数字或英文字母表示专家的评估意见。

第四步是组织者收回第一个调查表并进行分析。这时需要把决策方案或预测事件进行筛选、分类、归纳和整理，归并那些相似的，删除那些对特定目的不重要的，理清这些方案或事件之间的关系，以准确的技术语言和简洁的方式制订一份方案或事件的一览表，使专家容易阅读。

以上是德尔菲法的第一轮。

第五步是制订第二个调查表散发给专家。即这时要把第一轮调查的结果整理成一览表，发给专家，开始第二轮调查。这一轮除了要求应答者对表中所列各项方案或事件继续发表补充或修改意见外，还要他们对表中的每个方案或事件作出评估。对决策问题，一般要求选择最佳方案，或对所有方案的优劣进行排队。对预测问题，则要求对事件发生的时间作出估计。专家的评估意见应以最简单的方式表示，例如方案的择优可以通过给每个方案打分的方式表示，也可以用给方案排队的顺序号表示。事件可能发生的时间,则可用年月日表示。在这一步还希望专家简单明了地说明作出这种选择或估计的理由。

第六步是收集第二个调查表,对专家们的意见进行统计处理,再制订第三个调查表。在每轮咨询之后,对收集到的数据进行统计处理,是德尔菲分析的重要工作。常用的统计方法有四分位法和平均值—方差法。在第三个调查表中除了有统计的结果以外,还应当把专家所说明的理由作一小结。这个小结既要简洁、便于阅读,又能充分反映专家间的分歧,这样,第三个调查表又高度概括了专家在第二轮中所提供的信息。

至此,完成了德尔菲法的第二轮。

第七步是组织者把第三个调查表发给专家,要求他们审阅统计的结果,了解意见的分歧和持各种意见的理由,再对方案或事件作出新的评估。这时专家可以根据意见的总体倾向(即均值)和离散程度(方差)、评估的各种意见及其理由来修改自己的评估。对于预测问题,如果估计的日期处于上、下四分位点区间之外,则要求作出这种估计的专家说明理由,并对持反对观点的专家的意见给予评论。采用平均值—方差法对方案排队或择优时,也可以对专家提出类似的要求。这种辩论可以把其他专家忽视的因素和未加考虑的事实包括进去。因此,虽然专家分处各地,仍能进行辩论,而且这种辩论是匿名的。

第八步是组织者回收第三个调查表,并处理收集到的意见,即重新计算方案或事件的平均值、方差、四分位点,对专家间的辩论进行小结。

至此,完成了德尔菲法的第三轮。

第九步是进行第四轮咨询,这只是第三轮的重复。在第四轮之末收集和整理第四个调查表的结果。

经典的德尔菲法共四轮。在大部分场合,经过几次信息反馈已能得到协调程度较高的结果。但是,如果专家的确难于达成一致意见,则组织者需要从各方面得到他们的最后意见,并把这种不能达成一致的意见作为德尔菲法的最终结果。

二、趋势外推预测法

趋势外推预测法最先用于技术预测,后来苏联利用趋势外推法预测了1975—1980年科技人才数量和结构变化,荷兰等国用于卫生系统专门人才预测。趋势外推法有两个假设条件:一是假设决定过去发展的因素同样也决定着发展的趋势;二是假设预测对象的发展变化是渐变式而不是突变式。运用趋势外推法进行预测时分六个阶段:(1)选择影响因素;(2)收集数据;(3)拟合趋势线;(4)计算;(5)预测分析;(6)决策应用。

趋势外推法在许多情况下以时间作为相关因素就是时序模型。时序模型有线性模型、平均增长率模型、混合平均增长率模型等。

(一) 线性模型

线性模型认为预测对象是 t 的一次函数

$$y = a + bt \tag{8.1}$$

线性模型实际上反映了这样一种物理过程,即 y 以每年固定的数值增长。

对于 n 组数据点 (y_i, t_i), $i=1, 2, 3, \cdots, (n-1), n$,则方程式(8.1)就相当于一元线性回归方程,只不过那里的影响因子 X 在这里换成了 t。因此,系数 a 及 b 的估计方法及其他一切步骤均与一元线性回归相同。

当时间序列的趋势曲线近似于一条 n 次多项式曲线时(一般仅用到二次项),其方程式为:

$$y = a_0 + a_1 t + a_2 t^2 + \cdots + a_n t^n$$

若令 $t = x_1$, $t^2 = x_2 \cdots$, $t^n = x_n$,则上式化为

$$y = a_0 + a_1 x_1 + a_2 x_2 + \cdots + a_n x_n \tag{8.2}$$

对于 m 组数据点 (y_i, t_i), $i=1, 2, 3, \cdots, (m-1), m$,则对应有 $(y_i, x_{1i}, x_{2i}, \cdots, x_{mi})$, $i=1, 2, 3, \cdots, m$,此时(8.2)式与多元线性回归模型相同。因此,系数 $a_j [j=0, 1, 2, 3, \cdots, (n-1), n]$ 的估计法及其他一切步骤均与多元回归模型相同,此不赘述。

(二) 平均增长率模型

平均增长率模型认为预测对象每年以相等的增长比率递增。

设 (y_t, T) 和 (y_t, t) 分别为 T 和 t 年的数值,r 为年平均增长率,则

$$r = \sqrt[T-t]{\frac{y_T}{y_t}} - 1$$
$$y_T = y_t(1+r)^{T-t} \tag{8.3}$$

式中:y_t——基年 t 的函数值;

y_T——目标年度 T 的函数值;

$T-t$——间隔年限。

在使用(8.3)时,需要先对平均增长率 r 作出估计。

案例:某部门职工总数预测

计算式

$$y_{90} = y_{82}(1+r_2)^8$$

$$y_{20} = y_{90}(1+r_2)^{10}, \qquad r_2 = \frac{r_1}{R}$$

式中:y_{82}, y_{90}, y_{20}——分别表示 1982,1990,2000 年职工总数;

r_1, r_2——分别表示总产值平均递增率和职工总数平均年递增率;

第八章 教育预测法

R——弹性系数,由统计预测得到。如果 $R=1$,则 $r_1=r_2$,表明总产值与职工总数同步增长,即全员劳动生产率没有提高。该部门经统计处理,对于前八年取 $R=4.3$,后十年取 $R=5$ 来估计职工总数。该案例的核心是需要确定一个弹性系数 R 值。

据有关资料统计,该工业部门总产值增长与职工人数增长的关系见表8-1:

表8-1 某工业部门总产值增长与职工人数增长的关系

国别	总产值增长率（%）	职工人数增长率（%）	国别	总产值增长率（%）	职工人数增长率（%）
美国	13.8	3	英国	17.1	1.2
日本	14.9	1	中国	13.6	6.8

资料来源:朱佳生编:《教育系统工程》,湖南大学出版社1989年版,第79页。

就我国情况来看,取 $R=4.3$ 表明劳动生产率应有大幅度提高。是否能以这样的职工增长率实现总产值的增长率,要看能否实现相应的投资增长率和技术进步。因此,本模型的估计结果只反映了一个侧面,也就是在保证劳动生产率增长的条件下才有本模型的存在,这就是模型使用的假设条件。

(三)混合平均增长率模型

该模型的基本点是:专门人才总数可由职工总数与专门人才密度的乘积获得,而职工总数可由总产值除以全员劳动生产率求得。设总产值、劳动生产率、专门人才密度各按一定的递增率增加,则目标年度的专门人才需求量可按下式计算:

$$y_T = \frac{S_t(1+r_2)^{T-t}}{K_t(1+r_3)^{T-t}} \times R_t(1+r_1)^{T-t} \quad (8.4)$$

式中:y_T——目标年度专门人才需求量;

S_t——基年总产值;

K_t——基年全员劳动生产率;

R_t——基年专门人才密度;

r_1——专门人才密度平均年递增率;

r_2——总产值平均年递增率;

r_3——全员劳动生产率年增长率。

该模型是在平均增长率模型上的改进。这种方法是把作为模型运用条件的全员劳动生产率和总产值这些经济效益指标纳入模型,使模型成为多因素协调考虑的综合测算模型,式中只要保证 $r_3>0$,则就保证在增加专门人才比重的同时,劳动生产率是提高的条件。

案例:某部门的专门人才预测

预测时,以1984年为基年,采集的数据如下:

$K(1984)=1.7179$ 万元/人·年

$S(1984) = 431.68$ 亿元

$R(1984) = 7.5\%$

$r_1(1976-1984) = 2.3\%$

$r_2(1976-1984) = 7.6\%$

$r_3(1976-1984) = 2.9\%$

则：

$$y(1990) = \frac{431.68 \times (1+7.6\%)^6}{1.7179 \times (1+2.9\%)^6} \times 7.5\%(1+2.3\%)^6$$

$$\approx 28.24 \text{ 万人}$$

三、自建模型预测法

趋势外推法是利用已有的数学规律来进行预测,但是实际预测中常常不能搬用现成的数学规律进行预测。这样就要求研究者自己建立模型来实现预测,要求研究者有良好的创造力和灵活性。我们以"浦东新区高中教师需求预测"[1]为例来说明自建模型预测法的应用。

就普通高中教育来说,1999 年浦东新区有市重点高中 2 所,区重点高中 7 所,普通高中 30 所,民办高中 9 所,普职高中 1 所,合计 49 所,在校高中生 36500 人。同年,高中在职教师 2430 人,师生比为 1∶15。新增高中教师的来源主要有师范和其他大学应届毕业生,以及向各地招聘的教师。目前,由于社会进入小康,家庭对子女实现高中教育的需求增长,加上在市政搬迁中浦东是人口导入地,高中学龄人口增长,因此浦东高中连年扩招,部分初中改办高中。由此造成某些学科高中教师数量和教学经验相对不足,在一定程度上影响了高中教学质量的提高。为了使高中合格教师供求达到基本平衡,避免高中教师的短缺或过剩,特采用数学模型方法对高中教师的需求进行预测。

(一) 预测模型的建立

仅就高中教师的需求进行讨论,影响需求总量的因素主要有三项。一为学生方面,有高中学龄人口数、普通高中入学率、高中各年级学生的留级率、辍学率、复读率等。二为教师方面,有高中阶段师生比、教师自然减员(退休、死亡)率、机械减员(净流出)率、在编不在岗(借调、病休、脱产进修)率。三为大学应届毕业生分配数、招聘教师数及其到岗率。

1. 起始年学生数模型

$$S(n) = S_1(n) + S_2(n) + S_3(n)$$

式中,S 为学生数,下标 1、2、3 为高中一、二、三年级,n 为年份序号。

---

[1] 殷伯明等编：《教育系统动态测评方法与实践》,华东师范大学出版社 2001 年版,第 70—72 页。

则有

$$S_1(n) = K_1(n)P(n) \approx 0.786\, P(n)$$
$$S_2(n) = (1-k_2-k_3)S_1(n) + K_3 S_2(n) \approx S_1(n)$$
$$S_3(n) = (1-k_2-k_3)S_2(n) + K_4 S_2(n-1)$$
$$\approx S_2(n) + K_4 S_2(n-1) \approx S_2(n) + 0.2S_1(n-1)$$

式中,$P(n)$为高中学龄人口数,K_1为高中入学率,K_2为辍学率,K_3为留级率,K_4为复读率,且假设各年级留级率相同,复读只存在于高三。高中入学率,即$K_1 \approx 0.786$;由于学生留级率、流失辍学率为学校考核指标,因此K_2,$K_3 \approx 0$;由于近年浦东秋季高考升学率平均为60%左右,落榜生约为40%,复读生约为20%,即$K_4 \approx 0.2$。

学生数预测模型是主要模型,其变化直接影响其他两个模型的运行结果。

2. 起始年教师数模型

$$T(n) = (1-j_1-j_2-j_3)T(n-1) + U(n)$$
$$\approx 0.96T(n-1) + U(n)$$

式中,T为教师数;j_1,j_2,j_3分别为教师自然减员率、机械减员率、在编不在岗率。一般,$j_1 \approx 0.03$;$j_2 \approx 0$;$j_3 \approx 0.01$。$U(n)$为起始年分配来的应届大学毕业生和招聘教师数。

3. 教师的年增数需求预测模型

$$U(n+1) = aS(n) - T(n)$$
$$\approx 0.067S(n) - 0.96T(n-1) - U(n)$$

式中,a为高中师生比,取1:15≈0.067。当$U(n+1)>0$时,为教师短缺,需要补充;$U(u+1)<0$时,为教师过剩。

(二) 2001年浦东新区高中教师需求预测

$$U(n+1) = aS(n) - T(n)$$
$$\approx 0.067S(n) - 0.96\, T(n-1) - U(n)$$
$$= 0.067 \times 36500 - 0.96 \times 2430 - 50 = 47(人)$$

因此,2001年浦东新区高中约需分配到岗应届大学毕业生或招聘教师47名(不包括中、技、工、职校和电大)。这一数据和实际情况基本相符。

> **探究与操作**
>
> 1. 在教育研究中使用教育预测法有何意义和作用?
> 2. 教育预测法有哪些类型?教育研究中适合采用哪些预测方法?阅读《国家中长期教育改革和发展规划纲要(2010—2020年)》,说说教育预测法在其中可能

发挥的作用。

3. 德尔菲法的实施步骤和主要特点有哪些？尝试运用这种方法做一项微型研究。

拓展性阅读材料

1. (美)梅雷迪斯·D·高尔等著，许庆豫等译:《教育研究方法导论》(第六版)，江苏教育出版社2002年版。第十一章"相关研究设计"之"五、预测研究的计划"。

2. 邓晓春著:《教育预测与规划》，辽宁师范大学出版社2000年版。

主要参考文献

1. 岳超源等编:《教育系统决策》，贵州人民出版社1988年版。
2. 李秉德主编:《教育科学研究方法》，人民教育出版社1987年版。
3. (瑞典)胡森等编，张斌贤等译:《教育大百科全书》，西南师范大学出版社2006年版。
4. 徐虹:《教育预测与规划》，辽宁大学出版社2000年版。

第九章
教育经验总结

学习目标

理解教育经验总结的基本分类与价值;掌握教育总结的一般方法,并能在教育实践中有意识地总结自己或他人的教育经验;在条件具备的情况下,能够提取蕴藏在教育经验之中的教育理论成分。

内容提要

首先,从经验和教育经验、教育经验总结中的经验思维与理论思维方法以及教育经验总结的意义及特点等几个方面对教育经验总结这一方法进行了概述;接下来,从个体经验和群体经验两方面分别阐述了各自研究的方式与步骤;最后,以实际案例为依托,探讨了教育经验总结与教师专业发展之间的内在联系。

重要概念和术语

教育经验　个人经验　集体经验　实践形态知识　理论形态知识　教师发展

一位教师发现,现在大多数中学生的心里真正关心的是作文的得分而不是批语。有的学生喜欢本子上的红字多,以为这是教师重视自己的凭证。可是实际上,你若要他们研究一下批语,他们往往会望着这密密麻麻的眉批、边注、总评而生畏,甚至生厌。一种外加的而不是从内心喷发出来的意志使他们本能地产生不融合感。个别特别仔细的学生或许会对批语琢磨一番,可又常常不得要领,还得拿着本子来找教师,教师便重复一遍批语的含义。尽管教师花了许多宝贵的时间,可待到下次作文,学生经常老毛病还是老毛病,而且久而久之,学生养成了一种依赖性:自己写得马虎不要紧,交上去总有老师会替我"精批细改"的。鉴于此,不少教学第一线的教师和教育研究人员都逐渐认识到:作文批改单一地采用"精批细改"的方式,只能是舍本求末、劳而无功!

于是这位教师开始思考:教师付出如此巨大心血批改学生的作文习作,到底对学生习作能力的提高有无意义呢?

他开始从这种尴尬状态中摸索并总结自己和其他教师作文习作批改的经验,最终得出学生全员参与、集体改,师生沟通、合作改,生生互动、赏析修改等几种新的学生作文习作评改的经验。

经验来自实践,又能直接有效地指导实践,它的突出优点是方便易行。但由于经验具有感性具体性、分散性等特点,导致经验的应用范围狭窄、可靠性差,所以经验需要概括总结,上升到一定的理论高度,才能对教育实践产生比较广泛的指导或示范价值。

第一节 教育经验总结概述

一、经验和教育经验

经验是一个广泛使用的概念,在日常生活中,它可以指人们曾做过或经历过某事,在这个意义上更进一步,是指人们在社会生产生活中获得的有效的知识、技能,以及相伴随而形成的情感和情绪体验。按照杜威的观点,经验包含着行动(或尝试)和所经受的结果之间的联结。我们对事物有所作为,然后它回过头来对我们有所影响。"从经验中学习",就是在我们对事物有所作为和我们感受的快乐或痛苦这一结果之间,建立前前后后的联结。这样,行动变成尝试,变成一次寻找真相的实验,而承受的结果就变成教训——发现事物之间的联结或关系。

从人类文明发展的历程来看,经验性知识和技能及相伴产生的情感,既帮助人的生存和发展,也为人类知识的发展作了铺垫。从个体成长来看,经验提供人成长的基石,理论知识和间接知识的学习离不开个人直接经验。

教育经验是指教育工作者在教育实践中获得的从事教育活动的有效知识、技能以及情感和情绪体验。它主要是指教师在施教过程同时也是与学生的交往过程中,日积月累地丰富或改善了作风及人格,充实提高了业务素质和工作技能。《学记》所概括的教育经验,教学相长,启发诱导,藏息相辅,长善救失等,至今仍给我们有益的启示。一线的教师离不开教育经验来帮助他们做好教育工作。一位老教师和一个初学乍练的新手是不可同日而语的,他们之间最大的差距在于经验的积淀。以下是著名语文教师魏书生20世纪80年代初的一段心路历程,从中我们可以感受到魏老师是如何总结自己的教学经验的:

> 我越往语文教学的深处探索越感觉到:人脑这部机器应该分为两部分,动力部分和工作部分。两者不能互相取代,学习的动力不能代替学习的实践,反过来,学习的实践也不能代替学习的动力。回忆自己走过的语文教改之路,我感觉最满意的一点就是始终把育人放在第一位。我教语文极为轻松,根本原因在于育人,在于引导学生成了语文学习的主人。[①]

[①] 教育部师范司组编:《魏书生与民主教育》,北京师范大学出版社2006年版,第7页。

教育经验既有成功的经验,也有失败的经验。"胜固欣然败亦喜",失败的经验是每一个教育工作者必然遭遇的,它指导着人们去另辟蹊径,不再犯同样的错误。

教育经验从它的社会化程度可分为个人经验和群体经验两种类型。个人经验是指个人独特的经历和体验,带有较强的个性化色彩,往往是"得之于心,应之于手",只可意会,难以言传。游泳者是不知自己如何能在水中浮起来的,因此,个人经验要自明,或可以言说清楚,需要一番概括和分析功夫。群体经验是指由社会上许多人共同掌握的经验,这些经验可能是历史形成的,甚至成为习俗和惯例,也可能是由先进的个人经验推广开来的。如我国传统的"尊师重道",就是历史形成的群体经验,"凡学之道,严师为难。师严然后道尊,道尊然后民知敬学"。

经验需要总结,才能更好地为我所用。一般说来,教育经验总结可以分为描述性总结和解释性总结两个层次。描述性总结是具体地陈述当时是怎么想、怎么做、有何成效等一系列事实,一般带有个人特点,尚处在感性认识水平。解释性总结是指除陈述事实外,还深入到"为什么这样做"的层次,揭示其原因、理由,乃至总结性地提炼出蕴含于其中的思想主题,如教育观、教学观、基本思路等等。后一层次的总结一定要借助理论钻研或理论工作者的帮助才能完成。

二、教育经验总结中的经验思维方法和理论思维方法

作为一种研究方法的教育经验总结,是指研究者以来自教育实践的经验事实为素材,综合运用多种方法,对这些材料加以分析、概括,从而实现由感性认识向理性认识的升华。这里需要指出的是,本书的经验总结,是狭义的,有别于学术研究中所谓的经验研究,后者是与理论研究相对的,指利用第一手的经验资料论证假设,建构理论,而不是单凭抽象的思辨活动对研究对象作形而上学的推演。

在教育经验总结的过程中,研究者要审慎地把所做的事、所尝试的教育实践和所发生的教育结果联结起来,表明它们之间的关系,进一步指出联结的详细情况,把教育经验中的智慧要素明显地表示出来。从成果的形态来看,教育经验总结形成第一层级体系的教育理论。在这一级上,要素与命题主要是与它们所概括的事实相对应,与经验直接联系。而概念与概念之间、命题与命题之间还没有建立起严密的逻辑联系,理论体系尚未形成。教育经验总结所形成的理论在表述上多为描述性的,是经验概括;在内容上主要是对事物属性的认识,是关于事实的认识。由于教育科学是一门实践性很强的学科,应用研究在教育研究中占突出的地位,所以,教育经验总结在教育研究中具有十分重要的作用。

教育经验总结主要是运用经验思维方法对教育经验进行概括、总结。所谓经验思维方法,是相对于理论思维方法而言的,具体地说,就是人们运用来自生活的亲身感受、实践的直接知识乃至传统的习惯观点等进行思维活动的方法,其功能主要在于认识和把握具体事物及其外部联系。经验知识的特点在于对外界事物进行直接的把握。它既包括对事物表面特征的了解,这是发现事实的重要步骤,又包括对事物外部关系的了解,这是深入了解事物本质的必要前提。

经验思维方法包括两个亚类:观察和实验。由于本书对之有专门介绍,这里仅

就与经验总结相关的观察作一点探讨。观察从感知觉开始,感知觉材料通过概念、判断和思维形象的形式被加工。这时的思维是初级的,属于对感知材料进行的识别、标记和初步整理工作。识别,就是根据原先的知识和既定的目的,对外界事物进行比较和分类,从中选择和获取新的信息。标记,就是运用已有的知识对新信息进行确认,并纳入原有的知识框架中。初步的整理,则是在识别和标记的基础上,通过初步的思维加工,形成关于对象的经验认识。感知材料提供的是关于事物的各种具体的性状,由于初步的思维加工,考察了事物的各种特性之间的区别和联系,于是形成了关于事物的整体认识。尽管这些认识是初步的,却使感知觉上升为经验,形成了可以纳入意识框架中的概念和判断,供进一步思维加工之用。

在教育经验总结的深入阶段,还要用到理论思维方法。理论思维方法是建立在经验思维基础之上的一种较为高级的思维方式,以揭示和把握事物的内在本质和一般规律为根本任务,依据一定的系统知识、遵循特有的逻辑程序而进行的思维活动方法。这种方法具有严密的逻辑、抽象性,它的内容与工具是一系列抽象的概念、判断、推理等,舍弃了事物的细枝末节而抽象出其共同特征、本质、规律。

教育经验总结首先经过经验思维,再上升到理论思维,从而为形成第二、第三层级的教育理论打下了基础。它需要理论工作者与实践者的通力合作研究。"教育行动研究"正受到我国研究者的关注,"行动"一词主要指实践者行为,"研究"一词则指理论工作者行为,两个关键词的联结本身足以说明两类研究者合作的重要性。

三、教育经验总结的意义

马克思曾经指出,理论的概念必须要由大规模积累的实际经验来完成。对教育经验进行总结的积极意义可以从以下几方面加以概括。

(一) 教育经验总结有助于丰富和发展教育理论

总结经验能为概括提升理论提供观点和素材。一方面,丰富多彩的教育实践活动是产生和形成教育理论的源泉和基础,对教育实践经验的科学总结,能够获得对教育教学过程的规律性认识,为已有的教育理论增添新的内容;另一方面,对教育经验的总结需要科学的理论指导,总结经验的过程也就是运用理论、检验理论、丰富和发展理论的过程。教育经验总结尤其有利于适合国情的、富有时代特色的教育理论观点的形成和发展。

(二) 教育经验总结有助于教育行政部门和研究人员深入实际、了解实际

教育行政部门和教育管理人员在贯彻执行教育方针政策的过程中一方面要亲自深入实际、调查研究、了解情况、发现问题、及时总结实际工作中的经验,另一方面要有目的地组织基层单位和研究人员对有特色、有成效的实际工作进行专题经验总结。经验总结的过程,能帮助领导者和研究人员掌握教育,有实效地发挥教育行政部门的职能作用和研究工作的指导作用。如教育发展规划的制订、教育结构

的调整,如果缺乏细致周密的考察、不总结先进经验,就难免脱离实际,因主观盲目造成失误。

(三) 教育经验总结能为教育实践活动提供行之有效、切合实际的指导

教师从事教学实践活动,不能从理论一下子过渡到实践,要经由经验技能的环节,经验技能的形成虽要受理论知识的影响,但也离不开亲身的体验。来自于实际的教育经验往往比泛泛的理论更生动、更具体、更易于接受、更便于操作。先进的经验来自于教育实践,是经过实践检验的带有规律性的智慧结晶,对教育实际工作能起到切实中肯的指导作用。在我国的教育改革实践中涌现出许多先进教育工作者的经验,对于改进教育工作、提高教育质量起到了巨大的指导作用,这是理论学习所无法比拟的。我们发现教师更易于从下例中获得启示。"单纯地、片面地爱学生会产生宽松管理,学生亲近你而不'怕'你,班级纪律涣散。有的教师由此会着急,就来个强制、高压,学生就会躲得你远远的,像老鼠见到猫似的,师生关系就紧张,从而由一个极端走向另一个极端。人格力量指的不是教师地位身份带来的权威,而是一种人格精神和人格魅力产生的威信。一旦教师享有威信,就既有吸引力,又有威慑力,就会把师生关系推上更高的境界。"

(四) 教育经验总结有助于找准教育科研深化发展的起点

在教育科学研究的多种方法中,经验总结虽然不能得到像教育实验的结论那样精确的结果,但教育经验有着广泛的群众基础和丰富的实践来源。经验来自于教育教学实践,反映了教育教学过程的本来面目。教育科学研究人员不仅应从教育经验总结的全过程中增长见识提高能力,而且还应从中发现新一轮研究的起点,如上海市青浦县教研室提出并实施的初中数学"尝试指导、效果回授"实验,其两个主要自变量正是来自对全县初中数学教师有效教学经验的总结。这项研究得到各方面的认可,取得了极好的效益。

(五) 教育经验总结有助于增强教师业务素质,促进教育质量的提高

教师业务素质直接关系着教师教学工作的质量。总结教育教学经验是提高教师业务水平的一条重要途径。作为教育实践第一线的工作者,每个教师都会有自己分析问题和解决问题的独特体会和方法,因而每个教师都可以结合自己的教学实践活动,有意识有目的地总结自己的心得体会。例如,教学模式优化的新措施、活动课组织的新做法、班级管理的新尝试、转化后进生的新经验等等,都可以不断积累资料,进行经验总结。善于总结经验的教师,其业务水平会进入一个良性循环的自我提高过程,从而不断地从更丰富、更广阔的层面上掌握教育教学规律,取得良好的教育教学效果。

如某校以建立新型师生关系为课题实验切入口。1999年第一学期,该校全体教师都写了各自的教育经验总结。其中有:《建立平等和谐的师生关系》、《让每一位儿童受到尊重》、《让师生走得更近些》、《和风细雨润童心》、《摒弃错误的评价,树立良好的教师形象》《转变差生用"六心"》等等,不胜枚举。教师的体会有深有浅、有长有短、有广有狭、有成熟有不成熟,但从整体看都有思想、内容丰富、异彩纷呈,主旋律是建立新型的师生关系,走自主创新性学习之路。这些认识在一年前很少有人提起,一年之后,却如雨后春笋一样出现,有望形成一种师生和谐的教育氛围。

四、教育经验总结的特点

教育经验总结法与其他教育科研方法相比,有着自身的一系列特点:

(一) 经验模式的独特性

由于经验的产生和经验的总结都要经由一个个独特的主体,因而难以找到统一的规则和普遍的模式。这就是说,经验模式具有独特性和个体差异性。体验性经验尤其如此。这些经验难以言传,但从效果中可以体会到,这和理论思维形成了鲜明的对照。个人的教育经验往往与个人的独特气质、独特遭遇和个人处理事物的独特方式相联系。如某位教师总结处理学生打架的经验。[1] 两个学生在操场上打得不可开交,教师不慌不忙地来到操场,两个学生正打得起劲,并不松手。教师这时可以断喝制止,也可以强行拉开,但这位教师没有这样做,却喊:"大家来看打架呀,好精彩!"学生一听住了手。教师说:"怎么不打了?打呀,让大家来看打架表演嘛!"学生自然不愿当众出丑把事情闹大。教师说:"不打了吗?好,跟我来!"带到办公室,这时教师不是训一通,也不是不着边际地来一通说教,而是让两人站在办公桌前,自己只管改作业,晾了半天,学生慢慢气消了,头脑不发热了,甚至有点儿自感鲁莽,这时教师才来问究竟。经过一番调查询问:为什么事引起的,谁骂第一句话,谁最先动的手等等,并让各自检查回顾,最后问他们还有意见吗,能不能握个手表示。一场风波就以握手言和告终。这位教师开始用热激,后用冷处理,再具体细致地调查分析,剖析事理,解决了一件突发事件。

(二) 加工对象的生动性

经验总结的对象和内容是教育工作者在长期教育实践中创造研究的行之有效的经验、做法,它们直接来源于教育实践,以生动的活动形态体现在教育过程之中。同时,经验总结的成果,又可回到教育实践活动中直接指导工作。

(三) 方法的综合性和感性、具体性

教育经验总结实际上是对多种教育科研方法的综合运用。在搜集经验资料时,要运用调查法与观察法;在从已有的事实上升到理论时,需要运用分析—综合、归纳—演绎的逻辑方法;在总结和阐述经验的普遍联系和意义时,需要运用文献法;当总结经验形成了一定的理论观点之后,还可能要运用实验法作深入的验证和因果研究。教育经验总结所依据的知识基础是经验,即关于事物的局部和外部联

---

[1] 刁培萼、吴也显主编:《走向自主创新性学习之路》,上海远东出版社2000年版,第273页。

系的感性知识。总结的内容和操作程序是直观可见、具体易行的。

（四）方式的回溯性

经验总结方法是实践之后的反思方法，它必须在某项实践活动之后启动，并且是在这种实践中的经验已经大体形成之时才着手分析总结的。因此，经验总结法运用于研究随时间而变化的教育过程。

同其他的教育科研方法相比，教育经验总结法也有它的局限性，表现在：（1）所得到的结论一般是定性的，描述性的，没有也很难有深刻和缜密的理论说明，因而在推广过程中难以准确传播；（2）经验产生于具体条件下，其有效性受制于现实环境，超过了一定的范围或当实践的环境和条件发生变化后，其推广时有效性会降低；（3）经验本身和经验总结过程均难以避免主观性，与观察和实验相比，它的客观性要低，甚至有时候会犯自鸣得意的经验错误。

经验值得总结，又必须经由总结。为了扬长避短，充分发挥教育经验总结的作用，要注意遵循以下基本要求：

第一，选择有代表性、有典型意义的对象，总结教育经验要重视考察经验推广的社会效益。

第二，要全面考察，综合研究，定性与定量相结合。经验通过经验性思维和经验型方法而获得，而经验总结则需要进一步通过分析型方法和系统型方法而获得较为深刻的理论。单个的教育现象并不是孤立的，而是整个教育系统的有机组成部分。在总结教育经验时，应该对教育活动的全过程进行综合考察，用分析的方法多层次、多侧面地对教育经验进行剖析，以避免片面性和就事论事。例如，对某校学生成绩提高的事实，总结经验时就应该对该校工作进行全面分析，不只是考察教学、管理上有什么新措施，还要考察该校是否注重学生的全面发展，课业负担是否过重，学生是否学得生动活泼等情况。同时应把定性分析和定量分析结合起来，既要关心教育实践活动的过程、环境的基本性质，又要关注教育活动中各个因素和结果的数量变化，因为量化指标更便于不掺杂偏见、不受暗示地对教育经验作出客观的描述。总之，没有定量分析，经验总结易出现主观臆断。

第二节　教育经验总结的方式和步骤

经验分为个人经验和群体经验两种，由此，经验总结的方法也分为个人经验总结的方法和群体经验总结的方法两种情况。

一、个人教育经验总结的基本方式

个人教育经验的总结可归纳为如下三种基本方式。

（一）将先进的理论、观念转化为教育经验技能

教育工作者个人总是自觉不自觉地在某些教育理论和教育观念的影响或支配下从事教育实践。事实上，任何一种理论必须通过经验思维这一中间环节才能与教育实践活动、教育客观对象发生联系，理论只有转化为经验技能才能指导实践。

这种经验总结的主要环节可描述为：第一步，对照先进理论或观念找出（或创出）与之相符的目标、内容、方法或策略，形成某种操作体系；第二步，结合个人自身特点、具体的教育对象和教育环境，把新的操作体系付诸实施；第三步，观察实施效果，若与先进理论的预期相符，则证明理论正确、有效，实践者本人也在此过程中获得了由理论转化而成的教育经验技能；若不符，就说明存在着问题。当然，不能轻易否定理论，而应该反复验证，查明问题所在。

（二）从实践中发现问题，尝试改进，及时总结

教育工作者面对活生生的人，复杂的受教育者群体，而且这个群体处在生长变化之中，他们成长的时代和环境也处于变化发展之中，教育者往往不断遇到新的问题，产生新的困惑，已有的经验常常显得捉襟见肘，这时富有创造性的教育工作者就开始进行尝试：感觉问题之所在，提出改进的种种假设，积极地进行尝试并及时总结。无论失败还是成功，教育工作者通过这种经验总结，极大地提高了自身的业务素质。下面请看河南安阳人民大道小学的一个经验总结实例。

现在的课堂教学，虽然可以说对知识的传授很系统，学生参与的人数相对来说也比较多，但我仍感到不满足，看得出学生也不很满足，很难达到那种欲罢不能的境界。细想起来，还是课堂上教师问得多，而学生只能跟着教师的问题走，很少有自己独立的思考空间。尽管在思想上我很重视让学生独立思考，鼓励学生想问题，可总是在课将结束时才问学生还有什么问题。在课的进行中我很少给学生创造提问的机会，因而孩子们也就乖乖地听我讲并回答我的问题，跟着我的问题思考。如果他们能随时将疑问暴露出来，将自己的想法讲出来，教师的教学随着学生的问题展开，那又是一种什么情景呢？学生的问题多于教师的提问，是我致力追求的境界。

学生的疑问要随着知识的学习不断产生，那就应让学生充分说出来，让大家讨论，教师也参加讨论。我做了有益的尝试，效果很好。

"你们过去在哪儿见过千米这个词呢？""关于千米你都知道些什么？"大家纷纷举手，很踊跃。

"我坐汽车时看到仪表上写千米这个词。"

"我听大人说1公里就是1千米，为什么不叫公里呢？"

"出租车上写每公里1元，是不是说行驶1千米要交1元钱？"

"说河流有多长时都用千米做单位，我想千米就该是个长度单位吧！"

"千米与米有什么关系呢？""1000米就是1千米吗？"

"坐火车时，我听爸爸说火车每小时行驶60公里，现在我知道了火车1小

时行驶60千米。"

"我们量教室的长度都说几米几米的,可要是量安阳到北京有多远,还用米来量就太麻烦了,所以人们就发明了千米。"

至此,学生明白了千米在生活中应用很广泛,也知道了量很远的距离时要用千米作单位。这时又有学生说道:"米用字母 m 表示,克用字母 g 表示,千克用字母 kg 表示,我想千米是不是该用 km 表示呢?"大家不由得连连点头。

这节课从引入千米,到建立千米的概念,再到米和千米间的进率以及用字母表示,都是在与学生的谈话中完成的,那么自然,那么及时,孩子们那么投入,表现得比过去积极得多,虽没有按教师设计好的程序进行,但却完成了教学任务。对学生来说,得到的不仅仅是知识,而且更重要的是求知欲望的满足和思维习惯的培养、思维能力的提高。我也在这良好的氛围中感到一种内心的满足,并悟到了一个教学的道理,这就是:思维开始于问题,学生的思维是伴随着层出不穷的问题而展开的。教学就是教会自学;教会自学就是教会学生自己提出问题。那些"教师问、学生答"的所谓"启发式",是形式主义的,往往是把学生当做应声虫,这在实质上是压抑了学生的主体性。(作者:刘可钦,1995年)

刘可钦老师感觉到教学中存在的问题是:"教师问、学生答"的启发式没有真正充分调动学生的思维和学习的主体性。她进行了经验反思,作出了尝试,获得了有效的教育经验技能,也深化了对先进教育理论的认识。

(三)点滴归纳,自觉总结

教育工作者在教育实践中,只要是有心人,就会观察、回味、琢磨,并伴随着惊讶、怀疑、兴奋、紧张、释然、满足等情绪情感。如果能增强经验总结的自觉性,必然会极大地增强业务能力和理论素养。伟大的教育家苏霍姆林斯基,就是这样在平常的教育教学工作中,以一定的问题作为自己思维的明确目标,促使自己自觉地思考,为世界贡献出了不朽的教育著作。

例如:一位教师思考"40分钟有多长?"这样一个看似细致而普通的问题,通过点滴经验总结,明确了要充分利用课堂的每一分钟,让学生充分思维,需要教师在课下的积累和探索,更深层次地理解了"台上一分钟,台下十年功"。

又如一位教师通过长期的观察和总结,对一件校园事件发表的评论:

有一位教师,批评一个上课铃响主动来擦黑板的孩子:"谁要你假积极!"孩子在教师的讥讽下,在同学们的嘲笑中,自尊心受到严重挫伤,几年都不再为集体做事,几年都恨这位教师。如果这位教师说:"看,×××同学能为老师上课着想。"那孩子可能高兴得脸红红的,他会因教师尊重他、鼓励他而更看重自己,更积极为班级做好事,更爱这位教师。遗憾的是这位教师以个人的好恶,伤害了孩子的自尊与积极性。

许多伤害孩子身心和侵害孩子权利的事,都源于教师习惯于"予取予夺"的统治态度,这种高于学生、凌驾于学生之上的垂直僵化的关系,已渗透到教师生活的角角落落,成为教师的思维方式、操作方式、生活方式,动不动就表露出来,当被伤害的孩子苦恼得怕上学,甚至出事故时,教师还大吃一惊,说:"我没想到会这样严重!"[①]

二、群体经验总结的主要步骤

群体经验总结一般要经过发现经验、总结和筛选经验、推广经验三个步骤。

(一) 发现经验

发现经验和教训是在已经掌握的资料和初步调查的基础上确定进行经验总结的研究课题和研究对象。

确定经验总结的研究课题时,首先要考虑教育实践中存在着哪些迫切需要解决的问题。其次要考虑教育实践中工作方法的实际成效,先进的教育经验往往首先是因其与众不同的成效而引人注目,教育成效是发现教育经验的一个良好的指标。最后,要限定教育经验的约束条件,明确教育经验的适用范围。例如,总结教学方法的经验,要准确说明教育者自身素质、教育对象的特征、教学内容等,对产生教育经验的某些特殊条件和因素也要作客观、系统的描述。这是由经验的适用特点决定的。

研究课题确定以后,就要进行调查了解,选择一定的单位群体和个人的经验加以总结。凡有教育实践活动存在的地方,就一定存在着反映了客观规律的教育经验,它们值得去发掘、提炼和概括。重视对广大教育工作者创造的点滴、片断或局部经验加以系统化、理论化,才能使教育改革具有广泛的基础和活力。例如一位普通农村中学数学教师在数学作业上实行"一本制",即只给每个学生配发一个作业本,逼着自己及时批改作业,迅速掌握学生的情况,作业当堂做、当天改、当天发还学生做家庭作业。调查者发现,这就是他教学质量高的"秘诀",这里面实际上反映了教学的"反馈—强化"原则。研究者想要全面考察教育的过程,就更需要把一般的教育实践经验甚至失败的典型教训纳入总结研究的对象。经验总结的对象包括好、中、差,范围上"点"、"面"结合,这就可能获得完整丰富的经验。

(二) 总结和筛选经验

1. 搜集掌握有关资料

围绕经验总结的中心内容,广泛搜集和查阅有关的历史和现实资料,如有关方针政策、国内外研究动态及研究对象的社会、文化、经济、地理背景等。这样有利于进一步明确经验的指导思想、目的和任务,也同时避免了盲目摸索或重复已有的成果,提高经验总结的起点。掌握有关参考资料也是为了取得新科学理论对经验总结的指导,使总结到的教育经验具有一定的深度和高度。

---

① 刁培萼、吴也显主编:《走向自主创新性学习之路》,上海远东出版社2000年版,第270页。

2. 制订总结计划

总结计划是对经验总结过程的事先构想,包括总结的起始、程序、实施、分析、综合及验证。

3. 搜集具体事实

经验总结总是以具体事实为依据,如实反映教育实践的本来面目。事实材料纷繁复杂,总结教育经验时主要应该掌握哪些事实呢？首先应根据本次研究课题来确定和收集教育实践工作因前后变化而形成的有鲜明对比反差的材料,掌握由于某些教育实践措施的实行所产生的真实效果。这类材料对探索和证实教育经验的有效性、对探寻其中的因果联系有着重要意义。其次,从事实材料反映的范围来考虑,应当既掌握说明整体概貌的材料,也掌握说明具体方面和部分的典型材料。最后,从事实材料的性质方面考虑,既要掌握定性的资料,也要收集和整理量化资料。例如要说明某项教学改革所取得的效果,就既要有具体数量指标的全面统计资料,又要有总体效果的前后对比、典型学生的前后对比。定量与定性不能脱离,只定性,易主观臆断;只定量,就会成为数字的堆积,因为教育现象是复杂的现象,不能盲目追求数量化。

4. 进行分析和综合

分析和综合是经验总结中的由具体事实上升到理论观点的重要环节。在充分占有大量客观事实的基础上,只有运用分析、综合的逻辑方法,才能使获得的事实材料条理化、系统化。在对教育经验进行分析、综合时,首先要按照经验总结的目的要求,对事实材料严加审核、去伪存真、去粗取精,以保证事实材料能真实反映总结对象。其次,要认真分析实际材料本身所提供的普遍意义和社会效果,分析哪些做法有所创新、哪些方面有待考察,经过初步的分析加工,为事实材料的概括提供可靠的依据。其三,准确、严密地运用判断、推理、抽象、概括等工具,从丰富多样的事实引申出精练、正确的观点结论,以便进一步将丰富的实践上升到教育科学理论的高度。

同时,必须认识到教育实践活动是由多种因素构成的,因此在总结经验时应对教育环境进行全面的了解和分析,将创造教育经验的环境和相关准备条件也看作是教育经验的有机组成部分。例如,总结某一教师教学效果好的经验,不仅要分别地比较其教学效果方面的指标,还应对教师的个人特点、学生素质、教学方法的前后变化、学校教育管理方面的配合等方面的情况进行全面的分析,这样得出的结论才更可靠,更便于推广。

5. 组织论证

经过以上的工作之后,便可写出教育经验总结的初稿,组织不同形式的论证。论证应以经验总结研究人员为主体,并请主管部门的领导、教育专家、教育理论工作者、教职工和学生参加。对论证的结果要慎重对待:对于认可意见应根据论证情况作修改补充,完善经验总结报告;对不予认可的意见要慎重分析研究,认真反思否定意见的原因。

6. 总结研究成果

总结研究成果在经过论证的总结报告初稿的基础上，进行加工修正，从内容到表述形式都作反复的推敲，写出正式的符合规范的书面经验的总结报告。

（三）推广经验

推广经验是教育总结的一个重要步骤和有机组成部分，这是教育经验总结法不同于其他科研方法的一个特点。

先进经验有几个衡量标准：(1)现实性，经验应符合社会和教育发展的现实情况，对教育教学领域内长期难以解决的问题有所突破，对改进现时教育工作提供具体的途径、方法。(2)典型性，经验在适当的范围内具有真实的代表性，并且经受了时间的考验，经验的形成和发展已进入了相对稳定的状态，经得起实践上的检验和理论上的辩驳，不带偶然性。(3)适用性，经过总结、提炼的群体经验、个人先进经验，应适用于普通的教育环境和普通的教师、学生，应具有广泛的群众基础，在一定范围内已经能够被广大教育工作者普遍接受、采用。优秀的教育经验应该是学之可谓，用之有效的。(4)创造性，先进教学经验中包含有革新创造的成分，从做法、手段或观念上给教育工作带来活力。

推广教育经验可以借助于许多形式和途径，大体上可以分为直接推广和间接推广两种类型。

直接推广指由教育行政部门、学术组织或学校主办，有目的地组织经验总结者和被总结对象，采取会议上或示范的形式直接交流或传播教育经验，并由主管部门提出推广经验的要求。具体形式有：(1)举行先进教学经验的交流会或讨论会。(2)先进教育经验展览和演示活动。(3)开展个人或小组形式的示范和传、帮、带活动。

间接推广是将先进的教育经验制成书面材料、视听资料或软件的形式，通过各种组织、传播媒介、大众活动的广泛宣传，扩大影响，促使先进经验得以传播实施。

此外，经验如何被掌握被吸收也是值得研究的，这关系到经验总结的效益问题。

先进教育经验经推广而被吸收的过程，由形似到神似，实际上是一个复杂的信息处理过程、认识体验过程、演练操作过程，这一过程大体可分为三个小阶段，它们分别是经验的外演、经验的反思和经验的内化。

经验的外演是指经验被认知、了解后，学习者根据对经验的理解所进行的方法操作和实际运用。它包括模仿、重演和试用三种具体形式。它通过学习者自己的实用体验而达到对先进经验的初步掌握。

经验的反思是指在对先进经验的模仿、重演、试用等基础上，对经验运用过程的思考和总结，是对经验自身的再认识。

经验的内化是从对先进经验的熟练运用开始的。它在对经验的反思的基础上通过对经验的实际演练而达到对先进经验连贯实施的运用程度。熟练使所学的经验成了经验学习者的一种"财富"，即成为他能力或品质的一个构成部分。这时候是神似而不一定是形似。

第三节 教育经验总结与教师发展

教育经验总结,是教师发展,尤其是教师专业发展行之有效的方法之一。教育经验贴近教师,融合渗透于教师日复一日的教育教学工作之中。具有积极主动的总结教育经验的态度,和行之有效的总结教育经验的方法,教师就可能得到迅速的发展,反之,教师就可能错过很多宝贵的经验,贻误很多发展的机遇。

以下我们以几位著名特级教师的成长历程为例,阐述教育经验总结对教师发展的意义。

一、教育经验总结范例举隅

(一)从身边发现经验

1. 魏书生:意外的收获(1978年)

……到后进班,再怎么讲,学生也不懂,反驳的、打闹的、下座的、睡觉的,都有,这就迫使我不能只考虑专家怎么要求,教材怎么规定,我必须从自己班级的实际出发,为不同的学生服务,同不同水平的学生商量。

我至今清楚地记得第一次给慢班学生上作文课的情形。

"我们学习写一篇作文好不好?""我们不会作文。""不会作文才要学呀!""学也学不会。"

我领着同学们扫烈士墓,回来以后问大家:"感觉怎么样?""挺激动的。""把这种感觉写出来,就是好作文。""老师,就是写不出自己的感觉嘛。"

"实在不行,我就把我写的文章慢慢读给大家听,大家能听写下来就算完成任务,行不行?"

"不行,我们许多字不会写!"

"会写的字写上,不会写的字用汉语拼音来代替,行不行?"

"我们不会汉语拼音。"

面对这样艰难的教学局面,魏书生老师不但没有气馁,反倒积极思考,探究现象背后的原因,思考新的教学对策。他从中总结出如下经验:

"指责没用,埋怨没用,只能站在学生的角度,找到大家的起点,引导同学们一步步朝前走。"经过魏老师的努力,这堂课意外成功了,他后来总结道:"认真想起来,成功的原因,主要还在于,我着眼于为学生服务,同学生商量。于是师生心心相印,形成互助关系,课自然充满了活力。"

2. 邱学华:捕捉经验的种子(1951年)

"教师不先教,先让学生试一试,学生在尝试中学习。"这是个大胆的设想,在我头脑里已酝酿很长时间了。

　　1951年,那年我才16岁,在省立常州中学读高中一年级,由于家庭经济困难,我毅然离开学校到农村小学当代课教师了。那时跟着老教师上课,用的是满堂灌的方法,教师要讲得清清楚楚,明明白白,甚至还要讲深讲透,等学生都听懂了,点头了,然后去做练习。这套教学方法,教师讲得辛苦,学生学得吃苦,成绩又平平。这套传统的教学方法能不能改呢?

　　作为代课教师,16岁的邱学华脑海中闪过了一道思维的闪电,这道绚丽的闪电,就是后来闻名于世的"尝试教学理论"的种子。邱学华看到了别人的失败,看到了他人习以为常中的"不寻常",开始苦苦思考解决问题的良策。但毫无疑问,此时的"学生在尝试中试一试"还只是一粒待萌的种子。正是邱学华捕捉到了这颗种子,并精心地呵护她,才使她后来成就了一棵参天大树,没有让她如一颗流星一样一闪而过。正是在不断探索与总结"尝试教学"的经验过程中,邱学华得到了迅速成长。

(二) 经验提升中创生理论

　　经验总结,推动教师的发展。获得更高层次的发展之后,教师通过对"经验的筛选与进一步系统化",在积极主动的理论学习下,促使经验向理论转变,创生新的教育理论,从而也完成了自身更高的发展。

　　以下,是著名特级教师李吉林与邱学华从教育经验总结到创生教育理论的生动事例。我们从中可以看到,教师在从一个富有经验的、教书育人的"行家里手",跃升为一名具有系统理论修养的教育专家的过程中,教育经验总结在其中发挥的不可或缺的巨大作用。

1. 李吉林与情境教育(教学)理论

　　正如李吉林老师自己所言,最早萌生"情境教学"念头,是在外语教学中获得灵感的。看到外语教学中"情境教学"的运用大大提高了教学效果,李老师就想:"外语的情境教学是否可移植到我们中国的汉语教学中来,使小学生学习汉语的语言文字,不至于那么困难、枯燥、苦恼呢?"于是,李老师开始大胆地在小学语文教学中进行试验,形成了自己独特的"小学语文情境教学"理论。

　　李老师后来回忆说,"作为情境教学的探索者,对它的认识是在实践的基础上逐步加深的,实验由局部到整体,认识也由感性逐渐上升到理性"。后来,以李老师为领导的团队通过不断学习、探究与实验,形成了影响更为广泛的"情境教育"理论,同时造就了以李吉林老师为代表的一大批优秀教师群体。

2. 邱学华与尝试教学理论

　　正如前文所述,"尝试教学"的念头很早就出现在邱学华老师的脑海里,邱老师不断地开始试验、研究。但由于当时邱老师工作的乡村小学条件差,而且初入教坛的邱老师自身也缺乏相应的素养,所以所谓"研究",也不过就是一种原始意味很浓的"尝试",或者说是有意识地搜集"尝试"的经验,再不断地修改、完善经验。但是邱老师没有轻易放弃。华东师范大学教育系四年的本科学习,开始为邱老师真正的教育实验插上了翅膀,但邱老师真正的腾飞还是改革开放之后。邱老师后来回忆说:

"'学生能不能在尝试中学习'这个思考已久的问题,重新在我头脑中浮现。党的十一届三中全会后的大好形势鼓舞着我,时机已经成熟,我决定进行系统的教学实验,来证实这个大胆的设想。

'教师还没有教,先让学生尝试练习'这个设想步子太大了,大部分教师很难接受,不敢试验。我找到我的学生,研究班的学员,劳动中路小学的徐延春老师,他一口答应参加试验。我们就在他教的四年级开始试验。我制订了实验方案,大家共同上课,他上课我听,我上课他听。实验取得了成功。实验证明:'学生能在尝试中学习。'原来的大胆设想,已成为现实。"

二、案例评析

上述案例显示,教育经验蕴藏于教师日常教育教学之中,但又以原生态的形式呈现:零散、隐蔽,有时还"相互矛盾"。只有当教师具有主动性与积极的姿态,才可能意识到它的存在,发现并筛选、提炼出有价值的成分。教师也在此过程中得到发展。

魏书生面对慢班"意外的收获",自然也会与我们一样"喜出望外",但是,魏老师不是仅仅止于"喜悦","喜悦"之后,他思考"成功"背后的秘密,开始经验总结。由此,感性的喜悦换来了理性的收获。邱学华老师在别人司空见惯的挫败中萌生出扭转局面的念头,他紧紧抓住这个念头,并主动把经验探索赋予千百次教育实践的"尝试"之中,"咬定青山不放松",终于闯出了一条崭新的大路。李吉林老师是在他人经验之上,找到了嫁接自己教育智慧的"母枝",通过尝试、总结与实验,不但成就了一个著名的教育理论,也催生了一大批本土的教育家。

教育经验蕴藏于教师的教育实践,教育实践的主体——教师,在教育经验总结过程中具有得天独厚的优势。从这个意义上说,教育经验总结是最适合一线教师的"贫民化"的研究方法。但是,能否发现身边的经验,能否筛选出有价值的经验,能否行之有效地提炼这些经验,仍然需要教师有高度的专业责任心、自觉的专业意识、合理的经验总结的方法。而要将经验提升到理论,就更需要教师具有远大的理想、坚韧的意志与深厚的理论修养。教师发展,有赖于教育经验的总结、提炼与升华。关于教师知识结构的研究表明,优秀教师的知识结构中有一块重要的组成部分,就是所谓"实践性知识",这是产生于实践、基于实践并可有效应用于实践的知识,它往往不可"明言",以一种隐性的形式存在。对教育经验总结的重视,就是当代教师发展过程中,人们有意识地关注它、走近它并利用它的一种努力。

教育经验总结与其他教育研究方法之间的确存在区分,但并不相互排斥。在很多时候,经验总结成为其他研究方法的"灵感"、基础与佐证的方式。

探究与操作

1. 采访一位中小学教师,帮他或与他一起从"失败的"或"成功的"教学事件中提炼和总结经验。

2. 教育经验总结这种方法有何特点和局限性?怎样理解教育经验总结中的经验思维方法和理论思维方法?

3. 举出一位教师运用"教育实验"进行教育经验总结的事例,并分析其值得学习与需要注意的地方。

4. 进行个人经验总结和群体经验总结各有哪些基本方式?比较两种总结的优劣。

5. 对下面的教育经验总结实例加以概述和评价:

"那次,我差点犯错误了!"[1]
海门市东洲小学　刘　耀

——教师要爱护学生的点滴发现,善于引导学生各抒己见。

人教版《小学数学》教材第11册第116页例4是这样的:"街心花园中圆形花坛的周长是18.84米。花坛的面积是多少平方米?"教学时,我采用尝试法,先让学生独立解答,再集体交流。巡视时,我发现绝大部分同学都想到了先求出圆的半径,再求出圆的面积这种方法。唯独小A同学列出了这样的式子:(18.84÷2)×(18.84÷3.14÷2)。我考虑片刻后,看不出有什么道理,心想:这孩子真是不动脑筋,怎么会这样列式。集体交流时,看到小A高高举起的右手,我无可奈何地让他报出式子,并听他讲述理由:"我是采用上一节课学习的推导圆面积公式的方法,将这个圆剪拼成一个长方形,这个长方形的长是圆周长的一半,即(18.84÷2),这个长方形的宽就是圆的半径,即(18.84÷3.14÷2),长方形的面积等于长乘以宽,所以,圆的面积就是(18.84÷2)×(18.84÷3.14÷2)。"

讲得多好啊! 我惊呆了,全班同学也都不由自主地报以掌声。他的这种解法,正是在完全领悟上一课圆面积推导公式的基础上得出的,且方法简洁明了,我大大地表扬了他,并给他的星级榜上加了一颗闪亮的金星。

课余,我陷入了沉思:好险哪,我差点犯下了不可饶恕的错误! 如果我不是那么民主,如果课堂气氛不是那么和谐,如果我没有耐心地听他讲清理由,我就会扼杀了他的创造性,可能会遏制了他学习数学的兴趣,还可能会影响他整个的人生……这该是多么深切的启示啊——教师要尊重每一个学生,认真推敲学生的每一条意见!了解学生再深一些,全方位、多角度地想问题。也让我们的课堂更民主、更和谐一些,要善于引导学生主动地交流学习感受,勇于各抒己见,倾听各种声音。这样,我们的课堂定会充满笑声,充满成功,收到意想不到的效果。

拓展性阅读材料

1. (美)莎兰·B·麦瑞尔姆著,于泽元译:《质化方法在教育研究中的应用:个案研究的扩展》,重庆大学出版社 2008 年版。

2. 杨小微主编:《教育研究的理论与方法》,北京师范大学出版社 2008 年版,第 10 章"教育案例研究"。

主要参考文献

1. 杨小微主编:《小学教育科学研究》,北京师范大学出版社 1998 年版。
2. 方苹著:《苏联关于研究和总结先进教育经验的讨论》,见瞿葆奎主编,叶澜、施良方选编:《教育学文集·教育研究方法》,人民教育出版社 1988 年版。
3. 李吉林等著:《李吉林情景教学——情境教育》,山东教育出版社 1999 年版。
4. 教育部师范司组编:《魏书生与民主教育》,北京师范大学出版社 2006 年版。
5. 邱学华尝试教学在线:http://qiuxhua.no24.cuttle.com.cn。

第十章
教育文献研究

学习目标

理解文献、文献法和教育文献研究的内涵以及进行文献研究的意义;学会查找、整理和分析教育文献;了解以定量的方式对文献进行内容分析。

内容提要

本章首先概述了文献及文献研究的作用,以及文献的搜集、鉴别和整理;继而介绍了如何对教育文献进行二手分析;最后一节重点讨论了内容分析的含义及与文献法的异同,以及内容分析的步骤和类型。

重要概念和术语

文献　文献法　教育文献研究　网络数据库检索　内审法　外审法　第二手分析　内容分析法

"排云御气奔如电,升天入地求之遍,上穷碧落下黄泉。"古人用这三句诗形容做学问查找文献资料的艰辛。然而,在全球化信息化的今天,"一键在手"常常就可以"轻松搞定",大可不必"上天入地"似的折腾。当然,原始性文献的查找仍然是十分辛苦和艰难的。

如果你想知道从哪里可以迅速地找到你想要的文献,如果你想判别找来的这些文献的性质真伪和品质高下,如果你想了解如何对这些文献资料进行量化处理,如果你想学会如何将文献分析结果写成综述从而找准某项研究的起点,或者写成研究报告独立成篇……阅读这一章将会找到答案,同时也会使你渐渐感到不能满足而去拓展或深化你的探究与发现。

文献法并不是一种简单的收集资料的方法,也不仅仅为别的方法服务,而可以是一种独立的研究方法,既包括资料的收集也包括对这些资料的分析并得出结论。它与其他方法显著的不同之处在于,不与研究对象直接打交道,而是间接地通过各种文献获得信息,一般又被称为"非接触性方法"。

第一节 教育文献研究概述

一、文献及文献研究的作用

（一）文献的含义[①]

文献是指记录有关知识的一切载体。它包括那些记录有已经发表过的或虽未发表但已被整理、报导过的知识及其他信息的一切载体,其实文献形态可以是多种多样的,如图书、期刊、学位论文、科学报告、档案、实物形态的历史文物、音像资料、微缩胶片以及计算机使用的磁盘、光盘和其他电子形态的数据资料等等。教育文献,是指一切用各种符号形式保存下来的、对教育研究有一定历史价值和资料价值的文献材料。

文献资料对于人类社会历史文化的发展和研究工作有着重要的价值。正是由于站在前人的肩膀上,正是由于吸收和借鉴已有的研究成果,人类社会才有可能发展如此迅速。教育研究要充分地占有资料,必须进行文献研究,掌握研究课题有关渊源和科研动态,了解前人已经取得的研究成果和其他研究者取得的进展,这也是任何科研工作的必经阶段。

（二）独立展开的文献研究的意义

本书已经就文献查阅及综述在教育研究中的价值作了展开阐述,揭示了文献检索对整个研究的主要贡献,如帮助研究者全面而系统地了解课题相关领域中已有研究者做了哪些工作,由此确定研究课题可能切入的领域并提出恰当的假设,提供一些可能对当前研究有启发意义的研究思路和方法,避免研究者做无意义的重复劳动等等,所以这里不再赘述。

文献研究除了对几乎一切研究起到辅助作用而外,自身还是一种独立的研究方法。文献研究作为独立研究的意义,在信息充分涌流的社会尤其意义非凡。面对浩如烟海的文献,不是所有的研究者都有时间和耐心去全力对付的,若有人愿意"付出",做出一个个高质量的文献研究报告,不仅同行学者因而得以广泛分享,而且,亲历文献探究者也能从中获得灵感和创意。

下面是一个具有创意的文献回顾的例子:[②]

> 当研究探索新的领域,过往的文献与理论可能就有所不足,难以建构可供该研究参照的概念架构。克里斯曼是教育行政研究所的学生,她通过搜寻文

[①] 杨小微主编:《小学教育科学研究》,北京师范大学出版社1998年版,第204—205页。
[②] Marshall, C. & Rossman, G. B.著,李政贤译:《质性研究:设计与计划撰写》,台湾五南图书出版公司2006年版,第58—61页。

献的方式,来找寻可供参照的概念架构,以兹展开有关女性重返研究所就读的研究。

一方面,克里斯曼搜寻有关女性重返研究所就读的文献,另一方面,则是她本身与研究所教师,还有其他同僚或同学之间的互动。结合这两方面的经验,她找出了若干相关而富有挑战性的研究问题。过往的研究主要在于确认并描述重返研究所就读的女性的人口学样式,另外,就是针对服务这类女性研究生的支持方案的效益评估研究。其中,颇多研究采用调查法,或准实验的研究设计,研究的焦点集中在结构与/或产物。很清楚地,这些研究的问题概念架构并没有处理到历程的层面。因为强调经验、经验的意义,以及历时的发展,所以她的研究便朝向成人社会化的理论领域,从中发展出研究的概念架构。在如此的架构定位下,该项研究的目的就变成描述与分析这种社会化所在的脉络,以及其中的各种互动与历程。

持续检视女性重返研究所就读的经验之后,克里斯曼相信,将该等经验安置于社会心理的发展脉络之中,颇有助于厘定该等经验之于当事者的意义。事实上,最新的一些研究也已经隐约暗示,女性的人生阶段和她们对自身教育经验的理解,这两者之间似乎存有直接的关联。

另外,克里斯曼本身在育婴阶段的那几年经验,也促使她对于女性如何管理表达的/关系的/家庭事务的,相对于工具性的/公共的/工作职务的,这些领域的事务感到好奇。这种好奇最早是由于接触弗里丹(Friedan, 1981)《第二阶段》而激发的。随后,逐渐增多的社会科学家纷纷地好奇(Giele, 1982; Kanter, 1977; Piotrkowski, 1979; Smelser & Erikson, 1980)。这两个领域之间的互动是相当复杂的。在某些例子当中,这两个领域很可能会完全融合为一,以至于硬要截然区隔的做法,就会显得极为不自然。然而,重叠领域的构念似乎颇有助于构思该研究的问题概念架构。

克里斯曼引述坎特(Kanter)的研究来描述现场资料、文献与研究者本身反思之间相互作用的情形:

我们也不应该忽视本研究的另一个重要基础。当然,这个基础可以说是社会学、社会心理学、心理学与组织行文等文献探讨的延伸产物。我认为这部分的探讨对于本研究成功与否,乃是非常关键的。我在文献与研究实地之间,不断往返参照。一方面,我从文献当中,拟出各种研究假说与问题;另一方面,我检验实地观察的结果,思索是否能够类推到文献探讨当中出现的各种不同的情况。对于这点而言,我颇认同C·赖特·米尔斯(Mills, C. W.)的见解,那就是,阅读本身也是一种具有实效的研究形式。

打从研究一开始,克里斯曼就已经非常清楚,没有任何单一的理论,或实证研究文献,可以完整涵盖她的研究主题。关于复学女性研究生的文献,其焦点集中在评量各种设计来克服障碍的方案。而正视爱与工作之间互动的文献,则还处于新兴阶段。随着这类新兴研究主题的出现,原先功能论有关家庭领域与工作领域截然二分的预设也就被推翻了。家庭与工作领域不再被视为彼此不相连的独立单位,各自具有特定情绪、地点、功能与活动。

比较晚近的研究,其注意焦点则是朝往成人的发展本质,主要是社会心理学的探究,焦点集中在男性的人生阶段。吉利甘(Gilligan, 1982a, 1982b)与寇多洛(Chodorow, 1978)的批判指出,克里斯曼研究的女性,她们的价值与梦想,很可能和男性有所差别。在社会化理论的架构参照下,也许可以发掘性别的角色学习、专业承诺的发展。此外,研究所正式与非正式的各种结构,对于经历不同社会化的个人,很可能也会带来不同的冲击或影响。

虽然,克里斯曼的文献回顾,并没有将其研究问题明确地设定在某特定的理论架构之下,不过,其中确实揭示了理论与研究的不足之处,并且也让读者看到文献当中蕴藏的多项问题。这样一来,其统合式的文献探讨也就标志出该项研究计划的创新之处,试图走出一片亟待探索的新领域,将既有的知识以创新的方式予以连结,从而发展出新的扎根理论。

上述研究实例让我们看见,研究计划如何透过创意巧思,融合若干原本不甚相关领域的文献,从而建立别出心裁的研究概念架构。文献的整合协助形成研究的焦点,如此做法对于理论与政策都颇有贡献。该项研究计划的提案人——克里斯曼借由广泛参阅的各种文献,包括:社会学的角色理论、成人发展、组织结构与历程、女性主义理论等,奠定了丰厚的背景基础,如此而得以顺利地运用创意,提拟出跨领域的综合研究主题。克里斯曼并没有将研究狭隘地聚焦于单一主题,而是广泛地搜寻其他学派的文献,以兹厘定更具有启发性的研究概念。这样的努力,虽然费时耗力,过程充满混沌、暧昧不明的障碍,但是整体而言,在其投入创意文献回顾的过程当中,就已经提早将其研究的水平提升到了真正学术研究工作的境界。

二、文献的等次划分

教育文献按其内容的加工方式,可以大致地分为零次文献、一次文献、二次文献和三次文献,或称作零级、一级、二级、三级文献。零次文献通常叫作第一手文献,是指经历过特别事件的人撰写的,是未经发表和修饰的最原始的教育原始文献,如未发表的书信、手稿、讨论稿、草案和原始记录等。历史上形成的零次文献大部分收藏在档案馆、博物馆,而现实的零次文献,则分散在教育工作者和教育科研人员手中。这些文献中的大多数不是为教育研究而是为其他目的撰写的,如由个人原因而写的日记、教师日志、信件、私人自传等。非个人的文献则是由教育行政部门、学校、教育机构连续地记录下各种事件的材料,这类文献往往比个人文献要有结构。此外,还有口头谈话记录,包括管理人员、教师、学校职员、学生、学生亲属、学校赞助者或市民、政府机关人员的谈话,还有文物、教学材料、教材和学生作业样本。

一次文献一般指事件经过记录、研究成果及新知识和新技术的专著、论文、调查报告等文献。一次文献又被称作第二手文献,是事件实际目击者和参与者的证据叙述报告。记录原始成果的一次文献包括图书、报刊、研究报告、政府出版物等等。一次文献从研究目的来说往往价值受到局限,因为信息传递时会发生误差。有些类型的资料,从某些目的来看是第二手资料,但从另一些目的来看又是原始资料。例如,中学中国历史课本一般来说是第二手材料,它们通常是从事件的最初叙述中几次转述而得到的。但如果要研究中学中国历史课本中民族主义思想的演变,那它就成为原始文献了。

教育研究中的二次文献,又称检索性文献,是指对一次文献包括著作、论文进行加工整理,摘录其内容要点,并按照一定方法编排成系统的便于查找的文献。如书目、题录、文摘、索引等出版物。这类文献将分散的一次文献系统化、条目化,具有报导性、检索性、汇编性和简明性的特点,起到提供对一次文献进行检索的作用。

三次文献,也称参考性文献,是在利用二次文献的基础上,对一次文献进行系统的整理并概括论述的文献。此类文献不同于一次文献的原始性,也不同于二次文献的客观报导性,而是具有主观综合的性质。它反映了文献加工者对一次文献的见解,是对众多一次文献的综合研究结果。例如,教育研究动态综述、教学专题评述、教学进展报告等。

以上对文献级别的划分只是一种大致的、相对的方法,有些文献的界限并不十分严格,它只是说明文献来源的不同层次。

三、教育文献的主要分布

教育文献资料的分布广泛且形式多样,教育研究工作者对它们应有一定的了解。

(一) 日记、回忆录和自传

这三者都是当事人亲自所写的第一手文献。人们记日记的原因多种多样,但对于大多数普通人来说,记日记主要是把每天所发生的有意义的事记录下来。或者,通过记日记,达到自己跟自己进行交流的目的。还有人则是将自己在日常生活中所触发的思想火花记录下来。由于日记是人们从纯粹的个人目的出发,自觉自愿写下的,其内容常常是人们内心思想的自然流露,而且它常常会按时间顺序持续相当长的一段时期,因此,日记对于研究人们的思想、感情,理解人们的行为、性格,无疑具有很高的价值。但是由于日记属于个人隐私的范围,不经主人允许,其他人不能随意翻阅,所以这也给利用日记进行研究带来很大困难。

班级日志是学校教育记事的第一手文献。它记录了学校里班级群体中每天发生的教育事件,有时对教育研究具有独到的价值,可惜现在很少看到这种班级日志了。

回忆录和自传既有相似的地方,又有一定的区别。回忆录往往是作者对于自己在某一时期中的一些特殊经历的描述。在这一描述中,作者本人可以不是中心人物。自传虽然也是对作者亲身经历的描述,但是它却与回忆录有较大的不同。自传是对作者从某一阶段起,直至目前的生活历史,按时间顺序给出的连续性记述,传主是记述唯一的中心人物。回忆录对于研究过去发生的教育事件以及教育变革来说,有较高的价值。

(二) 信件

信件也常常作为一种描述事件或者描述人们对某种事物的个人感情的资料。比如,研究者可要求儿童或青少年以写信的形式反映他们的苦恼,从中可以进一步分析各级学校教育及家庭教育等方面存在的问题。

(三) 声像传媒

声像传媒是随着科学技术的发展而兴起的一种借助电子方式记录的文献资料。最具代表性的是网络传媒和电视传媒,它以多递质的方式描述各种事件或个人的心声。例如,2002年6月6日中央电视台《东方时空》中播出的反映成都市某小学六年级学生竞选"代校长"的节目。节目讲述了小学生勇于参与学校管理工作,力求亲自体验教育管理的过程。看到小学生们能言善语,使人备感欣慰。但是,从中又透析出小学生都有长大后成为"科学家"的理想,从孩子的身上反映了社会"精英"教育的思想还根深蒂固,忧虑他们成人后以一个普通劳动者参与社会生活的心态是否积极。这样的声像传媒文献也相当具有教育研究的价值。

(四) 书籍

名著要籍、专著、教科书、资料性工具书及科普读物等都属于书籍类。

名著要籍指一个时代、一个学科、一个流派最有影响的权威著作,如《学记》、杜威的《民主主义与教育》,凡中外古今著名教育家、哲学家的教育名著,它们是治学和研究的基石,大都作为学习必读书被收入各种导读书目。

专著(包括论文集)是就教育领域某一学科、某一专门问题进行系统深入的论述,内容专深。一般就某个问题的发展历史和现状,研究方法和成果,不同学派的观点和争论,以及存在的问题和发展趋势加以论述,并附有大量的参考文献和书目。专著的特点是见解独到、材料新颖,论文集往往汇集了诸多学者的论文,问题集中,论点鲜明,情报容量大,学术价值高,如瞿葆奎主编的26卷本《教育学文集》就属此类。

教科书是专业性书籍,具有严格的系统性、逻辑性。内容一般包括教育学科的基本理论,基本知识,学科领域内的科研成果以及讨论的问题。要求学术内容稳定,名词术语规范,结构严谨,叙述概括,文字通俗,可读性强。不足之处在于滞后于时代,时效性不强;四平八稳,不解决问题。教科书作入门读物可以,要进一步钻研则欠深度。

教育辞书和百科全书属于资料性工具书。教育辞书主要是提供教育科学名词术语的资料,它规范、准确,以条目形式出现。它有一定格式,第一句是破题,后面是基本论点。百科全书是对人类一切门类或某一门类知识的完备概述,不仅提供定义,而且有原理、方法、历史和现状、统计和书目等多方面的资料,着重反映当代学术的最新成就。百科全书既能提供最新的学术信息和研究成果,又能提供系统知识,其内容注重全、精、新,文字规范、严密、简洁。由众多学者专家撰稿,具有较强的权威性。《中国大百科全书·教育》于1985年出版,收入词目800多条,反映了教育科学的全貌及最新研究成果。

科普读物面向广大群众,是以普及教育科学知识为宗旨的通俗读物,有初、中、高级层次之分,文字浅显、生动,贴近日常教育、教学,但最新信息量少。

(五) 报刊

报纸和期刊均属连续出版物。报纸是以刊登新闻和评论为主的定期连续出版物,如《教师报》、《中国教育报》,还有《光明日报》、《文汇报》等大报的教育科学版。报纸发行广,信息快,但材料不系统。期刊,是定期或不定期的连续出版物,有周刊、月刊、双月刊、季刊等。又分为学术理论期刊,情报性期刊,专业性期刊和普及性期刊。教育学科的期刊主要有三类:一是杂志,刊载有关学术论文、研究报告、文摘、综述、评述与动态,兼容性强。二是会报、集刊、丛刊、会刊及高校学报。目前高校学报近900种,一般刊登专业性、理论性、学术性强的文章。三是文摘及复印资料,经过专门人员精选成册定期出版,有重要文章,并附有一定时期内主要文章的篇目索引,帮助研究人员及时掌握某一特定课题的文献概况。期刊拥有庞大的写作群体,出版周期短,内容新颖,论述深入,常反映有关学科领域研究的最新动态和最高水平,是科研工作者查阅文献最有效且简便的主要来源。我国主要教育研究期刊有(见表10-1):

表10-1 2010—2011年度CSSCI来源期刊:教育学(37种)

序号	刊 名	期 刊 信 息
1	教育研究	北京市北三环中路46号(100088) (010)82014985
2	高等教育研究	湖北省武汉市武昌喻家山(430074) (027)87543893
3	北京大学教育评论	北京市颐和园路5号(100871) (010)62751216 62754971
4	电化教育研究	甘肃省兰州市安宁东路967号西北师范大学(730070) (0931)7971823
5	中国电化教育	北京市复兴门内大街160号(100031) (010)66490924
6	清华大学教育研究	北京市双清路30号清华大学文南楼403室(100084) (010)62788995
7	华东师范大学学报(教育科学版)	上海市中山北路3663号(200062) (021)62232305

续表

序号	刊 名	期 刊 信 息
8	比较教育研究	北京市新街口外大街19号北京师范大学国际与比较教育研究所(100875)(010)58808310
9	教育与经济	湖北省武汉市珞瑜路152号华中师范大学教科院(430079)(027)67865330
10	教师教育研究	北京市新街口外大街19号(100875)(010)58807942
11	开放教育研究	上海市大连路1541号1301室(200086)(021)65631403
12	教育发展研究	上海市茶陵北路21号(200032)(021)64038952 34311989
13	教育研究与实验	湖北省武汉市武昌桂子山华中师大三号楼(430079)(027)67868275
14	教育学报	北京市新街口外大街19号北京师范大学英东教育楼教育学院(100875)(010)58805288
15	中国高等教育	北京市文慧园北路10号(100082)(010)62243806
16	教育科学	辽宁省大连市黄河路850号(116029)(0411)84258254
17	外国教育研究	吉林省长春市人民大街5268号(130024)(0431)85098501
18	中国高教研究	北京市西单大木仓胡同35号教育部中国高等教育学会(100816) (010)66097289
19	课程·教材·教法	北京市中关村南大街17号院1号楼(100081)(010)58758977
20	高等工程教育研究	湖北省武汉市珞瑜路1037号(430074)(027)87542950
21	全球教育展望	上海市中山北路3663号(200062)(021)62232938
22	复旦教育论坛	上海市邯郸路220号(200433)(021)55664241
23	高教探索	广东省广州市小北路155号(510045)(020)83566017

续 表

序号	刊 名	期 刊 信 息
24	现代大学教育	湖南省长沙市麓山南路932号(410083) (0731)8876856
25	现代教育技术	北京市双清路30号清华大学电教中心(100084) (010)62782405
26	江苏高教	江苏省南京市草场门大街133号(210036) (025)86275630
27	中国教育学刊	北京市西单大木仓胡同35号(100816) (010)64845699
28	学位与研究生教育	北京市中关村南大街5号(100081) (010)68912292
29	中国大学教学	北京市德胜门外大街4号(100120) (010)58581864
30	中国特殊教育	北京市北三环中路46号(100088) (010)62003358　62003367
31	远程教育杂志	浙江省杭州市教工路42号(310012) (0571)88065047
32	高教发展与评估	湖北省武汉市和平大道1040号(430063) (027)86534382
33	思想理论教育导刊	北京市德外大街4号(100029) (010)58581402　58581401
34	国家教育行政学院学报	北京市清源北路(102617) (010)69260513
35	现代远距离教育	黑龙江省哈尔滨市和兴路92号(150080) (0451)86301414
36	大学教育科学	湖南省长沙市麓山南路湖南大学期刊社(410082) (0731)8821123
37	教育与现代化	安徽省合肥市金寨路96号中国科技大学(230026) (0551)3602252

此外,《中国社会科学文摘》、《新华文摘》、《高校文科学术文摘》、中国人民大学书报资料中心主办的报刊复印资料《教育学》、《中小学教育》等文摘类刊物,也能帮助你更为聚焦地进行主题式文献检索。

四、教育文献的搜集与鉴别和整理

(一) 文献的搜集

要想在浩如烟海的各类文献资料中找到对特定研究课题有价值的文献,必须首先明确界定自己研究课题的范围和性质,确定搜寻的方向。其次要了解国内外主要教育期刊的分布及各期刊的特色,了解国内外教育图书、图片、音像、电子资料的主要种类和统计资料的概况,并知道从哪些机构查得这些文献。最后,要熟悉主要的文献索引和目录分类的方法,掌握文献检索的基本技能。在此基础上,才可能迅速准确地找寻自己所需的文献。

搜寻文献的策略和方式可以是多种多样的。一般遵循从宽到窄、从近到远、从易到难的路线。具体地说,研究人员根据研究课题的范围,先把要搜寻的文献范围定得略宽一些,适当包括相近、相关文献资料。在初步了解之后,再逐步缩小搜寻的范围,把精力集中到主要的核心的文献上。这种策略可以帮助研究人员在有了基本的研究方向之后,进一步明确具体的研究课题。一旦研究课题被确定之后,搜寻文献就需要集中指向于具体的范围。这时可以从就近的、易于查到的材料着手,根据研究进展的需要去逐步搜寻分散的、不易查到的资料。

在研究进展的初期,搜寻文献可以采取"滚雪球"的方式。先查阅几篇与课题有关的主要文献,通过阅读消化,了解明确课题的有关范围并从文章的参考文献中发现新的线索,再扩大查找对象。一般来说,在同一专题研究文章中多次被引用或参考的文献,是价值较高的重点文献。这种"滚雪球"式的搜寻方式,在扩大查找的文献的发表时间上可以向前追溯或向后延伸,这样不断得到的文献可以达到查根寻源的效果,对于探索和查明某一研究课题的演进历程和发展脉络、分析该课题的研究趋势是十分有利的。

(二) 网络数据库资料检索

1. 网络数据库概述

随着计算机技术的普及,许多教育文献也在计算机网络上发布或储存。一般来说,有条件的行政部门、教育科研部门和学校,都在网络上建立了自己的网站,及时发布有关文件、研究报告或学术动态。例如,与中小学有关的就有教育部网站(http://www.moe.edu.cn)、中国基础教育网(http://www.cbe21.com)、国家基础教育资源网(http://www.cbern.gov.cn/index.html)、教育部基础教育课程教材发展中心网(http://www.ncct.gov.cn/index.jsp)等,只要在网络搜索引擎上输入关键词,就可查到大量的这类网站。

在所有的这些网站中,有许多网络数据库值得教育研究者重点关注。例如,进入华东师范大学图书馆的"网络数据库"(http://www.lib.ecnu.edu.cn/structure/dianziziyuan/WebDB_zonghe),就可以看到"维普中文期刊数据库"、"万方数字化期刊"、"中国学术期刊全文数据库"、"龙源期刊网"、"方正Apabi数字图书"、"超星数字图书馆"、"中国优秀博硕士学位论文全文数据库"等网络数据库。

在所有数据库中,我们希望大家关注"中国知网"(http://www.cnki.net/index.htm)。它属于中国知识基础设施工程(China National Knowledge Infrastructure,简称 CNKI 工程)。CNKI 工程是以实现全社会知识资源传播共享与增值利用为目标的信息化建设项目,由清华大学、清华同方发起,始建于 1999 年 6 月。CNKI 工程集团经过多年努力,自主开发,具有了国际领先水平的数字图书馆技术,建成了世界上全文信息量规模最大的"CNKI 数字图书馆",并正式启动建设《中国知识资源总库》及 CNKI 网格资源共享平台,通过产业化运作,为全社会知识资源高效共享提供最丰富的知识信息资源和最有效的知识传播与数字化学习平台[①]。

在中国知网的首页,可以看到该网资源的使用方法(高等学校的师生可以通过本校图书馆的相关链接登录)。在登录之后,可以进入其中的"学术文献总库"(其下还有"学术期刊特刊"、"博士论文特刊"、"硕士论文特刊"等部分)、"国际学术文献总库"、"高等教育文献总库"、"中国基础教育知识仓库"(下分三个部分:高中教与学指导、初中教与学指导、小学教与学指导)等数据库。

此外,在中国知网的页面,可以特别注意左下角的"CNKI 旗下网站",尤其是"CNKI 知网数字图书馆"。进入该数字图书馆,可以看到"中国期刊全文数据库"、"中国优秀博硕士学位论文全文数据库"等。其中,"中国期刊全文数据库"是目前世界上最大的连续动态更新的中国期刊全文数据库,收录国内 8200 多种重要期刊,以学术、技术、政策指导、高等科普及教育类为主,同时收录部分基础教育、大众科普、大众文化和文艺作品类刊物,内容覆盖自然科学、工程技术、农业、哲学、医学、人文社会科学等各个领域,全文文献总量 2200 多万篇。[②]

2. 网络数据库检索举例

下面,我们就以"中国期刊全文数据库"为例,简要介绍一下对数据库的使用。首先,进入该库检索页面(http://ckrd.cnki.net/grid20/Navigator.aspx?ID=1,还可通过各大学图书馆的相关链接输入账号密码进入该库),然后,可参照如下步骤利用该数据库检索、整理资料。

(1)确定检索的问题和范围

根据研究项目的具体需要,在每次利用数据库检索资料时,需要确定具体的检索问题。例如,在研究"校本课程开发的现状与改进对策"这一课题时,可以选择"中学校本课程开发的现状"作为一个检索问题,进行专门的搜索。

在此基础上,可以通过两个方式逐步确定搜索范围。①在页面的左边,从"总目录"中选择具体的范围。例如,上述问题可以先清除所打开的页面上的所有选项,然后点击"教育与社会科学综合",展开新的页面,会出现这一领域中的更多选项。此时,再清除所有选项,在"中等教育"前面的方框中点击一下,出现"√"就表明已经选中。②在中间第二行中的"范围"后面的对话框中,根据需要

---

① 参阅 http://www.cnki.net/gycnki/gycnki.htm。

② 参阅 http://www.cnki.net/zyjs/zyjs.htm。

在四个选项中选择一个。这四个选项是:全部期刊、EI 来源期刊、SCI 来源期刊、核心期刊。

① 打开最初的页面。

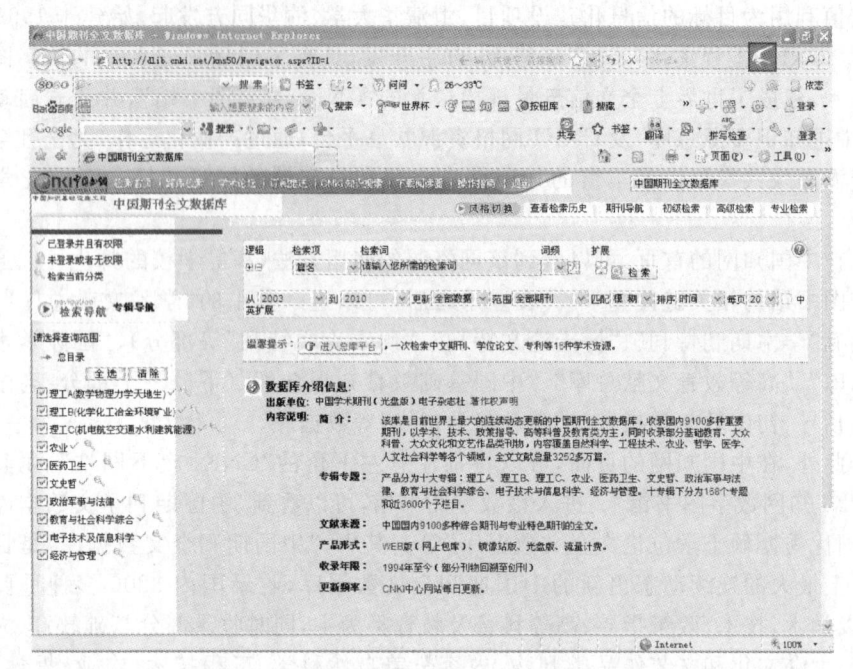

② 清除所打开页面上左侧检索范围中的所有选项,并选择"教育与社会科学综合"一项。

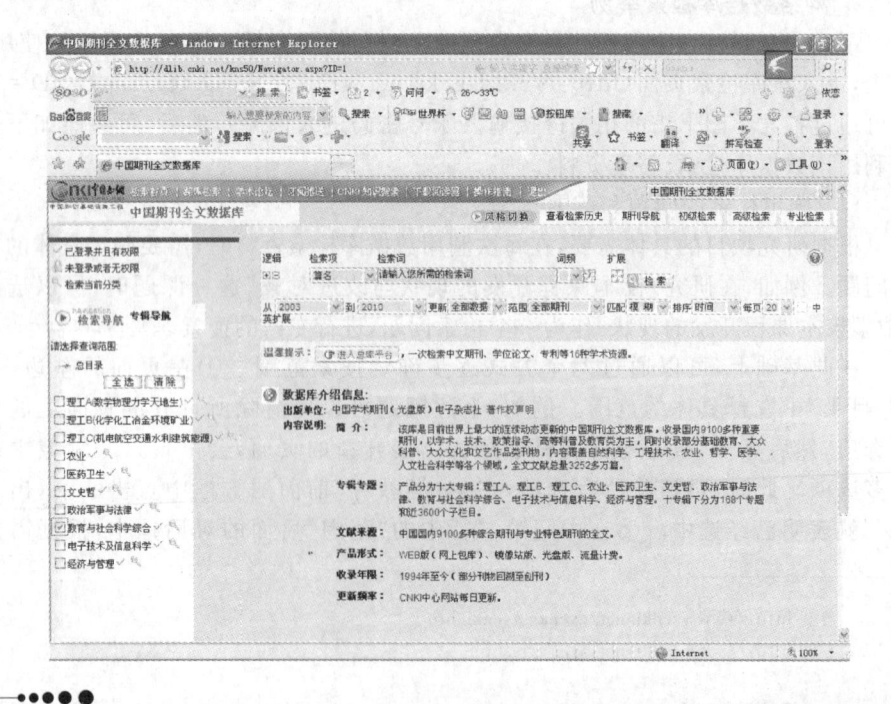

③ 点击"教育与社会科学综合",展开新页面,会出现这一领域中更多选项。此时,再清除所有选项,在"中等教育"前面的方框中点击一下。

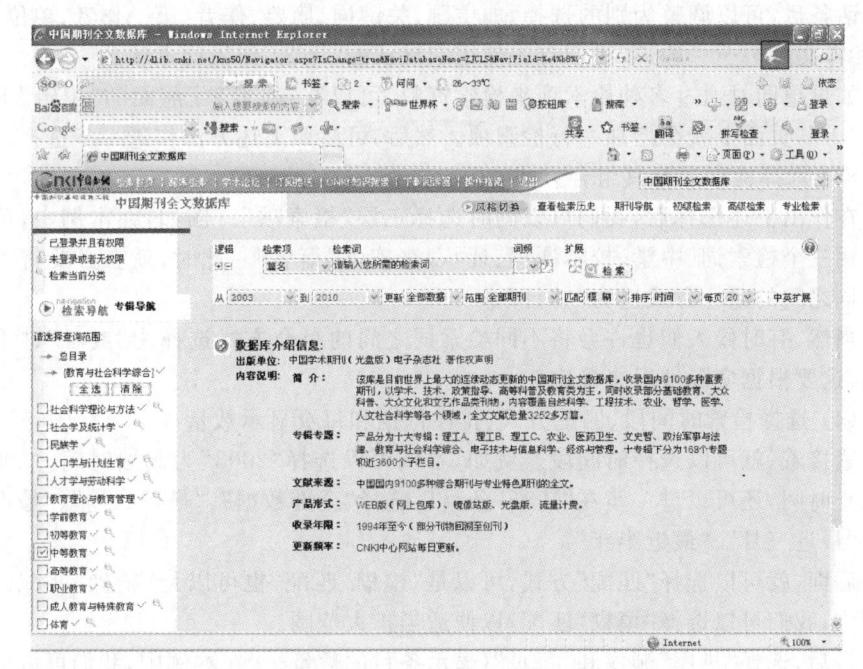

④ 在中间第二行中的"范围"后面的对话框中,根据需要在四个选项中选择一个。

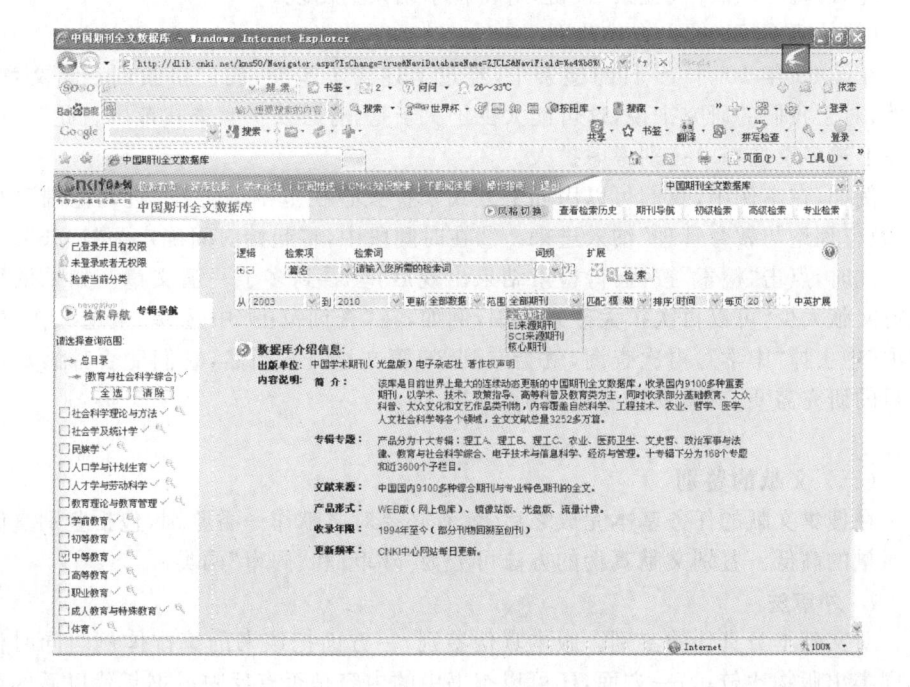

（2）选择检索项目

在中间第一行，有"检索项"标志。这里首先默认的是"篇名"。不过，点击其后的对话条目，可以调整为别的选择，如主题、关键词、摘要、作者、第一作者、单位、刊名、参考文献……一般地，我们首先使用它默认的"篇名"作为检索项。

如果想同时通过多种检索项来检索资料，可以在"检索项"前面的"逻辑"下面点击"＋"，页面上就会增加一行检索项。然后，可参照上述方法作进一步选择。

（3）选择检索词及其组合方式

在作出上述选择后，我们可以同时选择三层"检索项"。例如，在本例中，可以同时用三个检索词（中学、校本课程、现状）来搜索"篇名"。此时，就有必要将三个检索词之间的组合方式选为"并且"。

当然，有时候人们也许会将不同检索词之间的组合方式选择为"或者"、"不包含"。这要根据实际情况来确定。

（4）选择检索时间段、匹配方式、排序依据和每页显示数量

紧接着，就可以选择时间段。例如，本例可以选择"2003"为起始时间，"2009"为截止时间，还可以进一步在"更新"条目后选择"全部数据"、"最近一周"、"最近一月"、"最近三月"、"最近半年"。

后面，就可以选择"匹配"方式，可以是"模糊"匹配，也可以是"精确"匹配。在本例中，我们可以选择"模糊"匹配，以便适当扩大范围。

最后，选择"排序"顺序和"每页"（显示条目的数量）。在本例中，我们可以选择"时间"和"50"。

此时，就可以点击"检索"按键，等待检索结果的出现。

（5）如果需要，扩大查找范围

在2009年10月18日的检索中，经过上述四个步骤，我们检索到三篇文章。显然，对于我们的研究来说，这可能太少了。于是，有必要扩大查找范围。此时，可以在上述多重选择中分别考虑扩大。

例如，在本例中，我们可以用如下方式来扩大查找范围。①在"查询范围"中，将"教育理论与教育管理"纳入进来。②在时间段中，将起始时间确定为"1996"。

此时，点击"检索"按键，待检索结果出现后，会看到多了一篇文章。如果依然觉得文献太少，可以再次扩大搜索范围，例如，在"查询范围"中选择"全选"，在"检索项"中去掉"中学"，再次查询，就会看到36篇文章——当然，它们能否都满足本项目的研究需要，就需要进一步甄别、选择了。

（三）文献的鉴别

在搜集文献的任务基本完成之后，就有必要对文献作一番鉴别，包括鉴别真假及质量的高低。鉴别文献真伪的方法可分为"外审"和"内审"两类。

1. 外审法

对文献本身真伪的鉴别。版本真伪鉴别，一方面把该书的编排体例与同时代的同类出版物比较；另一方面，还可以查书中的内容是否有反映成书年代以后的事

实。作者真伪的鉴别,一般有三种方法:一是先通过分析该作者的其他作品确定作者的语言风格,核实文献的风格是否与之一致。二是分析全部文献的体例是否一贯。三是文献的思想观点和逻辑是否前后一致。

外审法还可以通过技术手段测定文献物质载体的物理性质来判断文献形成的年代,如纸质、手稿上墨水的褪色程度,或利用同位素的衰变程度来确定。

2. 内审法

内审指对文献所载内容是否属实的鉴别。主要方法有:第一,文字性文献互证,若不同文献中记载的同一事件有不一致,则需进一步核实。第二,用实物来证实文字性文献,看文字记述与可靠的实物证据是否相符。第三,把文献描述的内容与产生文献的历史背景对照,看它是否与当时的政治、文化背景相悖。第四,研究作者的生平、立场、基本思想和文献形成时的具体环境,来判断作者记述的客观性和倾向性。

总之,内审法和外审法都是通过比较来实现鉴别,去伪存真,以提高搜集到的文献的质量的。可根据被审文献的性质或复杂程度,采取多种方法。

(四)文献的整理

完成了对文献的鉴定之后,就进入文献法的最后一个环节,即文献的整理。文献的整理是指研究者对已经掌握的、经过鉴别的文献进行创造性的分析、综合、比较、概括等思维加工的过程。通过这种思维加工,形成与研究课题有关的科学认识。

文献整理的具体方法主要是运用逻辑的分析、判断、推理、综合和辩证思维等方法,从文献资料中作出一些事实判断,或归纳、概括出某些原理或原则,也就是作出结论。常见的形式有:

● 归纳法:从文献记载的同类事实中归纳出共同点或规律性的东西。

● 演绎法:根据文献资料和其他线索已经证实的事理,推导出与文献记载有关的结论。

● 比较法:通过对已有文献记载人物、事件、时间、地点等线索的比较,确定某些事实。

● 辩证分析:对文献内容的历史发展、演变进程和相互之间的关系进行辩证分析,得出关于事实或原理的全面、系统的看法。

对文献的整理是文献法中得出研究结论的关键步骤,要力求符合逻辑规律和实事求是的原则。在对文献资料进行评价或作出结论时,要注意防止两类偏差:一是以现今的观点和认识去美化或苛求历史上的人和事,如认为"原始社会人人享有平等的教育权利"就是一种牵强的美化;另一类是以先入为主的结论去裁剪和取舍史料文献,符合自己观点的文献就大加发挥,不符合自己观点的资料则避之不提。这些偏差在文献研究中会自觉或不自觉地造成对事实的歪曲,是应予避免的不科学做法。

文献法从表面看似乎单纯、简单,其实内在工作的深度、广度、难度都绝不亚于其他任何一种方法。只有具备严密求实的态度和扎实的基本功，才能经过努力得出可靠的成果。

五、教育文献研究的特点与局限性

（一）文献法的特点

1. 间接性

能研究不可实际接触的对象。研究者通过查阅文献获得资料，并在此基础上完成研究，不是直接地参与实践。

2. 研究过程无对象的反应性的干扰

一般文献并不是为了研究目的而留下的，尤其当文献是为其他目的而编写时，它的信息真实度很高。文献多是在事件发生的当时，真实自然地记录下来的，而且研究者搜集资料的过程中，一般不会使被搜集的资料本身发生变化，也不会受到原留下文献资料者的直接言行的影响，不会出现为迎合研究者而故意作出某种言行的情况，从而避免了对象反应性的干扰作用。而这样的干扰作用在调查访谈、实验等方法中常常影响研究结果的准确性。

3. 坦然性

文献法同观察法一样具有这样一个优点：是文献记录者在自发的行动和感觉驱使下，在事件发生时真实地记录下来的东西，而不是由研究者在特定时间内所作的记录。与访谈或回答问卷相比，人们可能更愿意在一份文献里坦然相告。

4. 研究对象的样本数可以较大

样本数的大小在很大程度上影响着结果的可靠程度和真实的代表性，大样本研究可以比较容易地获得可靠的结果，并便于作出有价值的判断。文献研究费用低的采用大的样本。例如，要研究"教学理论研究的现状与展望"，就可以容易地获得1994—2001年共8年的十种有影响的教育类杂志中的文章近千篇。

5. 便于对研究对象作纵向分析

文献法适合于对研究对象在一段时期的发展变化开展研究。研究角度往往是探寻一种趋势，或弄清一个演变过程。例如，要研究改革开放以来我国师范教育和师资培养的发展，不可能在时间上倒退回1997年去调查师范院校的情况，或用调查法来请当事人回忆当时情况，这种回忆的方法也会由于主观误差过大而失去意义，可以依靠这多年间积累的与师范教育有关的各种各样的文献资料来进行研究。

（二）文献法的局限性

1. 偏见

文献记录者的目的是多种多样的，可能使文献带有偏见。例如自传之类的个人文献，很可能因个人利益或声誉方面的原因而出现某些夸大、偏袒甚至捏造。

2. 信息缺损

对于缺乏有关背景知识的研究的研究者来说，从文献中难以获得完整的信息，因为对很多重要事件的描写是从当事人的经验背景出发的。

还有许多领域无文献可以利用,或根本无信息记录,或虽有记录,却是保密的或被破坏了。

3. 抽样偏差

一般地,教育程度低的人比程度高的人,遗留文献的可能性小。因而,他们的意见未在这种大众传播媒介中得到很好的反映。

4. 限于言语

文献所提供的多是关于一个回答者的言语,而不提供关于回答者行为的直接信息。与观察法、实验法相比,文献利用者不可能观察他的回答者们的行为,他只能在书面材料上下功夫。

总之,文献研究法的特点和局限性都比较突出,研究者应明了于心,扬长避短,有效地发挥文献资料的作用。

第二节 第二手分析

一、第二手分析的含义

第二手分析也称二手分析,指对那些由其他人原先为别的目的收集和分析过的资料进行新的分析。这种新的分析主要有两种类型,分别有两种不同研究目的。一种是从别人为研究某一问题而收集的资料中,分析与该问题所不同的新的问题。即把同一类资料(已有的,别人的研究所收集的资料)用于对不同的问题的分析和研究中。另一种则是用新的方法和技术去分析别人的资料,以对别人的研究结果进行检验。即用不同的分析方法处理同一种资料,看看能得出怎样的结论。

二手分析所用的资料常常是别的研究者或研究机构通过实地调查所得到的原始数据,以及各种统计部门所编制的统计资料。由于电子计算机在社会研究中的普及和应用,教育研究人员分享各处实地调查和统计所得的大量数据资料成为可能。从20世纪60年代开始,第二手资料的研究得到发展。许多研究中心和研究机构相互协作,形成了数据档案网。录好原始数据的软件被存入档案库,就像传统的图书馆收藏图书一样,供广泛交流和使用。不同的是图书馆的书籍要靠借阅的办法,而数据档案库里的数据资料则需要复制和购买。甚至可以在互联网上下载得到。

例如,某教育研究人员在一次教育座谈会上谈到:××市××区教育局对全区小学教师进行了一次"关于课程改革的调查"。全区1300多名小学教师接受了问卷调查。调查内容涉及课程改革的背景、课程改革的实施步骤、教师的教学观念、教师对新课程标准的理解、教师对新教材的看法、教师教学行为的变化和教师对学生学习方式改变的适应性水平等等。该区在这次调查的研究报告结论中指出,91%的教师教育观念发生变化,82%的教师对课程改革的实施步骤认识明了等等。这位研究人员接着说到,一次偶然的机会,他接触到了调查的原始数据。经过对数据的进一步分析,他发现,被调查教师虽然在教育观念认识上有提高,但至少有80%左右的教师在教学行为上没有大的变化,并且他对数据进行了教育统计学上的交互作用分析,发现年龄在40岁左右的教师的教育观念没有大的变化,并且他们对新课程大纲和新教材表示不理解。

从上例我们看出,借用他人的文献资料,另一个研究者可以发现新的结论。这可以从两方面来说,一方面二手分析人员与初始研究人员的视角不同,发生了对文献的解释和理解不同;另一方面,有许多的调查数据资料,由于统计技术手段所限,得不到深度开发利用。在教育研究中,后一方面的原因是大量存在的,有许多花费了大量的人、财、时间的调查数据,最后在研究报告中只列举了几个百分比数字。当然,也为二手分析留下了研究资料。随着数据处理技术的发展,专业的研究人员利用 SPSS/PC$^+$ 进行二手分析,也更加可能和可行了。

二、第二手分析的步骤[①]

一般而言,我们应该总是在取得资料之前就明确要研究什么问题。但在实际中,总是先发现特别令人感兴趣或特别丰富的文献资料,然后再构想出一个能利用这些资料去研究的问题。不过,为了叙述方便,我们还是按"理想"的顺序来介绍。

(一) 选择研究课题

适用于第二手分析的课题可能是相当大的,它有时仅仅只能采用那种在国家规模上所得到的数据资料。一旦你提出某个假设或某种研究问题,就必须仔细地考虑操作化工作。哪些控制变量是关键性的?因变量是不是必须以某种特定的方式进行测量?通常,在研究设计中,要留有一定的余地,以便一旦发现相关的资料中并不具备你所想要的各种特征时,就可以修改你的研究设计,以保持与资料的一致性。在第二手分析中,必须相当准确地把注意力集中到研究课题上,以便于选择与之相适应的数据资料。在课题与资料的关系上,第二手分析往往要求课题去适应资料,而不是相反。这主要是因为数据资料是已定的、无法变动的,研究者只能在处理和分析资料的方法上、技术上动脑筋。而研究课题则是可以随时调整的。

(二) 寻找合适资料

由于第二手分析所用的都是原始调查或统计所得到的数据资料,因此我们应该对这种资料的主要来源有所了解,在美国等西方国家,有许多专门从事调查研究的机构,并且计算机应用十分普及,又有各种不同规模的数据库,因而,资料来源较广。此外,还有其他一些大学和科研机构、政府机构的调查研究中心所收集的数据资料等等。在我国,目前尚缺乏这样的数据资料库,因而所能利用的大多是国家统计部门所收集的资料。

对于第二手分析来说,明确所寻求的资料十分重要。也许一个研究人员发现

[①] 风笑天著:《社会学研究方法》,中国人民大学出版社 2001 年版,第 228—230 页。

潜在的具有吸引力的资料来源的最好途径是阅读相关研究。因为有那么多公开发表的研究都是来源于大规模的调查分析,可以通过查阅过去一段时期的期刊而得到有关大型调查数据资料。当发现似乎十分有吸引力的数据资料时,你可以仔细地阅读论文的资料部分和资料的内容、收集方法等等的描述。如果是在一本著作中发现这组资料的,那么,书中一般都有介绍资料的收集方法和过程的专门章节。此外,在书后的附录中,还可以找到诸如问卷、计算方法等详细的信息。

(三)对资料再创造

得到所需要的数据资料后,往往要对这些资料进行一些加工才能更好地为自己的研究服务。首先,必须从资料中寻找或重新定义所要研究的变量。其次,应该仔细地研究这些变量。如果有每一变量的频数统计,就可以帮助加深对资料的了解。比如说,若有很大一部分被调查者对于某一项目的回答是"不知道",那么,你就必须决定是否利用这项资料,以及如何去利用它。最后,也可以只取样本中的一个部分作为分析的对象。比如说,只取男性样本的资料,或只取20岁以上的对象等等。但是,在这样做的时候,你必须重新考虑抽样设计,看看这种抽取部分的样本的做法对样本本身的性质有什么影响,这一子样本的代表性又如何等等。总之,作为一个第二手分析研究人员,完全可以重新创造出许多资料去适合你的研究。但必须时刻注意,不要把资料用于它所不适合的目的上。

(四)分析资料

第二手分析的最主要也是最大量的工作,就是对资料的重新分析。

第二手分析的方法与调查研究的方法进行比较,可以更清楚地认识这种方法的实质。调查研究往往是研究者根据自己的研究目的去实地收集第一手资料,也可以说他们是先"创造"出资料,然后,再对这些资料进行分析。而第二手分析则是研究者自己不去进行实地调查,不去"创造"第一手资料,只是根据自己的研究课题在别人已"创造"出的各种原始资料堆中去"寻找"合适的资料进行分析,即把别人已"创造"好的资料拿来为自己所用。

三、第二手分析的优缺点

第二手分析首先具有省时、省钱、又省力的优点。它可以使研究人员从复杂辛劳的原始资料收集工作中,以及单调、枯燥的数据登录、输入等工作中解脱出来,以便能集中更多的时间和精力来分析资料。第二手分析的另一个突出优点是特别适合于比较研究和趋势研究。比如,我们可以通过对不同的研究者在不同的地区分别收集的资料进行第二手分析,来对比不同地区的情况;或者把不同的研究者对不同的群体进行调查所取得的资料进行二手分析,来对比不同群体的情况;还可以把其他研究者在不同时期对于同一问题所作的若干次研究的资料聚集在一起进行第二手分析,以便研究事物发展的趋势。

第二手分析的主要缺点在于其资料是否准确或适用。某个研究者为其特殊的目的所收集的数据资料不一定与另一研究者的研究旨趣相符；而二手分析研究者所需要的资料有可能完全搞不到。最常见的情形是，二手分析研究者往往发现原始研究中的某个问题"基本上"是在测量他所感兴趣的某个变量，但是，再接着研究一个相关联的问题时，资料就不足了。实际上，这样的资料对于第二手分析研究人员来说，效度是较低的。即原始问题所测量的并不正好是二手分析研究人员所希望测量的变量。

第三节 内容分析法

内容分析法原是社会学家借用自然科学的定量分析的科学方法，对历史文献内容进行量化分析而发展起来的。后来，教育研究人员利用这种方法去分析教育文献，而逐渐成为教育研究的一种研究手段和方法。

一、内容分析法的含义

内容分析法就是对教育文献直观的内容，进行客观而有系统的分析并进行量化描述的一种研究方法。例如，读者要买一本书，先看一看目录；要读一篇论文，先看一看关键词。这些就是一种直觉意义上的内容分析法。有人曾对苏联教育学家凯洛夫的《教育学》进行研究。发现凯洛夫在该书中 100 多处讲"传授知识"，仅有 10 多处谈"发展智力"。因此，他得出了"凯洛夫的《教育学》，是一部传授知识的教育学"的判断。这样的研究方法就是运用了内容分析法。

内容分析法的特征表现在直观、客观、系统、量化等四个方面。所谓"直观的"内容是指文献形式外在的东西，比如它们的文字本身，而不是内容的含义与概念或深层解释。"客观而系统的"是讲内容分析是一种规范的研究技术和手段，它要求研究者根据预选安排的计划，采取一定的规则，按照一定的步骤来分析。"量化"描述则说清了内容分析法的基本性质，它意味着在运用内容分析中，通常要考查某一项目（如概念、术语、篇名、期刊）出现的频数，或者某一类项目在整个内容中所占的比例等等。并且还对这些定量的结果进行分析。

例如，某一研究人员找来 1999—2001 年时间段中的 10 种重要的教育文献，粗略的读一读后稍做统计，他发现在 120 余篇文章中谈"创新教育"的文章占了 34%左右。他就可以判断出这一时期教育研究的热点问题是"创新教育"。

二、内容分析法与文献法的比较

内容分析与文献分析，都是将用文字、图形、符号、声频、视频等记录保存下来的资料内容作为分析的对象，但是它们具体的分析处理方法是有所区别的。

文献分析是按某一研究课题的需要，对一系列文献进行比较、分析、综合，从中提炼理论观点。

内容分析则是直接对单个文献样本作技术性处理，将其内容分解为若干分析

单元,评判单元内所表现的事实,并作出定量的统计描述。我们可以把内容分析与文献分析的区别用下表来说明。(见表 10-2)

表 10-2 文献分析与内容分析的区别

方法 \ 类别	文 献 分 析	内 容 分 析
分析对象	对某课题一系列文献的分析综合。	直接对单个样本作技术性处理。
内容处理	鉴别评价文献内容,并作归类整理。	把内容分解为分析单元,断定单元所表现的客观事实。
分析程序	文献查阅,鉴别评价,归类整理。	预先制订分析类目,并按顺序作系统评判记录。
结果表述	对事实资料作出评述性说明。	定量的统计描述。

资料来源:李克东编著:《教育传播科学研究方法》,高等教育出版社 1989 年版,第 248 页

三、内容分析的步骤[①]

内容分析法包括两方面的工作,一是如何对一份内容资料进行分析以取得量化的结果。二是如何根据课题的需要,设计选择分析的模式,合理地把各种内容分析的量化结果加以比较,并定量地说明研究的结果。下面介绍内容分析法的步骤。

(一) 内容抽样

内容抽样就是选取进行内容分析的样本。内容分析抽样首先要决定总体,在确定总体时,必须注意总体的完整性和它的特殊性。完整性是指要包含所有有关的资料,特殊性就是指要选择与研究假设有关的特定资料。

内容抽样通常要涉及三种方式。

1. 来源抽样

这是指对资料来源的取样,如选择怎样的报纸、杂志、教育电视节目、书本、学生作业等等。

2. 日期抽样

这是指选择哪一段时间的资料进行分析,例如要研究某一种教育理论的思想发展规律,需要对多年有关刊物论著进行内容分析,这就需要按日期抽样。但在按日期抽样时,必须注意某种资料的周期性的特征。如果以报纸为研究对象,间隔抽样就必须避开"7"或它的倍数,假如以 7 为倍数,则会使全部样本都集中在同一个"星期×"。

3. 单元抽样

即确定抽取资料的单元,可能是整份、一段、一篇、一页。

---

① 李克东编著:《教育传播科学研究方法》,高等教育出版社 1989 年版,第 248—250 页。

（二）类目与分析单元的决定

内容分析工作,就是要按预先制订的类目表格,按分析单元进行系统判断、记录各类目所表现的客观事实。

类目,即根据研究假设的需要,把资料内容进行分类的项目。

通常类目的形成有两种方法,一是依据传统的理论或以往的经验,或对某个问题已有的研究成果发展而成。二是由研究者根据假设自行设计而成。

为了保证内容分析工作的客观性,在设计确定分析类目时必须注意：

第一,类目必须是在进行内容分析判断之前预先制订,不能一边分析,一边适应性地修改补充。

第二,类目的意义要有明确的限定范围,而且彼此不能重叠,避免出现对分析单元的判断既可放入这一栏目,又可以放入另一栏目的现象。

第三,分类方法要使每一个分析单元都能有归口处,不能出现有某些分析单元无处可放置的现象。

分析单元,是指在判断分析时判定的最小单元,它可以是时间间隔、文章段落、句子或字词。

（三）评判记录

内容分析的评判记录工作,就是按照预先制订的类目表格,按分析单元顺序,系统地判断并记录各类目出现的客观事实和频数。在评判时一般做法是：

第一,评判只能记录某类项目的有或无、长或短、大或小等明显的客观的事实,必须避免使用主观的、价值性的判断,如好与坏、善与恶等来对内容作出判断。

第二,对于相同内容类目的评判,必须要有两个以上的评判员进行评判记录。

第三,对于分析类目事实的出现频数,只需按分析单元,依顺序在有关类目栏中以"√"作记号进行记录。

第四,对于具有评论成分的内容分析,通常对含赞扬性、肯定性的内容用(＋)符号记录,对含批评性、或否定性的内容则用(－)符号记录。

（四）信度检验

内容分析的信度分析是指两个以上参与内容分析的研究者对相同类目判断的一致性。一致性愈高,内容分析的可信度也愈高;一致性愈低,则内容分析的可信度愈低。因此,信度直接影响内容分析的结果。内容分析必须经过信度分析,才能使内容分析的结果可靠,可信度得到提高。

内容分析的信度,显然与参与内容分析的人数多少有关,内容分析的信度公式为

$$R(信度) = \frac{n \times (平均相互同意度)}{1 + [(n-1) \times 平均相互同意度]}$$

其中相互同意度,是指两个评判员之间相互同意的程度：

$$相互同意度\ K = \frac{2M}{N_1 + N_2}。$$

M 为两者都完全同意的栏目数,N_1 为第一评判员所分析的栏目数,N_2 为第二评判员所分析的栏目数。

通常,进行内容分析都是由研究工作者本人作为内容分析的主要评判员,同时安排另外一人以上的其他人作助理评判员,相互同意度是把每个评判员与主要研究人员进行比较确定。

四、内容分析法的类型

根据研究者所寻求的信息形式不同,内容分析也有好几种不同的类型。我们主要介绍如下几种。

(一)主词法

主词法是内容分析中最简单、最常用的方法。这种方法使用时,首先确定与研究问题有关的关键词(记录单位),然后统计这些关键词在各个样本(分析单位)中出现的频数和百分比,最后进行比较分析。

例如:找出一组与学生学习方式有关的词,如研究性学习方式、探究性学习方式、对话式学习方式、合作式学习方式、交流式学习方式。抽取的样本是《教育研究》与《教育科学与实验》2001年全年的文章。然后计算上述一组词在每篇文章中出现的频数,再合计总数与每个词所占的百分比,通过这种方法我们再对这组词排序。最后发现,探究性学习方式排列第一位。它说明探究性学习方式是教育理论界在研究学生学习方式中最为关注的一类。

(二)概念组分析法

使用主词法,以单词作为记录单位有些过于简单化。我们可以采用概念组分析法。概念组分析法,是将与研究内容有关的关键词分成小组。每组代表一个概念,同时也是理论假设中的一个变量。这种方法记录单位仍是单词,但分析时的变量却是概念组。

例如,假定有一种理论认为,差生的出现与学业、心理、思想品德等因素有关,"转差"就需要教师从这三个方面入手进行。我们用"学业"、"心理"、"思想品德"三个变量定义下面的概念组:

学业	心理	思想品德
教师教学不得法 学生学习方法不当 基础知识缺乏	厌学 自卑 焦虑 胆怯	交友不慎 缺乏理想 自由散漫 无人管教

然后搜集近三年登载在主要报刊上的有关文章,以文章为分析单位统计单词出现的频数。如:

学业	频数	心理	频数	思想品德	频数
教师教学不得法	9	厌学	18	交友不慎	15
学生学习方法不当	8	自卑	12	缺乏理想	10
基础知识缺乏	3	焦虑	8	自由散漫	6
		胆怯	0	无人管教	3
总计	20		38		34

分析中,变量是概念组,所以当某一个词出现时就算概念组出现了一次,分析时只看频数总计就可。

如果前面的理论假设是正确的,则应该看到:心理、思想品德、学业因素是差生形成的原因。运用概念组分析得到统计结果并排序。那么可以说原假设是正确的。

类　　型	比　　例
心理因素——差生	41.3(38)
思品因素——差生	37.0(34)
学业因素——差生	21.7(20)

(三)科学引证分析法[①]

一种期刊的价值,是由其影响决定的,而测量"影响大小"的方法就是进行科学引证分析。这是评定教育学家绩效和期刊影响的公认的有效手段。一篇文献或一种期刊被他人正面引证的次数越多,说明其水平越高;被引证的范围越广,表明其价值越大。包括诺贝尔奖在内的国内外重大科学奖项无不把文献被引用率作为重要的评价指标。我国许多研究机构和大学开始使用国外的 SCI(Science Citation Index,科学引用索引)和 SSCI(Social Science Ciation Index,社会科学引用索引)作为评审学术成就的标准。

例如:河北师范大学社科中心的邢志强,搜集了从 1995—1998 年期间,50 种教育期刊,统计这 50 种期刊引用《教育研究》刊物中文章的数据。他对被引文献频次进行了统计,深入分析了高频被引文献篇名排序和被引文献的教育学科分布。并且分析了被引作者和高频被引作者和作者单位,以及被引作者地域分析。最后对被引文献年代分布进行了分析。他的这种分析方法,验证了《教育研究》期刊的权威性,特别是对高频被引用的作者和作者单位的分析,验证了教育理论界对有影响的学者和研究单位认可的基本共识。

五、内容分析的优缺点

也许内容分析的最大优点是它既省钱又省时,不需要大量的调查人员,也不需要特殊的设备和仪器。内容分析的另一个优点是保险系数大。假如在调查或实验

[①] 邢志强:《教育学文献引用〈教育研究〉论文的统计分析》,《教育研究》,2001 年第 1 期。

中结果不理想,如重新调查一遍,则无疑要耗费双倍的时间和精力。如果一项实地现场研究做坏了,要重做也许根本不可能。因为你所研究的事件和环境已不再存在了。而在内容分析中,弥补过失比起其他研究来得容易得多,只需要对资料进行重新编录,又可开始。内容分析还允许我们研究在一个长时期中所发生的过程。这往往需要抽取不同时期中的资料进行分析就可达到。最后,内容分析是一种非干扰性的研究方法,它不会干扰我们的研究对象,不会对这些研究对象发生影响。

内容分析方法也有自身的弱点。首先,它只局限于对记录下来的信息进行分析和研究。同时,资料的效度也存在一定的问题。研究者对资料进行编录的结果是否的确反映了他所希望研究的变量呢?很多时候并非如此。因此,效度是内容分析的一个常见问题。

探究与操作

1. 谈谈文献法作为独立的研究方法和为其他研究方法服务的双重功能。
2. 文献法和内容分析法有何异同?
3. 试用内容分析法梳理一份教育期刊在一段时间内所刊载文章的研究主题,藉此分析其研究意向的变化趋势。

拓展性阅读材料

1. (美)威廉·维尔斯曼著,袁振国主译:《教育研究方法导论》,教育科学出版社1997年版,"3. 查阅文献"。
2. (美)梅雷迪斯·D·高尔等著,许庆豫等译:《教育研究方法导论》(第六版),江苏教育出版社2002年版,第四章"文献综述"。

主要参考文献

1. 杨小微、刘卫华主编:《教育研究的理论与方法》,湖北教育出版社1994年版。
2. 裴娣娜著:《教育研究方法导论》,安徽教育出版社2000年版。

JIAOYUYANJIUDEYUANLIYUFANGFA

第十一章
教育行动研究

学习目标

理解教育行动研究基本特点;掌握教育研究行动研究的基本过程;了解教育行动研究的基本实施步骤与常见的几种变体,领会中小学教师运用教育行动研究开展科研的内在价值。

内容提要

教育行动研究既是一种比较独特的教育研究方式,也是一种具有鲜明个性的研究理念。它突破传统教育研究所秉持的"理论"与"实践"决然分立的观念,不以"产出理论"为旨趣,而以"改善教育实践"为目的,反对"研究—开发—推广"的传统研究功能的模式,虽不简单排斥"理论"的价值,但强调"实践"的情境性、殊别性和复杂性。为此,教育行动研究者提出自己独特的研究模式,即"计划—实施—观察—反思"的模式。本章引用了一个比较典型的教育行动研究范例,并针对该研究的每一关键环节逐一点评。接下来,介绍了几种在西方较为典型的行动研究模式。最后,在阐述教育行动研究基本操作过程的基础上,结合教师工作,尤其是教学研究工作的特点,揭示了教育行动研究对教师发展的意义。

重要概念和术语

行动 研究 教育行动研究 "计划—实施—观察—反思"模式("迪金大学模式") 实践取向 批判取向

某小学的老师们发现,现行班级管理上存在一些问题,主要是:(1)班级干部相对固定,一些学生养成了"干部作风",不能平等地对待同学,而多数学生希望能为班级做点事,却缺少机会。(2)学生在社会环境及部分家长影响下,往往把少先队干部标志只看成是荣誉的象征。关于"小干部"的观念,"荣誉"重于"责任"。(3)只把小干部看成是"老师的助手",忽视了干部是"群众的代表";大部分学生想当干部、当个好干部,却缺乏"每个人都是班级小主人"、"争取做合格的班级小主人"的意识。

一些老师意识到班级小干部"选"、"用"等方面确实存在严重的问题,于是在思考:如何能把学生"小干部"选用转变成学生"学会民主"的生活训练呢?

于是,老师们在来自大学的专家协助下,确立研究课题、明确目标、制订方案,开始他们的教育行动研究。[1]

教育行动研究(educational action research)[2]是20世纪40年代在美国的社会科学研究中兴起的一种研究方式,人们一般认为美国社会心理学家科特·勒温(Lewin, K.)是行动研究的开创者。20世纪40年代,勒温等在社会研究中发现,社会学者如果只凭个人兴趣研究,其研究往往忽视社会要求。另一方面,实践工作者又通常陷于自己的日常事务中,被事务淹没,很难对自己的实践行为进行理性反思、追问和整理,因而也就无法作出"有条理有成效的行动"。[3] 基于这一考虑,1944年,勒温明确提出社会科学研究新思路,即,研究课题来自实际工作者的需要,研究以解决实际问题和改善社会行为为目的,研究在实际工作中进行,由实际工作者和研究人员共同参与完成,注重以实验等"科学"手段获取资料,研究成果为实际工作者理解、掌握和实施。勒温把这种研究定名为"行动研究"。这是教育行动研究最直接的源头。由于勒温对行动研究问世作出的杰出贡献,人们称其为"行动研究之父"。

1944至1950年间,美国哥伦比亚大学师范学院米尔(Miel, A.)和本妮(Benne, K.)等,最早有意识地采用了行动研究方法,帮助中小学教师在课堂教学中使用"合作学习策略"。米尔的研究直接推动了哥伦比亚大学师范学院把行动研究作为研究生课程。50年代之后,身为哥伦比亚大学考试院院长的科利,与其他一些学者积极倡导行动研究的方法,教育行动研究从此在美国教育研究领域渐成声势,受到不少研究者关注,最终在50年代前期形成行动研究的第一个高潮期。大批研究者投入其中,大量行动研究的成果问世。如勒温的《行动研究与少数民族问题》,C·I·库克的《行动研究的场域》,K·万恩(Wann, K.)的《课程改革行动中的教师参与》等等。[4]

这一时期,行动研究基本以"技术取向"为特征,代表人物是勒温和科利。技术取向的行动研究,"注重行动研究过程,强调行动研究合于理性思考的程序"。勒温的研究,"知识基础主要来自社会心理学,注重理论与实践的结合,关心群体活动的过程与机制,关心个体与群体的关系,及个人观念、行为的改变"。[5] 特别重视行动假设、计划、用科学的手段寻找事实、实施、对行动结果的控制,强调用科学的方法解决问题。它注重的是在实践中问题得到科学、有效地解决。

1967至1970年,以斯腾豪斯(Stenhouse, L.)为主要负责人,在伦敦南部的菲

---

[1] 根据陈桂生主编:《到中小学去研究教育——"教育行动研究"的尝试》,华东师范大学出版社2000年版,第187页的内容改写。

[2] 下文为叙述方便,在没有特殊需要情况下,我们把"教育行动研究"简称为"行动研究"。

[3] Lewin, K., *Resolving Social Conflicts*, New York, Happer & Brother, 1949, p.201.

[4] 刘良华著:《校本行动研究》,四川教育出版社2002年版,第10页。

[5] 王建军、黄显华:《校本课程开发与教育行动研究》,《华东师范大学学报》(教育科学版),2001年第2期。

利普教育学院成立了"人文课程研究"中心小组,这个小组后来迁入东盎格里亚大学,并进一步成立了"教育应用研究中心"。像埃利奥特(Elliott, J.)和凯米斯等都是当时著名的行动研究的代表性学者。此时行动研究已经发生明显变化,变化后的行动研究的特征,可概括为"实践取向"的行动研究。

斯腾豪斯提出"教师即研究者"(Teachers As Researchers)。他们认为,没有教师亲自研究他们自己的实践,教育就不可能发生持续有效的真正意义上的变革。教育如要取得重大改变,就需要形成一种教师可以接受的,并有助于教学的研究传统。斯腾豪斯坚持行动研究中教学和研究的浑然无间,互为表里。在研究人员与教师的合作中,坚持认为,只有教师发现问题并表示需要研究人员帮助分析指导时,研究人员才可提供帮助。

埃利奥特进一步阐发了斯腾豪斯的思想,他认为,作为"局内人"、实践者的教师,不同于作为"局外人"的专业教育研究者,他们的任务是检验关于实践的理论,并对日常教育教学实践,以实践者独特的话语方式加以解释,从而达到改善实践和提升自身专业素养的目的。

20 世纪 80 年代之后,"批判的行动研究"逐渐崛起,并大有后来居上之势。代表人物是卡尔(Carr, W.)和凯米斯。

凯米斯出版的《行动研究的设计》,作为教师开展行动研究的实践指南,稍后编写的《行动研究文集》,对自 20 世纪 40 年代以来教育行动研究的重要文献进行整理和评析,为行动研究者提供理论指导。1986 年出版的《走向批判:教育、知识与行动研究》,更从实践者的精神存在层面,探究行动研究的价值和意义。批判取向的行动研究以自康德以来的批判哲学,尤其是马克思主义哲学和法兰克福学派的批判理论为其理论基础,通过对建立在实证主义哲学基础上的教育研究方法的考察与反思,揭示了实证主义研究方法在教育研究中的局限性,戳破了教育研究中"价值中立"的虚幻,主张在教育研究中揭示个人及团体的真正利益所在,揭露教育不公平和不公正的根源,最终达到教育的公平、公正,真正"解放"教育中的所有生命个体。应该说,批判取向的行动研究促进了教师批判精神的觉醒,也为培养教师批判精神提供了有效的方式。这对改变我国中小学教师陷于事务的"教书匠"形象,无疑具有积极的意义。

在批判的行动研究中,实践者始终是个反思者。有学者认为这种反思"既有哲学家式的反思,也有科学家式的实验性反思;既有对于过去的理解性、批判性反思,也有对于未来的尝试性、探索性反思;既有对于个人的自我反思,也有对于对象、环境的反思;既是个人独立的反思,也是团体合作的反思……这些反思共同交织于实践者的系统的、理性的螺旋式发展的过程中"。[①]

但是,由于批判取向的行动研究过度地热衷"批判"、"解放",也导致有些学者的不满,他们尖锐地指出,卡尔和凯米斯等人"赋予行动研究以政治的、意识形态的

---

① 唐莹:《跨越教育理论与教育实践的鸿沟——关于教师及其行动研究的思考》,华东师范大学 1995 年博士论文。

涵义,关心政治胜过关心教育,关心信念胜过关心行动,关心哲学鼓吹胜过关心教育实务"。① 对照行动研究今天复杂的发展状况,这种担心未免不具有某种警世作用。

第一节 教育行动研究的特点

尽管在许多介绍教育研究方法的著作中,"行动研究"被放到与"调查法"、"实验法"这类技术性的方法并列的地位,但是它与"调查法"、"实验法"却有着非常重要的不同之处:"行动研究"只是一种进行研究工作的方式,而非一种方法,此种研究方式是在强调,由实际的工作人员在实际的情境中进行研究,并将研究结果在同一个情境中应用,至于研究的设计与进行,仍须采用其他各种研究方法。确切地说,行动研究不是相对于"调查法"、"实验法"、"观察法"等具体方法,而是相对于原有的"研究—开发—推广"的教育研究模式。它的创新之处和价值在于它对教育实践、教育研究以及研究者与实践者的关系有了全新的认识。

《国际教育百科全书》"行动研究"词条的撰写人,澳大利亚学者凯米斯(Kemmis, S.)把行动研究定义为:

> 由社会情境(包括教育情境)的参与者,为提高对自己所从事的社会或教育实践的理性认识,为加深对实践活动及其依赖的背景的理解,进行的反省研究。②

我们可以从下面三个方面来理解行动研究的基本特征:

第一,为行动而研究。行动研究的根本旨趣不是为了理论上的产出,而是为了实践本身的改进。行动研究的精义在于,它是这样一种革新的过程,这个过程的目的在于某个人或某团体自己的、而不是其他人的实践之改善。传统上,"教育研究"的旨趣是为了获取真理,假定关于教育真理的知识能够通过教育实践工作者很好地再现于教育实践之中,而教育研究的任务则是直接为这类知识的增加作贡献。虽然直到今天,这种研究观还是许多研究者甚至许多实践工作者所持的立场,然而最近几十年来对教师的研究却越来越清晰地发现:这种实质上把教师视为一个简单"中转站"的观念对教育理论与实践的关系估计得过于简单。科学概括出来的研究知识并不能直接地驱使社会实践,还必须有一个"启蒙过程",以使某一情境中的参与者能够对自己的情境有一真正的理解,并做出明智而谨慎的决定。

---

① 王建军、黄显华:《校本课程开发与教育行动研究》,《华东师范大学学报》(教育科学版),2001年第2期。

② Husen, T. & Postlethwaite, T. V. (eds), *The International Encyclopedia of Education* (2nd ed.), 1994, Action Research.

行动研究本身就包含了这个"启蒙过程",实践者不但直接参与了研究过程,而且在这个过程中,他是"科学共同体"中平等的一员,而不是某种权威教诲的聆听者。因为"改善"是一个难有终结的目标,所以"为行动而研究"的旨趣要求行动研究是一个不间断的螺旋式上升的过程。我们可以从下面一项行动研究的"动机",看到行动研究"为行动而研究"的特点:

  以往的品德评语中存在的问题是:评语一般化,往往不符合学生实际,不同学生的评语之间差别甚小;在评语结构中,偏重对学生行为的评价,忽视学生个性的描述;评语面向家长,而不是面向学生,忽视对学生的教育意义;评语用语贫乏,流于俗套,不足以打动学生。总之,评语缺乏教育性。[①]

正是由于研究者对"评语缺乏教育性"现状的不满,引发了他们通过行动研究改变这一现状的念头。

第二,行动者与研究者协同工作。行动研究鼓励行动者积极反省研究,要求研究者与行动者结合,提倡行动者与研究者协作。实际工作者完全应该而且有可能身兼行动者和研究者两种角色,使工作在自我反省和研究的基础上不断改进。英国已故课程专家斯坦豪斯(Stenhouse, L.)更认为学校教师应该而且能够成为"教师—研究者"。他认为没有教师主动的研究、反省,没有他们主动认识理解"官方课程",没有他们根据实际情况把"官方课程"转变成操作课程,任何教育改革最终都是难以取得成效的。

另外,研究者作为掌握专门研究技术的人士,也容易"站在知识发现者"的地位,以"比实际工作者高明的态度,去对他人、对学校教师及其行动作研究"。这一方面容易造成忽视教师及实际工作者的感受和认识能力,使研究趋于片面或带有"主观臆造"倾向,难以在实际环境中实施;另一方面也会造成行动者与研究者的对立。他们或者对理论研究及研究成果"漠不关心",或者是讨厌、反感被研究者用做"数据资料采集库",被研究者用来证明"他们事先已确定的结论"。

行动研究倡导者给予实际工作者对于学校教师的认识能力以充分的肯定,温特(Winter)认为行动研究不仅提供了一条解决问题的途径,而且"给实践者一种认识能力上的解放感"。行动研究者同时倡导研究者与行动者的结合,使他们的专门技术、方法与实践者的感受、认识结合,从而使研究者为改进社会的行动作出更多贡献。

第三,实际情境与自然条件下的研究。行动研究是一种在实际社会生活环境中、在自然状态下进行的研究。问题总是在千变万化的实际情境中发生,问题的解决也总是在实际情境中的问题的解决。著名课程专家丹尼斯·劳顿(Lawdon, D.)曾经提醒教育研究者,人不同于大白菜,人在控制条件下发生的变化,与自然

[①] 陈桂生主编:《到中小学去研究教育——"教育行动研究"的尝试》,华东师范大学出版社2000年版,第139页。

状态下的差异,要比人们想象的大得多。实际问题的解决有赖于对实际问题、对实际问题所处实际社会情境的认识和了解,而对实际问题及实际情况的认识怎么又能够脱离实际生活环境,怎么又能够脱离问题发生的自然状况?

另外,在自然状况中,在实际情境中进行研究,还给研究者和行动者的结合带来了一个共同的"场域"(field)。自然状况、实际情境就是行动者的工作场景,研究者深入实际情境也就使研究者与行动者同处一个环境。这就使研究者增加了获得行动者感受和认识的可能性。这对全面了解认识问题和环境,对增进行动者与研究者的交流,对最终解决问题都是有益的。"在实际情境中研究"可以说为行动者与研究者提供了一个结合点。

第二节 教育行动研究的过程及代表性模式

任何一种理论,不管它宣称得多么动听,如果它无法被人们运用于实践,无法指导人们的实践活动,那么它注定是没有生命力的。因此,行动研究的倡导者们在提出行动研究这个概念的同时,就开始探讨、设计行动研究一般的操作模式。

近几年来,在欧美教师中更为流行的可能要数"迪金大学行动研究模式"[①](见图11-1)。这个模式是由凯米斯以及他在澳大利亚迪金大学(Deakin University)的同事麦克泰格特(McTaggart, R.)等人设计的。行动研究是由若干个螺旋形行动研究循环圈构成的。每一个圈中又都由相互联系并具有内在反馈机制的四个环节构成。这四个环节分别是计划、实施行动、观察和反思。

(一)计划

计划的制订既要包括行动的"总体计划",又要包括每一个具体行动步骤的计划方案,尤其是第一、第二步行动的方案。另外,行动研究者应该意识到计划是灵活、开放的。人们的认识不会一次完成,需要不断深入,因此行动研究计划必须能够包容不断发现的各种因素和矛盾,计划本身也会因为某些始料不及、未曾认识的因素的介入而必须修正。在这个意义上说,计划只是暂时的、开放的、允许修正的。

(二)实施

第二个环节是"实施",即实施计划,也就是按照目标和计划做出行动。在行动研究过程中,实施行动不只是"行为",而应该是:(1)行动者在获得了关于背景及行动本身的信息后,经过思考,建立在理解基础上的有目的,负责任,按计划采取的实际步骤。这样的行动具有贯彻计划和逼近解决问题之目标的性质。(2)实施计划的行动又是在自然状况中进行的,因此必须重视实际情况变化,重视实施者对行动及背景的逐步加深的认识,重视其他研究者、参与者的监督观察和评价建议,行动

---

① 参见高文主编:《现代教学的模式化研究》,山东教育出版社1998年版。

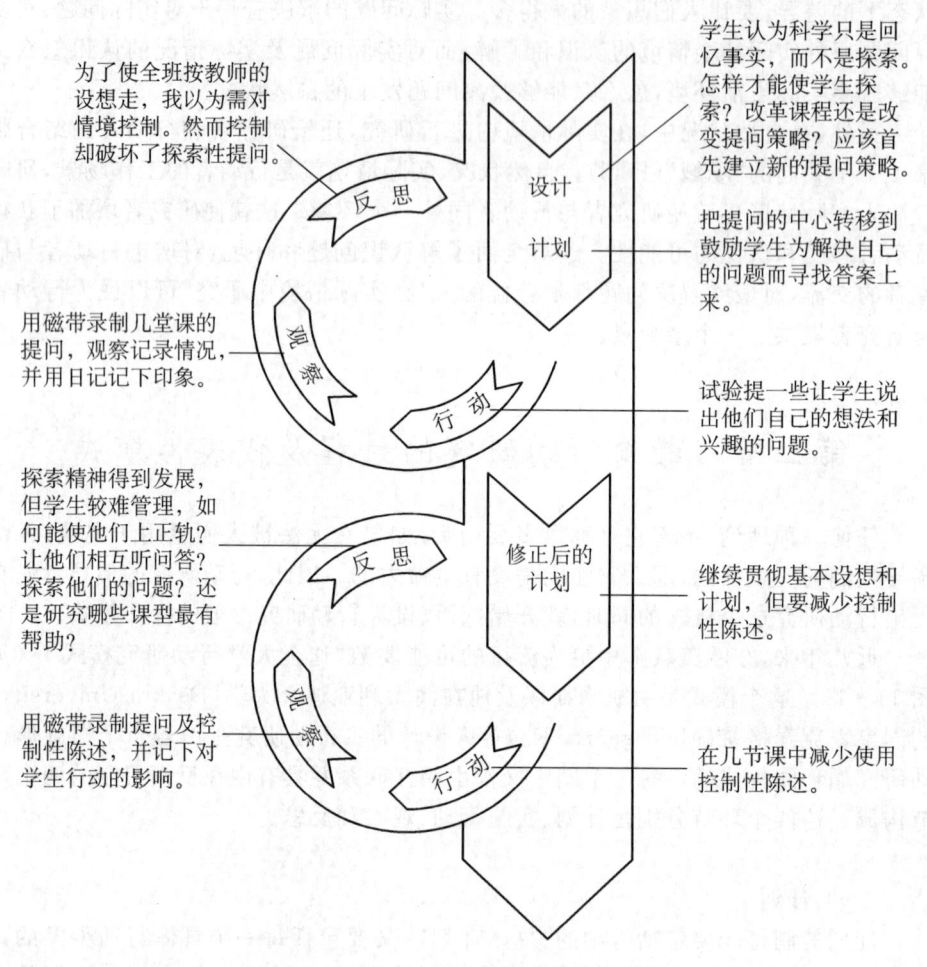

图 11-1 迪金大学行动研究模式示意图

是通过反省和反思不断调整的。在这点上,行动又是灵活能动的,承认行动者的认识和决策作用。

(三)观察

第三个环节是"观察"。在行动研究中,观察既可以是行动者本人借助于各种有效的现代手段对本人行动的记录观察,又可以是其他合作者的观察,而且多视角的观察更有利于全面认识行动的过程和特性。所以,行动研究中经常运用源于航海和军事勘察的"三角观测技术"。观察的内容主要指对行动过程、结果、背景以及行动者特点的观察。由于社会活动尤其是教育活动深受实际环境以及环境中多种因素的影响和制约,而且许多因素又无法事先确定和预见,行动研究的倡导者不主张对社会活动做条件控制性质的研究,要求行动研究在自然状况中进行。这样,观察对行动研究就成为极为重要的一环,成为反思、修正计划,确定下一步行动的前提条件。因此,行动研究者对观察技术的研究十分重视。(如图 11-1)

（四）反思

第四个环节是"反思"。反思在行动研究中既是一个螺旋圈的终结，又是过渡到另一个螺旋圈的中介。在反思这个环节中行动研究者至少要做两件事：(1)整理和描述工作，即对已经观察和感受到的，与制订计划和实施计划有关的各种现象进行归纳整理，描述出本螺旋循环圈的过程和结果，勾画出多侧面的、生动的行动案例；(2)评价和解释工作，对行动过程和结果作出判断，对有关现象和原因作出分析解释，找出计划与结果不一致的症结，从而形成是否需要修正基本设想、总体计划和下一步行动的判断和构想，提出怎样修正、怎样实施下一步行动的建议。

下面是一个行动研究的实例：

有位学者曾经说过：你如果想了解什么是科学，那么你首先应考察的不是它的理论，不是它的发现，当然更不是辩护士们为它所说的一切，而应该是它的参与者在干些什么。因此，让我们看一看行动研究者是如何进行研究的，这对我们了解行动研究，认识行动研究，并通过行动研究来增进我们对课程、对教学方法的理解，提高我们的专业水平，将是十分有益的。

这里介绍的是一个由两位香港中学教师完成的一个行动研究案例。为了保证案例的真实性、生动性，本文采取摘译加点评的表述方法。摘译部分仍用原作者关英莲（音译）撰写时的第一人称[①]。

原文摘译	评语
1. 如何开展行动研究 本项行动研究旨在探究：中学一年级学生是如何学习有关地图的概念和学用地图知识技能的。本文主要记述我和陈老师是如何建立这项合作研究的。	这是一项由两人（一位"局外人"，一位"当事人"）合作进行的行动研究。
2. 问题：地图知识技能的教与学 地图知识和技能是学生必须掌握的重要生活技能之一。1988年我的一项研究就表明，教师、学生都发现很难传授和学习这方面技能。陈老师在攻读"硕士文凭"课程时，与我产生了同样的想法。于是我们有了最初的课题：学生在地理课中是如何学习地图知识和技能的？我们能做些什么？	研究课题是明确的，是"教师能有所作为的"课题。凯米斯曾经提醒说："不要做你无能为力的课题。"

[①] 转引自高文主编：《现代教学的模式化研究》，山东教育出版社1998年版，第81页。

3. 明确研究目标

课题已经明确,但怎么进行,值得研究学习的东西太多。例如,我们是否应该研究所有的使用地图技能?我们是否应该研究所有学生?我们应运用哪些方法技术?我们必须选出优先考虑的问题,决定我们应该做什么,能够做些什么。我们认为应该牢记行动研究是用来解决日常具体问题的。

为了制订计划,两位老师进行了"勘察"——"发现事实"和"分析比较"。

4. 协商工作范围

怎样才能获得学生如何学习的信息,我们对各种可能性进行讨论。协商对我们很有帮助。我相信教师中的这类交流是不多的,但它能使我们产生共识,集中目标。这本身就有助于改进我们的教学工作。

我们最后决定集中精力研究中学一年级一个班级的学生。我们的理由是:①中学一年级学生第一次在正规课程中遇到地图认知使用的问题,给他们以正确的学习认识方法非常重要。如果能改进一年级的教学,对以后的学习也有益。②只研究一个班主要出于人力上的考虑。我们虽然知道多研究几个班更好,但我们不愿在一开始就请求许多同事的合作。

协商是行动研究的重要内容,在行动研究中,协商具有两大意义:一是通过协商使方案更清晰,行动计划更周全;二是获得相互信任和约束。这里主要是第一类作用。

通过"发现事实"、"分析比较"和协商讨论,两位教师有了明确的计划,包括范围、目标和对象。

5. 应该研究哪些知识技能

中学一年级地理课大纲中有许多有关的知识和技能,是否都要覆盖?我们选择了力所能及的做法。选了每一个学生都关注的问题:地图的测量(map scale)。

我们选择这个目标是因为,这是学生处理地理问题时最常用的概念、技能之一。例如,他们要把实际的关于空间的信息用合理的比例,用地图表现出来。他们又要把地图上的距离通过测定得出实际距离或空间的实际面积和形状。陈老师的经验是,学生能在课堂上跟老师学(听得懂),但是,一旦要他们自己做,就会犯各种各样的错误。

基本设想具体、明确、集中。基本设想已基本完成。

6. 怎样教

适合所有情境的教学风格是没有的。教学方法的选择必须根据学生的学习能力而定。

行动计划已经产生。第一步行动计划:设计具体方法。

我们二人对此进行了愉快的协商。经过反思性的协商,我们决定了选择方法的标准:

* 由近及远,由熟悉至陌生;
* 从真实情况到想象;
* 在课堂上多活动,多练习,多操作;
* 回家应有后续性,增强理解练习。

陈老师依照以上标准设计具体方法,我提供反馈。我们的讨论全部都录音,也见诸文字,以便进一步反思。有关方法选择的讨论,使我们对学生学习困难的思考扩展了,对教师如何教也有了更深的理解。我们相信即使就此停止,我们也已很有收获了。

* 第一步行动:设计具体教学方法。

* 对第一步行动的反思,评价。

7. 合作者有哪些作用

合作继续进行,我们必须考虑合作双方的作用。陈老师是本校教师,他愿承当一个教师的正常角色。我为什么不能代替他呢?尽管我非常愿意,但是作为一个"外来者",我不能打破课堂教学的自然情境。所以我充当了一个参与性合作者。任务是观察地图测量知识技能是怎样教怎样学的。开始,学生们见我在教室中记录、观察,有些紧张,所以在第一课结束时,我们用了一些时间,告诉学生,我们的工作还需要同学们的合作,一起来寻找能使他们更感兴趣、也更有效的教学方法。以后学生便合作得很好了,甚至要我更经常地和他们一起上课。

明确合作者双方的任务,职责明确,保证研究的顺利进行。

作为研究者的合作者进入一个共同的工作场域。

与学生协商,获得这一部分参与者的信任和合作。这体现了协商的第二种功能。

8. 怎样才能记录教学的情况

我们没有在教室里验证假设,而是希望报告和解释在自然环境中发生的行为和事件,并以此获得最实在的资料。我们采取了"参与性观察"方法,上课都录了音,我还做了轶事记录,课后又对轶事记录追记几条简明的想法。另外,每节课后,我们都发给学生一张日记单,要求他们写下对这堂课的想法。这是我们使用的获取学生反馈的办法之一。为了帮助学生思考,我们还常提出一些问题,让学生回答。如:

* 这堂课上得如何?

观察、记录、分析的具体方法和技术。用于记录、观察自然环境中发生的事件的技术:参与性观察、轶事记录、学生日记、开放式态度问卷、音像记录、访谈、讨论等。

253

* 你认为今天教的内容容易学吗？如果容易，是哪些部分？

　　* 你认为今天教的内容难学吗？如果难，是哪些部分？

　　* 你能使用今天所学的知识、技术吗？能运用到真实的日常生活中去吗？

　　* 请你给陈老师提些建议，使课上得更有趣、更有用、更易学。

　　* 请你指出本课中令你最难忘的东西。

　　通过这些日记，教师可以发现学生的想法和错误。在课后或午饭时，我们常请三位学生作"15 分钟谈话"，谈话也作录音。我向他们保证，谈话绝不影响他们的成绩，诚心诚意地请他们帮助我认识教学。这类小范围谈话真实、简短，也不至于使学生生厌。

<small>访谈要注意不同对象的特点。道义承诺，相互信任。</small>

　　我们二位研究合作者在放学后还要进行深入探讨，虽然费些时间，但能使我们反思教学与计划的一致性，也使我们能考虑是否需要修改下一堂课的计划。我们感到，这些讨论对我们双方，对改进教与学都是很有益的。

　　9. 结论

　　我们最深刻的体会是：行动研究的确是自我反省性、旨在解决问题的、能够使教师成为研究者的研究。通过行动研究，教师能增进对课程、教学的认识，从而改善我们的教学。

<small>修改下一步行动计划，完成一个螺旋式的，包括计划、行动、观察、反省的行动研究过程。</small>

　　除了上述迪金大学的模式，教育行动研究还有其他一些代表性模式，简述如下：

1. 埃利奥特模式

　　埃利奥特（Elliot, J.）在自己的研究中接受了凯米斯模式的基本要素，但是，他认为凯米斯模式存在一些缺陷。如容易让人误解"基本主题（即一般想法）"总是固定不变的，"探测"似乎只是收集资料，而实施又像是"一往无前"和直线式的。为了修正凯米斯模式中存在的一些问题，埃利奥特将"凯米斯模式"进行修正。首先，允许"基本主题"随研究的深入作出调整和转换。"探测"不仅仅是收集资料，还应该有资料的分析，尤其是对各种原因的查找。"实施"在埃利奥特看来是非常不容易的过程，不会那样"一往无前"，更不是直线式的畅达。

　　那么，在埃利奥特模式中，增加的就不仅是每一循环起点的开放性，同时也丰富了每一循环的研究内部的内涵。（见图 11-2）

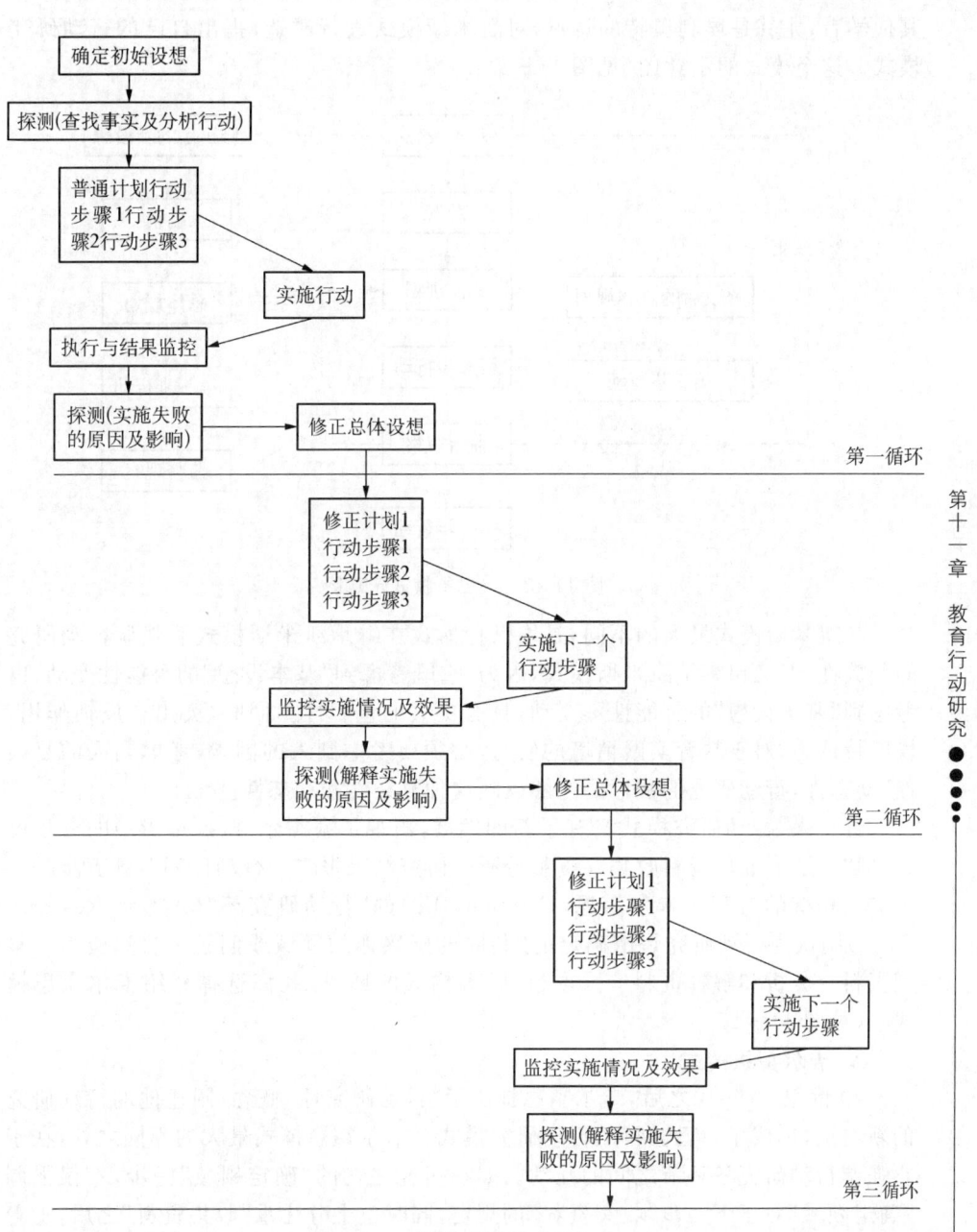

图 11-2　埃利奥特模式示意图

2. 埃巴特模式

埃巴特(Ebbutt, D.)在继承凯米斯模式的基础上,又结合自己的研究实践和其他学者,尤其是埃利奥特的意见,对凯米斯模式进行改造,提出自己的行动研究模式。这个模式的示意图(见图11-3):

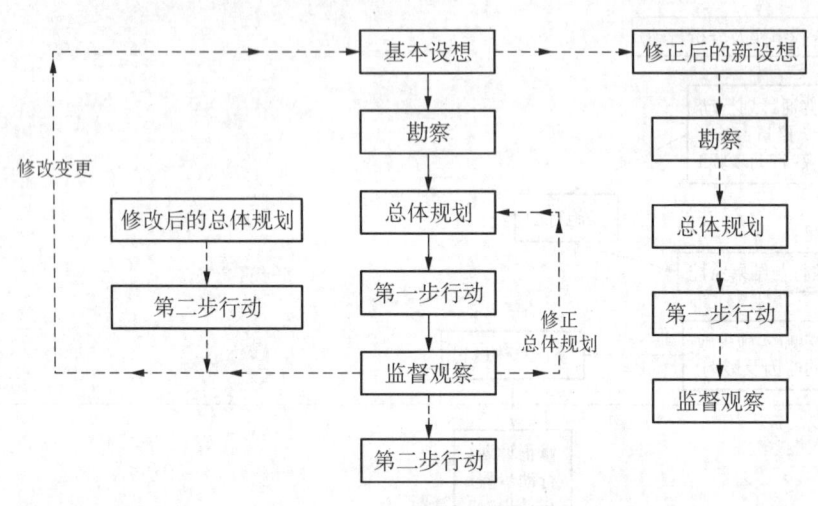

图 11-3 埃巴特模式示意图

与凯米斯模式最大的不同,是埃巴特模式在继承凯米斯模式后强调行动研究的开放性,但又包容了凯米斯模式,因为,它既考虑到"基本设想"的可能性变动,也考虑到"基本设想"的可能性不变动,具有更大的包容性。同时,突出了反馈作用。埃巴特认为,对于教育实践情境的研究,必须要考虑到人的因素,考虑到人的复杂性、动态性,行动研究的程序要能够反映这种复杂性和动态性。[1]

近年来,行动研究模式又有了新的发展,出现了塞杰尔(Sagor, R.)的五步模式,即"问题形成—资料收集—资料分析—研究结果报告—行动计划",这五步是一个前后相继的过程。卡尔霍恩(Calhoun, E.)的"行动研究环"(Action Research Cycle)则认为行动研究是由确定的"共同的感兴趣的领域或问题—收集资料—整理资料—分析和解释资料—采取行动"等构成的环。[2] 我们选择介绍卡尔霍恩模式。(见图 11-4)

3. 卡尔霍恩模式

20世纪90年代之后,卡尔霍恩提出了"行动研究环"概念,阐述他的行动研究的新看法,形成了自己独特的行动研究模式。卡尔霍恩模式最大的不同之处,在于它强调行动研究各环节之间的互动。如在研究之初的"确定领域"一步,不仅强调"确定领域"对于下一步"收集资料"的规定,同时也十分注重"收集资料"之后,随着

---

[1] 唐莹:《跨越教育理论与教育实践的鸿沟——关于教师及其行动理论的思考》,华东师范大学1995年博士论文。

[2] Mills, G. E., *Action Research: A Guide for the Teacher Researcher*, Prentice Hall, 2000, p.18-20.

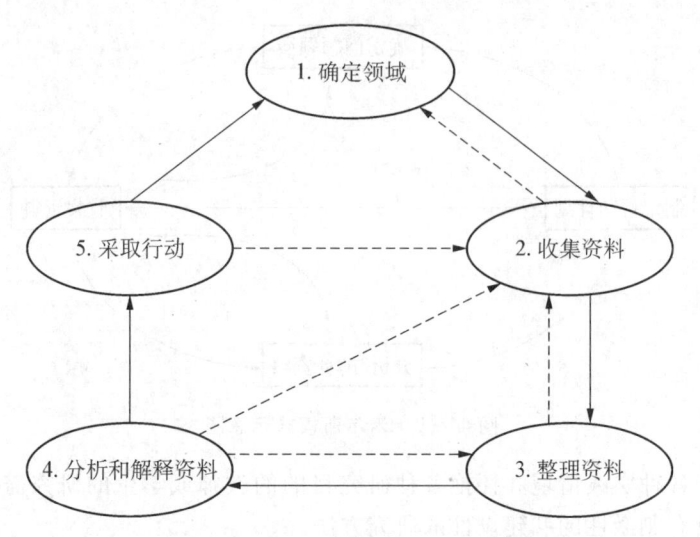

图 11-4 卡尔霍恩模式示意图

资料的丰富,研究者对原来确定的领域的认识也在不断拓宽,对一些细节有了进一步的了解,研究开始之后发生的这一切,不但不应该回避,反而应该积极地加以利用,依此对原来确定的领域进行修订。卡尔霍恩模式还认为,"整理资料"也不是"收集资料"的简单发展,它同样会对"收集资料"产生反作用。在整理资料的过程中,研究者如果发现某一方向或方面的资料作用不大,可以暂时放弃,相反,另一些方向或方面的资料如果比原来估计的作用更多,就应该集中力量,进一步挖掘,给予更多的注意。总之,搜集和整理资料之间的联系,已经不是简单的线性、单向的关系,已经形成一个相互作用的"环"。与此相类似,"整理资料"与"分析和解释资料"两个环节之间,"分析和解释资料"与"收集资料"两个环节之间,"采取行动"与"收集资料"两个环节之间,都存在这样相互作用之"环"。可以说,卡尔霍恩模式与其他行动研究模式之间最大的区别,就在于它在继承行动研究几大步骤首尾相衔、环环推进之外,特别强调每一大的环节内部各步骤之间又组成一个环中之环。这可能也是卡尔霍恩为什么把自己的模式叫做"行动研究环"的原因。[1]

卡尔霍恩模式代表了行动研究领域近年来的新发展,从这种发展的趋势看,行动研究总体上呈现出开放性增强的特征,进一步淡化了研究本身的"控制"。

4. 米尔斯模式

在吸取前人研究成果的基础上,杰弗雷·E·米尔斯(Mills, G. E.)提出了"辩证的行动研究螺旋"(The Dialectic Action Sprial)的概念,建立了自己的行动研究模式。图 11-5 是米尔斯模式的示意图:

按照米尔斯自己的阐述,"辩证的行动研究螺旋"模式,主要是给作为研究主体的教师进行行动研究提供指引和说明,而不是为一般专业研究者提供的理论。它

---

[1] Mills, G. E., *Action Research: A Guide for the Teacher Researcher*, Prentice Hall, 2000, p. 18.

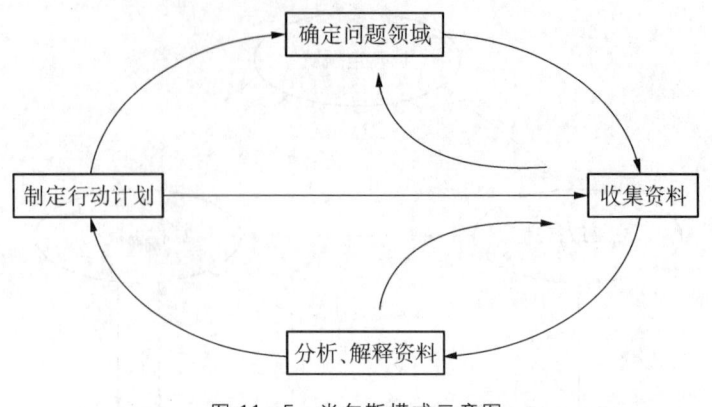

图 11-5　米尔斯模式示意图

能满足处于各种实践情境和怀抱各种研究目的的教师或学生的研究需要,为他们提供一种具有刺激性的和建设性的研究方法。

第三节　教育行动研究对我国教育研究的意义

国外有学者[1]对半个多世纪以来的行动研究演变类型进行划分,把行动研究划分为"技术取向时期"、"实践取向时期"和"批判取向时期"等三个不同时期,这倒正如有学者所言,"要给事物分类必得找出一种依据,但在按照某一种依据分类时又不得不以'牺牲'每一个范例自身的丰富多样性为代价"。[2] 在理论的抽象过程中,概括具体事物本身的"丰富多样性"极有可能被"牺牲"掉,即便是得到多数人认同的分类,同样给人们完整地认识"行动研究"带来缺憾。以时间论,除了早期勒温"技术取向"时期在时间上划分得比较清晰之外,"实践取向"时期和"批判取向"时期的划分,就难以做到泾渭分明。更为重要的是,在界定不同类型行动研究时,我们注意到它们相互间的区分,又往往会人为地"扩大"这种差异,割裂不同"取向"的行动理论之间的"内在一致性"。其实,不管何种取向的行动研究,"实践"、"合作"与"行动中研究"总是其共同的灵魂。

其次,各种取向的行动研究在时间上的前后相递划分,容易引起人们的误读:以为拥抱"新生儿"的时候,也会像送走逝去的老者一样完全与早期的行动研究告别。事实上,不仅行动研究本身发展丰富复杂,充满多样性,教育实践和教育实践中的教师又何尝不是"丰富复杂,充满多样性"？个别教师的专业发展需要,又何尝不是"丰富复杂,充满多样性"？不同地区、不同类型教师的发展需要呈现出多样性,同一地区、同一类型教师的不同发展阶段的发展需求何尝又不"充满多样性"？

---

[1] Mills, G. E., *Action Research: A Guide for the Teacher Resarcher*, Prentice Hall, 2000, p.18.
[2] 杨小微著:《转型与变革——中小学改革与发展的方法论》,湖北教育出版社 2004 年版,第 208 页。

凡此，都决定了教育实践的"丰富复杂，充满多样性"。而且，当代中国基础教育的现状，更需要理论工作者对"教育实践"、"中小学教师"和"中小学教师发展需要"的"丰富复杂，充满多样性"有足够的认识。这种复杂多样，除了具有人类社会共同特征之外，还有中国社会发展不均衡的自身特点。当代中国社会的东西差别、城乡差别、性别差别和民族地区的差别，产生了不同地区、不同类型的学校之间的差别。如此发展不均衡的学校状态，事实上就是教师生活和发展的不同生态。可见，教师面临的问题、教师发展面临的需求必然相去甚远。认为新的取向的行动研究出现之后，原有的行动研究应该寿终正寝的观点，是过于简单了，这是以简单思维对待复杂的教育实践与理论的典型表现。我们认为新取向的行动研究的出现丰富了"行动研究"的家族，丰富了人们行动研究的资源库。法国当代著名思想家埃德加·莫兰(Morin, E.)说，"现象的简单表象可以从简化的原理出发加以解释；存在和事物的惊人的多样性可以从简单的元素出发加以解释。简化的思维方式通过分割和划归的方法应用于这些现象。分割不仅使对象彼此孤立，而且使对象孤立于它们的环境和它们的观察者"。① 假若我们以简单的思维方式来对待不同取向的行动研究，采取非此即彼的态度，其结果不仅是人为地割裂了各类范式行动研究之间的联系，也抽空了某一范式的行动研究与研究者(教师)的具体而意义丰富的联系内涵，只剩下僵硬的操作程序和被控制的研究者。无论是尊重实践者感受和差异的"实践取向"的行动研究，还是允诺解放实践者的"批判取向"的行动研究，在这种思维方式之下，概莫能外要落到这样的结局。

最后，国际学术界对行动研究发展的现状仍然存在重要的观点交锋。"批判的行动研究"斥责别人只关注具体问题，心甘情愿受现存制度的奴役。可是，批评"批判取向"的行动研究的人，也指责它"关心政治胜过关心教育，关心信念胜过关心行动，关心哲学鼓吹胜过关心教育"。② 更有甚者，还把那些热衷"批判取向"的行动研究的学者称作"危险分子"，③而且，在行动研究的研究群体之外，行动研究的信度和效度一直受到强烈的质疑。有学者对众多行动研究的本体论假设——"参与的世界观"进行了历史的和逻辑的分析，在肯定它的合理性与进步性的同时，就其所面临的六个问题依次进行了进一步的哲学思考和分析，并由此认为行动研究的本体论假设存在值得关注的逻辑缺陷，这些缺陷影响到行动研究的知识假设与预期价值目标的实现。④

国内有学者谈到行动研究的质量衡量标准时认为，"(1)研究是否有利于发展和改善目前的社会现实，是否解决了实际的问题或者提供了解决问题的思路；(2)研究是否达到了解放实践者的目的，使他们不再受到传统科学研究权威的压

---

① （法）莫兰著，陈一壮译：《复杂思想：自觉的科学》，北京大学出版社2001年版，第13页。
② 王建军、黄显华：《校本课程开发与教育行动研究》，《华东师范大学学报》（教育科学版），2001年第2期。
③ （瑞典）胡森等主编，张斌贤等译：《教育大百科全书》（教育方法论卷），西南师范大学出版社2006年版，第246页。
④ 石中英：《行动研究本体论假设的再思考》，《教师教育研究》，2004年第4期。

迫,提高了他们自己从事研究的自信和自尊;(3)研究设计和资料收集的方法与实践的要求是否相容(如时间、经济条件、专业文化等);(4)研究是否发展了实践者(如教师、社会工作者、护理人员)的专业知识,加深了他们对实践的了解,改进了他们的工作质量和社会地位,使他们的专业受到社会更大的重视;(5)研究是否符合伦理道德方面的要求,是否与具体情境下的行动目标的价值观念相容"。① 可以认为,这也是教育实践工作者在从事行动研究时对待各种研究取向的准则。毕竟,行动研究的根本宗旨是要"改善'实践',并通过改善'实践'加深教师对自身实践环节的反思,提升实践者自身的专业素养,甚至谋求自身的解放"。对行动研究本身的分类,虽然具有理论研究的价值,具有指导实践的意义,但是,教师在运用行动研究时毕竟不能被这种理论束缚手脚,而应该从解决实践问题的需要出发,以自己的研究实践去修正、丰富和发展理论。或许凯米斯的一段话更能给我们启示:"行动研究的观念可能不如人类的完满性那么完美,但是经过50年的时间,它已经提供和展示出与社会研究及社会行为相链接的各种可能性,并且为教育、科学和社会的改善做出了有价值的贡献。"②对于我们来说,正确的态度就是既不要神化它,也不应该把它简单化——把它本身的形态简单化、演变历史简单化以及其与教育现实的联系简单化。

80年代以来,我国中小学校开展了大量的教育改革与实验,许多由国内外教育理论家提出的教育思想、教育理论直至教学方法或技术在实践中进行了实验,同时,基于我国国情乃至基于当地甚至本校实情的各种创造性探索也不断涌现,呈现出我国教育史上少有的生机勃勃的景象。在一些教育科研和实践水平都比较先进的地区,如上海,在"走群众性教育科学研究道路"的思想指导之下,十几年来,普教系统开展了大量的教育研究。这些研究成果丰硕,许多新的教育思路、教育教学模式出现并逐渐发展成熟,有些思路与模式甚至已经产生了全国性影响。

在这些骄人的成绩背后,我们也不能不看到我国教师所从事的教育研究工作的一些问题。首先是研究的目的,尽管我国教师所从事的大部分研究确是始自实践中的问题,然而不在少数的这类研究的目的却是为了"理论"上的建树——这个目的本身无可厚非,但是它带来的后果却是颇值得深虑的:"为改革而改革"的"改革"、为创制一种特别的"××教育"而进行的"研究"已经成为近年我国教育界的一个景观,实践者的这种理论旨趣使得"教育研究"在实践者手中突然急功近利起来,而且此"功"此"利"又偏偏不是现实中的实践,而是"理论"。这种倾向在对"理论"与"学问"有着某种特别嗜好的现代中国也许颇多可解之处,不过它却削弱了这些研究的应用价值;因为目的(至少是最终目的)是为了"理论"而不是实践本身,所以一旦"成果"出来,就成为一种僵固的、似乎无需再改进的东西,只要专等别人来运用就行了。相应的,产生这种"理论"的那个实践也当然地就成了一个"模型",只要

---

① 陈向明:《什么是"行动研究"》,《教育研究与实验》,1999年第2期。
② (瑞典)胡森等主编,张斌贤等译:《教育大百科全书》(教育方法论卷),西南师范大学出版社2006年版,第246页。

等着别人来参观与学习就行了,也不可以再做什么变动,如此情势,不但与"实践改进"的意旨大相径庭,甚至可能已经成为"实践改进"的绊脚石;更何况,此种研究对"理论"的建树究竟有多大的意义也还值得怀疑。

其次是研究的形式问题,教师的研究即使再系统,它在根本上也只是意味着教师对自己实践的一种"省察"与"反思",它的最大的现实意义在于它可以让教师"理解"(广义的一种"学习")在他的实践中有着内在联系的各种要素的含义,从而使他的实践更具有一种"理性"的特征。这意味着,教师的研究工作将具有与专业理论研究者很不同的一个特征,那就是一种始自现实的(而不是止于逻辑上的)"反思"或"评价",这也意味着,教师的研究工作将不可能有一个凝固的"成果",而必将是一个不间断的"过程"。我国教师从事的相当一部分研究在形式上还是循着传统上专业理论研究者的那一套,确定"课题"——寻找理论上的依据或做一两个调查——"课题"解决(研究也相应结束)。这个形式的潜在危险是,它最终可能脱离实践,成为游离于实践之外的、教师们教书之余的另一项活动内容。以团体(学生或教研室)为单位的研究工作一旦采用了这种研究形式,还将产生的另一个危险就是,由于缺少基于具体实践的"反思"与"评价",研究的结果最后可能会变成一种武断的命令,成为这个团体中每个成员都必须遵守的某种规章,"为真理"而进行的"研究"带来的不再是"解放",反倒成了附加的束缚。

正是因为我国教师所从事的研究工作中存在着这样一些已在或潜在的问题,所以我们认为,借鉴、吸收行动研究的一些思想,无论对于我国教师的研究工作本身,还是更远的对于我国教育实践和教育理论的发展,都还是很有价值的。

探究与操作

1. 找出某位教师教育、教学中存在的问题,并为其设计一个解决这一问题、改进教育实践的"行动研究"方案。

2. 联系实际,谈谈行动研究与教育实验研究的联系与区别。

3. 行动研究对教师专业化发展有何作用?

4. 某校以行动研究的方式开展对本校的"教研"本身进行研究:自 2004 年以来学校所作的"研究课题",基本来自省、市规划课题;发起研究的方式基本是"接受"上级主管部门的"科研任务";在对学校课题研究"成果"的处理上,都停留于"汇编成册"供展示与汇报。请你从"校本教研"的视角出发,分析该校教研存在的问题,并帮助他们设计一个改进学校"校本教研"的行动研究方案。

拓展性阅读材料

1. 陈向明:《什么是"行动研究"》,《教育研究与实验》,1999 年第 2 期。

2. 王建军,黄显华:《校本课程开发与教育行动研究》,《华东师范大学学报》(教育科学版),2001 年第 2 期。

3. 宁虹、刘秀江:《教师成为研究者:教师专业化发展的一个重要趋势》,《教育研究》,2000 年第 7 期。

主要参考文献

1. 陈桂生主编:《到中小学去研究教育——"教育行动研究"的尝试》,华东师范大学出版社 2000 年版。
2. (英)James McKernan 著,朱细文等译:《课程行动研究》,北京师范大学出版社 2004 年版。
3. Carr,W.& Kemmis,S.(1982),*Becoming Critical：Education，Knowledge and Action Research*,The Falmer Press.
4. 蔡清田著:《教育行动研究》,南京师范大学出版社 2005 年版。
5. 刘良华著:《校本行动研究》,四川教育出版社 2002 年版。

第十二章
教育叙事研究

学习目标

理解教育叙事研究的价值与意义；了解叙事研究的基本类型；掌握叙事分析的基本方法。

内容提要

教育叙事研究是20世纪90年代新兴的教育研究方法。由于它具有经验性、描述性和贴近教育生活的特点，受到教育理论与实践领域的广泛欢迎。本章介绍了这种教育研究方法的起源与发展、本质与特点、批评与辩护，以及教育叙事研究的基本类型和教育叙事分析的若干模式。

重要概念和术语

教育叙事研究　叙事研究类型　叙事分析模式

最近发生在班上的一件事，让我长了许多智慧。

期末考试结束了，我们三(4)班的孩子们个个心花怒放，一些学生的小淘气纷纷显露出来。午睡醒来，聪明伶俐的小孩 A 急匆匆跑过来告诉我："老师，有人在我的本子上写了一句话。"我接过她的语文本，上面歪歪斜斜写着一行字"我想你死"，后面还画了一个诡秘的笑脸。我问她"你怕吗？""不怕！""对，那是喜欢你的同学逗你玩的，玩去吧！"小女孩蹦蹦跳跳地走了。没想到，同学的一句戏言，竟激怒了小女孩的妈妈。第二天一早，身为检察官的妈妈气冲冲地找到我投诉，认为这种恶意诅咒使他们全家都受到了极大的伤害，明确要求我一定要彻查，写这句话的孩子要向他们全家道歉。我无论怎么解释，这位妈妈都不接受，并要限期查出那个"坏孩子"。无奈之下，我让她不要急，给我一点时间。

我想，还是应该找到写这句话的孩子，让他知道这句话可能给别人造成心灵的伤害。可"证据"已经被恼怒的妈妈撕毁了，于是，我在班上平静地讲了这件事，并告诉同学们，这句话让小女孩和她的妈妈很不高兴，希望写这句话的孩子勇于承认错误。两天过去了，谁也没有来承认，询问班上的小干部也都说不知道。怎么办？一边，是一点线索也没有，另一边，家长逼我交人。就在我为难的第三天下午，小女孩的妈妈向副校长投诉我调查不力，教育无方，还趁

263

我不在,恼怒地冲到教室去质问所谓的"怀疑对象",搞得班上的小朋友惊恐不安。一位小男孩("怀疑对象")委屈地对我说:"老师,真的不是我写的,我愿意做笔迹鉴定。"眼看还有三天就要放假了,情绪非常激动的家长第三次到我办公室吵闹,要求我限期破案,放假前一定要给她个说法。

这位妈妈的得理不饶人和穷追不舍,让我一连几天饱受煎熬。我想,写这句话的小朋友一定是怕老师批评,没有勇气承认,我绝不能在班上兴师动众。接连两天,我再没有在班上提及此事,同学们的心态似乎也恢复了平静。就在学期结束的那天上午,我抱着最后试一试的想法,"醉翁之意不在酒"地在班上和同学们讲起了《我永远爱你》的图画故事。

故事讲的是熊宝宝无论做错什么事,熊妈妈都永远爱他;熊妈妈爱他,就因为熊宝宝无论做了什么错事,都能对自己的错误负起责任。故事讲完以后,我对孩子们说:"你们都是幸老师的乖宝宝,我永远爱你们。做了错事不要紧,最重要的是能像熊宝宝一样,能对自己的错误负起责任。只要你承认这个错误,同学们都爱你。"然后,我给每位小朋友发了一张彩色小纸条,让他们选择自己喜欢的颜色,在上面写下自己最近做的错事,学习熊宝宝对自己的错误负起责任。

我回到办公室,逐一打开一张张小纸条。因为心里根本没有底,特别特别紧张。就在我感到快要失望的时候,一张署名诚实的小纸条出现在我眼前。我欣喜万分,情不自禁地抱着旁边的张老师大哭起来。不知是惊喜,还是酸楚,我泪流满面。我的学生太可爱了,他们是多么纯真啊!

当我还在想该用什么方式来教育这位诚实的小孩,用什么方式来对那位妈妈说明事情经过的时候,小女孩A再次找到我:"幸老师,那位同学已经向我道歉了。"我明知故问:"那是谁啊?"小女孩笑笑说:"保密。""要是妈妈问呢?""我也保密。""你会原谅他并且永远爱他吗?""会的。"多么崇高的尊重,多么纯真和善良的孩子们啊。我忍不住抱住了她:"老师也永远爱你们。"

事情算是完美落幕了。可我的心久久不能平静。三年级的小孩都懂得尊重,懂得包容,我们这些大人是怎么了?这件事,与其说是我教育了孩子,还不如说是孩子们教育了我。孩子们用他们的纯真告诉我,教育是尊重对尊重的解读,爱对爱的呵护,情对情的温暖,更是心对心的感动。[①]

这是一位小学班主任对自己一段教育生活的记录,虽然没有严谨的理论话语,也没有规范的数字符号,但是,它给予读者的心理震撼和思维启迪丝毫不逊色于理论文本和科学图表。它既是描述教育现象的故事,也是探究教育生活的方式,它就是这里要详加介绍的教育叙事研究。

教育叙事研究是近年来新兴的一种教育研究方法。它以其经验的、描述的、贴近教育生活的特点,愈来愈被广大教育研究者所采用。在英语世界里,"故事"成为

---

① 作者是广东省佛山市第九小学的幸微老师。

20世纪90年代教育研究领域广泛流行的术语。几乎找不到没有囊括相关文献的专业书籍和期刊。[1] 在我国,教育叙事研究大有成为潮流之势。研究与运用教育叙事研究的论文逐年递增。本章将综合国内外相关研究,梳理教育叙事研究的基本内涵、理论基础、基本观念,以及相关争论,介绍教育叙事研究的类型,以及教育叙事的分析模式。

第一节 教育叙事研究概述

一、教育叙事研究的起源与发展

教育叙事研究起源于北美国家。1968年杰克逊(Jackson, P. W.)最早运用叙事方法研究学校现场活动。早在1980年,伯克(Berk, L.)就提出自传是教育研究的首要方法。北美著名研究"狐火方案"(Foxfire Project)曾运用口述史的方法。教育学者艾斯纳(Esiner, E.)在有关经验的教育研究评论中提出,叙事与质性教育研究取向一致,并把它与经验哲学、心理学、课程研究等相提并论。1990年康纳利与克莱迪宁在美国权威教育刊物《教育研究者》上合作发表《经验的故事和叙事研究》,首次在教育研究领域使用"叙事研究"(narrative inquiry)术语。[2] 但从教育叙事研究的发展历史角度来看,康纳利(Connelly, F.)和克莱迪宁(Clandinin, D.)先后发表《经验的故事和叙事研究》(Stories of Experience and Narrative Inquiry, 1990)、《叙事研究:质的研究中的经验与故事》(Narrative Inquiry: Experience and Story in Qualitative Research, 2000)等系列研究成果标志着教育叙事研究作为一种教育研究方法的诞生。康纳利和克莱迪宁在《经验的故事和叙事研究》一文中,引用了大量的叙事研究在社会科学领域的运用实例,详细地阐述了在教育研究领域应如何进行田野文本数据的搜集,如何建构叙事研究的框架,以及如何撰写叙事研究报告等。在《叙事研究:质的研究中的经验与故事》一书中,他们进一步回答了为何要转向教育叙事研究的问题,并以杜威对经验的论述作为"想象的基石",建构出教育叙事研究的三度空间,指出了教育叙事研究的方向——个人与社会(互动),过去、现在和未来(连续性)以及地点(情境)。

北美教育叙事研究的兴起,不仅归功于克莱迪宁和康纳利的研究,还因为这种方法受到三种教育研究发展趋势的影响。第一,教育研究日益强调教师的反思价值;第二,教育研究越来越强调研究教师知识的重要性,如:教师知道什么?他们如何思考?他们如何实现专业化?第三,教育研究者试图通过赋予教师言说其经历

---

[1] Carter, K. Teaching Stories and Local Understandings. *The Journal of Educational Research*. 1995. Vol. 88, No. 6, 326–330.

[2] Jean, C. D., Debbie, P. & Murray, O. A., Navigating Sites for Narrative Inquiry. *Journal of Teacher Education*, 2007. Vol. 58, No. 1, p. 21–36.

的方式,来强调教师的声音在教育研究中的重要性。另外,教育研究中自然科学研究方法遭受困境,也是叙事研究兴起的重要原因。教育叙事研究,以其独特的方式,迎合了这些教育研究发展趋势。它对教育研究的影响日趋扩大。20世纪90年代末,教育叙事研究在我国兴起,出现了所谓的"教育研究的叙事转向"。

二、教育叙事研究的性质与特点

在汉语中,叙事是与叙述、叙说意义相近的词汇。"叙述"的意思是,"把事情的前后经过记载下来或说出来"。[①]"叙说"多指口头叙述,而"叙事"则是指以书面的方式叙述事情。"叙事"对应的英文单词是 narrative。该词源自拉丁词 gnārus 和 narrō。前者的意思是"了解"(knowing)、"熟悉"(acquainted with)、"内行的"(expert)、"熟练的"(skillfull)等,后者的意思是"陈述"(relate)、"讲述"(tell)。简单地说,narrative 也是叙述故事的意思。[②]总之,从词义上看,无论中外,叙事就是以口头,或书面的方式讲故事。

如果从历史起源来看,叙事是人类一种古老的表达和交流的方式。它源于人类种族经验延续的需要。可以设想,在理论思维不发达的原始社会,人们很难从自己或他人的生活经验中抽象出概念化的理论。人与人之间是借助讲述自己或他人的故事,保存和传递种族经验。这种讲述的形式是面对面的交流,内容是包容性很强的故事。故事中的经验者的情感、智慧、行动水乳交融,不曾分离。讲故事的人在讲述中不断清理自己的思路,驻足回望自己的经历。听故事的人获取故事经验的启示意义。我们也许很难完全理解另一种文化思想,但是,我们比较容易理解其中的故事。与诗歌、哲学话语相比,叙事是一种便于交流的形式。如同罗兰·巴尔特所说:"叙事是国际性的、超历史的和跨文化的。"因此,叙事也被认为是一种"元代码"(meta-code)[③]。

在人文社会科学中,叙事长期仅在史学、文学中占有一席之地。史学研究需要"真实"的故事丰富对历史的记述。而小说家则通过创作虚构的作品,或改编真实的故事,表达思想,传递情感。但是,进入20世纪后,叙事在众多人文社会科学领域得到重视。如叙事范式成为当代西方修辞学的一种批评模式,其代表人物华尔特·菲希尔认为,叙事范式是将叙事作为对现实的一种修辞活动,是对社会的一种影响。叙事范式的主要功能是提供一个解读和评估人类文化交流的方法,使人们能够评判、断定某种具体的话语是否给人们在现实世界中提供了一种可靠的、值得信赖的、适用的思想与行动指南。[④]叙事心理学是心理学家族中的一支,它以自我叙事为扎根隐喻。所谓扎根隐喻就是心理过程的核心特征所表征的方法,叙事心

[①] 参见《现代汉语词典》(2002年增补本),商务印书馆2002年版,第1422页。
[②] 参见(美)海登·怀特著,董立河译:《形式的内容:叙事话语与历史再现》,北京出版社、文津出版社2005年版,第2页。
[③] 同上书,第1—2页。
[④] (美)大卫·宁等著,常昌富等译:《当代西方修辞学:批评模式与方法》,中国社会科学出版社1998年版,第23页。

理学采用自我叙事为核心的知识表征方法。① 叙事也进入到伦理学研究领域。有学者指出,"叙事不只是讲述曾经发生过的生活,也讲述尚未经历过的可能生活。一种叙事,也是一种生活的可能性,一种实践性的伦理构想"。由此,他提出一种与理性伦理学相对应的叙事伦理学,并指出叙事伦理学不探究生命感觉的一般法则和人的生活应该遵循的基本道德观念,也不制造关于生命感觉的理则,而是讲述个人经历的生命故事,通过个人经历的叙事提出关于生命感觉的问题,营造具体的道德意识和伦理诉求。② 叙事在人文社会科学中的地位不断攀升,尤其是当代美国教育心理学家布鲁纳更是把叙事看作人类认识世界的基本方式之一。他说,人类有两种基本的认识世界的方式。一种是为寻求普遍真理的"范式方式"(Paradigmatic Way)。这是自然科学研究的基本方式,在这种方式的主导下,人们关注的是普遍意义上的"理"与"逻辑"。另一种是"叙事方式"(Narrative Way)。人们通常运用叙事的方式寻求实践的具体的联系,关注事件展开的具体情节,而不是以抽象的概念和符号压制生活中的"情节"和"情趣"。这是一种面向事实本身,理解他人,体验生活的人文科学认识方式。③ 对此,当代著名的叙事学家华莱士·马丁评论道:"作为理解生活必不可少的诸种解释方式,模仿与叙述已经从其原来的仅为'小说'的不同方面这一边缘地位一跃而占据了一些其他学科的中心。"④

"叙事""走俏"于众多学术领域,反映出叙事内涵不断扩展,意义不断丰富。首先,叙事不再仅仅是一种言说方式,一种方法技巧,它为人们展开了一种生存方式。我们每个人也有一部个人的历史,亦即,有关我们自己的生活的诸种叙事。正是这些故事使我们能够解释我们自己是什么,以及我们正在被引向何方。故事不是为我们提供存在的背景,而是我们就在故事之中,按照故事的呈现方式生活。其次,叙事最重要的特征——时间性,得以凸显。当代人文社会科学的理论一大突破就是认识到世界的时间维度。那种永恒不变的宏大理论、本质规律、客观的科学知识受到许多思想家的怀疑。让—弗朗索瓦·利奥塔尔(Lyotard, J.)也说,"知识并不限于科学,甚至不限于认识","科学是认识的子集"。科学知识之外还有相当重要的叙述知识。⑤ 当我们以叙事的方式观看世界,看待知识,本质、规律、世界都在故事的流转中生成,在故事的结尾处显现。人生也如同一个故事。人的本质在故事中生成。"叙事对立于种种非时间性的规律,……任何一种解释,只要它在时间中展开,在过程中时有惊人之处,而认识则仅得之于事后聪明,那它就是一个故事。"⑥这样,叙事为我们提供了一种世界观,一种生成性的世界观。教育是"人为"和"为人"的社会活动。凡是有利于增进对人的认识、对人的社会性活动的认识的

---

① 沈之菲:《叙事心理学探究》,《上海教育科研》,2004年第4期。
② 刘小枫著:《沉重的肉身:现代性伦理的叙事纬语》,华夏出版社2004年版,第6—7页。
③ Bruner, J. *Actual Mind, Possible Worlds*. Cambridge, MA: Harvard University Press, 1986.
④ (美)华莱士·马丁著,伍晓明译:《当代叙事学》,北京大学出版社2005年版,第1页。
⑤ (法)让—弗朗索瓦·利奥塔尔著,车槿山译:《后现代状况:关于知识的报告》,三联书店1997年版,第40—43页。
⑥ (美)华莱士·马丁著,伍晓明译:《当代叙事学》,北京大学出版社2005年版,第1页。

知识,都可以进入教育研究者的视野,成为丰富研究的资源。当代叙事认识的拓展为它"风行"当代教育研究领域,奠定了理论基础。不了解叙事在当代人文社会科学的境遇,就不能真正看清教育叙事研究的现实意义。

教育叙事研究是教育研究对叙事研究方法的一种整体性借用。教育叙事研究的本质属性在于它聚焦于个体日常教育生活中的某一现象,分析现象之中个体的一系列教育生活故事所包含的基本结构性经验,对个体的行为和经验建构进行解释性理解。因此,教育叙事研究是研究者通过描述个体教育生活,搜集和讲述个体教育故事,在解构和重构教育叙事材料过程中对个体行为和经验建构获得解释性理解的一种活动。[1]

为什么教育研究中需要引入叙事探究的方式?在北美叙事研究者看来,问题的答案可以归结为他们坚持两个基本的信念。一是人类经验基本上是故事经验。进而,他们相信,研究人的最佳方式是抓住人类经验的故事性特征,在记录有关教育经验故事的同时,撰写有关教育经验的其他阐释性故事。这种复杂的撰写的故事就被称为叙事。写得好的故事接近经验,因为它们是人类经验的表述,同时它们也接近理论,因为它们给出的叙事对参与者和读者有教育意义。[2] 二是康纳利和克莱迪宁借用杜威的观点,认为教育的研究就是生活的研究。研究教育就是去研究经验。他们说,"教育及教育研究是一种经验的形式。对我们来说,叙事是呈现及了解经验的最佳方式。我们所研究的是经验,我们叙事式地研究它,因为,叙事思考是经验的一种关键形式,也是书写及思考经验的一种重要方法。实际上叙事式思考是叙说现象的一部分。……我们因而可以说,叙事既是社会科学要研究的现象,也是社会科学的方法"。据康纳利和克莱迪宁看,引入叙事的根本目的是为了换一种方式看教育世界,看的对象和方式都发生了变化。看的对象是活生生的教育经验世界,而看的方式则是叙事的方式,具体说就是,通过故事关注"在连续性中被经验到的生活——人们的生活、制度的生活、事物的生活"。这一生活镶嵌在"一个长程的历史叙事脉络中"。[3]

这种教育叙事研究从质化研究出发,有别于教育哲学的研究方法。它采取了归纳而非演绎,实践而非思辨的研究取向,直面教育的现实世界,从活生生的教育生活中汲取教育的诗情画意。这是对宏大教育哲学理论的反叛,并试图提升教育经验的存在价值。其实质是重新珍视研究对象的"局部的丰富性"而不是好大喜功。叙事研究者不满足于虚幻的"整体的空谈性",借以叙事的方式兑现研究对象的"局部的丰富性",这乃是"人类原始思维"中的一种"诗性智慧"。或者说,叙事是重新恢复"人类原始思维"的"诗性智慧"。

与科学实证主义的方法相比较,教育叙事无意归纳推论出一般意义的规律、法

---

[1] 傅敏、田慧生:《教育叙事研究:本质、特征与方法》,《教育研究》,2008年第5期。
[2] (加)康纳利、克莱迪宁著,丁钢译:《叙事探究》,《全球教育展望》,2003年第4期。
[3] Clandinin, D. J. & Connelly, F. M., *Narrative Inquiry: Experience and Story in Qualitative Research*, California: Jossey-Bass Inc. 2000. p. 18.

则,而是强调个人经验的意义的原始性、情境性和真实性,反对抽象归纳的"去情境化"。科学实证主义严守价值中立的研究标准,把个人的情感、愿望、态度、价值观等视为主观的东西,一律从研究中剔出,以求结论的真实、可信,具有普遍适用性。教育叙事恰恰相反,它认为教师的经验不是抽象的,而是生活化的,个人的喜怒哀乐、思想态度是构成个人经验的重要部分。教育叙事中无处不体现教师的思考与筹划,具有强烈的个人倾向性。这些"主观"的个人经验方式,正说明了其真实性。叙事研究者把叙事看作是人类的经验、行为以及作为群体和个体的生活方式。从这点上看,叙事不再仅是主观意义上的产物。因此,教育叙事研究报告的内容必须具有一定的情节性,深度描写教学事件中的"波折"、"节外生枝"、教师的情境变化和寻求教学出路的谋划。

教育叙事研究与文学、心理学等学科中的叙事研究不同。文学中叙事研究是对故事文本的叙事结构的分析,心理学也多半是对被试叙说言语结构同一性的研究。简单地说,它们是叙事文本、话语的形式化研究,而教育叙事研究则更关注叙事的内容,通过细致描写的教育叙事文本,人们深入地、丰富地去理解教育生活。

第二节 教育叙事研究的类型与特点

一、合作型叙事研究

《教育信念:一位初中女教师的叙事探究》的主要研究合作者是广西某市完全中学的一位初中语文教师。研究者在1998年6月至1999年2月之间,对合作教师李群的42节语文课做了现场记录,并选择另一位语文教师作了对比观察。在办公室、教室、走廊、操场、李群的家、李群的朋友家、街上,通过面谈和电话交谈两种方式,访谈了李群对自己课堂行为的解释,对所教学科性质的看法,她的学生观、理想课堂观,她的职业经历,她的个人经历和生活观,她的家族故事,同时也访谈了其他相关人员,搜集了李群的工作总结、教案、个人简历、照片、研究论文、学生日记和作文圈阅等。在此基础上,研究者与合作教师共同建构了李群的教学和生活故事。

北美教育叙事研究专家迈克·康纳利和简·克莱迪宁提出的教育叙事研究类型是研究者与教师的合作型叙事研究。他们认为,合作型教育叙事研究的过程主要有三个基本步骤:进入现场,形成现场文本,建构研究文本。现场、现场文本、研究文本以及它们之间的关系,是叙事研究的主要焦点,即从一个中立的观察者到一个积极的参与者的研究者和现场的关系,以及基于现场经验的复杂问题、经验的解释及重组和适当文本形式的研究者和现场文本的关系。①

（一）进入现场

教育活动的现场是变动不居、复杂多样的，因此，当研究者进入教育现场，会经历许多转换与变动，研究者需要不断协调各种关系，变更研究的目的与方向，对一再改变的情境保持弹性与开放的态度。

1. 协商关系

研究者进入现场后，面临的首要问题是如何处理与现场参与者的关系。首先，在现场参与者看来，研究者是"不速之客"，参与者可能有防范、排斥心理。因此，消除研究者与参与者之间的隔阂，引导参与者参与研究过程，建立相互之间的信任关系，是研究者成功开展叙事研究的第一步。研究者能安身研究现场，并不意味着协调关系的活动就此可以终止，研究者与参与者的关系在整个叙事研究过程中是不断地被协调与建构的。因此，需要长期"经营"研究者与参与者之间的关系。再者，叙事研究需要研究者不同程度上接近参与者，有意融洽研究者和参与者的关系。实证研究传统告诫研究者要与参与者保持距离，以保证研究结果没有主观偏见。叙事研究则不再是"隔岸观火"。它要求研究者应该密切关注研究现场，关注他们自身的体验和参与者的故事。研究者必须通过与参与者建立不同程度的亲近关系来理解、记录和思考教育现场。

2. 协商目的

研究者与参与者不断协调关系的过程，也是商谈研究目的，发现、解释与澄清研究目的的过程。叙事研究鼓励研究者去回应参与者诉说的故事，展开交流讨论的空间，生成研究问题与目的。在量化研究中，研究目的是检验预计的假设，但在叙事研究中，研究的目的，以及研究者认为困扰或所要探讨的问题，随着研究的进展而有所改变。因此，在现场情境中，研究者与参与者共同形成着叙事研究关注的主题。

3. 协商转移

当叙事研究终止，或发生转向，或从现场文本转移到研究文本时，研究者需要与参与者协商研究的转移。研究者与参与者已经建立相互信任的关系。不经过彼此协商，研究者突然抽身而去，对于叙事研究的信任度和整体性都会造成损失。因此，为了保证叙事研究有始有终的完整性，便于日后进一步开展研究，叙事研究者一般都要在终止或转移研究时，与参与者进行商谈。

4. 协商让自己变得有用的方式

研究者在现场中找到自己的位置，给自己一个明确的定位是一件不容易的事情。研究者只有明确了自己在现场中的位置，才能便于自己在现场中开展研究工作。研究者在现场中的角色和地位，不能仅靠相关人员的委派，那样的位置往往使研究者外在于研究情境。真正融入现场的叙事研究，需要研究者与参与者协商自

---

① （加）迈克·康纳利、简·克莱迪宁著，丁钢译：《叙事探究》，《全球教育展望》，2003年第4期。

己的位置,找到属于研究者自己的,并使自己变得有用的方式。

总之,叙事研究者进入现场必须对情境具有相当的敏感性,积极参与与当事人的商谈,努力掌握大量的故事。由此,在现场中的叙事研究是一种生活方式。

(二) 形成现场文本

1. 现场文本的涵义

进入现场后,叙事研究者紧接着就是要发现、收集现场中的相关资料。叙事研究者一般把这些资料,或"田野笔记",称作为现场文本。这些资料是由研究者与参与者创造的代表现场经验各个方面的文本。它们被称作现场文本而不是资料,是因为文本有叙事的性质。这体现于两个方面。一方面,撰写现场文本是一种诠释的过程。选择什么样的资料作为现场文本,是由研究者与参与者的选择性兴趣所决定的。现场文本是对现场经验选择性的再创造,因而具体呈现出一个诠释性的过程。另一方面,现场文本的意义是由研究者与参与者之间的关系赋予的。普通意义上的资料是指事件的客观记录,现场文本并不具备这一性质,它们是产生于现场经验的复杂混合体,牵涉到研究者和参与者之间的合作关系,是经过选择的、演绎解释的经验记录。研究者和参与者的合作关系形成了现场文本并建立了解释图式。因此,克莱迪宁和康纳利说:"关系将意义嵌入现场文本。"[①]也正是如此,叙事研究强调,研究者需要不断地监控和记录这种合作关系的性质,以及其对现场文本信誉的影响,以此解释现场文本的意义。

2. 现场文本的类型

(1) 教师的故事

教师的故事,即教师讲述或撰写的故事或故事片段。它是教师对自己教学生活或日常日程的选择性记忆,代表了教师对某一经验的诠释,尤其是反映着实际工作者对教育活动的切身感受,反映着教育活动对教育的理解。研究者倾听、分享、转述、共建教师的故事,是学校教育叙事研究中的重要现场文本。

(2) 自传和传记

自传和传记是书写一个生命整体脉络的一种方式。与故事相比,它们是更为综合的方法。叙事研究者认为,自传和传记的现场文本是对已经存在的故事的再诠释,这种诠释虽非客观,但同样适用于现场文本。自传和传记总是"可能是其他的",因为它们总是强调一种或其他叙述主题,为一种或其他目的而写。因此,只要目的是清晰的,建立了目的与现场的关系,许多自传或传记现场文本的事实撰写就不会损害研究的效度。

(3) 日记

对于叙事研究者而言,日记不仅是个人记录生活的方式,而且还是一种用来解释经验的有力方式,是创造现场文本的一种方法。日记提供了个人对事件的描写、

[①] Clandinin, D. J. & Connelly, F. M., *Narrative Inquiry: Experience and Story in Qualitative Research*, California: Jossey-Bass Inc. 2000. p.95.

反应和反思。它是个人对生活之流的回望,通过回望保存美好的记忆,形成对生活的观念,指引未来生活的方向。因此,日记能反映研究者或参与者对于现场经验的体悟与反思。

(4) 书信

书信是写给其他人的,并期待对方回应的一种应用文体。在书信中人们尝试去解释自己,为经验赋予意义,并且尝试在作者与对方之间建立一种关系。在叙事研究中,作为现场文本的书信,可以用于参与者之间、共同研究者之间,或研究者与参与者之间,能够体现他们之间的平等对话关系。再者,书信揭示了许多有关一个人思想的知识和社会背景。这一点使书信适用于叙事研究。

(5) 谈话

通常意义上的谈话是指在合作研究中,研究者和参与者之间不分上下级的口头交流。谈话的基本特征是参与者之间是平等的,谈话虽有主题,但具有很大的弹性,能够让谈话者建立适合他们做研究的形式和主题。在相互信任、相互倾听的基础上的谈话,是一种深层调查的有效方式。

(6) 访谈

在叙事研究中,口述历史的访谈是最普遍的形式。得到口述历史的策略有很多种,可以使用一组结构式的问题,把研究者的意图当成优先目标,也可以相反,以参与者的意图为首要旨趣,让他们能够用自己的方式诉说他们的故事。访谈可以通过详细的记录、笔记和访谈摘要进入现场文本,是寻找意义的最清晰的方法之一。

(7) 现场笔记

现场笔记是标准的人种志收集资料的方法。在合作研究中,通常的思路由研究者草拟,现场笔记可以由参与者撰写。现场笔记可以有多种形式,如描写性记录、理论备忘录、观点摘要等。研究者如果期望真实地反映现场经验,可以用录音或摄像代替现场记录。

除此之外,家族故事、家人的故事、年鉴、编年史、照片、文件、人工制品等都可以用做现场文本。

(三) 建构研究文本

叙事研究的最后一个环节,就是为现场经验赋予意义,从现场文本走向研究文本,把研究过程与成果撰写出来,形成在学术期刊、学术会议上发表的论文,以及学术论著。这是一个非常复杂的过程,叙事研究者需要思考和处理一系列问题。

1. 价值辨明

所谓价值辨明,就是叙事研究者明确叙事研究为"谁"而做。教育叙事研究需要保持个人价值与社会价值之间的平衡。"对于叙事研究者而言,能够说出以下两者之间的关系是极端重要的,即个人的兴趣、对重要性的感知,以及那些表达他人作品和生活中,范畴较大的社会关怀。"[1]好的叙事研究者总是在研究过程中追问,研究为谁而做。这一过程是随研究的展开而不断清晰化的。尤其是当研究者从现场文本向研究文本转换时,就必须澄清研究中体现的"我"(个体价值)是什么,当写"我"时,也必须传达某种程度的社会重要性。

2. 追问研究什么

作为研究者,我们在界定研究问题时,似乎假定生活是静止不动的,不会妨碍我们的研究,但是生活并非如此,它变动不居,总是把看似流变的事情变成不断发生转移和互动的复杂现象。因此,叙事研究一开始,可能不能清晰地界定研究问题,问题是在研究过程中,不断被形塑的。叙事研究是一种"re-research",一种再度寻求,在研究中不断追问:你的叙事研究是关于什么的?或者,对于叙事研究者而言,你感兴趣的经验是什么?

3. 方法上的考虑

叙事研究没有一套固定的研究程序,需要结合具体情况灵活变通,形成特定的方法与程序。康纳利等人,没有明确界定什么是叙事研究,只是给出了他们从事叙事研究的基本方法。他们认为,明确规定就是一种"形式主义"的研究,而叙事研究恰恰是对形式主义研究的反拨。叙事研究者应该从对方法的关注转向对现场经验的体验。

二、教师自传型叙事

一次语文课上,我正在讲解《荷塘月色》中历来被奉为通感手法经典之作的那一句——微风过处送来缕缕清香,仿佛远处高楼上渺茫的歌声似的——"这句话中朱自清先生用了通感的修辞手法,把本来是嗅觉的清香,大胆新奇地比作了听觉感受的歌声,充分表现了荷香的似有若无、丝丝缕缕、断断续续,达到了通常修辞手法所无法达到的效果……"

当我滔滔不绝地讲解完一段后,一位学生举手,试探地说:"老师,我觉得朱自清把荷香比作歌声似乎并不好,文章通篇的意境都极为宁谧,除了作者之外,没有第二个人,如果用'歌声'有点儿破坏整体效果,照我看来,改成'笛声'更好,既无人声掺杂,也符合当时的意境。"

听罢学生的话,我不禁为之一震,这一句通感多少年来被无数人奉为经典,从未有过疑问,一个高一的学生竟会对此提出异议,或许也只有一个高一的学生才敢提出这样的一个异议!这是我在备课中根本无法预见的。我突然意识到这是一个启迪学生思维的良机,于是我在愣了几秒钟之后,先表扬了那个学生的"独特发现",然后推翻了原先准备好讲解"通感"的教案,当即决定让学生来唱主角改写这句经典名句。同学们一下子变得兴奋起来,经过斟酌、品

---

[1] Clandinin, D. J. & Connelly, F. M., *Narrative Inquiry: Experience and Story in Qualitative Research*, California: Jossey-Bass Inc. 2000. p.122.

味、比较，不断地推举出大家公认的佳句来，如"微风过处，送来缕缕清香，仿佛天外飘来的悠远的钟声似的"，"微风过处，送来缕缕清香，仿佛摇篮边母亲轻轻的抚拍似的"，"微风过处，送来缕缕清香，仿佛蒙娜丽莎嘴角的绵绵微笑似的"等等，思如泉涌，直到下课铃声响起也无法停止。

我捧着同学们改写的"名句"激动不已，我庆幸那个学生的"突发奇想"，使我没有埋没他们如此精彩、巧妙的创造力。我更庆幸自己的随机应变，使我捕捉并利用了学生的"突发奇想"。

我清醒地提醒自己：语文课并不是枯燥乏味的，相反它具有数理化所不具备的审美性和情趣性，用艺术的方式让学生感受语文的蕴藉之美，体尝语文的探求之味，享受语文的发现之乐，那才是语文教学的真谛所在。

我的一点教学经验大多来源于一个个鲜活的师生故事。每一个故事的发生都让我明白：语文是语言的艺术，教学是对人的艺术，语文教学更是一门博大精深的艺术。

记得有一次，我在批阅作文时，发现一位男生的作文流露出一些才气，于是在作文讲评课上，我点名让这位男生上讲台朗读，然而意想不到的情况发生了，这位男生有轻微口吃的毛病，即使平时也不愿多与人交谈，此时更是有些手足无措，面红耳赤。看他忸怩地挪步上讲台，我开始后悔了，甚至有些自责。他越不自在，讲话就越发紧张，一张口，便卡住了。台下终于哄笑起来，男生再也不开口了。台下的同学紧紧注视着他，课堂里死寂一片。沉默中，我突然从后悔自责中省悟：初为人师的我不是也有过临场时的恐惧和冷场时手足无措的尴尬吗？只有自信才能战胜这一切。有时候，一次小小的成功能够激活一个人潜在的巨大自信，可一次难忘的失败也往往可以摧毁一个人仅有的一点自信。眼前的这个男孩难道让他陷入后一种情形吗？不，决不能！我终于微笑着开口了："既然他不太习惯在众目睽睽之下说话，那索性我们都趴在桌上，不看，只用耳朵听吧！"我带头走到教室后，背对着讲台站定，同学们也纷纷趴下。终于，我背后传来了轻轻的羞怯的声音。那的确是篇好作文，写的是他和父亲间的故事。因为动情的缘故，我听到他的声音渐渐响了起来，停顿也不多了，有的地方甚至可以说是声情并茂了，我知道他已渐渐进入状态，涌上心头的阵阵窃喜使我禁不住悄悄回头看看他。我竟然发现台下早已有不少的同学抬起头，默默地、赞许地注视着他。朗读结束后，教室里响起一阵热烈的掌声。我知道这掌声不仅仅是给予这篇作文的。我仿佛已看到了这位男生长大后，在大学的演讲台上慷慨激昂，挥洒自如；也看到了他在家中客厅里与朋友们神聊海侃，谈吐自如；我甚至可以看到他在咖啡厅里正同自己心爱的女孩絮絮耳语。我心里涌起一阵感动，我相信这堂课对于他的意义。

我总在想，语文教学绝不仅仅靠嘴和粉笔，它更需要教师用心去感受，去捕捉，用情感去灌溉，去融合，奇迹往往诞生于其中。我还在想，语文教学的最终目的也绝不仅仅是看书写字，它更应是对贯穿于学生全部生活中的生存能力的培养和对事物审美鉴赏能力的塑造。我一直在想，要让我的学生成为一个能够融入社会,并在此中展现个人魅力的高素质的人。[①]

　　教育改革在逐渐改变学生学习生活的同时,也改变着教师的教学生活。许多一线教师开始关注、体验和反思着这种新的生活。一些教师拿起笔,讲述新生活中情真意切、富有教育意义的故事。从表面上看,教育故事是教师对其课堂教学事件的记录。这是对教育故事的静态理解,将其等同为保存教师经验的"备忘录"。我们认为,这种教师自传型叙事是教师的教学生活方式与历程。在这一过程中,教师以叙事的方式看待教学问题,践行自己的课程理想,促成自身教学经验的生长。写得好的教育故事接近于教育研究,体现着教师教育实践与理论的统一。

(一) 什么是教师叙事

1. 讲述、倾听故事是教师课堂教学生活方式

　　人总是在听故事、讲故事中长大。小时候,我们听神话故事、民间故事、长辈们的故事。我们从这些故事里了解我们周围的世界,理解生活的意义,获得智慧的启迪。长大后,我们又给自己的孩子讲述曾听过的故事和自己的故事。可以说,我们生活在故事的重重包围中,故事无处不在,无处不可得。我们在故事中传承生活的经验、对待人生的态度、民间的睿智。据此,叙事研究者指出,讲述故事、倾听故事是人类基本的生存方式和表达方式。课堂也是讲述故事的地方。教师每天都在向他们的学生讲述教科书中前人留下的"故事"、自己的人生故事,倾听每个学生独特而丰富的故事。在故事的交流中,学生获得一种实实在在的、情感丰富的人生启示;教师了解每一个学生的生活经历,理解他们每一句言谈、每一个举动。故事交汇不是一帆风顺的,有可能师生双方解读故事有失误或偏差,从而产生"冲突"、"意外"、"尴尬"等教学事件。这本身又构成了教师新的课程故事。教师是故事中思考的主角。他总是在面对教学困境时,谋划教学的出路,运用自己的教学智慧,践行自己的课程理想,以行动推动课程故事的发展。因此,教师的课程教学生活就是与他人交流,理解他人的课程故事。课程故事就成为教师教学生活的一种方式。

2. 叙事是教师认识教育的方式

　　布鲁纳告诉我们,故事是人们以叙事方式认识世界的结果。教师每天面对的是有着无限发展可能的、具体的、活生生的人,同时教育的目的是为了每个人成为他自己,因此谁也不可能预设每个学生存在的本质,也不存在适用所有学生成长的一致的普遍规律。学生的成长表现为复杂性的、生成性的、面向未来的开放过程。教师没有理由仅仅依靠海市蜃楼式的"教育之理"、"教育之逻辑"来认识学生,而需要走进学生的生活,关注每一次教学事件,倾听学生的心声,理解他们的故事,共同建构学生成长的故事。由此,教育故事体现了教师认识教学活动的叙事方式。

3. 叙事是建构教师经验的方式

　　杜威认为教师的经验具有教育意义,教师是凭借经验去影响、教育学生的。他

[①] 王红:《走进语文教学的艺术殿堂(二)》,《上海教育科研》,1999年第6期。

说,"教育者的任务就在于看到一种经验所指引的方向,如果教育者不用其较为丰富的见识来帮助未成年者组织经验的各种条件,反而抛弃其见识,那么他的比较成熟的经验就毫无作用了"。① 杜威还认为有价值的经验是遵循连续性原则和交互作用原则生长、扩大的。教师的发展即是教师教育经验的生长。康纳利等人进一步发展了杜威的观点,认为教师的经验是故事经验。教师的经验以叙事的方式建构,并以故事的方式存在。教师的经验是在了解、体验自己的课程故事,以及在教师群体中交流反思故事的过程中成熟。因此,教育叙事可以看作教师成长的历程。

(二) 教师叙事的特点

具体来说,教育叙事研究具有以下几个特征:

1. 关注时间三态

与某些教育研究中的永恒确定性寻求不同,教育叙事研究把事物放在时间中思考,或者把事物看成是当下自身。"暂时性"是叙事研究的关键词。虽然叙事文本呈现的是当时的事件,但叙事研究者主张,要看到事件的历史、现实,以及有可能的未来状况。所以,叙事研究强烈关心事物三种时态的变化。

2. 描绘事件场景

教育叙事的情境性表现为它总是向读者展示故事不断展开的"场景"与"情节"。"场景"指的是故事发生所处的环境。一般来说,课程故事中所描述的环境分为物理的环境和文化社会的环境,前者通常指教室布置、桌椅摆放等,后者则把班级、课堂喻为"小社会"、"文化群体"。但是杜威认为,"环境不仅表示围绕个体的周围事物,还表示周围事物和个体自己的主动趋势(个体参与环境、改变环境的主动心态)的特殊的连续性"。据此,他提出了"真环境"的概念,意指与个体有相交作用的事物,并使得"一个人的活动跟着事物而变异",②因此故事描述"场景"并不只是为故事的展开提供一个"空间",而是"场景"成为引发促进,或阻碍故事发生发展的因素,成为支持或挫败教育教学的条件。概言之,"场景"参与塑造了故事。"场景"在一定程度上,支持、滋养、教育了故事中的人。

3. 展现事件情节

叙事的价值在于它的"情节"打动人,感染人,教育人,而不全是以"理"服人。在故事中,"失误"、"误解"、"悔恨"、"冲突"等等是经常映入眼帘的"情节"。它常常引人入胜、感人至深。在"情节"中,故事的主角经历的情感的震动,使得教师意识到自身思想的误区,便抛弃成见,转变教育观念。教育叙事之所以能吸引广大教师,即在于故事中的情节。情节再现了具体而丰富的教育教学过程。倾听、阅读故事的教师会感到这些故事似曾相识,仿佛就发生在自己的身边,因而倍感亲切、真实,认为可以从中获得启示。这些故事中也有教师的教学行为举措,但不像教师经验论文那样只强调自己的做法,并雄心勃勃,试图建立一个具有普遍意义的教学模

---

① (美)杜威著,王承绪译:《民主主义与教育》,人民教育出版社1990年版,第13页。
② 同上。

276

式。那些去掉情景的"一法"、"一得"往往显得干瘪,缺乏当初使用时的活力。教师的"一法"、"一得"只有在具体真实的教育情境中才能显露无限的生机与活力。

4. 凸现具体个人

优秀的叙事能看得到叙事者个人的生存体验和成长体验,它关注在具体生命成长过程中,个人深渊般的命运,倾听灵魂或欢畅或破碎的声音,它以个人的生活际遇为焦点,进而关怀人类的基本处境。没有对"具体的个人"的体认,就不可能诞生好的教育叙事。只有对具体个人的体认和尊重,教育叙事才能获得应有的"个人深度"。

5. 探究教育问题

教师叙事记录的是教师思考教育问题,寻求实施出路,谋划实施策略,实施设计的探究过程。我们把实施视为一个动态生成的历时过程。再完美的课程设计也不可能保证教师应付所发生的一切教学事件。叙事往往始于教学现实与课程设计的矛盾冲突之时。故事通常采用深度描写的写作方式,详细展示教师面临的"中途触礁"、"令人头痛、诧异"、"困惑"等一系列矛盾冲突问题。此时,故事的主角——教师不再是一名旁观者,而是置身于课程问题中,这使得教师不得不"独上高楼,望断天涯路",直面"山重水复疑无路"的困境,许多教师"衣带渐宽终不悔,为伊消得人憔悴",矢志不渝,执著地分析教育问题,思考走出困境的办法,调整实施方案,尝试解决课程问题。教师一旦开始思考教育问题和谋划实施的出路,总是在"众里寻她千百度"之后,"蓦然回首"重新认识教师、学生、课程等原点问题。由此看来,故事展现的是教师遭遇教育问题、探究教育问题、解决教育问题的过程。

6. 展示自我实践

一般说来,教师叙事总是"我"的故事。"我"是故事的组织,是"我"在讲述自己课堂上的亲身经历。"我"不是故事中的旁观者,而是故事的建构者,故事中的实践者。"我"在故事中躬身践行自己的"个人课程哲学",建立自己的故事经验,提升自身的专业水平。再者,课程故事渗透着故事主人公——"我"的情感历程。"我"在故事里以我有限的精神生命与他者相遇,师生演绎人与人之间的情感故事。"我"在故事里苦闷、彷徨、忧虑、冲突、兴奋。"我"作为一个情感真挚的完整的人在故事中生存,而非道貌岸然的"理性君子"编撰自己的教育史话。总之,教师撰写的优秀故事必定洋溢着教师的生命色彩与个性魅力。教育叙事是一个情感丰富、实践特点鲜明的教育学文本,研究者可以从中获得情感的震撼与智慧的启迪。

7. 反思教育观念

叙事总是发生在作者撰写、讲述故事之前,作者再现业已发生的故事并不只是为了保存记忆,否则课程故事无异于"备忘录",其实教师撰写故事是重新体验、理解、反思故事的过程。我们往往可以在课程故事的结尾部分看到教师对故事做出的后续检讨、反思、领悟。它们是故事的思想灵魂,最能反映教师撰写故事时的课程理念。教师叙事与一般故事的区别,关键在于教师叙事中蕴含着教师对实践的反思、领悟,以及重述故事时的再反思。这种"双重反思"使得教师在撰写故事的过程中重新认识教育,认识自己缄默的教育观念,促进自身观念的更新和教育经验的积累。

(三) 教师叙事的价值

1. 锻炼面向日常教育生活的观察能力

撰写故事将教师引向教学实践，直面教学事实本身，使得教师细心观察教学实施过程。这无疑会增强教师对教学实践的观察力和敏感性，从而见微知著，使教师从看似琐碎的日常教学生活中感悟教育的真谛。范梅南(Max van Manen)曾说过，描写生活世界的写作"不仅仅锻炼了我们的编写能力。写作锻炼我们的'观察'能力，使它成为可以展示的经验……在孩子们的世界中，同一种实践永远不会重复出现，我的写作，作为一种实践，使我对生活中的事件富有洞察力。（我现在能够看到原先无法看到的东西。）"[①]

2. 洞悉个人实践知识

一般认为，教师个人实践知识通常是内隐的，教师难以言明，但它却在很大程度上支配着教师的育人行为。如何解释教师的个人知识，使教师洞悉、把握其缄默的个人实践知识，对促进其专业发展有着重要意义。波兰尼指出："经验叙事能给缄默的个人知识赋予声音。"施瓦布认为叙事是不会丢弃个人知识的独特性、情境性和复杂性的。麦金太尔进一步提到叙事可以帮助人们重新发现被理论研究遗忘的当代人的道德品质。康纳利整合了上述三人的观点指出，个人实践对于许多教师而言即教师重构过去、专注未来、应付现时危机的方式。它包含在教师过去的经验中、教师当前的身心中、教师未来的计划与行动中。撰写和讲述故事是探究、洞悉教师个人实践知识的最佳方法。

3. 提高教师反思探究的能力

教师撰写故事的过程也是探索教育意义的过程。此时，写作即是探究。传统的观点认为，写作是人们借助组织和修辞技巧，抽取、表达思想的一种行为。写作被视为再现头脑中存在的观点和事实。后现代语言观则认为写作并不是结果的表达，语言总是以历时性、地方性的方式建构个人的主观性。因此，写作被视为建构意义的过程，形成、表述写作前未知观念的方式，作者的观念是在写作过程中逐渐显现的。后现代语言学者坚持认为，文字在见诸稿纸和电脑屏幕之前，我们对将写出的内容一无所知。如吉鲁(Cixous, H.)曾说过，"当我准备写作时，朋友们问我'写什么'？主题'是什么'？我对此一无所知。它神秘莫测，它只在被擒获之处迸发，如暴雨滂沱。"尽管后现代语言观彻底批判系统的、有目的的、遵循逻辑的写作方式的观点难以令人首肯，但是写作是建构意义的写作方式的观点确实具有启发性。教师撰写故事不是对业已发生之事的简单追述，而是期待在故事中，重温教育经验，体验教育过程。可以说，教师撰写课程故事是对课程故事的再理解、再探索。因而，展现故事是次要的。在展现故事的过程中，发现前所未有的教育意义则至关重要。对同一故事的每一个写作过程都意味着教师此时对教育的新解。教师虽然谈的是旧事，但获得的却是新的启示。写故事并不是"向后看"，"开启尘封旧事"。写作意味着从旧事中折射对未来教育的理想与筹划。

---

① （加）马克斯·范梅南著，宋广文译：《生活体验研究》，教育科学出版社2003年版，第171页。

4. 提升教师的教育意识

我们常常可以看到,教师通过列举自己的教学事例来澄明自己的教育观点。教师的"课程哲学"往往是多种声音混杂而成的"合奏曲",其中既有个人的话语,也有权威的、官方的、理论的、流行的话语。通常的情况是,教师个人的声音往往被权威的、官方的、理论的、流行的话语所湮没,说着言不由衷的话语,或者成为"传声筒"贬斥自己的话语、依赖专家话语、高扬校方的声音,或者根本没有意识到个人声音的存在。教师成为教育中"沉默着的大多数"。教师的课程故事被埋没。巴赫金(Bakhtin, M.)区分了"权威话语"和"内在信服话语"。权威话语指学术的语言、官方的语言、制度的语言。内在信服话语指个人或小群体用来讲述自己生活和经验的话语。这种话语否认特权,并不为权威所支持,通常也不为社会所认可。巴赫金认为人们的语言一半是自己的,一半是别人的,而且充斥着权威的话语。个体是在逐渐区分自己的声音与他人的声音、自己的思想与他人的思想的过程中进化自我意识的。撰写课程故事给了教师一个倾诉、发现个人声音的绝好机会。撰写故事不像理论专家那样叙事宏大,而是,流淌着日常教学生活中的真情实感。在真实的故事中捕捉个人教育的观念,在个人躬身实践的故事中发现属于自己的教育"真理",厘清教师个人的教育哲学与权威理论,看到个人教育哲学的价值,从而使教师不再为权威所束缚,继之以实现个人哲学与权威理论的对话,在对话中,丰富并提升个人的教育哲学。

第三节 教育叙事分析的模式与实例

在理论上,大多数研究者认可教育叙事研究的价值与意义,但是在操作层面,许多人不免对个人化的资料处理、琐碎故事的拼接、观点的提炼等心存疑虑,觉得方法"太软"、"过于随意"、"陷入自我陶醉"而缺乏科学性。这样的疑虑在所难免,它反映出一种新兴的研究方法在方法论与操作技术两个层面对以往研究方法提出了挑战。如要改变这种局面,对照原有方法论标准,做出辩解和部分妥协是无济于事的。确立叙事研究的地位需要在两个方面努力,一是提出适合于叙事研究又有别于以往研究方法的方法论范畴,构建叙事研究的"科学标准",二是根据上述"科学标准",形成叙事研究规范的操作技术。

关于教育叙事研究的方法论问题的研究,丁钢在专著《声音与经验:教育叙事探究》中作出了奠基性的阐发。[①] 本章前文也部分涉及了该问题的讨论,这里就不再赘述。下文着重介绍一些具体的叙事分析方法。我们认为,当前教育叙事研究并未真正形成气候的主要原因在于,研究者对叙事分析方法的探究严重滞后于教育叙事研究理论的阐发。这部分导致了目前教育叙事研究的碎片化、平庸化,而被人讥讽为"一地鸡毛"。如果这个问题不能得到很好的重视,那么将如某位学者所

[①] 参见丁钢:《声音与经验:教育叙事探究》,教育科学出版社 2008 年版。

言,教育叙事研究就是街上一时流行的"红裙子"。

从现有资料来看,对叙事分析方法作出初步研究的当数以色列的三位学者。他们是艾米娅·利布里奇(Lieblich, A.)、里弗卡·图沃-玛沙奇(Tuval-Mashiach, R.)、塔玛·奇尔波(Zilber, T.)。他们合著了《叙事研究:阅读、分析和诠释》。在这本书中,他们提出了叙事分析的两个基本维度:第一个维度指向分析单元。分析的基本单元是类别(categorical)和整体(holistic)。当研究者的主要兴趣在于某一群人共有的问题或现象时,可能会采用类别作为分析单元;而当研究的目的在于探究个人作为一个整体的发展状况时,则适合运用整体作为分析单元。第二个维度指向故事内容和形式之间的区分。指向故事内容,则集中于某事件的明确内容部分,也就是发生了什么事情,为什么发生,谁参与了事件,等等。所有这些内容都是站在讲述者的立场上的。指向故事形式,则忽略了生活故事的内容而指向它的形式:故事的布局结构,事件发生的顺序,故事和时间轴的关系,故事的完整性和一致性,故事引发的情感,叙述的风格,隐喻或词语的选择等。将上述两个维度的各部分相互交叉,组合成了叙事分析的四种模式:①

整体—内容　　　　　　整体—形式
类别—内容　　　　　　类别—形式

1. 整体—内容模式

这种模式整体考察叙事,并重点关注叙事内容。研究故事的部分内容时,比如故事的开端或结尾,研究者会参照其余部分内容,或者把这些部分的内容放在故事的整体脉络下,分析其意义。

这种模式的基本步骤有:

(1) 反复阅读叙事资料,形成一个叙事的基本框架。

(2) 写下自己关于叙事资料的最初印象和完整印象。注意特殊的表达和不同寻常的内容。

(3) 确定内容或主题的特殊焦点,它从故事的开始到结尾一直在不断地发展着,抓住它并跟从它走下去。

(4) 用不同颜色的标记,划出叙事的不同主题,然后分别阅读和重复阅读。

(5) 用几种不同的方式来记录你的发现,如在每个主题后记录下自己的结论,留意主题转换的地方,以及与主题相矛盾的情节。

总之,这种叙事分析关注叙事的整体结构和主题变更。通过反复阅读叙事资料,形成梳理、整合叙事资料的结构与主题。

在《教育信念:一位初中女教师的叙事探究》②中,研究者对42节语文课的现场记录、合作教师访谈记录、相关人员访谈记录、对教室外发生的重要事件的记录、

---

① (以色列)艾米娅·利布里奇、里弗卡·图沃-玛沙奇、塔玛·奇尔波著,王红艳主译:《叙事研究:阅读、分析和诠释》,重庆大学出版社2008年版,第11页。

② 耿涓涓:《教育信念:一位初中女教师的叙事探究》,载丁钢主编:《中国教育:研究与评论》(第2辑),教育科学出版社2002年版,第181—232页。

合作教师实物的收集等叙事资料进行反复阅读,建构了故事的主题与表达结构。以下是研究者提炼的两个主题,以及相关叙事资料的合成。

严密管理

星期一早上7:35,李群照例到乙班监督早读,同时检查一下布置铺桌布的情况——她是乙班的班主任。学生都准时到了,各科昨天的作业也都分组放在前面第一桌上,下早读的时候各科代表会把它们收集起来。这一类工作在李群的班上有细致严格的规程安排。让李群感到满意的是,今天每个同学的桌布都带来且铺上了,看上去清一色的浅蓝。本来学校对此有要求,但上次检查的时候各班都做得不太好,挨批评了。哪个班挨批评其实就等于批评班主任嘛。李群考虑到学生应该养成良好的习惯,这也是学会做人的一个方面。但同年级的其他两个班主任看来还是没把这个问题放在心上,或者只是作了要求,并不监督检查。

丙班的班主任Z老师,有一次在上午最后一节课下课前几分钟,看到不少学生坐不住了,急急忙忙地开始收拾东西,就很生气地说:"还没下课就收书包,留到12点不许回去!"教室立刻安静下来,这时下课铃响了(11:40),Z老师停顿片刻,继续刚才正在布置的作业,然后就说,"自由下课",这时离12点还有整整16分钟!这样怎么能令行禁止呢?更有意思的是,两个后排的学生边收书包边交谈,一个说:"刚才老师布置的作业说什么时候交?我没听清。"另一个说:"你急什么,老师虽然说后天交,但你没发现Z老师每次布置《课外练习册》上的作业都只是课堂上提问抽查吗?"

一般来说,这样的事情是很少发生在李群班上的。李群非常了解现在学生的"鬼马"之处,他们能分辨出哪些话老师是随便说说的,哪些话是令行禁止的,也能分辨出每个老师做事的风格。"应该说我更喜欢学生自觉按照学校要求做好这一切,但学生总是做不到,不得不严密管理。"因此,李群在每件事上都有细致的安排,不会让他们"有机可乘"。她的班级在她严密有效的管理之下,一切井然有序。

朋 友

李群的朋友大多都是教师圈子里的人,而且大都比较善良正直。李群重要的朋友之一是过去的一位女同事,她前些年辞职去了珠海,两年后在珠海买了房子,落了户口,回来探亲时的精神状态、装束大不同前,给老朋友好好上了一课。李群当时也有些心动,曾琢磨着换个职业。曾经有调去从事行政工作的机会,然而最终没有迈出这一步,是受了父亲意见的影响。父亲一生的沉浮、人情的冷暖使他坚决反对李群从事行政工作,父亲希望儿女"凭自己的本事吃饭",不要介入复杂的人际关系。那时虽然听从了父亲的意见,但还是隐隐有点遗憾。也想过从商,一方面一直没有很好的机会,另一方面也对自己有没有经商的才能有所怀疑。这些想法最终沉静下来,是那位去珠海的朋友再次回桂林之后。与上一次的志得意满不同,在经历了外面世界的精彩后,她也品尝到了无奈的一面,总的来说,"主要是对自己从事教师以外的职业不那么自信"。

李群有个典型的女性化爱好,就是喜欢逛街收集各种小饰品和观赏品。过去在她并不宽敞的家里,随处可见这些物品。小泥人、漂亮的小纸袋、小盆景,处处显露出主人生活的情趣。但如果不是到了她的家里,从当老师的李群身上是看不出这些影子的。她的着装在人群里显得非常朴素,她在学生面前是严肃和刻板的。但与同事相处就不一样了。每当过年过节,李群会给朋友的小孩选购一些漂亮的小衣服、小礼品。和朋友或女儿逛街是她生活中重要的休闲内容,另外还有旅游和看电视。只要有可能,几乎每个假期李群都会到外地走走,多少年都是这样。她有时还会用电视里的素材上电教课,很有意思。

现在,参观李群的由学校集资建造的宽敞新居,每一个细节都显示出了女主人的灵巧心机。拐角处一个漂亮的小夜灯、每一个挂钩上的精美图案,都让我们感叹她追求完美的性格与爱美的天性。可是我们也听到过学生抱怨:"我们定做班服(运动服)参加校运会,大家都想要黑色的T恤加白色的运动裤,黑色很流行,平常穿也很漂亮的。可是李老师要我们买那种深蓝色裤子。参加入场式的时候,一点自豪感都没有。"李群无法理解,"班服全是班干选购的,我只负责帮他们交钱和运货。不过我们的班服是深蓝裤子和当时最流行的白色T恤"。两相比较,恐怕爱美之心师生都是一样的,只是师生角色以及年龄和生活的经历,使他们在沟通上存在一些问题吧。

另外,瑞斯曼(Riessman)发现了个人叙事中内嵌的诗的结构,主张将叙事语句从语法上分析成"行、小节和区块",以诗的结构提炼叙事资料,达到化约、分析和解释叙事资料的目的,这样有利于话语分析和案例之间的比较。国内研究者王红艳尝试用这种分析模式,针对新手教师成长故事,用"诗"勾勒出一个教师从教两年的成长历程。①

不知不觉我就做了老师
看着那一群天真无邪的孩子
唧唧喳喳无忧无虑
我还没结婚呢
就仿佛已体验到了妈妈们的心地

我想证明自己

---

① 王红艳:《教育叙事研究中的叙事分析模式——基于为课题研究提供方法的视角》,《教育学术月刊》,2009年第9期。

让他们知道
我是正确的
可是教材把握不准　挖掘不深
我总是忐忑忑忑　怕误人子弟

工作好累
我真的很拼
每天跟在师傅的后面
不耻下问
我的听课笔记有那么高没人能比

有一个好领导
给我很多机会
上公开课一层层地扒皮
失败总是难免我也很在意
但我一定要出人头地

慢慢的我竟然真的
获得了很多荣誉
取得了别人艳羡的成绩
最初的劳累与忙乱
似乎都已经离我而去

我知道
与那些优秀教师相比
自己还有很长一段距离
三年眨眼已经过去
未来还在自己手里

不过我觉得自己挺没出息
就想好好做一名教师
跟孩子们在一起
他们喜欢我也愿意和我在一起
这就是我最大的目的我愿意

2. 类别—内容模式

常被称为内容分析法，重点关注叙事中每一个独立部分所呈现的内容。这种模式先是把所研究的主题定义成许多类别,然后根据类别裁剪故事资料,进行分类整理,归入相应类别。采用这种模式可以对叙事资料进行量化处理。这种模式操作步骤大致有三:第一步是定义内容类别。内容类别是用于划分叙事文本单元的各种主题。这些主题可能是一些词语、几个句子或者是一组句子。第二步是把资料归入各个类别。第三步是做出结论。其中第一步定义内容类别至关重要,它直接影响叙事资料的处理,以及观点的提炼。例如,在《西场中学高一年级班主任范钦梅老师实践智慧的研究》①中,研究者采用体现研究对象观点的简短话语作为处理资料的类别。

故事1

"学生的进步就是我的快乐"

[考试是学生比较讨厌的事,但是范老师班上的学生却喜欢考试。]

每次考试我的学生总会有进步,这是我最好的教育契机。

夏××是我们班一个高高大大、黑黑的男孩儿,刚进班时成绩处于中等水平,第一次月考,一下子进步了十多名。我很高兴,就悄悄地给他写了一张小纸条:"谢谢你给我带来的这一份惊喜,希望三周后(笔者注:期中考试)给我更大的惊喜。"[考试之后的排名次是学生最痛苦的事,是一种煎熬,但是范老师巧妙地把排名变为对学生点滴进步的鼓励,哪怕是由第50名变为第49名,总要为学生祝贺,这不正是一种发展性评价吗?更巧妙的是,评价采用书信交流的方式,更亲切。范老师把学生的进步看作是给老师的惊喜,一下子拉近了师生的距离,一份快乐变成了两份快乐,一份惊喜变成了两份惊喜。学生能不感动吗?]

中午吃饭后,学生打扫卫生,夏××也在其中,我就站在走廊拐弯处也是他回教室的必经之处,等他走过时,悄悄把纸条给他。

过了一会儿,我在教室窗口观察,发现这个学生收到纸条后,中午居然没有午休,在那儿做物理题目。

[每次考试之后,总有学生收到类似的纸条。范老师传纸条很有讲究。]

我传纸条时不会让其他学生知道的,一来是怕其他学生嫉妒,二来也是让收到纸条的学生感到新鲜,感到幸福,以为其他学生没有,是写给我一个人的,这样,他就会珍藏,珍惜老师对他的这份唯一的爱。"感人心者莫先乎情。"范老师的教育实践告诉我们,爱是人的一种基本需要,当这种需要不能得到满足的时候,人就会感到悲观、失望、苦闷。而当这种需要得到满足的时候,它就会化作源源不断的动力,催人进取。]

---

① 作者为江苏省海安县教育局教科室的陈萍老师。

故事2

"每天都要找几个学生谈心"

[范老师任教的是计算机学科,她一直任教高一年级并做班主任。

良好的开端是成功的一半。高一的新生刚到新的环境,行为习惯的养成非常重要。用范老师的话就是"一开始就要'掰'过来"。]

今年九月开学的第一天,我发现班上一名男生很另类,黄头发,大喇叭裤。经过了解,这名学生性格很刚烈,如果与他对立,他很容易产生逆反心理。我就采取了另一种策略——不经意的谈心:谈家庭,谈以前学校的学习生活,然后,谈自己对穿着打扮的看法,最后,我建议他把头发染黑,换成比较普通的衣服。当然,我还加上了一句话:以前的生活方式不怪你,但是高中以后应该不一样了。当然老师不反对你有自己的个性,你自己决定吧。

我就这样和他谈了短短几分钟,谁知,第二天,他真的到理发店将保留了好几年的黄头发染成了黑发。几天后,理发店的老板告诉我这样一段很有意思的对话:

一个他以前的老同学惊讶地问:"嗨,你怎么舍得把头发染了?是你们老师命令你这样做的吗?"

"不是,我现在遇到了一位班主任,真奇怪,她没有强迫我染发,可是她跟我交谈了之后,让你不好意思不接受,我觉得不染发好像对不起她一样。"[一句"对不起她"蕴含了很多很多,班主任的感染力不在于声音大小,不需要使用权威,而在于巧妙,在于真诚。每年新学期开始,范老师的学生就是这样被"掰"过来的。]

我每天都要找几个学生谈心,如果一天不谈,就难过,我好像得了职业病了。不过,我决不在办公室找学生谈话,也不让其他老师或学生看到或知道我是在和学生谈话。我总是装作随意和学生遇到的样子进行交谈(其实是有意设计好的),有时在放学路上,有时在课间走廊上,或者写纸条让学生出来,总之,让学生感到很轻松、自然、和蔼。学生消除了谈心的畏惧心理,所有的问题都在"巧遇"的"谈心"中解决了。[和学生谈话是一门艺术,以平等的身份与学生谈话,学生就会解除对班主任的戒备心理,与班主任建立"不设防"的和谐关系,这样,教育的意图才会被学生心情舒畅地领会和接受。]

这样的谈话每学期平均总有300多次。[学生渴望能在充满爱和信任的环境中成长,而爱和信任的基石是在和学生自然、平等、和谐的相处过程中慢慢"垒"起来的。一学期300多次,一年就有600多次,平均每天两次,如果没有教师对学生真诚的爱,这个数字是不容易累积的。]

3. 整体—形式模式

这种模式同样着眼于叙事整体,但是同时聚焦于叙事的形式特征而非故事的内容。例如,叙事是作为一个喜剧还是一个悲剧发展的?故事朝向叙事者目前生活状况的上升态势,还是下降态势?研究者可能会搜寻故事的一个高潮或转折点,它会给研究故事的整体发展脉络带来帮助。

4. 类别—形式模式

这种模式主要分析某些叙事单元的体例或语言学特征。例如,叙事者使用了哪种隐喻?叙事者使用的被动语态和主动语态的频率比是多少?

后两种叙事分析模式需要研究者具有较好的语言学和叙事学的素养,操作起来也具有相当难度,目前这方面的运用实例比较少见。

探究与操作

1. 叙事研究就是讲故事吗?为什么?
2. 请用所学叙事分析方法,考察某个叙事研究文本。
3. 请从互联网下载教师的叙事研究文本一篇,组成两人或四人小组,展开分析和评论。

拓展性阅读材料

1. (美)杰罗姆·布鲁纳著,孙玫璐译:《故事的形成:法律、文学、生活》,教育科学出版社2006年版。
2. 丁钢著:《声音与经验:教育叙事探究》,教育科学出版社2008年版。
3. (加)迈克·康纳利、简·克莱迪宁著,刘良华等译:《教师成为课程研究者:经验叙事》,浙江教育出版社2004年版。
4. (以色列)艾米娅·利布里奇、里弗卡·图沃-玛沙奇、塔玛·奇尔波著,王红艳主译:《叙事研究:阅读、分析和诠释》,重庆大学出版社2008年版。
5. Clandinin, D. J. & Connelly, F. M., *Narrative Inquiry: Experience and Story in Qualitative Research*. San Francisco: Jossey-Bass Publishers, 2000.

主要参考文献

1. (美)杰罗姆·布鲁纳著,孙玫璐译:《故事的形成:法律、文学、生活》,教育科学出版社2006年版。
2. (美)诺曼·K·邓金著,周勇译:《解释性交往行动主义》,重庆大学出版社2004年版。
3. (法)菲力浦·勒热讷著,杨国政译:《自传契约》,三联书店2001年版。
4. 丁钢著:《声音与经验:教育叙事探究》,教育科学出版社2008年版。
5. 丁钢主编:《中国教育:研究与评论》,教育科学出版社2002—2007年各辑。
6. (加)迈克·康纳利、简·克莱迪宁著,刘良华等译:《教师成为课程研究者:经验叙事》,浙江教育出版社2004年版。
7. (以色列)艾米娅·利布里奇、里弗卡·图沃-玛沙奇、塔玛·奇尔波著,王红艳主译:《叙事研究:阅读、分析和诠释》,重庆大学出版社 2008 年版。

8.（美）华莱士·马丁著,伍晓明译:《当代叙事学》,北京大学出版社 2005 年版。

9.（美）海登·怀特著,董立河译:《形式的内容:叙事话语与历史再现》,北京出版社、文津出版社 2005 年版。

10. Clandinin，D. J. & Connelly，F. M.，*Narrative Inquiry：Experience and Story in Qualitative Research*. San Francisco：Jossey-Bass Publishers，2000.

第十三章
教育人种志研究

学习目标

初步了解教育人种志研究的基本特点、类型和理论基础;能够分辨教育人种志研究的优缺点;知道教育人种志研究的一般步骤和方法。

内容提要

教育人种志是教育研究对人种志的一种借用,以此实现跨越理论与实践、教育研究与教育实践、教育研究者与教育实践者之间日益加剧的鸿沟。本章将系统介绍教育人种志的基本内涵、一般特征、理论基础、研究类型,以及存在优点和局限,最后,通过一个研究实例直观呈现教育人种志研究的一般步骤与方法。

重要概念和术语

教育人种志　特征　类型　理论基础　优缺点　实例

作为一个大学教员,沃尔科特选择了一个校长的生活作为自己的研究对象。他通过私人关系选择了一个小学校长作为自己的观察对象,并且在办完各种各样的手续后住进了该小学。他的基本方法是:除了个人活动外,在几乎所有的活动中,他都严密注视着校长的一举一动。他每 60 分钟做一次记录,以两个小时的记录为一组,记录的是校长的活动和社会交往方式。为理解他所感受到的事情,他也同校长谈过话。为理解校长所处的工作环境,沃尔科特也尽力去理解学校环境。学校给了他一个设在校长办公室内的信箱,这样他就能得到其他教师所能得到的一切信息。他获准可进入学校档案室和放其他必需文件的地方。他从五年级和六年级学生那里搜集到了他们对于校长的印象。在他将要离开那所小学时,他为个别征求教职员工对校长的意见,拟订了一份调查问卷。他还进行了系统的座谈。在他逗留该小学的两年内,他使每个人都明白他进行校长生活研究的意图。在所有时间里,他始终设法在最大限度地获取信息和最小限度地干预校长和学校正常生活之间保持平衡。

---

① 程介明:《人种学方法与教育政策研究》,载袁振国主编:《教育政策学》,江苏教育出版社 1996 年版,第 284 页。略有改动。

有两种抱怨是我们所熟悉的:教育学理论与教育实践相关甚弱,神秘的方法论与难懂的术语将教育学研究装扮得高不可攀[1],教育学远离教育实践者生活的日常性与复杂性。教育学的命题来自相关学科的知识母体——心理学、社会学、哲学以及别的理论旨趣,而与教师的真实关怀甚少相关。相应的另一种说法为教育学的学理研究甚弱,教育学已成为别的学科的次殖民地了,这句话的真实含义是:在日益庞大的科学知识生产工业中,教育学未能作出一门成熟学科所应作出的值得称道的贡献。教育学走入困境,两耳不闻窗外沸腾的教育实践,一心只做圣贤题,但从选题到内容,到方法,纯学术的策略导致的是理论生气的匮乏,是对实践的乏善可陈。教育人种志研究在作一种新的努力,它企图跨越理论与实践、教育研究与教育实践、教育研究者与教育实践者之间日益加剧的鸿沟。沃尔科特就是这样,采用人种志从学校内部一个校长的真实生活,去理解校长,进而研究校长。

第一节 教育人种志研究的理论

一、基本内涵

人种志(ethnography,又译作民族志、俗民志)原本是人类学的一种研究方法。20世纪五六十年代以来,一些人类学家运用人种志研究教育问题,由此发展出一种教育人种志研究方法。最近二三十年来,教育人种志研究日益受到重视。甚至有人说,人种志研究也许是解决教育中存在问题的最好方法,也可能是唯一方法。[2] 教育人种志是教育研究对人种志的一种借用,它具有人种志的根本特征和研究规范,也体现着教育研究的特点。说清楚什么是人种志,乃是认清教育人种志的前提。人种志,是人类学的基本术语。就其字面来看,ethno 指的是普通人,ethnography 即是"对人群的叙写"(writing about people)。其基本含义是对一群人或一个种族生活的记录或描述。人类学家对人种志没有一个统一的概念。[3] 一般认为,人种志概念既是指研究的过程,具体地说,就是进行田野工作(field work)、做田野笔记的过程,以及在这一过程中所使用的方法,又是指研究的结果,即通过田野工作而得出的书面研究报告。它倾向于本源性研究,其本义是通过亲身参与真实场景和从理解其事件的文化脉络中,用所形成的研究者的个人视野来获得对研究对象的认识,强调人或事的文化分析,以及对文化中的人或事的分析。[4]

---

[1] Woods, P., *Inside Schools Ethnography in Education Research*, Reprinted 1991 by Routledge, p. 1.
[2] (美)威廉·维尔斯曼著,袁振国主译:《教育研究方法导论》,教育科学出版社 1997 年版。
[3] 曾守得编译:《教育人种志研究方法论》,台湾五南图书出版公司 1989 年版。
[4] 冯增俊主编:《教育人类学教程》,人民教育出版社 2005 年版。

人种志原本是人类学家用来研究"异"文化的方法体系(methodology)。早期的人类学家常常远离故土,暂别所属文化,到蛮荒异域、穷乡僻壤,开展一种"离我远去"的实地研究。他们一般集中在一个地点住上一年时间,把握当地年度周期中社会生活的基本过程,与当地人形成密切的关系,参与他们的家庭与社会生活,从中了解他们的社会关系、交换活动、地方政治和宗教仪式。例如马林诺夫斯基(Malinowski, B.)到蛮荒的特里布恩德岛研究土著人的生活。费孝通到广西大瑶山研究当地少数民族的生活。马林诺夫斯基曾俏皮地把这种对异域文化的旨趣说成是,"对我们过分标准化的文化的一种罗曼蒂克式的逃避"。[1] 后来,人类学中也出现了研究"己"文化的作品。最具代表性的是费孝通的《江村经济——中国农民的生活》。这本书被马林诺夫斯基誉为"人类学实地调查和理论工作发展中的一个里程碑"。[2] 美国学者威廉·维尔斯曼将人种志的定义引入教育研究。他认为教育人种志研究就是"为特定情境中教育系统、教育过程以及教育现象提供完整和科学的描述"。[3] 另一位美国学者沃尔科特(Wolcott, H.)则提出,教育人种志是一种文化描述学的新概念,认为它实际上是在力图对教育中人与人之间的社会沟通性质进行准确描述和解释的一种描述性工作。[4]

二、一般特征

1. 注重"本地人"的观点

教育人种志研究主张介入研究对象的生活,在与研究对象的一段共同生活中,理解研究"本地人"的观念。教育人种志研究者不是把研究对象看作被试,而是研究的参与者,甚至指导者。因而,研究者十分尊重"本地人"的观点、看问题的角度和特点,并且力图站在"本地人"的立场思考研究问题,努力使研究者本人成为"局内人"。因此,在教育人种志研究者看来,"本地人"应当是发掘所要研究事物的专家,应当受到研究者的尊重和信任。研究者与研究对象之间应该相互理解,保证研究顺利开展。

2. 自然情境的探究

教育人种志研究强调研究情境是"自然的",或是"非干预的"。研究者关注研究情境中人、事、时、地、物所隐含的文化,从自然情境中搜集资料,获得正确真实的信息,进而从研究现场的结构中寻找事件之间的关系与发展脉络。因此,教育人种志研究者事先并不预设理论,不做清晰的假设,并以此割舍研究情境和研究资料。研究者尽可能不带个人"偏见",本着实事求是、一切从实际出发、具体问题具体分析的原则,客观全面地搜集资料,尽可能全面地掌握研究情境。搜集资料的方法种类相当多,如观察、访谈、录音录像、文献分析等。资料搜集与分析整理的重心也不

---

[1] 费孝通著:《江村经济——中国农民的生活》,商务印书馆 2001 年版,第 15 页。
[2] 同上书,第 13 页。
[3] (美)威廉·维尔斯曼著,袁振国主译:《教育研究方法导论》,教育科学出版社 1997 年版,第 300 页。
[4] 转引自冯增俊主编:《教育人类学教程》,人民教育出版社 2005 年版,第 95 页。

是固定不变的,而是随着研究过程中研究情境和研究焦点的转变随时调整研究方案,因而,教育人种志研究的程序具有一定的弹性。

3. 整体性的研究视角

人种志研究强调对某一事件或现象的理解或解释,都应该从相应的文化背景出发。几乎每一项人种志研究都离不开对研究对象所属文化的探讨。在教育人种志研究者看来,教育作为一种文化传播活动和过程,也不可脱离当时当地的文化环境。因此,他们把特定班级、学校、团体或社区都看成是文化或社会组织在不同地区、国家变异的不同顺应方式,把所研究的文化当作形形色色文化中的一种。如奥格布(Ogbu, U.)为了找到美国黑人儿童学业失败的原因,先去学校听课,接着研究学生的家庭和生活社区,最后将研究的范围不断扩大到许多白人社区,从而归纳出黑人儿童学业失败的多重解释。又如斯平德勒(Spindler, G.)在对美国西海岸一个小学教师进行了为期六个月的教育人种志研究之后,得出的结论是:这名同事以及自己眼中"公平"、"对学生的需要极其敏感"的优秀教师,事实上仍存在不少偏心的、不公平的行为,而身处学校的多数成员对这些行为很难察觉,因为整所学校的氛围就是如此,甚至还可以在整个美国的文化中找到更深层次的原因。①

4. 研究者即研究工具

从研究过程可以看出,和量化研究以问卷或量表作为研究的主要工具不同,教育人种志研究的研究者就是观察的主要工具。研究者通过长期深入当地人的生活,获得对某一问题的深入了解与认识。人类学家裴尔多(Pelto, P.)说过:"比起许多其他学科,人类学工作中的观察法一般需要很少特殊的评量和观察法。人类学家本身就是观察的主要工具。"沃尔科特(Wolcott, H.)也说道:"寻找一位合格的人种志学家时,我们不是正在使用一种方法——或方法论——而是以为自己是主要研究工具的个人。正确的注意力应该集中于人种志学家所能携往上任的特性上面。"②因此,人种志研究特别强调研究者需要经过跨文化的比较训练,具备文化人类学的基础,具备敏锐的观察力、领悟力,富有活力、情绪稳定,富有讲故事的以及写作的技巧,具备教育理论以及从事实际工作的背景。

5. 深度描述

人种志研究报告特别强调对研究现象进行整体性的、情境化的、动态的深度描写。这种描写十分注重事情的具体细节、有关事件之间的联系、当时当地的具体情境以及事情发生和变化的过程,使得描述详尽、细密,力图把读者带到现场,使其产生"身临其境"之感。人种志之所以强调对现象进行深度描写,是因为人种志研究结论需要足够资料的支持。研究者在论证自己的观点时,必须从原始材料中提取合适的素材,然后对这些素材进行"原汁原味"的呈现,用资料本身的丰富性来阐述观点,而避免理论的空泛。

---

① 沈丽萍:《教育人种志:概念与历史》,华东师范大学 2004 年硕士论文,第 5 页。
② 曾守德编译:《教育人种志研究方法论》,台湾五南图书出版公司 1989 年版,第 87、88、92 页。

"小宋,去吃饭吧!"正当我在埋头整理资料时,教英语的张老师喊了我一声。这是第一次有老师喊我一起去吃饭,而且是用"小宋"这样的称呼。后来我随着张老师来到校餐厅,管饭的李老师还没等我先说(之前我都要先说明自己的身份,再去拿饭),就让我直接去取饭,还张罗着帮我找个汤碗盛汤。不知今天是不是老师都说好了,似乎都非常地接纳我,把我当成他们的同事。我心里一直漫着一种欣喜,只觉得之前的努力没有白费,觉得今天我才真正进入了这所学校。①

三、理论基础

毫无疑问,人种志研究的理论基础主要来自人类学。除此之外,随着人种志研究的发展,现象学、符号互动论、常人方法学、当代女性主义、文化研究、批判理论等人文社会科学的理论汇入人种志研究的基本理论,共同构筑了支撑人种志研究的理论基石。以下主要介绍构成人种志研究理论基础的主要来源。

1. 人类学

广义地讲,人类学(anthropology)即是研究人类的科学。作为研究人的科学,人类学与哲学、文学、史学、心理学等学科有着不同的研究目的和方式。首先,从目的上看,人类学提醒了社会大众,每一个民族或种族的文化(包括原始与文明的文化)各自拥有完整的系统,而且在我们本身所处的文化系统以外,仍有其他的民族、文化系统存在。人类学家弗思(Firth, R.)曾概括道:"作为一位人类学者,我将注重那些生活方式和西方文明不同的人民的习惯和风俗。我注重他们并不只是因为他们的生活方式在猎奇者看来比较新奇,也不只是因为这种知识对于在不发达国家工作的人大有裨益,而是因为对他们的生活方式进行研究能帮助我们明白自己的习惯和风俗。"②其次,欧美人类学者正是为了跨越现代文明的局限,寻找其他社会的生活方式,描绘"异文化"的特征,用当地人的话语揭示不同于现代文明的生活方式,克服现代西方社会理论的自我限制,形成他们独特的研究和思考的方式,叫做"他者的目光"③。由此,人类学成为专门处理人类起源、发展、特性、社会习俗、信仰、文化的"特别科学"。

现代人类学主要是文化人类学。人种志就是人类学家用来描述与了解文化的基本方法。在人种志研究中,文化通常具有三种涵义。首先,文化是人们所获得的知识,并用以解释经验,产生行动;其次,文化是一种脉络,是可以被我们理解的符号交互运作的系统;最后,文化是意义的分享,研究者在过程中理解陌生人,并且拥

---

① 宋萑:《学校升旗仪式的人种志研究——对一所中学的田野调查》,华东师范大学 2004 年硕士论文,第 8 页。
② (英)弗思著,费孝通译:《人文类型》,华夏出版社 2001 年版,第 3 页。
③ 王铭铭著:《人类学是什么》,北京大学出版社 2003 年版,第 7 页。

有一部分的"局内人观点"。①

2. 现象学

现象学是由哲学家胡塞尔开创的哲学体系,后来在欧美形成声势浩大的"现象学运动",这使得现象学的基本观念渗入众多人文社会科学领域。同样,现象学也"指引"着人种志研究。首先,由于现象学关注主观的意向性,受其影响,人种志研究倾向于了解被研究者的意向与想法、自身对客观世界的意义及自我理解的能力,所以研究通常是发现性、归纳性的,不会对研究中的各种关系进行先在的假设。再者,现象学关注事实背后所代表的意义。人们若要了解人的行为或其创造出来的意义,就必须在深度互动的过程中才能掌握。现象背后的实在是复杂的,我们也不可能从几个变量就窥探到事实的全貌。现象学强调"回到事情本身",因此在研究中,研究者应该致力于本身意识的清晰,并时刻提醒自己"存而不论",方能从现象中把握本质。从这个角度看,有人指出人种志研究正是一种"对人类现象本质的探索"。具体体现在以下方面:

(1) 尽可能地避免进行研究背后现象的假定。

(2) 事实是全面整体的,复杂的现象不可能化约为几个简单的变量。

(3) 在研究过程中虽然有资料搜集的程序与工具,然而要尽量减少这些工具对研究现象的影响。

(4) 对现象开放且弹性地加以解释。

(5) 某些理论建构,应该像形成理论那样,在搜集过程中产生,而不是来自于某些预设。②

3. 符号互动论

符号互动论源自20世纪初的芝加哥学派。这派理论认为,所谓的客体、人、情境与事件并不具备本身的意义,相反地,意义是"赋予"的,人们赋予客体、人、情境与事件来自于他们经验上的意义。就研究方面来说,人种志本身即是一个对于人类或种族的经验性描述。若要了解人类的行为,必须先了解:人是身为诠释者、界定者、符号的读者,并且采取参与观察的方法来了解人们的界定历程。在与当地人之间的设身处地的沟通交流之后,才能获得互为主体性的了解。

四、研究类型

教育人种志在其历史发展进程中曾受到不少理论和流派的影响,先后形成了几种不同类型,其中较为典型的有:

1. 传统教育人种志(*traditional ethnography in education* 或 *classical ethnography in education*)

传统教育人种志有时也被称为整体教育人种志(holistic ethnography in education),基本遵循美国学者博厄斯(Boas, F.)和英国学者马林诺夫斯基所开

---

① 潘慧玲主编:《教育研究的取径:概念与应用》,华东师范大学出版社2005年版,第144页。

② 同上书,第145页。

创的人种志传统。这种类型的人种志研究，要求将文化作为一个整体来研究。个人的思想观念、行为等都与其所处文化紧密相关。只要从当地人的视角出发，运用各种方式，完整记录部分当地人的行为，描述他们的观念，就可以推断所属文化的整体脉络。因此，传统人种志将教育作为整个社会的一个组成部分，研究教育与社会、教育与其他社会组织、教育内部各因素之间的关系。研究程序和策略遵循一般的教育人种志规范。传统教育人种志是教育人种志发展初期的主要类型，也是后来各种新的教育人种志诞生的母体。虽然传统教育人种志研究受到多方挑战和冲击，但是它仍然是当前研究者（尤其是初学者）频频使用的类型。

2. 交流教育人种志（educational ethnography of communication）

交流教育人种志脱胎于交流人种志。交流人种志产生于20世纪六七十年代，主要源于文化人类学与语言学的结合，又受到当时社会学的影响，主要理论基础是社会学中的常人方法学（ethno-methodology）。交流人种志研究的侧重点在于了解研究对象的交往规则、互动规则以及文化规则，更多的是一种微观研究。交流教育人种志形成于20世纪70年代末、80年代初，研究范围集中于某一特定的教育场景，如课堂中的师生交往、同辈群体等。研究设计通常采用漏斗式。起初研究问题比较宽泛和开放，随着研究的深入，逐步进行问题聚焦。收集资料的策略除了常用的观察和访谈之外，还经常运用录音和录像等工具。

3. 批判教育人种志（critical ethnography in education）

批判教育人种志产生于20世纪70年代的英国批判人种志，并于80年代得到广泛运用。其理论基础是批判理论。批判理论流派众多，各自的侧重点也不尽相同，但是大都认为社会科学研究者的任务在于追求解放兴趣，使被研究者逐步摆脱意识形态的控制，认识到自身所处的不对等的权力关系，最终获得解放。所以，该类研究者坚持认为，批判教育人种志不仅仅是一种研究方法，还应该和实践与社会变革相联系；批判教育人种志区别于其他教育人种志的关键点就是批判性。批判教育人种志者试图寻求一种更为平等的社会秩序：将政治行动视为达到这个目标的方法，相信批判教育人种志可以被用来研究文化和社会，从而导致实质的文化和社会变革。

在人种志的发展过程中，还出现了后现代主义人种志（postmodern ethnography）、女性主义人种志（feminist ethnography）等多种新类型，但是对教育人种志的影响不是很大。[1]

另外，海明斯（Hymes, D.）根据研究者的理论侧重，区分了三种教育人种志研究。一类是比较人种志，研究者试图描述一个社团、一个班级或一个学校的一般生活方式。其目的是对日常生活中的习俗、仪式、信仰、组织、活动以及人们生活的其他方面提供充分的描述，以获得对于某一特定文化现象的理解与解释。第二类是基于话题的人种志研究，或主题式人种志研究，它侧重对某一问题或出于某种目

---

[1] 沈丽萍：《教育人种志：概念与历史》，华东师范大学2004年硕士论文，第7—8页。

的的人的指定话题的研究。第三类是基于假定的人种志研究,是指为了检验某一理论假设而进行的研究。

也有学者根据所研究的人口单位和环境,把教育人种志划分为宏观与微观人种志。宏观人种志用于最大可能的研究单位和环境,如用来研究整个国家、地区的教育系统和学校制度。典型的研究范例是1974年奥格布在美国加利福尼亚所做的斯托克顿的研究。奥格布调查了当地黑人社团及其学校,一方面发现教师与学校之间的联结关系,另一方面发现当地黑人可获得的职业与经济机会之间的联结关系。微观人种志的研究单位及其环境则很小,如一个学校、班级、学习小组或学校人员。例如,1973年沃尔科特在《校长办公室里的那个人》一书中,对校长在履行校长职务过程中的日常行政行为及其角色扮演的全面展示与深刻诠释,为微观人种志研究提供了成功的典范。还有学者提出一种构造性或追踪性人种志研究,这种研究侧重于对特定事件或行为的跟踪研究,常用于研究语言与非语言的互动行为。一般采用录音或录像等手段记录学生与教师、学生与学生之间的相互作用,并从研究者所掌握的理论基础的角度对观察记录进行分析,对研究问题得出某种结论。[1]

五、优点与局限

(一) 人种志研究的优点

1. 与其他教育研究方法相比,人种志研究更能获得完整的研究资料,更具有整体的、跨文化的视角

人种志研究要求研究者整体把握与研究对象相关的环境的整体状况,同时与研究对象相处生活数月甚至数年,这样才能够获得有关研究对象的完整的信息资料。教育研究者所具有的整体的、跨文化的视角,既可以保证资料收集的完整性,又能促进资料解释和分析的深入性,对司空见惯的琐碎事件保持应有的敏感性。不了解整体教育体制运行的文化环境,则很难理解某些教育行为。

2. 人种志研究能深入实际的教育生活,获得真实生动的一手资料

人种志研究是在自然条件下展开的研究活动,它不对研究情境实施控制,也不事先严格规定好研究问题与研究程序,先入为主、分割地研究情境,而是以展示真实教育情境、理解教育生活的意义为主,是一种须臾不离教育生活现场的研究。因而,人种志研究的成果不似某些理论与经验研究,一味地将教育生活进行抽象,将研究成果从教育经验中剥离出来。人种志的研究成果丰富、细腻,耐人寻味,撼人心魄。

3. 人种志研究便于发现、生成新的研究问题,获得意外的研究收获

人种志研究是一种较为开放的研究。研究者往往不以验证假设或理论的心态进入现场,因此,研究者容易留意非预期的现象,生成新的研究问题,甚至修改原有的研究问题。这样可以使得研究更为周全,也会有意想不到的收获。

---

[1] 冯增俊主编:《教育人类学教程》,人民教育出版社2005年版,第94页。

4. 倾听教育现场中的人的声音

人种志研究的主要目的之一是了解"当地人的观点"(native's point of view)[①],研究者不能有先入为主的"偏见",压制当事人的观点,而是给予开放的空间、融洽的氛围、轻松的心情,让教育生活中的"当地人"倾诉。研究者将当地人的叙述,用"深描"的方式记录下来,形成研究文本,展示给读者,使当地人的声音能被更多的人听到。

(二) 人种志研究的局限

1. 人种志研究对研究者的要求很高

在人种志研究中,研究者即研究工具,研究者需要较高的素质。西方人提出教育人种志研究者需要接受跨文化的比较的训练;具备文化人类学的基础;敏锐的观察力、领悟力;富有活力,情绪稳定,个人性格富有弹性;有讲故事和写作的技巧;具备教育理论以及从事实际工作的经验。这些素质能力的获得非一日之功,因此,研究者如果经验不足,且未接受观察技术的训练,将影响研究成果的品质。

2. 人种志研究需要的耗费大,不适宜做宏观研究和规模偏大的研究

人种志研究者为了充分了解教育现场,调查当地人的观念,形成对当地文化的叙述性文本,常需要花大量的精力从事实地观察,与当地人交谈,查阅相关文献,运用摄像等技术,因而研究工作一般需要投入较长的时间,较大的精力和财力。

3. 处理研究资料繁琐,主观性强

观察记录冗长而繁杂,有些现象模棱两可,而且教育生活中的事件众多,想要将所有发生的事件逐一记录下来很不容易。研究者在进行观察时,个人的偏见和先入为主的观念,以及个人情感与喜好,都可能干扰研究问题的发现、研究资料的解读,因而,研究结论的主观性比较强。

4. 观察者经常参与教育生活的现场观察,容易扰乱学校教育秩序

每一所中小学校都有其固定运行的模式,而且有些部分对外不公开。学校局内人往往对内部的运行机制和操作规范保持缄默。当有局外人介入学校生活时,学校内部的很多活动都暴露在"外人"的眼前,这无疑会造成局内人的防范,以及对原有学校内部操作方式的变更,以迎合研究者。因此,观察者的介入必将影响学校原来的正常教学秩序。学校的防范对研究者进入研究现场,与教育现场的教师、学生等人员建立恰当、和谐的人际关系提出了挑战。

人种志研究的种种局限,或缺点,是客观存在的,但是,有些局限并非完全不可避免与克服。斯特沃特(Stewart, A.)提出了一些克服人种志研究局限的策略。(参见表 13-1)

---

① 李亦园著:《李亦园自选集》,上海教育出版社 2002 年版,第 16 页。

表13-1 人种志研究的挑战与克服策略[1]

	真实性	客观性	洞察力
研究过程中的挑战	1. 田野中发生的状况是否真实。 2. 研究者个人角色上的限制。	1. 用结果来推论对脉络的敏感度不足。 2. 对反应加以解释的冒险。 3. 研究脉络不清楚,或难以划分。 4. 难以确认脉络与研究结果之间的关系。	1. 采用的研究方法无法对全貌透彻了解。 2. 研究者的知识背景对于其他文化的了解只是在于不具价值性的一般分类,或是粗浅的跨文化比较。
克服的策略	1. 长时间的田野工作。 2. 与不确定的观察者讨论。 3. 保持良好的参与者角色与关系。 4. 专注于脉络的观察。 5. 多重模式的资料搜集。	1. 追随前人的脚步。 2. 对反应加以多次确认。 3. 请局外人加以回馈。 4. 找寻文献来协助检定。 5. 广泛的记录资料。	1. 对资料反复地考虑。 2. 进行简单的调查研究来厘清。

第二节 教育人种志研究的实例

本节选取《学校生活社会学》[2]的"研究过程"与"后记"。作为一项教育人种志研究,我们可看其过程与得失。

一、问题的形成

1996年始,我参与了全国教育科学规划"九五"重点项目"课程社会学"的研究,并承担"课程的传授"与"课程的评价"两个子课题的研究工作。我亦将此作为博士学位论文的研究方向。我不满足于将课程仅局限在"法定文化"层面,也不满意于将教师的权力仅局限于单向度的"教师制度权力"。我更钟情于课程"生成文化"说,即课程是在一定的社会与文化的脉络中,由"价值"(包括体制内的意识形态与体制外民间的习俗、规范与传统)、"利益"(不同的利益群体)与"行动"(强势群体与弱势群体之间的控制、妥协与反抗的权力之争)交互作用所形成的社会实体。知识是"协商"的共识,是不同的意义系统在具体的情境中所产生的交换、沟通与重建的结果。知识的传授过程应着眼于个体的知识的动态生成过程,"课程的传授"应着力于"主位文化"(教学中的人:教育者与被教育者)对"客位文化"(静态的知识,又称"规范文本")的诠释与建构,应涵盖强势文化与弱势文化的理解与交流。如何脱身于研究者的"生活镜面"(具体的"生活落座"所赋予的"常人视角"),将人种志研究对异文化的好奇迁移到对己文化的关怀上,用"问题化"进而"陌生化"的眼光,

---

[1] 转引自潘慧玲主编:《教育研究的取径:概念与应用》,华东师范大学出版社2005年版,第172页。
[2] 刘云杉著:《学校生活社会学》,南京师范大学出版社2000年版。

这样的目光或许能超逸于偏见、片断、缺陷的迷误,客观公正地探寻教科书——中国人的"权威文本"所建构的"意义世界"。在学位论文开题报告会上,研究的选题与方法得到了师长与同学的认可,但上述这类佶屈聱牙的叙述也让大家颇感头疼。表述的不顺透露着当时思考的不畅,我对研究如何进行仍感惴然心虚,但仍将研究的价值定位在:透视课程传授过程;剖析课程教与学中的师与生所建构的"意义世界";为中国大陆的课程改革与课程实践提出有价值的学理依据与实证基础。并指出研究在方法论上追求走入学校的日常生活之中,走入教学的真实情境中,努力唤起研究对象的主体性与研究者的主体性。在具体的研究方法上采用了学校人种志研究,即质的研究。

人种志研究缘自对"异文化"的关怀,而学校人种志研究则将自己置身于"己文化"中。一个现代人最熟悉的组织之一或许就是各级各类学校,他通常有着近二十年学校中的受教育者经验,其后还有若干年的作为家长与学生、与教师、与学校行政周旋的经验。作为学生,长期积累的直接教育经验为他提供了切肤之感;作为成年人,与子女重温学校时光,既有感同身受的真实感亦有深切的关怀与反思。我所选择的是熟悉的学校场景,而非置身于有别于标准化文化的"异文化"场景,我不指望以文化的新异为研究涂抹些许诡秘的色彩;我所选择的题目是制度性学校教育中不能绕过的基本问题,而非质的研究者常选的偏异的人群、偏异的行为与偏异的态度,我不指望以选题的新异为研究增添吸引力。我只能平平实实地到一所最常见的学校中,明明白白地看一些最常见的学校场景,再冷冷静静做些解释。问题是我怎么能在现代人最熟悉的风景中,既见常人所见,又见常人所未见;既言常人所言,又言常人所未言? 这是一个挑战,我的信心有两个依据:一是长期治学中逐渐形成的社会学视角,我调侃自己,训练有素的眼睛总能见一些常人所未见吧。如果充斥在头脑中的社会学理论不能内化为一种学术素养并对进行中的教育实践做些解释,那我真是在臆造的象牙塔中乐此不疲地望着天空玩思维游戏,或者自说自话地操弄文字游戏与语言游戏。我不甘心于此,我寄希望于理论的活力,也寄希望于自己思想的活力。二是真诚对话的勇气——作为一个社会科学研究者,或许世事洞明皆学问,人情练达即文章,我不对身边最真切的事件与境遇发言,我还有什么更重要的东西可说? 我不深刻体察内心的一些细微的感受与悲喜,并移情外显,我又怎能走入他人的世界,心灵的世界? 而在这个物质丰富、人情淡漠、意义稀松的文化氛围中,我闯入制度化的规范生活中,孜孜以求地找寻意义世界,找寻个体对意义的不同表达,这可能带着几分堂吉诃德勇斗风车般的愚痴。在马林诺夫斯基眼中对我们标准化文化的一种罗曼蒂克式的逃遁的人种志研究,到了我这里,是置身于我们标准化文化的一种找寻,这种找寻不仅有罗曼蒂克的情调,更有理想主义的精神追求。我寄希望于真诚的力量,也寄希望于人探求自己的热情。

二、研究的过程

我选择了苏北古城的模范中学,这是一所有 70 年历史的名校。古城是有近 30 万人口的中等城市,在江苏省内属于经济欠发达地区。发达的江苏的欠发达地区在全国的同类型城市与地区中或许更有代表性。近十年来,全国城镇人口的增长点主要在这类城市,这是农村人口、小城镇人口流向城市的起点,剧增的人口对学校教育提出了什么挑战?苏北孩子辛苦读书,学校教育对这个地区不同家庭的不同孩子到底意味着什么?作为受教育者的学生,他们在学校中的日常生活究竟是什么模样?

1998年5月初至11月底我扎根在模范中学。我的研究得到了校长与学校各级领导的支持,他们在团委办公室给我安排了办公桌,向我开放教师阅览室与资料室,我可以随意参加学校中的一切活动,还告诫我:有困难,及时找他们。根据我的要求教务处安排了两个不同类型的班级让我跟班活动:"优秀的"高二文科班与一个"较差的"初二班级,两个班的学生人数都是68人,他们在十分拥挤的教室里挤出空间专门给我安排了课桌。班主任老师告诉同学们:从大学来了一个大朋友,她对我们的学习与生活都十分感兴趣,要和我们共同生活一段时间。

从5月初到6月20日期终考试开始为实地研究的第一阶段,即开放地熟悉与观察阶段。我背着书包,拿着课本,穿梭于两个教室间,选择听课录音。听老师的讲授分析,看不同类型的学生的反应与回答,观察课堂教学中的常态与例外。课间与课余,我以大同学的身份努力地接近不同类型的同学,到运动场、学生宿舍与学生家中,与学生随意地聊天,有意约请不同类型的学生做专门的访谈。我试图以一个学生的身份融入中学生活。

6月20日至8月20日暑假期间为研究的第二阶段,即深入的专题研究阶段。我在两个班级中各约请了不同类型的十名同学,分别进行了主题不一的八个专题讨论。发放问卷与布置命题作文,约请有关同学持续地做深度访谈,请他们写感兴趣的自述。题目是由我和同学们共同拟定的,参加讨论的人员也不局限于所扎根的两个班级中,由他们去邀请感兴趣、有看法的相关学生。我对学生的接触也由点及面、滚雪球式地牵进了许多不同年级、不同班级、不同类型的学生。在与学生的接触中,我用了大量的时间与心力听他们的叙说。

9月至10月为研究的第三个阶段,即问题研究阶段。我广泛接触教师,做深度访谈,发放问卷,约请学校领导、各科教师甚至退休教师做深度访谈。我在教研室间跑来跑去,打断教师手中正在进行的工作。访谈有时是在我安静的办公室进行,有时就在老师忙碌于备课改作业本、学生不断穿梭、家长间或打扰的教师办公室中进行,这或许是教师真实的工作场景。

10月至11月底为研究的第四个阶段,即有目的试验阶段。我将相关的题目带到有关班级组织不同类型的学生进行讨论;与此同时,我投入更多的精力深入到模范小学,听课、日常授课与观摩授课,参加家长座谈会,与教师做深度访谈,参加主题班会与少先队队会,发放问卷,组织不同年龄段的学生进行专题讨论。

我试图在不断的对话中展开研究,与身处的环境对话,与遭遇的事件对话,与自己的心灵对话。换一种疑虑的目光打量世界,种种"常态"最易受到怀疑,我的工作是将常态"问题化",将"合理"、"合法"的事件与解释"问题化"。将既有的文化所教导的种种标准和品位悬置起来(尽管这种悬置十分困难),在一种无执的开放中,接纳着生活。自我成了一面镜子,我问别人之前先问自己。早晨骑车进学校时,我不断地给自己鼓劲,硬着头皮开始一天的计划。我以局内人的角色、局内人的规则、局内人的情感开始学校的日常生活。晚上回到书桌前,在"局外人"的思维与文字中,审视局内的生活,舔护局内疲倦的心灵。整个研究在"局内人"与"局外人"的痛苦转换间展开。在中学时间长了,似乎变成一个"局内人"时,我常有一种窒息感。我尚可从中学的"当事人"逃到大学的"研究者",但我又怎么能从所处文化的"局内"逃到"局外"?无可逃遁,只有不断地找寻,找寻的途径是不松懈地怀疑、反思与批判,即便是对习以为常的现象。这样的研究是对研究者心灵的不断挖掘,研究的历程不仅是一路看绚丽的风景,也不仅仅是体力智力上的辛苦,我更时常体验到的是反思我所身处的文化带来的痛苦。我体验到了被放逐,在熟悉的风景中流放自己,在亲腻如家的情境中流放自己。流放成为一种生存状态。在这样的历程中我能走多远,研究或许就能做多深。而所走的每一步,靠的不仅是勇气与意志,更重要的是一种内在热情。

我努力与同学们共同形成一种真诚对话的氛围,在讨论前,我清楚地说:

每个人的意见都是独一无二的,因此要大胆地表达自己,你所代表的既是你自己,又是古城这样一个城市、模范中学这样一所学校、你这样一类学生的真实看法。不仅要有表达的态度,同时也要学习表达,尝试将真实的想法坦率细致深入地说出来。不仅要善于学习,接纳已有的规范,也要善于思考,在思考中辨析既有规范的合理性,能从自我与他人的角度理解不同的解释对每个具体人的不同意义。因此,要学会聆听,聆听自己的声音,也聆听他人的声音;聆听相同的声音,也聆听不同的声音。在讨论中尽量不带价值判断,没有好坏之分,也没有高低之别,真实就是最好的。我希望在讨论中,能真诚地走进自己,进而走出自己,走入他人,在走中呈现出更丰富、更多彩也更真实的世界;也学会更宽厚地看自己、看他人、看世界。

我们在讨论中逐渐实践着上述初衷,我和同学们感受到共同的成长。在与他们的交流中,我时常受到震动:为成长中的心灵所展现出的美好与力量感,他们在用未被充分社会化、同时也是未被完全程式化的眼睛观察着世界,他们常常无意中提出新异又质朴的解释,这些解释有的来自教育所建构的"应然"世界,有的来自未被玷污的内在纯善;他们在制度化的教育过程中努力做着妥协、屈从与抗争。成年人、成人所构成的"成熟的社会"似乎更应该躬身下拜,仔细倾听孩子的声音,尝试换成孩子的目光,学会尊重并容纳新的社会成员的新的思想。他们饱满的求知欲与蓬勃的生命力也时常感染着我:我似乎与他们一起回到少年时代,太阳每天都是新的,生命是崭新的开始,生活有着无限的前景和希望。在层层制度化的筛选中,我们被什么逐渐磨砺掉了内在的活力,甚至失掉了最基本的好奇心与探求欲?是功利的算计、外在的奖惩还是给人安全整合感的"常态"人生模式?我们在被动的接纳中长成了身体,而生命的活力却消失了。我曾经那样年轻过!不要只成为一句艳羡青春的感慨。

在成长中的学生身上,我似乎找到所意欲找寻的东西:每一个心灵都是一个神秘的种子,每一个生命都是一个独特的存在。成长中的心灵所带来的纯粹感、流动感或许能点拨这个日趋物欲化、标准化的世界。我不大相信外来移植的激发,我更愿意相信对内在活力的尊重与保护。作为一个尚有责任感的教育研究者,我不能仅是一个单纯的寻梦者,更应该是一个富有力量感的行动者。对于制度化的学校教育所进行的一切,我应该有话要说,有事可做。

三、研究中的困惑

实地研究中更多的是艰难。最重要的问题是我在多大程度上被研究对象所接纳,他们在什么意义、什么层面接受我?即便是这样一所有深厚传统的"样板中学",他们对于这样一种研究仍然极为陌生。在他们的眼中,我是一个对学校最基本的常识都东问西问、所知甚少的人;也是对社会经验、地方文化所知甚少的人,这样一个"少知"之人与一个"博士"头衔联系在一起让人意外;不说拗口的术语,而对平静的学校生活感兴趣,在熟焉不察的学校生活中能做什么样的大题目,这引起他们浓厚的兴趣,多数老师能提供热诚的帮助。但初始的好奇被接踵而来的戒备、距离与客气所取代:她在干什么?成天拿着黑匣子式的采访机,像学生一样坐着听课,又不断地发放问卷,约学生、教师、校长甚至家长做访谈,开座谈会。她希望感受到最真实的学校生活,但我们的真实对她到底有什么意义?我们真实中的疏忽在她那是否会成为一种把柄,影响学校的声誉?

我所扎根的两个班级的学生很快并真诚地接纳了我,他们更多地将我视为年长的、有着大学生活经历的学长。但很多疏忽是意想不到的,为了工作方便,学校将我的办公地点安排在团委办公室,团委办公室的隔壁是校行政办公室与校长办公室。晚自习时我常在那儿与学生做深度访谈。我在约请外班的一个学生做访谈时,她言语中流露出:来之前,我爸爸提醒我说话一定要谨慎,不要说任何不利学校的话。在学生眼里,我可以方便地与校长做沟通,我会将一些"不好"的现象反映到校长甚至更高层。新接触一个同学时,最初的访谈中我要用大量的时间来消除戒备,获取信任。事后我意识到如果我将访谈的地点改在偏僻的图书馆或者操场边,在学生的眼中,我可能就不易被视为学校乃至教育管理层的代理人。

遵从质化研究的科学性,在实地研究开始前我准备了一个小采访机。我可以方便地将它放在衣服兜里或者手袋里,不被发现地进行工作。遵从研究伦理,尊重访谈对象,每次录音前我都征求访谈者的同意。学生大多很乐意,录音以示态度的慎重、谈话的严肃以及对他的尊重;教师的态度就比较复杂,在记忆中我似乎没有遇到直接的拒绝,但常有情绪上的抵触。我随便说说,没有什么价值的,苏北淳厚好礼的民风使他们没有直接拒绝我,但当我与他之间的黑匣子开始工作时(多在一个静谧的环境),我与访谈者之间似乎不再是两个人之间的自然交流,而是有了一个陌生的第三者,这个冰冷的黑匣子不疏忽地监视着访谈的进行。教师的谈话不再随意,他们多半在斟酌字句,选择说法,他们多半在说些表面的现象并对现象做一些常识性的解释。在多次访谈后,我试图让他们忽视黑匣子,或者关掉采访机,完全进入叙述情境中,在一些熟悉或者敏感的话题中,我用强记与快速整理来进行工作。

在大学校园中,我是一个普通的学生。我衣着随意、素面朝天,我因平常而隐匿,当场景变换,我不再是大学校园中的普通学生而变成中学校园里稀奇的"博士生"时,我置身于众多目光的打量中,我对学校的日常生活好奇,学校对我的日常举止好奇。我的一切符号都变得刻意和精心起来。我希望学校因我的亲和主动而接纳我,因我的熟稔庸常而忽视我,这样我可能更随意自由出入各种场合,走入他人的世界。我仔细观察年轻女教师的衣着与举止,我选择保守中性的服饰以取得年长教师的好感;我又不愿意年轻的学生将我视为古板的学究而在情感上拒绝我,谨慎地在头饰与胸花上变换小花样……有一天,一位女学生告诉我,班主任不准女学生戴首饰时,我难堪极了。我就这么在很多细小得局外人难以设想的环节中磕磕绊绊地适应学校生活,尝试做"局内人"。

我是一个年轻的女性研究者,在研究中我也饱尝了性别所带来的便利与不便。在学生面前,性别帮了大忙。男生与女生都易将我视为"姐姐"式的角色,这给他们安全感,他们能放心地、自然地将很多烦恼、包括特定年龄的隐秘问题向我倾诉;我的身份又赋予了我在学生眼中的权威,我开放的态度、对学生的尊重以及刻意营造出的自然随意轻松的座谈(访谈)情境,使学生感受到不同于教学情境或者家庭情境中受拘谨控制或者忽视放纵的心理氛围,我们是相互平等的智力主体,自己对自己的行为与思想负责。我们在许多问题上真诚、开放、深入地对话与探讨。在教师面前,性别未让我讨巧。与女性教师的深入交流中免不了许多生活场景与生活事件,我没有同年龄段的女教师的家小之累,油盐酱醋的真切烦恼中我的附和显得空乏无力,在她们眼中,我是未经"家庭化"、进而社会化的不充分者。她们常是善意地帮助我而很难对我产生"知己"之感。在男性教师面前我受到的心理拒斥更多一些,他们可能不习惯一个年轻的女性,在既有的文化标准中这个女性的知识身份比他们高,在他们的生活中貌似随意、实则有心地处处观察,绵里藏针或咄咄逼人地问东问西。我尽量淡化性别特征,平实朴素、简练干净,他们却很难忽视我的性别,甚至在对他们的熟人做介绍时会说:这是某某小姐——我意识到我所做的事情、我的生活方式在当地文化中更应该由男性来完成,而当这样一个女性出现时,就轻易被视为"异类",有悖于当地文化对女性的心理认同,也有悖于当地男性在日常生活场景中所形成的常态心理氛围。因此男性教师的个人生活世界我很难真正深入。研究中教师文化这一块亦未顺利完成。

在研究中不可避免地碰到价值判断,我常在研究自然进行下去的技巧与研究者主体投入的矛盾中周旋。譬如,在深度访谈中学生谈及教师管理中的粗糙与不当,作为倾听者我应该表示同情甚至附和;但一旦我与学生站在一起,就可能意味着在一些事件上与教师的对立,大到可能影响教师的权威,影响班级已建立的习惯与氛围;小到我不谨慎的言语会影响教师对我的看法,影响我们之间的合作。我只能用眼睛中的语言来表达我的态度,而不能用任何一句有声的话语。我惶惑于研究在何种程度上不干扰研究对象的生活,哪怕是确认无疑的正向影响也不施加吗?局内人的参与与局外人的客观冷静如何统一?

四、研究主题的浮现

在论文开题报告上,我不无信心地说道:学校在"滴滴嗒嗒"时间中进行着什么?视为当然也视而不见的"熟悉的学校风景"到底有些什么内涵?理论研究者无暇关心,实践工作者无力关心。是该打开黑箱的时候了,或许也正是以"理解"与"反省"社会"存有"为己任的社会学研究该说话的时候了。我在研究中如何践行我所确认的社会学研究方法?

我碰到的第一个选择就是:在已拟定的研究框架与学校的日常生活之间,我更应尊重哪一个?两者的冲突是实地研究开始前未曾想到的。刚到学校时,第一个询问是:要不要有观察框架?我是以既有的研究框架为观察框架还是放弃框架,开放地看待学校中的一切。已有的研究框架经过近一年的思考,与不少老师、专家反复讨论过、几经修改,凝聚着大量的心血。我不忍放弃。但拿着这个精致完好的框架看学校,我感到不是在做研究,论点已经定好基调,论证途径已经确定,实证研究不过是到一所学校收集现实的材料以表明论据的充分、论证的有力而已。已有的框架成为一张打造完善的铁床,要削学校生活之"足"以适框架之"履",这又完全有悖于研究的初衷。我必须放弃。不带任何框架,进而将研究者主观视角悬置起来,真正展现学校生活。但近三千人的学校每天在发生多少故事,每个个体有多少解释?我能从这些琐碎的事件中看出什么主题,我沉浸在这种日常之中,劳心劳力,最后能打捞出什么来?这根本就是一种冒险。

我真正开始平心静气地"听"学生们讲,不是我定调子,"让"他们讲;而是"请"他们讲,随意讲。在单纯的、专一的"听"中,我时刻警惕着,不让强硬的研究者"自我"跑出来控制谈话,我在放弃自我中企图走出自我,走入学生的日常生活。理解在彼此的唤醒中渐渐来临,在"听"中,我时常在回忆十余年前我的中学生活,一些久已疏远淡忘的情绪又被唤醒,甚至是更强烈地被激活,严严实实地笼罩着我,难以释怀。在"听"后,我时常给学生一些鼓励或劝慰,或者是一些启示,他们能感受到我的理解与尊重,也能感受到真诚的帮助。随着研究的深入,我与研究对象之间建构起一种新的关系,不再是研究者与被研究者之间类似主与客般对立的关系了,而是相互包容、相互创生的共同体——"我们"。我不再是疏离于中学日常生活陌生的"研究者",他们也不再是沉浸于日常生活中素朴的"当事人",我参与了他们的生活,他们参与了我的思考,我和他们从不同的角度投入研究并在研究中生成既异于我,也异于他们,既包含我也包含他们的新质——"我们"。我们喜欢这个"我们"在探讨中所形成的自主与开放,在不断地追问中所拓展开来的无限的精神空间。"我们"不是静止凝固的,"我们"之间不断询问、启发、激励着不断地奔跑,用学生的话来说是:视通万里,思接千载,任由"我们"在校园生活的具形化层面与抽象空间中无拘无束、天马行空、任意驰骋。

当我真正走入学生的心灵时,我纠正了一个认识上的错误:"反省"也罢,"批判"也罢,绝非仅停留在学理的辨析上,也绝非仅为知识分子点拨当下生活的超越之举,它同样缘生于普通人的日常生活之中。当他们从进行的生活中停下,开始打量审视时,怎么就不是反思?不过有的仅是心湖中轻轻划过的涟漪,有的则在电闪雷鸣中试图"渡人渡己"。我为自己的褊狭而羞愧。

在研究与整理分析的过程中,"受教育者"慢慢浮现出来,在通常的语境中,被称谓为"学生"而非"受教育者","受"的被动、受束之意被排斥、压迫至不被彰显处。我感触最深的倒是学校生活的这些层面,即为制度内的宏大叙述、应然逻辑所忽视、甚至合法化的外在的压迫与内在的压抑。我将研究的意图定位于抛开常人视角,直接走入"受教育者"的日常生活(everyday life)中,揭开笼罩着"受教育者"的种种合法化面纱,让受教育者说话,听他们真实的声音,这些声音在制度化的学校教育中,被贬斥得几近消失。我的工作就是与孩子们一起去寻找,寻找一个真正自主的"学习者",从而将"视为当然"的"受教育者"凸显出来,让真实的"受教育者"——另外一种视角的描述、另外一种声音的叙述,走入公众视界。

五、研究后的思考

(一)关于研究的信度

在研究过程以及提交论文之后,我时常碰到的一个询问就是:你研究的信度如何?或者研究的科学性与真实性如何?我常在反问:您所认可的研究的科学性与真实性用什么标准来衡量?多半得到的回答是:研究是可重复的,别的研究者与研究对象可以重复这个研究。

这是一个通常的也是通行的科学研究的标准,可我对此"科学"标准本身提出疑问:社会科学的研究不同于自然科学的实验,实验的价值在于可证验性、可重复性,而一个可重复的研究未必是一项好的社会学研究。社会科学研究的价值在其说理言事的解释力,在读者阅读时所产生的共鸣与认同上,在研究所建构、所呈现出的开阔的思维空间与理论空间中。或者说社会行为科学的研究更多的是探索性研究而非验证性研究。

我并不认为,一个和我一样受过专业训练的研究者,也到我所扎根的中学中,做同样的研究,我们的研究过程、研究结果不一样,这怎么不好,恰恰相反,我认为这很正常。我想,即便是对同样的事实,我们的分析、整理与解释也会很不一样。这种不同由来于不同的研究者的不同研究视角、不同研究策略,乃至其后不同的学术兴趣、不同的人生关怀。

因此,我不认为说我的研究是个性化的研究,极具个人色彩是对我的贬损,相反,我认为这是对我的肯定。这意味着研究者的主体性得到彰显,且不容忽视。

(二)关于叙述

我不是一个善于谋篇布局的高手。我宁愿所画出的线条枝枝蔓蔓,或缺或鼓,不成形状,但研究以及研究后的叙述一定要是真实的流淌。有的段落,我觉得有话要说,不得不说,也就任由情绪奢侈地泼洒笔墨;有的段落,我觉得索然无味,也就平静地呈现资料,解释者不再发言。我很难做到克制住喜好,平均地使用笔墨,四平八稳,端端正正。这样一种叙述的利与弊,是另外一个问题,在我这里,是一种不得不如此的情感使然。

通行的论文叙述逻辑常是:甲说、乙说、丙说,最后再概而言之,写作者羞答答地将自己的观点隐藏在别人的说法中,不敢大大方方地"我说";在本研究中,我力图让生活说,让理论说,同时也让自己说,而我说话的勇气来源于前两者之间的沟通与融合,我一脚踩着实证的田野,一脚踏着理论的体系,我感到既连结着地气,又能有超越的视线,我相信,我的所思所言,虽不失幼稚,但也绝非狂妄。在论文的呈现方式上,我力图让标题说话,让事实说话,当事实本身说不清楚的时候,研究者再跳出来说话。

让事实说话,文中常有的事实呈现方式有五种:讲故事,用第三人称来客观叙述故事;现场观察片断;访谈纪要;讨论纪要;学生作品分析。为了文字的精炼,虽然有些地方进行了删减,但大部份还是维持着真实情境的原滋原味。

在对资料进行解释上,我还是比较谨慎的。事实能说清楚的地方,我就不再说了;当事实未能说清,或者尚有更深的意涵时,我才发言。现在看来,在实证分析中,研究者的解释少了一些,拘谨了一些。研究的初衷:既见常人所见,又见常人所未见;既言常人所言,又言常人所未言。在给常人所见、所言留有空间的同时,常人所未见、未言显得比重稍轻了一些。

(三) 关于研究的策略

研究有不同的策略,大多数研究就像盖房子一样,事先有一个设计,这个设计被论证成立后,就忙着到处去找木头、采石头,然后再上梁搭架,再一块砖头一块砖头地往上垒,最后盖成的房子应该是与事先的设计完全一样的,否则,就叫失败。

我放弃开题报告的框架时,我的研究就不是盖房子了。我是把自己抛到荒原中了,我只能一路不停地走,不停地看,也不停地做解释。我的前面没有路径,甚至没有路标,我不知道哪里有陷阱,哪里是沼泽。

我一直很喜欢一种情境,一个孩子在黑暗的荒野中孤身行走,他高声地打着口哨,想把周围的鬼怪吓跑,用声音来给自己壮胆;后来,他在歌唱中,在摸索中体验到一种崭新的快乐,他克服了内心的怯弱与外在的禁忌,在荒原中、在黑暗中和自然的本原接近了,也和人性中神圣的一面接近了,我在研究中也切实经历了这个孩子的遭遇。

我有一个最基本的信念:那就是人是意义的主体。在制度化的学校中,堂皇的教育是在保护人的意义感?还是剥夺人的意义感?人在制度化的学校中到底有什么样的生存境遇?心理境遇?

这个信念导引着我的路径,也成为我的研究策略。我对学校日常生活最基本的方面做了研究,探讨了个人在其中的体验与意义,并对制度化学校中的非教育精神做了大量的批判,有的批评也不失犀利深刻,其中流露着我对人的理解、对教育的理解、对社会的理解。

我不能像很多博士论文那样信心十足地说,我的研究在哪些层面上超越了前人的种种论述;但我可以平静地说:我的研究与众不同,我为其中的独特性而自觉欣慰。我用心灵在作跋涉,在没有路标的道路上达到预想的目的地。

而人,人在社会中,人在制度化的社会中,究竟如何?这既是一个沉重的课题,又是一个激动人心的题目,它不仅需要学者的思量,也需要实践的自觉。我倾尽心力所作的研究,不过是一个开始,这是一项远未完成的研究。

探究与操作

1. 教育人种志研究的目的是什么?
2. 教育人种志研究区别于其他研究的主要特征是什么?
3. 教育人种志报告有什么样的特点?请选一篇教育人种志报告试加评析。

拓展性阅读材料

1. 冯增俊主编:《教育人类学教程》,人民教育出版社 2005 年版。
2. 曾守得编译:《教育人种志研究方法论》,台湾五南图书出版公司 1989 年版。
3. 刘云杉著:《学校生活社会学》,南京师范大学出版社 2000 年版。

主要参考文献

1. 王铭铭著:《人类学是什么》,北京大学出版社 2002 年版。
2. 陈向明著:《质的研究方法与社会科学研究》,教育科学出版社 2000 年版。
3. 冯增俊主编:《教育人类学教程》,人民教育出版社 2005 年版。
4. 潘慧玲主编:《教育研究的取径:概念与应用》,华东师范大学出版社 2005 年版。
5. 曾守得编译:《教育人种志研究方法论》,台湾五南图书出版公司 1989 年版。
6. (美)威廉·维尔斯曼著,袁振国主译:《教育研究方法导论》,教育科学出版社 1997 年版。
7. 刘云杉著:《学校生活社会学》,南京师范大学出版社 2000 年版。

第十四章
教育研究资料的整理与分析

学习目标

了解教育资料的分类及其质量要求,掌握整理和分析研究资料的基本方法。

内容提要

在认真的研究过程中,研究者会搜集到许多研究资料。不过,并不是所有的资料都有同等价值;同时,并不是所有的有价值的资料都需要同样对待。此时,有必要通过规范的方法来整理和分析研究资料。本章首先介绍了研究资料的分类和质量标准,然后全面介绍了整理研究资料时的主要工作:审核、分类、汇总、表达,最后介绍了分析资料的思维方法,特别对资料的定性分析的多种方法进行了阐释。

重要概念和术语

审核 分类 汇总 表达 定性分析 定量分析

经过一年的研究,小王搜集了大量的研究资料,包括对一些学校领导、教师和学生的访谈记录和问卷调查结果,一些观察记录,一些考试分数,一些同行的论文和著作……现在,临近结题了,他开始系统地整理这些资料。看着电脑中如此多的资料,看着桌上堆积起来的笔记本和复印资料,他在想:

有些资料是自己亲自访谈、观察获得的,有的是由当事人自己记录的,有的则是通过别人的转述而获得的,还有的是经过一些研究者综述相关成果而形成的论文……那么,这些资料是否都有同样的说服力呢?

在亲自调研的过程中,在描述或评价同一件事的时候,不同的人往往有不同的看法;在搜集文献时,相同的话题,却有不同的观点。那么,究竟听谁的呢?怎么从不同的信息中筛选出最能反映真实情况的资料呢?

这么多的资料,怎样分门别类地整理呢?在整理了资料之后,又怎样从中得到一些可信的研究结论呢?

其实,早在搜集这些资料时,这些问题就已经萦绕在他心头,所以他当时就已经注意辨别、整理这些资料了。到了快完成研究时,这些问题就集中地呈现在他面前了。

上述问题,其实是每个研究者都会遇到的。这就涉及在搜集资料之时及之后如何整理研究资料,并从中分析出合适的研究结论等问题。

第一节 研究资料的分类及质量要求

一、研究资料的分类

任何科学研究都必须从研究的目的出发,运用有效的研究方法,获得尽可能全面、完整、客观、准确和有效的研究资料。研究资料是研究者预先设想的可能蕴含着有关研究对象(现象、人、问题)的属性特征(本质的或非本质的)的信息载体。不论它们的形式如何,研究者都希望能从这些资料的分析中得到关于事实、关系、属性、趋势、结构、数量界线、模式、假设、构思、观点和理论框架等方面的认识。人的正确认识来自对事实的了解和证据的掌握,这就离不开高质量的研究资料。有些研究者,似乎也在认真地"做研究",但他们不重视或者说基本上没有系统地收集有关研究问题的原始资料的愿望和要求,拿到一些别人的东西,就在那里"分析"。这种分析,由于没有高质量的研究资料为支撑,所以,"具有较大的随意性、习惯性和自发性,发挥的主要是一种议论和舆论的功能。它更多的是一种研究者个人观点和感受的阐发"[①],而不是真正的"科学研究"。

研究资料的种类很多,也有不同的分类方式,现简要介绍几种分类。

1. 从获得资料的直接性划分

(1)第一手资料——又叫直接资料,它是研究者运用一定的方法、直接参与搜集来自研究对象的资料或亲身经历实践的过程而获得的资料。例如教育调查、教育实验、访谈、座谈、观察、测量、经验等方法取得的资料便属于第一手资料。从认识论观点看,实践(社会实践、科学实践)是认识的基础,人的正确认识归根结蒂来源于实践。可见,直接源于实践的第一手资料是极其重要的。

(2)第二手资料——又叫间接资料,它是研究者通过某种"中介物"而取得的研究资料。例如,从各种文献中或从网上获得的资料。从认识论观点,我们不排斥、不否认间接经验的重要性。事实上,人类的认识是有连续性的。再说,任何研究者的时空条件都是十分有限的,他们不可能事事亲历,必须借助于前人或他人的认识成果来开展后继的科学研究,也只有这样,我们才可以迅速赶上时代潮流,站在科学研究的前沿去发现、去创造。

2. 从表现形式上划分

(1)数据资料——用数据表示的研究资料,当然也包括那些经过"量化"处理后变为数据形态的资料,例如在问卷调查中,项目"性别"可变为定类变量,对某项改革措施的"态度"可变为定序变量。

---

① 陈向明著:《质的研究方法与社会科学研究》,教育科学出版社2000年版,第23页。

(2) 文字资料——用语言文字表示的研究资料。

(3) 其他——除了数据资料和文字资料之外,还有其他形式的研究资料,例如图片、影像制品等。

3. 从获得资料的途径与方法划分

(1) 调查资料。

(2) 实验资料。

(3) 访谈资料。

(4) 文献资料。

(5) 网络信息源资料。

还有许多,在此不一一列举了。

二、教育研究资料的质量要求

教育研究是需要我们运用科学的方法,搜集并驾驭丰富的资料,形成新的观点或假设,获得有力的论据,展开令人信服的论证,最后使问题得到解决的过程。在这个过程中,资料的质量对实现研究目的至关重要。

那么,资料质量的好与差的标准是什么?我们认为至少以下几个质量标准是不可或缺的。

1. 目的性

指研究资料对所研究的问题的针对性与关联性要强,即有用的信息量大。这要求我们在收集资料阶段,目标要明确,要紧紧地围绕课题来进行,达到对问题的全面透彻的把握。事实上,任何一种研究方法的应用原则中都有"目的性"的要求,这正是对研究资料的"目的性"的保证条件之一。

2. 客观性

资料应当是客观真实的,而不是主观虚假的。任何科学研究都是对"真实的存在"的一种揭示,资料的客观性是我们探究事物、认识事物的重要前提条件之一。为此,在任何研究方法的运用中,应正确使用该方法或技术,遵守操作规程,因为技术上的偏差将导致收集到的资料的"系统误差"或"失真";从研究者自身来说,不能"先入为主",以头脑中的"定论"去理解资料和筛选资料。当然,从研究对象身上所得到的资料也不都是真实的,可能由于种种原因(心理压力、隐私等)提供了失真的信息,对此我们要有基本的识别能力。

应当注意,不要把"资料"的客观性与"研究的客观性"等同起来。社会科学、人文科学是一种"过程性"的研究,在与研究对象的互动中展开研究,获得对"意义"的理解与解释,这其中当然需要研究者的主观体验(例如情感的体验,价值的判断),但即便如此,也应采取"实事求是"的态度,任何有意的歪曲都是要不得的。例如在运用座谈会方法搜集资料时,会议主持人的态度倾向过于暴露,而不是"中立"(指在搜集资料阶段),那将直接干扰资料的客观性。又如参加座谈会的人之间有利益冲突,于是一部分人可能会避重就轻、逢场作戏,这都会影响到资料的客观真实性。

3. 有效性

指研究资料对自己的课题的研究解决是有价值的。"价值"体现在：有助于提炼、有助于论据的获得、有助于研究思路的形成等等。为此，要求研究资料要尽可能准确，而不是"大概的"或过于模糊的；尽可能是全面的，而不是偏见；尽可能是深刻的，而不是肤浅的；尽可能是典型的，而不是偶然的。有效性越强的资料，才越有可能获得真正的科学结论。资料的有效性受到许多因素影响，例如，调查不求深入，满足于一知半解；洞察力不强，抓不住时机，看不见典型；搜集资料的技术方法选择不当，效力不高，等等。

4. 充分性

对客观现象的全面把握是获得有关现象本质认识的前提条件之一。为此，我们必须掌握足够充分的材料，只有占有充分的材料，才有可能形成正确的概念、判断和推理，所以，我们要从不同层面、不同时空域以及不同的关系中去获得研究资料。使我们的认识建立在丰富、完备的资料基础上，而不是根据"一知半解"就去下结论。

5. 可靠性

指不同的研究者用同一种方法或同一研究者重复同一种方法，针对同一总体收集的研究资料，应当具有较高的一致性。比如，两名研究者分别独立地对同一被访者进行访谈调查，采访专题也是一样的。于是有理由认为他们获得的研究资料应有基本的一致性。

第二节 研究资料的整理

研究资料搜集的方法很多。不同的方法有不同的整理方法与技术，本节仅一般地讨论它们之间的一些共性。

运用各种方法得到的研究资料是大量的、杂乱的。必须经过认真的审查、甄别、分组、归类、登录（coding）和汇总，使多种不同来源的复杂资料条理化、系统化、精炼化，变为易于理解、易于解释、可用性强的资料，并以突显的形式展示出来，为下一步资料分析作好准备。

资料整理应看成对前阶段资料搜集工作的全面审核和评价。首先，尽管研究资料（如实验调查）工作已有详细的计划与安排，整个资料收集过程又是严格按照研究目的与计划开展的，但也可能由于来自研究者或被研究者的种种原因，而使所得到的资料出错或失真。比方说，问卷中经常出现的不负责任填答的问卷、缺失的项目，或者文献摘录中以及数据抄写中的错误等，这种种原因所造成的资料失真将严重威胁到我们的分析工作，必须在分析之前审查与核实资料，这是"去伪存真"的重要一环。其次，一项研究的资料来源常常是多方面、多途径的，我们自然希望这些不同来源的资料为研究目的提供的信息能彼此协调，事实上研究对象是已经确定的,作为一个"存在"它的属性特征不但是确定的,而且也应是一个协调的有组织的统一体。倘若我们得到的资料、提供的信息彼此不相容,或者矛盾,那就应当采取谨慎态度去辨认真伪,造成这一结果的原因之一是我们所用的某些方法也许使用不当,适用性不强,方法应用的条件欠满足,这时需要我们"去伪存真"。再次,调查收集资料阶段,是什么资料都舍不得丢弃的,采取的是宁可"网撒得大些"的策略。因为在我们的分析尚未达到理性的态度去思考问题时,我们的思维水平只是处在相对初级的阶段。这样,收集到的资料必须经过"去粗取精"的过程,这就是要采取分类、比较、筛选等方法提高资料的质量。最后,资料的整理工作,并非是不用头脑机械完成的,在资料的整理过程中,同样要运用我们的思维去观察、去比较、去联想,要时时将手上的不断经过整理的资料与研究目标相联系,对资料的充分性、完整性、适用性等等进行再思考,对搜集资料工作的质量进行再反思。应当充分意识到,在资料整理过程中的这种反思、评价是不可缺少的,而且应当是及时的。有些研究者,以为任何研究资料收集完毕就足以"供应"研究了。其实,及早地发现资料的不足之处,及早补救,要比就这样的不足的资料立即分析的效率高得多。应当看到,研究资料的质量控制包括研究之间的目标控制、资料搜集中的过程控制和资料整理时的事后控制,任何一个环节都不能缺少,千万不要以为凡到手的资料都是好的,都是可用的。事后控制(整理)的一个十分重要的功能是对已到手的资料做出评价与改进。当然,我们如此强调资料整理,并非否定在资料的分析阶段去补充一些资料或再搜集一些新资料的做法。"补救"在任何时候都是必须的,因为科学是老老实实的,严谨的工作,来不得半点虚假。

总而言之,资料整理是资料搜集与资料分析之间的重要中介,是承上启下的重要桥梁。

那么,如何进行资料整理呢？由于研究者获得资料的途径与方法很多,资料的形态特性又不尽相同,故而整理资料的具体方法与操作技术会有所不同,甚至差异很大。例如文献法与问卷法的资料整理中采用的方法、技术就很不相同。为此,本节只能对资料整理的一般共性做个讨论,并不涉及具体的研究方法。

资料整理工作一般包括：审核、分类、汇总、表达等项工作。

(一) 审核

指对研究资料进行的审查与核实,确认资料没有虚假、伪造等。我们要审核资料的哪些方面呢？

1. 资料审核的基本要求

(1) 审核资料的真实性

资料必须源于客观实际。比方采用各种实记方法得到的资料,必须是实践中搜集到的客观记录,不允许无中生有、肆意歪曲;对思辨类型的研究方法(例如人种学研究、历史学研究、理论研究、文献法等),其资料也不外是从自己或他人的成果中得到的事实或者理论成果,也必须核实其真实性。一旦发现某个事实、观点、数据不实,有虚假成分,应毫不犹豫地将之删除;或者发现对某个阐述"断章取义",应查找原始出处,重新理解。有的研究者常会因为得到某个材料或数据十分不易而不舍得删除,以为同行或读者察觉不出,而继续使用。更有甚者,有的人篡改资料,这是违背科研道德的。此外,要审查获得资料的方法的合理性与正确性,尽管一些资料的确是客观的记录,但研究方法本身的操作上有问题,比方实验误差控制不当。还有,提供资料的被调查者的不诚实、有意掩盖真相等,都是威胁到资料的真实性的原因。

(2) 审核资料的准确性

资料太"粗",含意不清,误差太大,超过了许可范围,会直接影响到研究质量。应看到,资料若是"大概"的,结论也必然是"可能的"、"也许的"。任何一个科学结论或观点应该是一个科学的命题与判断,而不是模棱两可的或似是而非的语句。试想,每一步的推断都是"可能"的,又怎能得到"肯定"的结论呢?从概率的角度说,若每一步推断的"可能"性为 0.8,则经过三步的演绎只剩下 0.51 的"可能"性了,若经过四步的演绎,就变为"不太可能"的判断,而得到一个不太可信的结论。

(3) 审核资料的完整性

这是为了贯彻资料的充分性原则。在审查局部资料的过程中,要同时整体地思考资料是否齐全、完备。

(4) 审核资料的合理性

主要针对数据资料,应审查各个指标的界定范围是否一致、时间是否统一、计算公式是否适用、计量单位是否一致等等。因为变量或指标的"可比性"是对它们进行分组、汇总,以及施行各种统计运算的前提条件。不少人常常忽略这一重要问题。例如,从不同文摘上抄录下来的数据资料,不去考查其指标或变量的涵义与可比性,就随意地处理,这是不科学的。

2. 资料审核的主要方法

我们如何审核研究资料呢?

(1) 对文字资料的审核

第一,对资料源进行复查。这主要是针对一些十分重要的材料,如重要观点、事实、引文或有可疑的材料,应重新考证其来源,审核其真实性、可靠性与准确性。在教育科研中,文献中的观点或材料的引用量十分大,也就是对他人的材料的使用频率极高。而且又常常经过二三次的不同研究者之间的"传递式"引用,这种多次的"转手"极易发生错漏甚至不准或曲解。所以,应当重点去审核与鉴别一些关键材料。

第二,对经过初步整理过的资料进行印证。我们可以借助于确认为正确的其他方面的有关知识、规则、原理等,对粗加工后的文字资料进行印证,判断其可信度与正确性,甚至可再次进行小范围内的验证性调查、查阅、访谈等。

第三,对资料获得的方法再审查。虽说取得资料的研究方法都是预先设计好的,但资料的收集、记录方法、研究环境的特殊性、参与人员的素质等,都可能产生对科学方法的误用、偏差,甚至使方法失败。例如在典型调查中,调查对象的选择受到严重的主观因素的干扰;访谈中过多的"暗示"或者"单一性"不足、逻辑性不强等。

第四,对文字资料说明的事实进行理性分析。判断其是否合乎常理和逻辑,有无自相矛盾或其他疑点等,当某方面的资料由不同研究者分别获得时,用比较法对照其一致性和差异性,分析其原因,从而判断资料的可用性。

第五,对有效性低的资料要淘汰。若资料的要意与研究目标的关联性很低,应当删除。

(2) 对数据资料的审核

一是运用分析法。从变量的选择、含义的界定、指标体系的建立及其相互关系的逻辑性上去审查资料的合理性与科学性。

二是审核数字的完整、规范性,判断是否存在错漏和矛盾。还可用计算方法对数字的小计、合计、总计等进行复计,审查数据的单位是否清楚。

三是审核数据本身是否符合要求,如正态性、独立性、随机性等等。这是由于数据资料经过分类汇总之后,要运用预先设计好的定量分析方法展开分析,例如进行差异显著性检验。也就是说,根据将要采用的数据分析方法的假设条件审核数据资料。

最后,对于多种来源的资料可运用相关性检验方法审查其合理性。

(二) 分类、汇总

资料审查后,应该将它们条理化、系统化,变成有组织的资料。所谓"组织"是指资料按照一个科学的结构网络体系或"序关系"分类、归并。为此,要采用分类法(分组或归类)完成此项工作,资料分类是指按选定的分类标准将资料划分为不同的组,然后将资料归入从属组的工作过程。"归入"即汇总、汇编、归并之意,汇总是分类法中一个不可缺少的组成部分。有时人们将分类与汇总合称为资料中的"编码"。

分类标准应是那些能够反映或突显资料某方面特征的标准,一旦某个分类标准确立,则它将有利于资料的再组织、再序化,以使我们发现"概念",建立起概念与事物之间的联系,从而达到发现事物某方面属性特征的目的。显然,分类标准不同,资料被突显出来的特征会不同,故常需要按不同标准进行分类,全面考查其特征。当然,能否科学地选择分类标准直接影响到资料分析的效果,这需要研究者对研究目的和研究问题有清晰的认识,对相关理论有很好的把握,再加上对资料具有敏锐的判断力、洞察力、想象力。

汇总是指按已经划分好的类(组)别,将资料归入所属的类(组)中去。

1. 文字资料的分类、汇总

(1) 首先对原始资料有个初步了解,这需要认真阅读、熟悉其内容、理解其含义、把握其结构与关系,"主动地"去接受资料。因为正确的分类是基于对资料的正确理解与把握的基础上的。一个研究者不可能不管什么资料,一到手就开始分类汇总工作。理解是分类的前提,而且,也正是在阅读理解之中才可以得到启示,反思自己的"预设"与个人背景上的障碍,达到研究者与资料之间的良好"互动",这样才可能出现认识的"火花"。资料分类与汇总本身就是一个需要借助于分析的认识过程,它并非是一个纯"机械式"的操作程序。

(2) 我们不能将资料的阅读停留在理解与感受的层面上,还要从资料中去发掘"意义",应当尽可能从有关的不同角度去发现。比方从词义、语言、语境、语用等方面去挖掘资料的含义;或者从主题层面、内容层面上去发现事物之间的联系。这样,可以很快地抓住资料的特征。

(3) 按照资料的特征选择分类标准,将资料归类,使得具有相同或相近特征的资料归于同一类,具有不同特征的资料归入不同的类,为下一步的分析作好准备。

选择分类标准与分类方式是多种多样的,具有人为性、相对性。当选定一个标准后,以后的分析必突现出这方面的差异。分类标准的选择本身是研究者所持有的理论观点的反映。例如,若认为高校办学效益与学校规模有关,就会选择学校规模大小为分类标准;若认为学生的主体性的培养与教学方法有关,就会选择教学方法为分类标准。

2. 数据资料的分类与汇总

传统的对数据资料进行分类与汇总的工作都是由手工操作来完成的,其方法不但繁琐,而且效率低、易出错。在当今的教育研究中,实证方法收集到的数据量是巨大的,且不说一次高考的数据量,上千道题目(项目),十几万考生,这就有上亿个数据,就是一次平常的问卷调查,也有上万个数据,若用手工来进行资料的分类与汇总,也是很不实际的。所以,现行教育科研中的数据资料的整理工作都由计算机完成,即使一名课堂教师对一次全班的测验分数进行处理,也可运用十分方便的 Excel 进行处理(也可采用 SPSS 软件)。

(1) 选择分组标志

数据资料分类的方法是,首先确定分组标志。因为数据是对研究对象(个体)的某种属性特征的测量结果,该特征可以是数量性的,叫数量标志;也可以是属性的,叫品质标志。数量标志的取值可以形成定距和定比变量的数据资料,品质标志的取值可以形成定类或定序变量的数据资料。不论是数量标志还是品质标志都可以成为分组的标准,例如问卷调查中学生的"性别"是一个品质标志,若按"性别"对全部数据分组,就称为品质标志分组,这样可以突现出不同性别的两组研究对象之间在所关心的另一变量或者因素上的差异特征;也可按"人均收入"分组,这属于数量标志分组。这时需要从质的角度界定不同组的"人均收入"的范围,比方"低收入"组、"中等收入"组、"高收入"组的收入范围。

分组标志在选择时应当注意:

① 有利于达到研究目的。例如想要研究人们购买力与消费观的变化而导致现代学校德育工作的变化,可按"人均收入"分组。

② 有利于突显事物的本质特征。例如想要研究教育投资效率的情况,以"招生人数"为分组标志欠妥,而以"毕业生人数"和"生均成本"分组为佳。

③ 分组标志可以有多个,对数据进行多维的交叉分组,这样,数据资料经整理可以提供更为丰富的信息。

(2) 汇总数据

分组后,将数据归入相应的组(或类)中去,统计出该组中的次数或频率,然后编制出次数(频率)分布表和其他统计表。这些工作均可运用SPSS在计算机上完成。

3. 计算机在数据资料整理中的应用

现代的数据处理与分析工作是与计算机应用和统计软件的发展分不开的。可以说，凡谈到数据处理，往往就是指计算机的处理，因为这是手工方式"划记"、按按计算器难以胜任的。计算机具有极强的数据处理与分析功能，其储存量之大、功能之多、速度之快、精度之高，都是惊人的。计算机还不断地改变着我们的处理方法、运算方式以及思维方式，如今用计算机来处理数据使我们的视野大大拓宽。

当数据经过认真审核后，首先将它们按一定格式与方法输入计算机，建立数据文件(有的变量要先编码再输入)。例如SPSS具有十分方便的数据编辑功能，建立好的数据文件可以在需要时打开，进行数据或变量的增加、删除、复制、剪切和粘贴等操作，还可以对数据文件中的数据进行排序、分组、转换、转置、拆分、聚合、加权，将多个数据文件或变量合并等处理。比方，就数据的"转换"而言，将原文件按我们需要的转换关系生成新的数据文件，以便为特定的分析目的或统计方法的运用作准备，这些十分丰富的对数据文件进行整理、加工、变换的功能是人工所望尘莫及的。此外，经过处理过后的数据文件，还可以按我们的需要用表格与图形展示出来，SPSS提供了数十种图表以便选择，并能快捷地创建与编辑。总之，在计算机已经普及的今天，教育科研中的"数据整理"应该是一个全新面貌了。

第三节 研究资料的分析

一、资料分析的含义

一切科学研究的主体工作是研究资料的搜集与分析。资料的收集是基础，分析是关键。资料分析就是要对收集到的并经过初步整理后的资料进行深加工，将资料中真实蕴含的关于研究对象(人、现象、事件、问题)的本质信息识别、提取出来，发现它们之间的联系，并进而运用各种思维方法，形成自己的论点、论据和论证思路，最后使问题得到解决。

在前一段资料的整理与初步分析(分类)中，我们只对资料进行了"去粗取精、去伪存真"的加工，获得的仅是感性认识(感觉、知觉、表象)，但科学研究的目的是要"透过现象看本质"。所以，我们必须将前阶段的认识深化，这一任务将由资料的分析来完成。这后一阶段将是对资料的"由此及彼、由表及里"的认识过程，使我们的认识实现由感性认识到理性认识的"飞跃"。这种飞跃达到的是"科学的发现"，它不是事物或现象的表面揭示，而是内在本质与规律的揭示。我们知道，科学发现分两类：事实发现与理论发现。前者是对教育客体或现象的客观事实的发现，后者是提出新的概念、原理、假设、命题、理论等，资料分析应包括这两类的科学发现。

要充分看到，资料分析的成败与质量取决于两个基本条件：一是要占有丰富的研究资料，二是要运用我们的思维来实现由感性认识到理性认识的"飞跃"。思维是人类特有的本领，但思维的高度或水平是需要理论与方法来助推才可提升的。例如科学认识方法论、逻辑学、心理学、美学、社会学、教育学等等，都是我们在资料分析中张开科学的思维翅膀的动力。

就思维方法而言，包括科学的辩证思维方法、一般思维方法和非逻辑思维方法（例如创造性想象、猜测、直觉、灵感等），资料分析要求我们将三方面的思维方法有机结合起来，才能完成"由此及彼，由表及里"的飞跃，形成概念、判断、推论，并进而形成理论。

综上所述，资料分析就是运用科学的理论和思维方法，创造性地实现认识上的飞跃，获得科学发现的过程。

二、资料分析与逻辑思维方法

资料分析就是依靠概念、判断、推论的思维形式去认识事物本质与规律的过程。在这一过程中，保证我们的思维的"确定性"十分重要。这是顺利开展资料分析的必要条件，思维的确定性就是指我们的思路要正确，要服从思维的规律。资料分析存在着三条基本思维规律：同一律、矛盾律、排中律。我们在资料分析中要遵循这些规律，才能保证分析中的"概念"的确定性、"判断"的确定性以及"推理"的确定性。那么，如何才能达到这一要求呢？首要的是运用科学的逻辑思维方法。

在资料分析中的逻辑思维方法包括形式逻辑思维方法与辩证逻辑思维方法。

1. 形式逻辑思维方法

资料分析要靠我们的思维来完成，思维是人脑对客观世界的一种间接的、概括性的反映。它运用概念、判断和推理等思维形式，借助于思维语言对研究资料所反映的各种各样的事物的属性特征，进行去粗取精、去伪存真、由表及里地舍去非本质的东西，概括出一类事物的本质属性。可见，概括性与间接性是思维的两大基本特点。所谓"概括性"是指对足够多的（而不是个别的）具有共同属性的事物，抽取出它们的共有属性，再推广到具有这一属性的一切事物中去，形成该类事物的普遍的"概念"的过程。我们不仅要"由表及里"地概括出事物的本质特征，也要"由此及彼"地概括出事物之间的本质联系与相互关系。所谓"间接性"是指这种反映不是直接的，而是通过一种抽象化的方式在头脑中完成的。

形式逻辑的思维方法包括：归纳、概括、演绎推论、抽象、分析、综合、类比、证明、反驳等。

2. 辩证逻辑思维方法

在资料分析中，要实现认识的"飞跃"，仅靠形式逻辑方法是不够的，还必须自觉地运用辩证逻辑，把唯物辩证法运用于分析的全过程。因为客观事物并不是静止的，而是运动着的；不是简单的，而是复杂的；不是单一的，而是多样的。辩证思维方法正是帮助我们从事物的多样性、统一性方面把握运动中的教育事实。所以，辩证逻辑与形式逻辑相比，具有更广泛的世界观意义。例如形式逻辑是从思维形式的结构上去研究思维的确定性、无矛盾性和论证性；这对于一个分析者开展正确的思维当然是必要的,但它关注的是一种"静态思维",它强调的是思维过程的确定性、首尾一致性、稳定性。而辩证逻辑则是从运动、发展变化着的现实世界中去反映,它是一种"动态思维",具有思维运动的灵活性,有助于我们从事物的运动、变化、发展中把握对象。

三、资料分析与非逻辑思维方法

科学研究的生命在于创新,不论资料分析的具体程序如何,我们的目的都是希望从中获得"发现",没有发现就没有创新。所以,资料分析的要害是科学发现。蕴含于资料之中的事物的本质或规律,能否经过分析研究把它们揭示出来,这直接关系到我们辛辛苦苦收集来的资料的价值实现的问题,当然也就关系到研究目的能否实现的问题。面对完全相同的资料,不同的研究者可能会得到不同水平的结论,这不仅仅取决于他们各自的常规的逻辑思维水平,还取决于他们的非逻辑思维的水平。

关于事物本质的发现是否有规律可循呢?科学哲学界经过长期的研究认为,科学发现并不存在某种普遍的、规范的模式,科学发现"无理论",没有一个固定的规律可循,科学发现过程中既有直觉,也有逻辑。也就是说,不存在一种科学发现的"算法"与机械的"操作程序",不存在一个纯粹的逻辑通道,在新观点的提出和新理论的构建中,尤其如此。但是,不存在科学发现的逻辑并不是说资料分析中不需要理性思维。实际情况是,科学发现是一个逻辑推理与思想跳跃的交替渗透、相互作用、互相促进的过程。在这过程中,既有逻辑的,也有非逻辑的;既有理性的,也有非理性的;既有经验的,也有非经验的因素。有效的逻辑推理是实现思想上的"飞跃"的基础和准备,每一步认识上的"跳跃"又将下一步推理带到新的水平与层次上。在资料分析的全过程中,有时可能逻辑思维的成分多(比方证明),有时又表现为更需要非理性的思维,认识方能前进(例如假设的提出)。就资料分析的整体来说,应当是理性化的过程,但非理性的、非逻辑的思维是一点不可缺少的,它是科学发现、科学创新的真正"催化剂"。

非逻辑思维方法有许多种类,例如直觉思维、顿悟、灵感思维、想象等。

四、资料分析的方法

国内常见的关于资料分析方法的划分是先区分为两大类:定量分析与定性分析,然后再具体讨论,比方,定性分析方法中又有因果分析法、比较分析法、矛盾分析法、结构—功能分析法、归纳法、演绎法、科学抽象法、系统分析法、因素分析法等,而定量分析方法只讨论"统计分析法",包括描述统计方法和推断统计方法。

在这里,有一个容易发生混淆的问题:"定性分析"是否等同于"定性研究"?"定量分析"是否等同于"定量研究"?有些学者不加区分,常常混用,有的学者则有所区分,但未指出它们含义上的不同,仅是将它们用于不同场合,以示区分。其实,国内学者使用的"定性研究"和"定量研究"分别是英文"qualitative research"和"quantitative research"的译名而已。它指教育科学研究方法论体系中作为研究方法的两个类别。而译名这东西常常是多样的。比方,陈向明在《质的研究方法与社会科学研究》一书中列举了中国台湾、香港地区,新加坡等地的学者对"qualitative research"就有"定质研究"、"质性研究"、"质化研究"等不同的译名,而国内学者大部分译为"定性研究"。叫做"质的研究",因为她认为,"定性研究"虽然在一些方面与"质的研究"有类似之处,但仍存在着很多方面的差异。所以无论称为"定性研究"也好,称为"质的研究"也好,它们都是针对教育现象的一类研究方法,与我们这里要讨论的研究资料的"定性分析"和"定量分析"就不是一码事了。

（一）定性分析与定量分析的含义

世间一切事物,无论是存在或是发展,都具有质和量的两种规定性。"质"是事物固有的内在规定性,它是一个事物区别于其他事物的根本依据。同类事物具有相同的质,不同类事物具有不同的质。在"质"与"事物"之间具有"直接同一性"。而且,事物的质虽是内在的,但又会表现于外,在与其他事物的关联中会表现出各种各样的"属性或特征"。事物的属性特征有本质的属性与非本质的属性之分。"量"也是事物的固有规定性,它是反映事物的存在、发展乃至变化的数量特征的规定性。比方具有一定"量"的事物在规模、程度、速度、比例、结构等方面的规定性。由于任何一个"有生命"的组织系统,都是一个开放系统,它们具有自组织能力,即在一定的量变范围内其"质"是不会改变的。据此,我们说事物的"量"与事物之间不具有"直接同一性",即在一定的量变范围内,数量上的变动不会导致质的改变,只有超出了这个范围,事物才会发生质变。所以,事物的质和量这两种规定性统一于一定的"度"中。我们决不能将事物的质和量割裂开来,孤立地研究。任何事物都是质和量的统一体;没有无质的量,也没有无量的质。这就是质量统一观,它是指导我们对研究资料展开分析、取得科学认识的基本观点。在对资料的分析中,应注意到质的认识与量的认识是相辅相成、互为条件、互为结果、不断加深、循环上升的。人们往往由经验起始,应用归纳得到一定的质认识,须知这时的"质"未必是"本质",仅是一些属性特征。然后在此基础上,进一步考察其量的特征,由量去探究质,深化对质的认识,求得对事物的质的更清晰、更准确的把握。应看到,由质的认识进入量的认识,是认识的深化与精细化。只要我们对事物的量的规定性还没有达到精确的地步,我们对事物的"质"的认识就只能说是不精细的、粗略的、不确定的。我们就必须继续这种循环。由此可见,对研究资料的定性分析与定量分析仅是对事物的"质"的研究和对事物的"量"的研究的一部分。研究资料的定性分析并不等于"质的研究",研究资料的定量分析也不等于"量的研究",无论是"质的研究",还是"量的研究"都是为了探究事物的本质特征,所以研究资料的定性分析与定量分析都是服从于这一目的的。此外,"质"并不等同于"本质",前者意为 quality, character, 后者意为 essence, nature 或 innate character, intrinsic quality, 不要以为"质的研究"就是"本质的研究",而"量的研究"是"非本质的研究",更不能将资料的"定性分析"视为揭示事物"内在特征"的分析,而资料的"定量分析"则只是揭示事物"外部特征"的分析。其实,事物"本质"特征既包括一类事物区别于其他类事物的属性、性质、特征等,也包括可以量化的性质、特征,所以要获得对事物"本质"特征的认识,质的研究和量的研究缺一不可,于是资料的定性分析与定量分析也就是同等重要的分析工具了。当然,定性分析与定量分析有个基本区别,就是对文字性资料,我们要采用定性分析法,对数据资料要采用定量分析法。

我们说定性分析与定量分析是"同等重要"的,并不意味着"机会均等"。有的教育问题研究,运用于"质的研究",于是搜集到的研究资料大部分甚至全部是文字性的资料,那么当然要用定性分析方法了;有的教育问题研究运用"量的研究",尤其是一些实证研究,于是搜集到的研究资料大部分甚至全部都是数据资料,那么当然要用定量分析方法了。我们也不能排除这种情况,在一项教育研究中(不论是质的研究还是量的研究),搜集到的资料既有文字资料,又有数据资料,于是定性分析方法与定量分析方法都是需要的了。在对待资料的定性分析与定量分析中,千万不要以哪个方法用得多,来判断哪个方法重要,倘若你在研究中从来不去关注事物的量的特征,不去搜集量方面的信息资料,当然你也就从来不用定量分析方法了,这并不能说明定量分析方法不重要。

(二) 资料的定性分析方法

资料的定性分析方法很多,这里列举几个常用的。

1. 因果分析法

整个世界是一个相互联系的统一体,即世间一切事物、任何现象以及结构的多要素之间是相互影响、相互作用、相互制约的。不存在与周围或外部世界毫无关系的事物或现象。事物之间的联系不但是普遍的,而且是多样的。因果关系便是重要的一种,它是指原因与结果之间的一种联系,若一个事件或一个现象的发生导致另一事件或现象的发生,我们称它们之间存在着因果关系。作为条件引起另一事件或现象发生的事件或现象称为"原因",而原因导致的事件或现象称为"结果"。原因与结果具有相对性,因为任一事件或现象都是处于复杂的"因果链"中的某一环节上,客观存在既是其后的事件的"原因",又是其前的事件的"结果"。揭示事物间的真实因果关系是人类形成自觉的教育实践的必要前提。

必须充分意识到,由于客观世界的复杂性,所导致的因果关系也是十分复杂的:有直接的和间接的,有内部的和外部的,有本质的和非本质的,有必然的和偶然的,有线性的和非线性的,这形形色色的因果联系完全取决于"原因"是如何导致"结果"的方式、模式或特征的。人类在认识客观世界的长期实践中,总结了不少探求因果关系的方法,在对文字资料的分析中,形式逻辑学为我们提供了最简单、最初步的方法,例如求同法、求异法、求同求异并用法、共变法、剩余法等。下面做些简单介绍。

(1) 求同法

当我们要寻找事件 a 的"原因"时,若考察的若干个场合 a 都发生了,这若干个场合中有一个条件 A 是相同时,于是我们可以认为条件 A 是引起事件 a 的可能原因。其模式为:

先行的场合（条件）	关心的结果
ABC	a
ADE	a
AFG	a

于是，A 是引起 a 的可能原因。

为什么说 A 只是 a 的"可能原因"？因为在多种不同场合下的共同条件可能不是一个，故有可能找到的 A 并非是引起 a 的真正原因；或者因为我们只观察了有限的几个场合，还有许多引起 a 的其他场合并未去观察，这种从有限场合归纳出的"原因 A"未必是真实的。所以，求同法的结论具有或然性，但是此法为我们初步探求因果关系提供了线索，只要通过实践或其他方法去印证，会大大提高结论的真实性。

(2) 求异法

结果（事件）a 在某一场合下发生，而在另一场合下未发生，且这两种场合的条件中仅一个不同，其余条件一样，于是认为这唯一不同的条件是引起 a 的可能原因。其模式为：

先行场合	关心的结果
ABCD	a
BCD	—

于是，认为 A 是引起 a 的可能原因。

此法结论也有或然性，因为可能这被考察的两种场合的条件中谁也没有包括引发 a 的真实原因（即上面的 A 是伪原因）。

(3) 求同求异并用法

这是两次运用求同法一次运用求异法的一种组合方法。考察两组场合，其一称"正事件组"，该组中每一场合都有结果 a 发生，且各组唯一相同的是有一先行条件 A，而其余条件都不是共同的；其二称"负事件组"，该组中每一场合都不出现结果 a，且组中各场合唯一相同的是都没有条件 A。于是，条件 A 是导致 a 发生的可能原因，其模式为：

	先行场合	关心的结果
正事件组	A BCF	a
	A DEI	a
	A IGC	a
	……	……
负事件组	… BCF	—
	… DEI	—
	… IGC	—
	……	……

于是，A 是引起 a 的可能原因。

(4) 共变法

在其他条件都不变(相同)的几种场合下,只有一个条件 A 发生变化,比方分别取 A_1,A_2,A_3 等状态,而结果 a 随之变化,依次取 a_1,a_2,a_3 等,于是可以说条件(因素)A 是引起 a 变化的可能原因。其模式为:

先行场合	关心的结果
A_1 BCD	a_1
A_2 BCD	a_2
A_3 BCD	a_3
……	……

于是,A 是引起 a 变化的可能原因。

(5) 剩余法

当已知一个复合现象 K(A、B、C)是引起另一个复合现象 R(a,b,c)发生的原因,又确实知道 B 是 b 的原因,C 是 c 的原因,则可以认为剩余的 A 是 a 的可能原因。

上面介绍的五种探求因果关系的逻辑方法,它们在实际中常是相互补充、交互运用。由于它们都具有或然性,所以结论的真实性必须要经过实践的检验或者其他方法的验证,尤其要在辩证法的指导下去探究因果关系。

2. 归纳分析法

归纳分析法是文字资料的定性分析中使用率最高的方法。

归纳法是从同属一类的若干个别事物中提炼概括出一般性质或原则的思维方法。可以区分为两类归纳法:完全归纳法和不完全归纳法,而在不完全归纳法中又分为简单归纳法与科学归纳法。

所谓完全归纳法是对该类事物的每一个事物都进行考察。当然这种归纳法常有很大的局限性,因为许多类的事物是不可穷举的,只有依靠不完全归纳法进行分析。

简单归纳法是未经过科学地抽取有代表性的个别事物来考察,而是遇到一个研究一个,碰上几个事物就概括出它们的共性来,由于归纳推理的依据是缺乏代表性的少数对象,故结论的真实性常存在问题。

科学归纳法则要按照事物本身的性质与研究的需要,选择一些具有典型意义的个别事物进行研究,或者具有代表性的样本来研究,从而有较大的可能概出客观的认识。

由于归纳法是由少数个别事物获得的认识推广到一般的事物上去,所以对于推论所依据的个别事物的选择至关重要。

3. 系统分析法

以系统论观点分析资料是非常重要的方法,系统论的内容十分丰富,下面列出部分观点、原理和规律。

(1) 社会系统观

社会是一个开放的复杂的巨系统,它主要由三个子系统组成,即经济的社会形态系统、意识的社会形态系统和政治的社会形态系统。它们相互联系、相互制约和相互适应。社会系统的中心是人。从根本上说,社会系统是个自组织系统,始终处于自组织演化之中。但是人类的自觉性、能动性和目的性,人的意识对社会具有反作用,于是人类在遵循客观规律的条件下实施社会系统工程,对社会系统进行控制,使社会系统朝着越来越优化的方向演进。人类必须注重社会系统的协调发展、人的生态系统的协调发展,以及这两者之间的协调发展。具体说,要实现社会、科技、经济与环境系统的持续协调发展。

(2) 系统论的基本原理

系统是一个统一体,从不同方面可以概括出不同的基本原理,有系统整体性原理、系统层次性原理、系统开放性原理、系统目的性原理、系统突变性原理、系统稳定性原理、系统自组织原理、系统相似性原理等八大基本原理。

(3) 系统论的基本规律

这是关于系统存在的基本状态和演化发展趋势的必然的、稳定的普遍联系和关系。它包括:结构功能相关律、信息反馈律、竞争协调律、涨落有序律、优化演化律等五个基本规律。

4. 比较分析法

将两个或者多个事物加以比较、分析、鉴别,通过事物的属性、要素、结构、变动等特征的对照,找出共同点和相异点,以求得到对事物质的规定性的认识。

有比较才有鉴别。比较的角度可以是多样的,例如对两个事物从不同领域、不同过程、不同的阶段去比较,找出异同点;对同类事物的各个部分、细节去比较,找出差异(数量上的差异);对不同类事物的各个部分、细节去比较,找出差异(性质上的差异);对各事物的内部矛盾、对立面作比较等。

常用的比较方法有对比法、类比法、历史比较法等。

(1) 对比法

对比法指按一定的标准对不同的事物进行比较的方法,它包括:

① 纵向对比法,对同一事物在不同时间上的形态、特征进行比较,比方对历史、现状和将来做比较。

② 横向对比法,依据同一标准,对不同对象进行比较。

③ 理论与事实做比较。

④ 相异比较法,对两个性质相反的事物或同一事物的正反两个方面进行比较。

(2) 类比法

类比法指对具有可比性的同类事物之间进行比较,要比较的两个事物应具有相同属性,这是可比的前提,然后由一事物具有的属性类比推理出另一事物也具有该属性。

存在五种类比推理方法:

① 简单共存类比法

A 事物有属性 a,b,c,d

B 事物有属性 a,b,c

若 A、B 之间具有可比性,则 B 亦有属性 d。

② 因果类比法

已知 A 事物中,(a,b,c)与 d 有因果关系,

B 事物亦具备(a,b,c),

若 A、B 之间具有可比性,则 B 事物亦有 d。

③ 对称类比法

已知 A 事物中属性 a 与 b 有对称关系,

B 事物亦具有 a,

若 A、B 之间具有可比性,则 B 亦有与 a 对称的属性 b。

④ 协变类比法

指对事物之间或属性之间发展变化趋势的某种一致性进行类比。这里的"一致性"是一种可定量表述的变化关系。

⑤ 综合类比法

指对事物的多种属性的因素关系综合出某些相类似的属性进行类比分析。这些相类似的属性既有质方面的,也有量方面的。

应当知道,类比推理得到的结论具有或然性,为了提高类比推理结论的可靠性,应当尽可能从较本质的属性特征上去类比,同时尽可能在事物间找出较多的共同属性,这样,类比的属性与结论之间的联系更具有必然性。

(3) 历史比较法

这是对不同历史时期的教育现象的异同进行比较,以揭示教育现象的发展趋势的推理方法。我们应当遵循历史唯物主义、全面客观地看问题,不要忘记历史联系以及历史的全局。此外,还要结合当时当地的历史背景与条件进行比较。

5. 结构功能分析法

实际此法蕴含于系统分析法之中。"结构"是指系统的结构,"功能"是系统的功能。结构是一个系统的组成要素,以及要素间相互联系、相互作用的方式的总称,功能是一个具有特定结构的系统在其内部与外部的联系中表现出来的功效。研究系统的结构是为了寻求在一定条件下具有最佳功能的优化结构。

6. 矛盾分析法

矛盾分析法指运用马克思主义的矛盾论、对立统一法则去分析事物的矛盾特性、形式、因素、运动过程以及后果,以达到对客观事物的本质特征、必然联系、运动规律的认识。由于矛盾无处不在,无时不有,它存在于任何事物的一切运动发展之中,而且矛盾是一切事物存在、发生与变化的根本的内因。故此,矛盾分析法在资料的分析中发挥着极其重要的作用。

7. 模型分析法

"转换"是人类认识客观事物的一种重要方法,它把要研究的现实对象转换为一个更为简练的抽象化了的对象来研究,这样,可大大提高研究效率。"模型"便是转换后的一种重要形式,若把现实对象称作"原型",我们依据研究目的,将该原型的某些方面信息进行提炼、抽象、简化、浓缩处理后所得到的现实原形的"替代物"

叫做"模型"。所以模型是现实原形的"减缩"。模型种类繁多,在教育研究中常会用到系统模型、过程模型、结构模型、关系模型、预测模型、决策模型、思维模型等等。创造性地将现实原形转换为模型的过程,叫"建模"。模型分析法可以帮助我们揭示现实原形的形态、结构、功能、运动过程及其规律等方面的特性。

8. 逻辑分析法

资料分析是有目的地运用我们的思维,借助于各种逻辑方法,达到理性认识的过程。逻辑学的内容十分丰富,在对文字资料展开分析中必须熟练地运用形式逻辑和辩证逻辑。形式逻辑的基本规律有同一律、矛盾律、排中律,并提供了一套如何下定义、划分、推理(归纳、演绎、类比)、判断因果、逻辑证明、反驳等逻辑方法。而辩证逻辑则是一套在马克思主义的辩证法指导下开展辩证思维的方法,它帮助我们在分析资料进程中从多样性的统一方面去把握运动着的现实世界。辩论逻辑方法主要包括:归纳与演绎相统一,分析与综合相统一,抽象与概括相统一,抽象上升到具体,逻辑的与历史的相统一等。

上面就文字性资料的分析介绍了八种方法,其实还远不止这些,例如还有类属分析、情境分析、全息分析、黑分析等等。

(三) 资料的定量分析法

对于根据资料或者经过量化可以变为数据资料的定性资料,需要运用定量分析方法进行分析。

定量分析的方法很多,例如统计分析法、模糊数学法、灰色理论法、数学建模等等,可以结合《教育统计学》的学习合理地加以运用,本书不再详细介绍。

探究与操作

1. 研究资料对形成科学认识有何作用?试归纳教育研究资料的种类和质量标准。
2. 研究资料的整理一般包括哪些步骤和具体的工作?怎样对研究资料进行审核、分类与汇总?
3. 简述资料分析中的逻辑思维方法和非逻辑思维方法。
4. 试比较研究资料的定性分析和定量分析。
5. 根据下述案例,思考几个问题。

一位年轻的校长在到任之后的一学期中,身先士卒,主动带领其他领导"啃硬骨头",将毕业年级中最让老师头疼的20多名学生单独组成一个班,他们亲自任教主要学科。一学期下来,这个薄弱学校的中考成绩从全区十多个学校中倒数第一跃升到第五名。为了总结经验,给学校发展制订新的方案,研究者与该校教职工和毕业班学生多次座谈,发现这一成功固然有这位校长和其他几位领导的功劳,但这个年级的教师功劳更大:他们在三年前就憋着一股劲在努力,他们在团结协作、研究学生心理需要等方面付出了长期而细致的努力。

(1) 在整理上述研究活动中的相关资料时,应该注意哪些问题?为什么?

(2) 根据上述信息,你能得出什么结论?你分析上述信息时的思考过程是怎样的?用到了哪些思维方法?

拓展性阅读材料

1. 裴娣娜著:《教育研究方法导论》,安徽教育出版社1995年版,第十三章"教育研究数据资料的分析"。

2. 陈向明著:《教师如何作质的研究》,教育科学出版社2001年版,"9. 如何整理和分析资料?"。

3. 陈向明著:《质的研究方法与社会科学研究》,教育科学出版社2000年版,第十八章"资料的整理和初步分析——我想到了什么?"、第十九章"资料的归类和深入分析——我可以做什么?"。

主要参考文献

1. 陈向明著:《质的研究方法与社会科学研究》,教育科学出版社2000年版,第十八、十九章。

2. (美)威廉·维尔斯曼著、袁振国主译:《教育研究方法导论》,教育科学出版社1997年版,第十二章。

3. 裴娣娜著:《教育研究方法导论》,安徽教育出版社1995年版,第十三章。

第十五章
教育理论的构建

学习目标

理解理论和教育理论的内涵以及教育理论的功能;了解构建教育理论的五种基本方式。

内容提要

本章探讨了教育理论的内涵及其效度标准,分析了良好理论的一般功能以及教育理论应具有的功能;讨论了个人知识外化、定性归纳、定量演绎、上位学科推演以及类比推理等五种教育理论建构的基本方式。

重要概念和术语

理论　教育理论　理论效度检验标准　理论的一般功能　理论建构方式

"生命之树常绿,而理论是灰色的!"这句话曾给人以多少贬义的遐想,然而理论并非人们想象的那样"灰色"!如果说理论是对事实和经验的提炼、"蒸馏"或抽离,那么它的那种经抽象而显出的纯净与玲珑剔透,绝非"灰色"所能形容!如果关注到各种理论的千姿百态以及他们之间的千差万别,就会忍不住用"多姿多彩"来形容。

在教育学界,关于理论与实践的关系问题的讨论似乎永无休止,纠结不清的原因之一,是一些论者并未完全搞清楚这一场场讨论的前提性问题:什么是理论?什么是实践?理论与实践之间分离或统一的判断在什么意义上成立?显然,弄清什么是教育理论、为什么要有教育理论等等问题是十分必要的。

第一节　教育理论及其效度标准

一、什么是教育理论

要回答什么是教育理论,首先需要回答什么是理论。一般来讲,理论有广义理论与狭义理论、大理论与小理论之分。所谓广义的理论是指一系列具有内在联系的概念、范畴及命题的体系;所谓狭义的理论是指那些反映事物的本质及其规律,经检验被认为是真实可靠的陈述体系。所谓"大理论"指的是系统的观念体系和逻辑构架,这种理论主要用来解释和预测现象、确定变量之间的关系,这种理论自称它是具有普适性的理论,如皮亚杰的发生认识论,弗洛伊德的精神分析理论等;所谓小理论是在原始资料的基础上建立起来的、适于在特定情境中解释特定社会现象的理论,这种理论是直接概括经验事实的命题系统。小理论在抽象层次上不如大理论那样高深,概括性不如大理论那样广泛,但往往更具有针对性。当然,理论的划分不限于以上两种,依据不同的标准,理论还可以有其他的划分方式。比如,依据理论的功能,可将理论区分为科学理论与实践理论,前者的功能在于认识世界,在于提供有关经验世界的解释和预测,后者的功能在于改造世界,在于提供有关实践活动的规范、原则或准则。

尽管理论具有不同的类型与形式,但理论之所以构成理论,在于它们都具有一些共同的基本特征,这些特征是:

第一,理论不只是一些观点与意见的集合,理论是依据各种概念、命题内在的逻辑关系将它们统合、贯穿起来而构成的一个整体。

第二,理论提供的是某个特定对象领域的系统化知识,任何理论都具有一定的结构,理论内部各种概念、范畴、陈述是相互关联的。

第三,理论总是试图揭示和反映事物的内在联系或现象背后的规律与法则,不管它实际上是否做到了这一点。依据这一标准,不同的理论具有不同的成熟程度。

第四,理论是理性思维的产物,而不是感性认识的产物。理论不是对现象的直观映照,也不是对经验的直接描述,而是对现象背后内在联系的反映。

至于教育理论,原则上讲也应满足以上四个标准的要求。毫无疑问,教育理论也具有不同的类型,既有大理论,也有小理论,既有科学理论,也有实践理论。就目前的现状而言,成熟的教育理论(即狭义的理论)可能是非常有限的,就整体而言,现有的教育理论的成熟度是比较低的。要提高教育理论的成熟度,我们就必须要找到区分教育理论成熟程度的标准与准则,这一问题直接关系到教育理论的建构问题。

二、检验教育理论效度的标准

一般说来,检验教育理论的效度有如下几个标准。

1. 陈述的清晰性标准

一种理论是否具有效度,首先可从它的概念、命题表述的清晰程度上得到反映,这是良好理论的一个先决条件。如果一种理论的概念及命题的意义表达是含糊不清的、模棱两可的,那么,这种理论就难以被检验,效度的问题也就无从说起。

2. 表达的一致性标准

所谓表达的一致性标准,主要是看一种理论内部各种概念、命题或陈述是否具有内在的逻辑一致性与连贯性。如果一种理论内部各组成部分相互脱节或者前后自相矛盾,那么,这种理论的效度肯定会受到质疑与否定。

3. 逻辑的简单性标准

所谓逻辑的简单性标准是指，研究者必须尽可能简单地阐述理论，采用尽可能少的命题或假设来说明尽可能多的经验事实。一个理论在逻辑陈述上越简洁，它就越是趋向美、趋向真实。

以上三条标准无论对哪一种类型的理论（包括教育理论）来讲都是适用的。

4. 理论的可证实性标准

这一标准主要来源于逻辑实证主义，它强调，任何理论或命题只有得到逻辑的证明或经验的证实才是有意义的、才是科学的，否则便是无意义的、非科学的。从一般意义上讲，这一标准带有其普遍性。如果一种理论不是从经验事实中产生的，或者说得不到经验证据的支持，那么，这种理论就不能说是科学的理论。我们认为，这一标准至少适用于那些运用经验实证方法产生和形成的理论检验。自然，实证方法的运用并不仅仅限于自然科学研究或定量研究，它在社会科学研究或定性研究中同样也能得到有效运用。例如，在定性研究中，基于经验资料的归纳与分析，自下而上地产生的"扎根理论"，就是运用实证方法产生和形成的理论，这种理论是否真实，也取决于它是否得到经验事实的充分支持，它是否产生于丰富的经验资料。当然，这一标准也有它的局限性，这从接下来第六条标准可以得到反映。

5. 理论的可预见性标准

即人们可以从科学理论中合乎逻辑地推导出一些超出该理论产生时所依据的经验材料以外的结论，这种结论是否正确可以通过搜集其他经验材料加以验证，若不能得到验证，则需要重新思考和修订原有的理论假设。可见，正是由于科学理论具有可预见性特点，才使得科学理论具备一种自我改进、自我纠偏的功能。

6. 理论的可证伪性标准

这一标准主要来源于科学哲学家波普尔的演绎证伪主义。波普尔强调指出，一个理论或命题只要在逻辑上或事实上有可能被证伪，那它就是科学的，否则便是非科学的。如宗教、形而上学理论就是非科学的，因为它们都不具备可证伪性、可反驳性或可检验性。他说，"一种不能用任何想象得到的事件反驳掉的理论是不科学的。不可反驳性不是（如人们常设想的）一个理论的长处，而是它的短处"。[1] 对此，他的论证理由是：首先，客观真理虽然存在，但人们无法通过对经验的归纳推理来证明某种理论是否为真，人们只能通过反驳、证伪的方式，逐步排除错误接近客观真理。在他看来，一切定律和理论本质上都是试探性、猜测性或假说性的，不存在终极可靠的客观知识。这就是说，科学是可错的。当然，这样说容易引起一种误解：既然科学理论具有可错性，那么，一种已经被经验事实否证的理论，是否还可以称为"科学理论"呢？如果是这样的话，科学与谬误之间岂不是没有区分界限了吗？如果我们这样认为的话，那是对波普尔的误解。

其实，波普尔提出的可证伪性标准的本意不在于判别一个陈述是否是真理，而是试图将经验科学的陈述与一切其他陈述区分开来。其具体意义主要有两点：一

---

[1] （英）卡尔·波普尔著，傅季重、纪树立等译：《猜想与反驳》，上海译文出版社1986年版，第52页。

是表明,所有的科学理论都具有可错性,不存在终极可靠的科学知识;二是表明,科学知识的不断增长,主要依靠的力量不是证实,而是证伪。这一点主要与科学理论包含的命题性质有关:科学理论所包含的命题主要是"综合命题",这种命题不像"分析命题"(如逻辑命题或数学命题)那样在逻辑上是永真的,综合命题是那种涉足经验世界、对经验世界有所断言的命题,正因为如此,它总是冒着被将来更大范围内的经验观察所否证的风险,这种风险是始终存在的,而一旦命题被新的经验事实所否证,新的、更好的理论命题就会取而代之,科学理论正是在这种命题之间的"生存竞争"中不断演化与进步的,而像宗教、形而上学这类非科学理论,由于它们没有能够对经验世界有所断言,因此,这类理论往往既得不到经验事实的证实,也得不到经验事实的证伪。由此看来,对科学理论而言,理论的可证实性标准与可证伪性标准二者并不矛盾,它们是可以同时成立的,只要我们把"证实"理解为"部分的确证"而不是"终极的确证"就行。可以设想,假如针对某一问题的解答,同时存在两种不同的理论解答,如果其中一种理论得到更多的经验证据的支持,经受了迄今为止各种经验事实的反驳与检验,尽管它从性质上说仍然不是终极真理,但它与那些得到较少经验事实或尚未得到任何经验事实证明与支持的理论相比,人们有理由认为,前一种理论在科学上更为真实可靠一些,这一点连波普尔恐怕也不会否认。因而,我们认为,可证伪性只是科学理论的一个属性,它绝不是科学理论的全部属性,有效度的科学理论应同时具有可证实性与可证伪性。就前者而言,科学理论至少应得到迄今为止人们所能搜集到的大部分经验事实的支持,就后者而言,任何科学理论都不可能是终极真理,它仍然有可能被将来进一步获得的新的经验事实所否证。当然,这种否证很少是对以往结论的全部否定,而是对以往结论进行部分的修正,找出以往结论的限度与适用范围。

将可证伪性作为检验科学理论效度的一个标准,至少具有以下两点意义:一是它要求研究者必须以有可能收集经验事实来证伪理论的方式陈述理论,如果一种理论把自己的解释与预言讲得含含糊糊、模棱两可,那么这种理论实际上就是在逃避证伪。正如波普尔针对占星术所作的分析与批判,"他们把自己的解释和预言都讲得相当含糊,以致任何有可能驳倒他们理论的事情(假如理论和预言说得更明确一点的话),他们都能解释得通。为了逃避证伪,他们破坏了自己理论的可检验性。把预言讲得非常含糊,使预言简直不会失败,这是典型的占卜者伎俩:使预言变得无从反驳"。[①] 二是它告诉人们,不能仅凭有限的经验事实(肯定例证)证明某种理论就是绝对可靠的,我们只能说,这种理论可能是真实的,或者说它具有部分的真实性,或者说同以往的其他理论比较起来,它具有更大程度的可靠性与真实性。由此我们联想到,作为一个研究者,基于对已有的经验材料的归纳与分析提出一种理论后,如果他还是一味地试图搜集更多的肯定性例证来"证实"或"保护"这种理论,这种研究思路很可能陷入一个误区。因为任何一种部分真实的理论,原则上讲总

---

① (英)卡尔·波普尔著,傅季重、纪树立等译:《猜想与反驳》,上海译文出版社 1986 年版,第 52—53 页。

是可以继续找到更多的肯定性例证来"验证"它的正确性的,而实际上这样做无助于研究者发现原有理论的缺陷、漏洞与错误之处。此时,研究者最好像波普尔所告诫的那样,尽可能地去搜集一些对自己理论不利的例证来推翻自己先前提出的理论假设,如果自己先前提出的理论经受住了各种可能证据的考验而仍然有效,那么,这种理论才在最大限度范围内趋于真实可靠。由此,我们还可以得出一个推论:那些备受人们关注的、招致大量争议的理论,很可能蕴含高度的真理性。正如E·R·希加德(Hilgard, E.R.)在评论E·L·桑代克的学习理论时所指出的,"应该承认,在科学领域内,批评是颂扬的最高形式,微不足道的理论很少受到批评,它们只受到轻视,在冷落中悄悄离世"。① 历史上曾经出现过的许多有影响的社会科学理论(包括教育理论),都具有这种特性。

不过,波普尔的证伪主义也存在某些局限性。比如,当一个命题被人们观察到的经验事实所否证时,人们通常会认为,该命题被证伪了,但情况并不总是这样,有时候,问题并不出在命题(或理论假设)上,而是出在经验事实本身存在错误上。另外,当一种理论遇到"反常例证"时,是否就表明整个理论立刻被"反常例证"证伪了,这也是个疑问。科学哲学家I·拉卡托斯指出,理论能够在"反常"的海洋里继续生长,它对"证伪"具有一定的免疫力。他强调,演绎证伪不可轻易地指向理论的"硬核",而应通过添加辅助假设,修正理论"硬核"外围的"保护带",来提升理论的解释效度。他认为,只有当一个理论趋于僵化,不能从中产生任何新颖的经验事实时,我们才有必要从根本上怀疑其"内核"。这表明,对某种理论的证伪不同于对某个单一命题的证伪,单一命题只需有一个否定性的例证就可以被证伪,而一种理论则不然,证伪可能只触及到理论的外围假设或其中的某些命题,就理论的总体而言,它可能是仍然有效的。

7. 理论的可转移性标准

所谓理论的可转移性即是理论的外在效度,也就是理论在其他条件下的适用性与代表性。人们一般认为,由于定量研究采取的是概率抽样的研究手段,因此,通过这种研究手段形成的理论(大理论)具有普适性,能够推广到样本所代表的总体中去。而在定性研究中,由于它采取的是目的抽样的方式,倾向于对小样本进行个案研究,因此,以这种方式形成的理论(小理论)很难推广到样本范围以外的同类事物中去。这种看法总体来讲是可以成立的,但不能绝对化。一方面,不管一项研究产生的是大理论还是小理论,既然是理论,就必然会对同类现象、同类问题产生某种阐释作用;另一方面,从定性研究本身的性质看,它所产生的理论具有一种"显而易见的推论性"。这是因为尽管每个个体都是不同的,但任何一个个体作为"人",他们之间又都具有许多共同之处、相似之处。因此,从某种意义上讲,对一个特殊现象的研究就是对普遍现象的研究,对某个个体进行的研究就是对其他个体的研究。正如我国学者陈向明所指出的,"但由于条件的限制,大样本的调查所获

---

① (美)G·H·鲍尔、E·R·希尔加德著,邵瑞珍等译:《学习论——学习活动的规律探索》,上海教育出版社1987年版,第63页。

得的共性必然是表面的。因此,如果我们要了解样本的个性,必须对特殊的个案进行研究。而如果我们要对样本的个性所具有的深层共性进行研究,我们必须通过特殊的个案往下深入,进入到共性的深层进行挖掘。我们无法直接从大样本的调查进入深层共性的层面,只有通过小样本的个案(特别是一个一个个案的不断积累)才可能深入到共性的深层"。① 这就是说,通过对许多个案进行定性研究得出的理论,有可能揭示出研究对象之间所具有的深层共性,而这种深层共性的揭示恰恰构成了理论具有可转移性的基础。

8. 理论的实践效果标准

这一标准主要来源于实用主义哲学。实用主义基本是一种强调行为结果的哲学思维方法与哲学态度。它强调检验知识真伪的最后标准是,人们尝试性地提出并付诸行动的那些假设和猜测是否真正"有用"。如果一种假设或猜测能够用来解决问题,获得我们期望达到的结果,那么,这种假设和猜测就构成了真理。简言之,一种理论假设是否正确、合理,关键要看人们应用这种理论假设来指导行动所产生的后果或效用如何。在这里,真理(或理论)仅仅是用来解决问题的一种工具而已,任何真理都是或然的、暂时的、相对的,不存在绝对真理。实用主义者自称上述真理观不仅适用于自然探究,而且也适用于社会、政治及伦理道德的探究。例如,在伦理道德领域,如果某一原则的应用总是导致人们不想要的结果(相对于公众需要的满足而言),那么,人们最终就会抛弃这种原则。这就是说,伦理原则就像科学知识一样也是人们试验出来的,也是相对的、尝试性的,受特定情境制约的。"当然,科学方法之于伦理道德问题,不能完全等同于科学问题,因为在伦理、道德的范围内,对于结果的检验需经历一个漫长的时间。然而,人们却不能因此而否认科学方法的价值,因为人们确实是根据伦理原则应用于日常生活的后果来判断它们的价值的。如果说历史是一种硕大无比的、人本主义的'试管',那么,伦理原则恰恰就是通过科学的方法在人们的经验中获得的,这个过程和在实验室中获得物理学、化学的真理是一致的。"②

实用主义者上述这些看法有它的合理性,它与人们常讲的通过实践来检验真理有相似之处。尽管不是所有的理论都可以凭借观察其应用所产生的实际效果来检验其真实性,但至少那些给人们提供从事实践活动所需的行动准则的"实践理论"(practical theory)适用于这一标准。不过,实用主义所提供的这一标准也有它的局限性。既然一种理论是否为真、一种行动是否为善,要根据运用它所产生的后果好坏来衡量,那么,我们又该如何衡量"后果"本身的好坏呢? 如果说,一种后果合乎人们的需要与愿望就是好的,否则便是不好的,那么,这里所讲的"人们"究竟指"谁"? 这里所讲的"需要"、"愿望"又是什么意思? 它与"欲望"有什么区别? 怎样区分正当的需要、愿望与那些不正当的需要、愿望? 这些重要的问题实用主义者似乎没有给予相应的回答。此外,通过实际运用某种理论来检验该理论是否"有

---

① 陈向明著:《质的研究方法与社会科学研究》,教育科学出版社 2000 年版,第 412 页。
② 陆有铨著:《躁动的百年:20 世纪的教育历程》,山东教育出版社 1997 年版,第 11 页。

用",有时候也会产生问题。比如,由于实践者对理论理解的不到位,或者由于实践措施的不到位,导致理论应用的结果可能不尽如人意,甚至是遭到失败。再者,有些理论的效用不在于直接指导实践,而在于通过增强实践者对实践活动的理解力、判断力与反思能力,进而间接地影响其实践活动。在这种情况下,单纯采用实践的有效性标准来衡量理论的效度是存在一定问题的。

9. 理论的合理性标准

这一标准主要是针对那些涉及价值判断的规范理论的检验而言的。规范理论或价值判断主要用来指导和规范人的行为,它告诉我们"世界应该是怎样的",这种理论或判断不同于告诉我们"世界是怎样的"的科学理论或事实判断,它的真实性并不取决于理论陈述是否符合关于世界的客观事实,而是取决于采用某些根本的理性原则对理论陈述进行合理性辩护。这就是说,没有任何道德判断能够从任何一套本身不包含某种道德判断或道德原则的前提中推演出来。例如,在伦理学研究中,研究者经常运用"利益的最大化"原则或"黄金律"原则来确证某种伦理判断的真实性。前者主张能够导致最大多数人最大利益的行为就是合乎道德的行为,后者坚持"欲人施诸己者,己必施诸人"或者"己所不欲,勿施于人"。

关于规范理论或命题的检验,最大的困扰来自于相对主义。相对主义认为,道德判断不具有普遍性,它因时代、社会、文化、具体情境的不同而不同。在这方面,典型的观点有:伦理学建立在以善报善、以恶报恶这种基本的感情反应与冲动的基础之上;道德因社会状态、社会条件的不同而有所不同,道德随社会变迁而变迁;道德标准仅仅是社会习惯或社会风俗的反映,伦理学不过是试图把各个时代流行的习俗、风习和社会惯例加以合理化、条理化而已;价值体系不过是一个社会中占优势地位的统治阶层认为对社会有益的行为在意识形态方面的表现;道德判断只是一种态度或情感的表达,它不具有任何认识意义,只具有"情感"意义,如此等等。以上这些看法是否意味着道德判断就是一种任意的、随意的判断呢?是否就表明道德判断不具有任何真理性呢?

我们的回答是否定的。理由主要有以下几点:第一,道德判断尽管不是绝对的或普遍适用的,但也绝对不是任意的、随意的主观判断。例如,"人应该诚实"这一规范判断的真实性,就既不因为它与现实世界中许多人经常撒谎这一客观事实不符而失效,也不因为个人是否喜好诚实而受到影响。我们知道,道德判断常常逆个人偏好而动,它很可能要求我们去做那些并不合我们个人口味的、令人不愉快的正确事情。有些事情尽管我们个人从情感上不一定喜欢它,但我们仍然有义务去做它。因此,道德判断与那些表达个人口味偏好(如喜欢不喜欢、爱好不爱好)的陈述是有区别的。对于前者,人们有理由强求一律,对于后者,人们没有理由强求一律。第二,从不同的文化、不同的社会存在不同的、相互冲突的道德价值观这一事实,推导不出这些事实上存在的东西就是应当存在的东西,推导不出所有这些道德价值观享有同等的地位,推导不出所有这些道德价值观没有一个是正确的,推导不出没有任何正确的道德理论足以解决他们之间的分歧与争论的结论。第三,道德相对主义无法回答,我们是否应当以"道德多元化"为借口,容忍像奴隶制、种族歧视、性别歧视、种姓制度等这些被历史演化证明是错误的社会制度及行为。假如有人认为,我们不能超越文化的差别采用一个共同的道德标准对推行奴隶制度的行为给予否定性评价,这样的思想对于现代的每一个人来说显然是荒谬可笑的。第四,正如在科学研究中不存在任何终极真理一样,在价值领域里,承认价值法则的相对性并不意味着所有的价值判断具有同等的合理性。正像有学者指出的那样,"既然不存在各种绝对,那么,一种价值并不因为它是相对的就不够可信,不够纯正,不够有权威,不够'真实'! 说各种价值都仅仅是相对的是一回事;去掉那个有轻蔑意味的副词而主张'各种相对的价值确实存在的'则完全是另一回事,而且是更令人激动的事了。至少,这些相对价值我们是有的,哪怕我们所有的就只是这些相对价值,那它们也毫无逊色"。①

以上这些理由表明,规范理论或价值判断并不像有些人想象的那样,仅仅是一种主观的、随意的选择,它同样具有一定的客观性与普遍性,它同样是可以论证与辩护的。只不过论证的方式在某些方面不同于对科学理论的检验罢了,它既可以从历史进化的角度加以检验,也可以从实践运用的角度加以检验,还可以运用理智批判的方法加以检验。

10. 理论的启发性标准

这一标准主要适用于那些比较特殊的理论类型的检验,比如,对形而上学理论、思辨理论的检验就可以运用这一标准。科学哲学家波普尔曾指出,"发现一个理论是非科学的或者'形而上学的',并不会因此而发现它是不重要的、无关紧要的,'无意义的'或'荒谬的'"。② 由此,尽管他认为弗洛伊德的精神分析理论不具备可证伪性、可检验性,因而这种理论不是一种科学的理论,但与此同时,他也承认这种理论含有十分丰富、有趣的心理学启示。确实,许多形而上学理论尽管是不可检验的,但它并不就是无意义的陈述。又比如,对于批判性理论的检验也可以运用这一标准。批判性理论主要目的在于,通过研究来唤起被研究者在历史过程中被压抑的"真实意识",帮助被研究者冲破"虚假意识"的束缚,培养被研究者自我批判、自我反思的意识与能力。这就是说,如果一种理论能够帮助人们去反省自我、认识自我,促进其自我的觉醒与解放,能够帮助人们更好地去认识现实、改造现实,那么,这种理论就是有力量的理论或富有启发性的理论。

以上十条检验标准,对于不同类型的教育理论各有侧重。前三条标准对于所有类型的教育理论来说都是适用的,其中理论的可证实性标准、可预见性标准、可证伪性标准,主要适用于对科学的教育理论进行检验,其中理论的实践效果标准、合理性标准、启发性标准则主要适用于对规范的教育理论进行检验。至于理论的可转移性标准,则既适用于检验科学的教育理论,也适用于检验实践的教育理论。

---

① (美)L·J·宾克莱著,马元德等译:《理想的冲突》,商务印书馆1983年版,第18—19页。
② (英)卡尔·波普尔著,傅季重、纪树立等译:《猜想与反驳》,上海译文出版社1986年版,第54页。

第二节　教育理论的功能

一、良好理论具有的一般功能

（一）解释功能

理论可以从发生学的角度来描述事物的产生、形成与发展的全部过程,揭示事物产生及其发展过程的规律性以及事物内部各变量之间的内在联系,这是理论的基础性功能。从最广泛的意义上讲,理论的解释功能实际上就是一种认识功能,它能够帮助人们更好地认识世界和理解世界。理论的这种功能主要与科学理论联系在一起,这种理论只是试图揭示和反映"事物本身是什么",它的根本旨趣是为知识而知识,与职业或功利的考虑无关。

（二）规范功能

理论可以直接或间接地发挥对实践的指导与规范功能,当理论揭示了事物的本质与规律,指出了事物发展应遵循的基本准则或原则时,它就能减少人们行动中的盲目性与随意性,使实践成为一种自觉的、理性的、富有成效的实践。马克思、恩格斯认为,"从现实世界抽象出来的规律,在一定的发展阶段上就和现象世界脱离,并且作为某种独立的东西,作为世界必须适应的外来的规律而与现实世界相对立";"光是思想竭力体现为现实是不够的,现实本身应当力求趋向思想"。[①] 这表明,理论虽然从终极的意义上讲来源于实践、产生于实践,但理论一经形成就对实践具有一种相对独立性,它不会屈从于实践的现实,相反,它要求实践按照它的要求得到合理的改造。

关于理论对实践的指导与规范作用,其形式是多种多样的。第一,理论对实践的指导既可能是直接的,也可能是间接的。有些理论对实践具有直接的指导功能,如揭示"事物应当是什么"、"人们应当做什么和不应当做什么"的规范理论或实践理论,对实践就具有直接的指导功能。而主要描述、说明和解释"事物是什么"的科学理论,通常不直接指导实践,因为它的首要任务是认识世界,而不是改造世界,但改造世界必须以认识世界作为它的前提与基础（改造世界涉及到"具体如何去做"这一技术问题,而技术无疑来源于科学,以科学为依据）,从这种意义上讲,科学理论也能间接地发挥指导实践的作用,但这种指导不能脱离人类的价值选择单独进行。第二,理论既有可能因其内容本身对实践发挥指导作用（如实践理论、技术理论）,也可能因其能够增进实践者对实践活动的理解力、判断力与反思能力而影响实践,因为理论学习不仅仅可以学到一些有关客观世界的实质性知识,而且,它还可以作为一种理性思维的训练,用以培养实践者的理性思维能力,增进实践者对实

[①] 转引自瞿葆奎主编：《元教育学研究》,浙江教育出版社 1999 年版,第 181 页。

践问题的敏感性，并以此间接地影响实践、指导实践。第三，理论对实践的指导作用既可以在观念指导的层面上进行，也可以在技术操作的层面上进行。比如，那些旨在揭示事物应当是什么，人们应当做什么和不应当做什么的"实践理论"就是如此。在观念指导的层面上，它规定和指导人们在实践活动中应遵循哪些基本的"准则"或"原则"（这些准则或原则必须得到合理性辩护），在技术操作层面上，它可以给实践者提供一套具体执行这些准则或原则的技能、技巧与方法等。但任何一种"技能"、"技巧"、"方法"的背后都有它的基本假定，这些基本假定是否成立，需要从科学或哲学的角度加以论证。由此看来，理论若要有效地、成功地发挥对实践的指导作用，还需要将基础理论转化为技术理论。

（三）预测功能

理论的预测功能主要源于理论的解释功能。其表现形式主要有，对事物未来发展趋势进行预测，根据已知的事实与现象，推断出未来可能出现的事实与现象。理论的预测功能一般仅限于科学理论。凡科学理论，不管它的正确程度、可靠程度如何，均具有预测功能，正是凭借这种功能，使得科学理论能够接受经验材料的进一步检验，并根据检验的结果修正原有的理论。

（四）其他功能

除了上述三种基本功能以外，理论还具有累积功能。即已经建立起来的理论可以为后续研究提供准备或基础，理论无论作为后续研究借鉴还是批判的对象，它都可以发挥积累效应。其次，有些类型的理论（如哲学认识论、各学科的元理论）作为一种思维工具或方法论工具，可以帮助人们更好地鉴别、检验自己所从事的研究是否有效，还存在哪些问题、缺陷及改进的方向等等。

二、教育理论的功能

谈到教育理论的功能，人们常常感到失望，因为它看起来常常给人以抽象、空洞、不切实际、不实用的印象。对这种指责我们该如何看待呢？

首先，我们要对这种指责的用词作具体的分析。说一种理论是"抽象"的，这一点其实是无可指责的，理论之所以是理论，就在于它是对事物内部各变量关系及事物之间客观联系的一种抽象概括，就在于它是借助概念、判断、推理等理性思维形式来反映客观现实，因此，没有抽象就没有理论。当然，不同类型的理论抽象程度可能有所不同，哲学理论相对于科学理论、科学理论相对于技术理论、基础理论相对于应用理论来说，更为抽象一些是非常正常的。其次，说一种理论是"抽象"的，并不意味着它就是"空洞"的，"空洞"意味着没有实质性的内容，而"抽象"则与有没有实质性内容无关。从某种意义上来说，我国当前的教育理论并不是"太抽象"，恰恰相反，而是抽象的层次与程度很不够。比如，命题的表达不严谨，大量地充斥着一般性的经验与常识，这些都是理论抽象程度不高的体现。再说理论是否"切合实际"的问题。"不切实际"究竟是什么意思呢？让教育理论直观映照教育实践，或者让教育理论屈从于教育实践的现实,这不叫"切合实际",而是把理论等于现实。真正"切合实际"的理论,应当关注现实,能够解答现实中提出的疑难与困惑,能够有效地指导实践、规范实践。至于教育理论是否实用的问题,要看这里所讲的"实用"是指什么意思。如果把"实用"仅仅等同于直接告诉人们如何去做,等同于提供一套具体的可直接操作的"方法"与"技术",那么,有些类型的理论很可能是不实用的。事实上,无论是一般的理论还是教育理论,它的效用并不仅仅限于具体告诉人们如何去做、去操作,这仅仅是理论的一种效用。正如前面所讲的,理论除了改造世界的功能外,还具有认识世界、理解世界的功能,这些功能也都是理论的"效用"。再说,单就理论指导实践的功能而言,不同类型的理论发挥作用的方式是不一样的。有些是直接指导实践,有些是间接指导实践;有些是在观念唤醒的层面上发挥对实践的影响,有些是在技术操作的层面上发挥对实践的影响;有些因其内容本身就能指导实践,有些则因其能够增进实践者对实践活动的理解能力、反思透视能力而间接地影响实践。

其次,要看这种指责是针对我国当前教育理论的现实呢,还是针对全世界教育理论的现实或者未来的教育理论。若是针对前者,这种说法在很大程度上是真实的,若是针对后者则值得怀疑。的确,就现状而言,我国教育理论发展的成熟程度整体上讲是比较低的。其主要表现有:现有的教育理论体系各部分之间逻辑层次、逻辑关系混乱;理论内容过于庞杂、繁琐,前后交叉重复,结构松散;理论中充满着大量未经检验、鉴别与辩护的口号、隐喻、格言及命题陈述;基本概念、范畴与命题界定不清,表述含糊的现象仍比较普遍;理论不过是经验、常识的堆积,热衷于偏见和教条的肤浅议论比比皆是;简单的思辨性研究过多,根源于经验资料的实证性研究过少,将理论等同于政策汇编,为行政命令作注释的研究倾向依然存在;不同的教育学版本在体系、结构、内容、思维方式上大同小异,专题型、问题型、个案型的研究非常稀少。当然,在全世界和所有社会科学研究的范围内,教育理论的成熟程度相对来讲也是比较低的,只不过这一点在我国表现得尤为明显、尤为突出罢了。无论如何,不管现有的教育理论是如何的"脆弱"、如何的"无效",作为未来成熟的教育理论,它的解释功能、规范功能、预测功能都是无法被否定的。

再次,教育理论能否有效地发挥它对教育实践的指导功能,不仅与教育理论本身的成熟度有关,也与实践工作者自身的存在状态有关。在现实生活中,许多教师之所以感受不到教育理论的实践价值,之所以拒斥教育理论,这与现有的教育制度对教师工作职责的狭窄定位有关、与教师工作的专业自主性不高有关。比如,现有的教育制度交给教师的任务仅限于传递预定的课程知识,而关于教育的一些重大而深远的问题早在课程编制之前就让位于专家学者思考了,教师只需要执行课程,不需要思考有关课程知识的选择、课程内容的编排、课程活动的评价等关键问题。西方学者迪尔登指出,"如果我们(理论研究者)试图严格地控制教师,并且使他们成为在规定好的狭隘的职责范围内工作的工作人员,那么,这很可能从一开始就把他们拒之于理论思考的大门之外"。① 当然,造成这一情形的原因不只是来自现有的教育制度,也与人们急功近利、崇尚技术理性的倾向有关。许多教师把接受在职培训看成是学习有关教育、教学的技能、技巧、方法、技术的代名词,以为只有这些东西才对自己的工作具有直接的帮助、才是实际有用的东西。带着这样一种心理定势,多年来,接受在职培训的教师普遍地抱着这样一种心态,即期望专家学者将抽象的理论转化为直接可用的方法与技术,直接告诉他们具体怎么做、怎么操作,他们只需要模仿和照着去做就行了。他们自己从来不会去思考为什么要那样做,那样做的道理和依据是什么。其后果是,教师永远也不能学会运用自己的理智对教育问题进行独立思考与独立判断,也正因为如此,他们总是感到培训时所学的理论对自己的工作"无用"。再者,实践者是否觉得理论的学习是有用的,与他是否真正地领悟了理论的精神实质有关。有些人对理论的学习与掌握,仅仅停留在字面上或形式上,没有从精神实质上领悟理论的要义,没有将理论与自己对事物的已有认识和体验结合起来,也没有将理论作为一种工具来观察实践、透视实践,用来发现问题和解决问题,这样,他所学的理论只是一种外在于其精神生活的东西。可见,教育理论是否对教育实践有用,实践者自己要负部分的责任。

最后,教育理论能否发挥指导教育实践的功能,还取决于教师能否借助一定的手段,将自己所具有的个人教育知识加以外显化,并对它的合理性进行反思和检验,以修正和改进自己原先所拥有的个人教育知识。一个即便从来没有学习过任何教育理论的教育者,同样拥有各种有关教育的信念与假设,如关于儿童本性的假设、知识的假设、教育目的的假设等等,只不过这些信念与假定多数时候连教师自己都没有意识到,或者即便意识到了又无法加以明确地表达,这种关于教育的认识即是一种内隐的、个人的教育知识,这种教育知识有可能是合理的、正确的,但也可能是错误的或片面的。此时,外显的教育理论学习若发挥对教育实践的指导功能,有一个前提条件必须满足,那就是它必须与教育者所具有的个人教育知识发生交互作用,而要做到这一点,就必须想办法将实践者所具有的个人教育知识加以外显化,使实践者明确地意识到自己原先缄默地持有的教育知识是什么,以及它们是否合理、是否恰当,这一过程实际上是教师对自己个人所具有的缄默教育知识进行自我剖析和反思的过程。当然,要做到这一点是有条件的,一方面,外显的教育理论必须具有足够的解释力、说服力与震撼力,另一方面,教师自身必须具有足够的理性反思能力与透视能力。

总之,我们不能因为现实世界中人们对教育理论的诸多不满与指责,就否定教育理论本身固有的功能与效用。从比较理想的意义上讲,教育理论具有以下功能:

第一,更深刻地认识和理解教育实践活动的性质与背景,包括政治的、经济的、科技的、文化的、历史的背景。

第二,更深刻地认识和理解教育活动(包括教学活动、学习活动等)的本质及其

---

① (英)迪尔登著,唐莹、沈剑平译:《教育领域中的理论与实践》,载瞿葆奎主编:《教育学文集·教育与教育学》,人民教育出版社1993年版,第554页。

过程,对课程的编排与组织,对教育、教学方法等的依据有一个更为深刻的认识。

第三,阐述和论证有关教育目的价值取向、课程知识选择标准、教育活动评价标准等价值问题,形成一套更为合理的教育价值观。

第四,阐述和论证一系列指导教育实践活动的原则或准则,并依据这些原则或准则开发出相应的教育实践方法与技术。

第五,提高教育者对教育问题的敏感性,增进教育者对教育实践活动的理解能力、判断能力与反思透视能力。

第六,帮助教育者对各种公开表达的教育观点、意见的真理性和适当性进行批判性反思,并以此检验、修正和重构教育理论。

第七,帮助教育者对自己所具有的各种内隐的、缄默的、日用而不知的个人教育知识进行审视和反思,以修正和改进它们。

第三节 构建教育理论的方式

一、缄默的个人知识外化为显性的公共知识的建构方式

这种方式在很大程度上类似于过去我们所讲的教育经验总结法,但它是从一个独特的视角来运用经验总结法的。过去的教育经验总结法通常依靠实地观察、访谈、调查、文献内容分析、实物作品分析等手段,去搜集与所要总结的主题内容有关的具体事实,然后对这些事实进行分类整理,包括对事实资料的可靠性、真实性进行鉴别与核实,最后,运用分析与综合、归纳与演绎、抽象概括等思维工具,找到事实内部的主要矛盾、本质联系,从而发现隐藏在现象背后的规律与法则。一般来讲,对教育实践经验进行总结采取这种程序与方法是有效的,但问题是,既然是对教育"实践经验"进行总结,这里所讲的经验总结究竟是什么意义上的"总结"呢?假如它的意思是指,将被总结个体明确意识到的、并且能够用言语表达出来的那一部分"经验"作为总结的对象,那么,这种意义上的经验总结只是传统意义上的经验总结,它所涉及的范围(不论是广度还是深度)都是比较有限的。我们关注的问题是,作为经验总结对象的个体(或群体)所能告知和言说的经验只是其实践经验的一部分,有些经验(或体验)是个体意识到的但又无法言说的,还有些经验连个体自身也没有明确地意识到,这两种类型的教育经验可不可以成为教育经验总结的对象呢? 如果可以的话,总结者又该如何去做呢?

要回答上述问题,我们首先应该对教育实践经验的性质有一个基本了解。教育实践经验实质上是一种与教育行动有关的知识。按西方学者奥克肖特(Ockschot)的看法,所有行动都涉及两类知识,他把其中一类知识叫做"技术性知识",即关于规则、技术和原则的知识,它们可以以命题的形式完整地表述出来,它们能被学得、记住并付诸实践。另一类知识是"实践性知识",这类知识是我们投身到活动本身之中获得的,通常表现在实践的使用过程之中,表现在处事的习惯方式

或传统方式之中。这类知识不是反省性的,不能用规则的形式表述出来。奥克肖特强调指出,实践性知识先于技术性知识,行动主体能够在没有明确意识到或不能够给予其行为所依据的结构、规则、准则、图式做出清晰说明的情况下,知道如何去达到、完成、实现、创造各种各样的事物。当然,通过一定的方式和手段,一部分实践性知识可以在随后被外化为、被简约为命题形式的技术性知识。

奥克肖特所讲的"实践性知识",实际上相当于英国学者 M·波兰尼(Polanyi, M.)提出的"缄默的知识"(tacit knowledge)。所谓缄默的知识,与显性的知识相对,前者是内隐的、个人化的、日用而不知的、只可意会不可言传的知识,后者是外显的、公共的、能够用语言符号清晰表达和传递的知识。波兰尼进一步指出,人类所有的认识都有一个缄默的尺度,在每一种外显的认识陈述背后,都存在一整套没有表达出来的、有时是不可表达的假设与信念,这些没有表达出来的或不可表达的假设与信念,事实上是不可能整个地、全部地加以外显化的,只能借助一定手段加以部分地外显化。由此,波兰尼得出了"我们所认识的多于我们所能告诉的"这一重要结论。在这里,"我们所认识的"既含有显性的知识也含有缄默的知识,"我们所能告诉的"则单指显性的知识。就显性知识与缄默知识的关系而言,前者要发挥作用必须借助后者的帮助才行。就个体学习和获得新的显性知识而言,个体已有的缄默知识既可以起到一种辅助性的促进作用,也有可能起到干扰和妨碍作用。

上述这些看法对于教育经验总结法的运用有什么意义呢?

在我们看来,波兰尼缄默的知识理论最大的意义在于,它扩大了人们对教育实践经验进行总结的范围,加深了这种总结的难度。首先,研究者所要总结的对象并不仅仅限于被总结的教师能够直接言说和告诉的信息,这种信息只代表着该教师所具有的显性认识,而不代表他所认识的全部。那些连教师自己都不是很清楚的、没有明确意识到的,或者虽然意识到了却又不能言说的实践经验,同样也应纳入经验总结的范围中去。过去,人们习惯上有意无意地认为,个体所具有的、经常使用却又不能明确言说的知识算不上真正意义上的"知识",只有那些客观的、普遍地得到检验与论证的显性知识(如科学知识)才是真正的知识。将这种知识观应用于教育实践经验的总结,势必导致大量的真正有价值的个人教育知识的流失。从真实的意义上讲,每一个教师不管他有没有系统地学习过外显的教育理论知识,他都有一套内隐的个人化的教育理论知识,这类知识未必是正确无误的,但也肯定包含大量有价值的、有启发意义的正反两方面的认识,这种认识如果长期以来被迫保持"缄默",得不到外化、得不到承认、得不到检验与利用,这对教育研究来讲至少是个巨大的损失。我们认为,教育经验总结并不只是针对那些优秀教师的先进教育经验而进行的,发生在任何一个普通教师身上的教育事件及其相关体验,只要这种体验对该教师从事教育活动具有真实的个人意义,那么,它们就应该作为经验总结的对象。为什么人们通常看到的有关教育实践经验的总结报告,看起来大同小异,或者读起来干巴巴的枯燥无味,究其原因与被总结的对象只限于实践者能够言说的材料与信息有关。又由于实践者大多缺乏教育理论的学习,他能够"言说"的部分本身非常有限,加之这种"言说"大多采用日常化的语言表达(其间夹杂大量的类比、隐喻或文学化的描述），而经验总结者（通常是教育研究专业人员）又以为这种日常化的语言表达不够"规范"、不够"精确"、不够"学术化"，故只好将这种本来具有生气的、活泼的原初语言转换成生硬的、呆板的学术性语言，所以，人们看到的经验总结报告给人以僵硬、呆板的印象也就不足为奇了。

　　说到教育实践经验总结的范围与对象，除了要总结实际从事教育实践活动的教师所具有的或隐或显的教育经验以外，还要总结广泛散布在家庭、社会生活中的民间教育知识，这种知识往往表现为缄默的"教育习俗"（或"教育民俗"）。我国学者石中英指出，"所谓教育习俗就是指由广大劳动人民在长期的教育活动中所创造、传承和享用的教育方式、手段、制度、谚语、故事、诗歌、仪式等的集合体，是绵延不绝的民间教育智慧，是鲜活的教育文化遗留物。它与一般民俗学上所说的'民俗的教育功能'不同。教育民俗专门涉及民间教育事象，关于如何做人、如何对儿童进行教育等"。[①] 关于缄默的教育习俗与显性的教育理论之间的关系，我们认为，二者是相互依存、相互转化的。就二者的相互依存关系而言，一方面，缄默的"教育习俗"若要加以外显化、符号化，必须要借助于一定的专业教育知识才行，一个对专业的教育知识一无所知的人，要很好地领悟民间的教育习俗是困难的；另一方面，专业的教育知识若要获得进步与发展，也离不开对民间教育习俗的关注与了解，毕竟民间的教育习俗中蕴藏着大量有价值的、富有启发性的因素与成分。就二者的相互转化关系而言，缄默的教育习俗一旦被外显化、符号化，也就成了显性的东西，这种显性的东西，经过一定的检验、分析、批判和改造，其中合理的、有益的部分可用来充实和构建正式的教育理论。另一方面，教育者（包括家长、保姆、社会工作者等）若是学习和掌握了一定的专业教育知识，他对民间教育习俗的感知能力、反思能力、透视能力就会相应地得到加强，依靠这种反思，专业的教育知识就能发挥影响、改造民间教育习俗的作用，这样，经过一定的历史时期，专业的教育知识就会逐步融入民间教育习俗，并转化为日常教育生活的一部分。

　　至此，我们明白了教育实践经验的总结对象，不仅包括教师意识到的、且能够言说的实践经验，也包括教师未明确意识的、或者虽然意识到的却又不能明确言说的实践经验；不仅包括优秀教师成功的、先进的教育实践经验，也包括普通教师不成功的、失败的却是有意义的教育实践经验；不仅包括作为专业工作者的学校教师的教育实践经验，也包括作为业余教育工作者所信奉和实行的"教育习俗"。但接下来的关键问题是，我们如何才能有效地将教师内隐的、缄默的、个人化的教育实践经验加以外显化、符号化呢？对于这一问题的解决，主要应从两个方面来努力。一是要致力于建立终身化的教师在职进修与培训制度，使教师学习和掌握比较系统的教育理论知识，增强教师对教育实践活动的理解力、判断力与反思力，只有具备这种能力，教师才有对自己缄默的教育知识进行反思的可能，也只有这样，他们才能更好地与专业的教育研究者进行沟通，配合他们进行经验总结；二是要大力倡导教育理论工作者与教育实践工作者的"合作"、"交流"与"对话"。过去，教育理论

---

　　① 石中英著：《知识转型与教育改革》，教育科学出版社2001年版，第250—251页。

工作者与教育实践工作者之间的关系,往往表现为"生产"、"传递"教育知识与"消费"、"接受"教育知识的关系,真正的合作、交流与对话是不存在的。这一点也同样渗透到教育理论工作者对教育实践工作者的实践经验进行总结上:一方作为提问者,另一方被动地回答提问;一方要求提供原始材料,另一方就提供相应的原始材料,如此而已。他们之间很少有看法的分歧,更谈不上争论,总结者往往有意无意地将自己的想法强加在实践者身上,而不是设身处地站在实践者的立场上,根据实践者当时所处的特定情境,去理解实践者特定教育行为的意义。研究者若要将教师缄默的教育知识作为经验总结的对象,单靠搜集一些书面材料、一些实物作品、或者召开几次座谈会,包括对教师本人进行个别访谈是不够的。总结者还应设法参与到有关的教育实践活动中去,直接观察教师在实际的教育情境中是如何行动的,调查教师个人的生活史,观察教师日常的生活方式,查阅教师有关的私人文献(如教育日记、信件等),针对具体的教育问题与教师充分地交换意见与看法,与教师本人进行持续而深入的交往与互动等等。只有这样,教师缄默的个人教育知识才有可能得到唤醒、回忆与确认。值得提醒和注意的是,在对教师的教育实践经验进行总结时,应尽可能运用实践者自己的原始语言来表达其个人知识,尽管运用原始的实践语言表达出来的教育知识,其意义具有某种模糊性、多义性或不确定性特点,但这恰恰反映了教育实践本身的特点。研究者最好保留这种表达风格或叙事方式,容忍它保持适度的模糊性与多义性。也许,有人认为这样做可能不利于理论的建构,因为理论通常总是由条理化、系统化、逻辑化的陈述体系构成的。这要看理论是科学的理论,还是实践的理论,若是实践的理论,其概念与命题的表述不一定都要做到明确、清晰,它允许一些比较模糊、多义的、带有感情色彩的概念与命题的存在,如类比、口号、隐喻、诗歌等。这类陈述的存在在实践的教育理论中不仅是难免的,而且也是必要的。因为它不能像科学理论那样显得冷冰冰的,它必须具有感召力,易于为实践者理解和接受。

二、定性研究中自下而上的归纳建构方式

在定性研究中,研究者在研究开始之前,一般没有预先存在的理论假设。研究者只是从所要探索的主题或所关注的问题出发,去从事实地观察与调查,获得有关的原始资料。之后,再对这些原始资料进行归纳分析,从中提炼出有关的概念与命题,然后将这些概念与命题逐步上升为理论,这种理论通常被称之为"扎根理论"或"有根据的理论"。这种理论最大的特点是,它是从原始经验资料中产生的,它采取自下而上的方式来建构理论。至于其操作步骤,一种比较普遍的做法是:(1)用简单的理论性语言对资料进行初步的描述、分析和综合;(2)根据资料的特性建立初步的理论框架;(3)按照初步建立的理论框架对资料进行系统的分析,如归类和组成逻辑故事线;(4)在原始资料与理论框架中的概念和命题之间不断进行比较和对照;(5)建立一个具有内在联系的理论体系或一套比较系统的理论假设。[①] 在上述

---

① 陈向明著:《质的研究方法与社会科学研究》,教育科学出版社2000年版,第326页。

操作步骤中,最关键、最重要的是要运用好"分析性的归纳法"。

所谓分析性的归纳法,主要表现在首先确定某一类事实的主要特性,然后对这些特性进行抽象以后建立一个初步的假设,再将这个初步假设返回原始资料进行验证,并根据验证的情形修正假设或重新提出不同的假设,最后根据各种不同假设(基础性的和非基础性的)的特性,将这些假设组成一个相互关联、相互支持的理论系统。分析性的归纳法需要对理论假设与原始资料、理论假设与理论假设、原始资料与原始资料之间的关系进行不断的比较与对照,涉及对原始资料进行逐级编码与登录的过程。所谓资料编码与登录大致可分为三个级别:一级编码(开放式登录)、二级编码(关联式登录)、三级编码(核心式登录)。其中,开放式登录要求研究者以一种开放的心态,尽量"悬置"个人的"先见"或其他"定见",将所有的资料按其本身所呈现的状态进行登录,登录的目的是为了从原始资料中建立概念类属,并确定每个概念类属的属性;关联式登录的主要任务是发现和建立概念类属之间的各种联系,以表现原始资料中各个部分之间的有机联系,这些联系可以是因果关系、时间先后关系、语义关系、情境关系、相似关系、差异关系、对等关系、类型关系、结构关系、功能关系、过程关系、策略关系等;核心式登录是指,从所有已发现的概念类属及其相互联系中,选择一个具有统领性、囊括性、包容性的核心类属或核心假设,并以此将各种概念类属、各种理论假设统合起来,形成一套比较严密、系统的理论体系。

运用归纳法建构的理论是否真实可靠,取决于研究者运用什么样的归纳法,以及怎样运用归纳法。比如,运用枚举式归纳法得出的结论其可靠性就比运用完全归纳法得出的结论要差一些。不过,这并不妨碍人们在研究活动中有效地运用枚举式归纳法。一方面,枚举式归纳法比采用完全归纳法节省时间、精力与研究费用,另一方面,在实际的研究活动中,研究者不一定要等到掌握和熟悉了研究对象中全部个别对象的情况后才进行归纳推理(除非被研究的事物包含的个别对象数量有限),研究者只要选取那些在研究的总体对象中有代表性的个别对象作深入的了解,通过枚举式归纳也能从中得出比较可靠的结论来(尽管这种结论仍然是或然的)。事实上,许多研究者不仅仅将归纳法作为一种处理研究结果、建构理论的方式来看待,而且还把它作为一种贯穿于全部研究过程之中的研究方式来看待。作为一种研究方式,其特点是研究者首先从比较特殊、具体的问题出发,刚开始在一个较小的范围内收集资料,并提出能涵盖这部分资料的初步的理论假设,然后随着资料收集范围的扩大与加深,不断修正先前提出的理论假设,最终使理论假设能够说明、解释研究对象中的所有情况。[①] 这一点可以看作是另一种运用归纳法建构理论的方式。

运用归纳法建构理论的最大好处是,它可以不断发现新的事实与知识,理论永远不会远离那些其真理性已得到很好证实的经验陈述。不过,运用归纳法形成的

[①] 见(美)威廉·维尔斯曼著,袁振国等译:《教育研究方法导论》,教育科学出版社 1997 年版,第 267 页。

理论其抽象层次、概括水平往往是比较低的,它通常只适合于用来解释某些特定的社会现象。但正是由于这种特点,才使得归纳建构成为一种独特的、无以替代的理论建构方式。在理论建构的方式与方法上,传统的做法倾向于理智的沉思,倾向于从一开始便进行抽象,试图建立一种普遍的、全面的、系统的、一般的理论体系,缔造一种绝对可靠的、整齐划一的、永恒不变的真理体系,英国学者F·C·S·席勒将这种倾向称之为根源于"唯理智主义"的形而上学。他认为,这种形而上学最大的问题就在于,它试图将人类全部的丰富多彩的心灵,人为地压缩为、简化为某个单一的类型。"各种抽象中最有害和最致命的,无疑就是把多种多样的个人心灵抽象化,以便假说一个在其中抹杀个人生活的普遍实体,因为人过于无知或懒惰,不能应付它的千般万状。因此,两个命运、经历和气质不同的人不应该得出相同的形而上学(指一切经验材料的最终综合),也不能诚实地做到这一点;每个人对他的个人生活供给的思维食粮的反应应该是个人的,并且不应该把结果达到的分歧当成缺乏终极的意义而丢在一旁。回答说承认这点意味着理智上的无政府状态,这也是不真实或不切题的。这一点所意味的是某种对绝对主义者的脾胃十分不相投的东西,即容忍、相互尊重和实际合作。"①在席勒看来,"实在"(相当于人们通常所讲的宇宙的本体)是可塑的、不完整的,真理是多元的、相对的、暂时的,因此,他反对唯理智主义者试图建立普遍、绝对、永恒、划一的真理体系的意向。他极力主张,只有通过归纳自下而上地建立起来的完满理论体系才是有效的形而上学。"我们可以方便地把在科学中发现有用的真理当作终极真理,并把它们合并成为一个愈来愈和谐的体系,借助这种发现,可以一点点、一滴滴地把这样一个形而上学建立起来。借助先验的直觉,跃入广漠的、不为人理解的普遍性,并随后发现它与真实生活没有联系,这种相反的进程终究在科学上是不能容忍的,在感情上也无法确立。以往的所有经验都证明这是一个幻想。有效的形而上学建立的过程必须主要是'归纳的',并且它的发展是渐进的。因为一个圆满和完全的形而上学是一种只能由日趋接近来定义和只能通过生活的完善化而取得的理想。"②

席勒的上述看法,从哲学的角度阐述了归纳推理及其理论建构的作用。按他的看法,有关世界的"大理论"(即普遍的、全面的、系统的抽象理论),只有通过把那些以归纳推理的方式而产生的一个一个的"小理论"(即有关某类特定现象的经验命题)逐次聚合起来,才能最终形成。这一看法与社会学家P·K·默顿(Merton, P.K.)极力主张构建"中层理论"的观点有着某种相似之处。默顿所讲的中层理论主要是指,能解释发生在某一社会层面的特定社会现象的理论(如社会控制理论、角色冲突理论等),这种理论与经验世界具有密切的联系,既具有一定的抽象概括程度,同时也能用观察到的经验事实加以检验;这种理论既不同于那些简单的经验概括,也不同于那种过于庞大、抽象的巨型理论。默顿尤其反对后者,在他看来,这种巨型理论同实际可观察到的社会行为相去甚远,尽管他不反对把建立一套全面

---

① (英)F·C·S·席勒著,麻乔志等译:《人本主义研究》,上海人民出版社1966年版,第17页。
② 同上书,第19页。

的、系统的、普遍有效的社会学理论作为社会学的终极目标，但他认为现阶段这样做还不成熟，还需要做大量的实证研究工作。笔者认为，上述这种看法同样适合于教育理论的建构。在我国现有的教育研究中，试图运用思辨、演绎的方法，构建一种普遍有效的、全面而系统的教育理论体系的渴望在许多研究者身上表现得异常强烈。事实上，迄今为止这种努力似乎并没有取得多大的成功，因为他们所构建的理论体系，看似全面、系统，实则臃肿、松散；看似抽象，实则空洞；看似普遍有效，实则缺乏经验事实的广泛支持。我们认为，要促进我国教育理论的构建与发展，当前主要应走经验实证的道路，而不是走思辨演绎的道路。通过大量专题型、问题型的实证研究，通过归纳推理的方式构建既具有一定的抽象概括程度，同时又能用经验事实加以检验的"中层理论"，这应该说是一条比较合乎实际的选择。

三、定量研究中自上而下的演绎建构方式

在定量研究（实验研究）中，理论建构往往走的是自上而下的演绎路线，即研究者从少数在先的、一般的基本假设出发，从中推演、引申出某些定理与法则，最后结合各种经验概括，发展起一套抽象层次不同的命题等级系统。这些从若干基本假设中推演出来的定理、法则或经验命题，是否正确要靠随后通过观察与实验等手段搜集而来的经验资料来加以验证。若验证是正确的话，那么，不仅这些定理、法则或经验命题得以保留，而且推导出这些定理、法则或经验命题的基本假设也得以保留；若验证是错误的话，那么，研究者就必须重新调整和修正基本假设。

通过演绎法建构理论，通常是沿着从"一般"到"特殊"再到"个别"的路线来进行的，其实质是从一定的已知命题出发推论出若干未知的命题。在这里，所谓已知的命题主要是一些以"公设"或"公理"形式表现出来的原始基本假定，所谓未知的命题主要是一些从原始基本假定中引申、推演出来的"定理"。"公设"或"公理"往往是具有普遍性和自明性的抽象概括，"定理"是从公设或公理中引申出来的经验性命题，它是否正确，需要运用经验事实来加以检验。

演绎法常用来认识新出现的个别事物及其特征，或者用来预见某些尚未被人们认识到的个别事物的存在，或者从中推导出对某些个别事物或特殊现象的认识与结论。运用演绎法建构的理论是否正确取决于两点，一是作为演绎前提的原始基本假定必须是正确的，否则从中推演出来的命题与结论就不真实；二是演绎推理必须遵循逻辑规则。如何判定作为演绎前提的基本假定是否正确呢？最主要的办法就是让那些从原始基本假定中推演出来的命题与结论接受经验事实的检验，若这些命题与结论得不到经验事实的支持的话，那么，原始的基本假定很可能就是虚假的。

上述演绎建构法在教育理论构建中的运用，主要体现在教育实验（或准教育实验）研究之中。实验研究根本的目的在于检验实验开始之前研究者所提出的理论假设是否正确，而不是去建构新的理论。无论是定性研究中的归纳推理，还是定量研究中的演绎推理，它们都注重将理论建立在经验事实的基础之上。"经验在归纳中，以'奠基者'身份站在理论的'入口处'，为保证理论的可靠性服务，在演绎中，它

却以'检查者'的身份站在理论的'出口处',为理论的可靠性把好最后一道关口。"①可见,在实际的理论建构过程中,归纳推理与演绎推理的方式可能会同时使用。

四、从其他上位学科推演出教育理论的移植建构方式

从教育学的上位学科(即作为教育学理论基础的学科)中推演出有关教育的理论,这在教育学研究中是个由来已久的普遍现象。例如,柏拉图的教育理论在很大程度上就是从他的哲学理论中推演出来的。他对教育目的的看法(如灵魂的改善)、对学习过程的看法(如回忆说)、对教学内容的看法(强调以数学为首的理智学科),就是从他的人性论、理念论(哲学本体论)中推演出来的。其他教育理论,诸如亚里士多德、中世纪基督教以及后来的黑格尔、福禄倍尔等人的教育理论,也都求助于哲学上的形而上学假定来推导出有关教育的目的、内容与方法等。及至20世纪,这种从哲学中推演出有关教育的理论的倾向仍然存在。例如,存在主义的教育理论就非常明显地是从存在主义哲学中推演出来的。自从19世纪以来,人们不再仅仅从哲学中推演出有关教育的理论,由于心理学、社会学等经验科学的日趋成熟与发展,这些学科也逐渐成为人们从中推演出教育理论的上位学科。在这方面,最早的尝试要数赫尔巴特,他试图以伦理学(实践哲学)为基础来规范教育的目的,以心理学为基础来规定教育的方法与手段;其后,杜威的教育理论也呈现出这种倾向,他的理论与实用主义哲学、经验心理学以及米德等人的社会学理论均具有十分密切的联系,这是一个不争的事实。西方学者恩特威斯尔(Entwistle, N.)曾指出,"在整个60年代,由于教育理论越来越依赖于哲学、心理学、社会学这些'母体'学科,故而越来越多的人认为,教育理论维系于教育自身以外领域中的一些基础学科。因此,在这一时期直言不讳的并且是占主导地位的观点是把教育理论规定为'实用性原理',这些原理正确与否完全是由'基础'学科提供的知识来决定的"。②

从其他上位学科中推演出有关教育的理论,这显然是对理论的一种演绎建构,但这种演绎建构不同于前面曾讲到过的"定量研究中自上而下的演绎建构"(如教育实验研究中的演绎建构),它主要是一种移植式的演绎建构,这种演绎建构基本上与定量研究无关。如赫尔巴特以伦理学和心理学为基础构建"普通教育学"的尝试,有些学者根据存在主义哲学推演存在主义的教育理论的尝试,均不涉及定量研究。对于这种类型的演绎研究,我们该如何看待它的有效性呢?这个问题比较复杂。如果作为演绎前提的基本假定来自哲学,是一种形而上学的假定的话,那么,从中得出的有关教育的结论就难以从经验方面加以检验;如果作为演绎前提的基本假定来自心理学、社会学的经验研究的话,那么,从中得出的有关教育的结论就可以从经验方面加以检验。除此以外,运用这种方式建构教育理论,人们势必要面临这样一个问题,即这样做是否会使教育学成为别的基础学科(如哲学、心理学、社

---

① 叶澜著:《教育研究及其方法》,中国科学技术出版社1990年版,第221页。
② 转引自瞿葆奎主编:《元教育学研究》,浙江教育出版社1999年版,第177页。

会学)的一种附庸或领地。我们的回答是否定的,理由如下:

第一,教育哲学之于哲学、教育伦理学之于伦理学、教育心理学之于普通心理学、教育社会学之于社会学,就它们的关系而言,前者并不能直接从后者推演出来。教育哲学虽然不能背离哲学研究中所获得的一般原理,但由于教育哲学以教育问题作为它独特的研究对象,因此,它不能不考虑教育问题不同于其他问题的独特性。例如,关于自由问题的思考,若从社会哲学的角度,讨论成人社会中理智成熟的成人应具有哪些自由权利,和从教育哲学的角度,讨论教育情境下尚未发展成熟儿童所具有的自由权利,所得出的结论肯定是有所不同的。又比如,从普通伦理学的角度讨论惩罚的方式、方法问题,与从教育伦理学的角度讨论惩罚的方式方法问题,得出的结论也会有所不一样。有学者指出,"学生身份特殊,不同于犯有过错的一般的社会成员,更不同于罪犯。学生之所以为学生,是因为他在教育情境中处于受教育的地位,这种身份本身就意味着他在认识上、道德上、行为上具有不成熟的一面。因此,对学生的过错在一定意义上应该予以一定程度的原谅。学生的过错,如果要追究责任的话,教育者应当承担一部分责任。因此,不能像对待罪犯那样,对待违反规则的学生。'惩罚与罪错对等'的原则,不适用于学校生活的情境。"[①] 这表明,教育哲学、教育伦理学并非就是一般哲学、普通伦理学的简单推演。

第二,诚然,教育学是以其他上位学科作为其理论基础的,因此,教育理论的构建离不开对其他上位学科相关研究成果的吸收与借鉴,但这种吸收与借鉴不等于把其他上位学科研究中得出的现成结论简单地照搬到教育领域中来,我们必须根据教育实践自身固有的逻辑(从哲学家康德所著的《论教育学》、罗素所著的《教育与美好生活》来看,他们并未把教育理论作为自己哲学理论的演绎,倒是相当尊重教育实践自身的"逻辑")和教育问题的特殊性,来考虑如何吸收和借鉴其他上位学科的相关研究成果,这种吸收和借鉴一定要站在"教育学的立场"上、运用"教育学的独特视角"来进行,这意味着对其他学科研究成果的吸收与借鉴,只能是批判性的、选择性的、改造性的和整合性的。在这里,所谓"教育学的立场"或"教育学的视角"不仅体现在要考虑教育实践自身的逻辑、教育问题的特殊性,而且还体现在教育学的实践取向上。例如,心理学只是试图描述人类一般的学习心理过程,试图揭示什么是智力以及如何测量智力,而教育学则要致力于采取一定的方式去促进儿童的学习和加速儿童智力的发展。

第三,从其他上位学科提供的基本假定出发,运用演绎推理的方式得出有关教育的命题或结论,这些命题或结论是否正确、合理,依靠教育实践自身的力量就可以起到一种检验作用。这就是说,教育学虽然要以其他上位学科的研究成果作为它的理论基础,但其他学科的研究成果本身是否正确、合理,也可以通过教育实践得到某种形式的检验。例如,哲学家关于社会与人生理想及信念的分歧,就可以借助教育的力量来判明其真伪或合理与否;哲学虽然可以指引教育学,教育学也同样

---

① 黄向阳著:《德育原理》,华东师范大学出版社 2000 年版,第 151—152 页。

可以作为人生观的试金石与试验场。

总之,以其他上位学科的基本假定作为前提,从中推演出教育理论有它的限度,这种演绎如果要有效的话,必须考虑到教育问题的特殊性,考虑到教育实践自身的逻辑才行。

五、运用类比推理建构理论的方式

在类比研究中,人们常常根据事物之间的相似之处,运用类比推理的方式,将观察和研究其他事物得出的结论,应用到自己所从事的研究对象中来,"类比方法是从比较出发,寻找两类对象相同点或相似点的一种推理方法。使用类比方法建构理论,就是把已知的关于某类事物的知识与结论,推广到研究对象上去,从而形成相同或相似的理论"。[①] 应用类比推理的基本方式如下:假如 A 类对象具有 a、b、c、d 属性,B 类对象具有 a′、b′、c′属性,并且 a′、b′、c′分别与 a、b、c 相同或相似;那么,就可以得出 B 类对象也具有 d 属性或与 d 相似的属性这一结论。

类比性的研究在社会科学中是很常见的。例如,美国社会学家乔治·霍曼斯(Hommans, G. S.)将心理学家斯金纳关于动物心理的若干命题用来解释人类的社会行为,从而建立起他的社会交换理论。16 世纪捷克的著名教育家夸美纽斯运用类比法,将他观察自然界所发现的"规律"与"法则"应用于人类的教学活动领域,从而建立起他的"大教学论",就是一个运用类比推理建构理论的典范。

关于运用类比推理建构理论的效果评价,一般来讲,人们认为它对于研究者提出新的研究课题、研究假设、研究思路是有益的,但作为一种理论建构的方式却需要谨慎使用,否则很可能引起谬误。例如,把不相同的或不相似的事物说成是相同或相似的事物,把不相同或不相似的属性说成是相同或相似的属性。[②] 实际上,运用类比法来建构理论有一个基本的前提,那就是研究者必须对两类事物的"共同属性"进行严格的比较与鉴别。有些事物表面看来具有共同性,但实际上表面"相似"的背后蕴含着实质性的差别;还有些事物表面看来似乎是风马牛不相及的东西,但实际上它们之间存在着某种深层次的内在一致性。所以,要运用好这种理论建构的方式,研究者必须对事物之间的相似之处与不同之处具有敏锐的观察力与判断力才行,研究者既不能为事物之间表面的相似所迷惑,也不能为事物之间表面的差别所迷惑,能够在相似的事物中看出不同来,或者能够在不同的事物中发现相同之处,这两种能力的训练对于运用类比推理法成功地建构理论来说,是同等重要的。

需要说明和指出的是,我们这里所讲的类比研究不同于将上位学科的基本结论作为前提,从中推演出本学科有关命题的移植—演绎研究。比如,将心理学家关于动物学习方式研究得出的结论,应用到人类学习活动中去,这其实是一种典型的类比研究,因为它建立在对动物学习方式与人类学习方式的相似之处进行类比推理的基础之上。而将哲学、心理学研究中得出的有关人生目的与意义、知识的性

---

① 宋林飞著:《社会调查研究方法》,上海人民出版社 1990 年版,第 98—99 页。
② 同上书,第 100 页。

质、儿童的本性等方面的基本假设作为前提，从中推演出、引申出相应的教育命题来，这才是典型的演绎研究的思路，它基本上不涉及类比推理。演绎是从一般到特殊的推理，而类比则是从特殊到特殊的推理。

探究与操作

1. 什么是教育理论？教育理论有哪些功能？
2. 检验教育理论效度的标准是什么？
3. 构建教育理论有哪些基本方式？
4. 根据本章内容及拓展性阅读材料，尝试评述我国教育学理论发展的现状与问题。

拓展性阅读材料

1. 叶澜著:《"新基础教育"论——关于当代中国学校变革的探究与认识》,教育科学出版社 2006 年版。
2. 叶澜主编:"生命·实践"教育学论丛《回望》、《立场》、《基因》和《命脉》,广西师范大学出版社 2007—2009 年。
3. 瞿葆奎主编:"教育科学分支学科丛书";唐莹著:《元教育学》,人民教育出版社 2002 年版。
4. 瞿葆奎主编:《教育学文集·教育与教育学》,人民教育出版社 1993 年版。

主要参考文献

1. 陈桂生著:《教育学的建构》,湖南教育出版社 1998 年版。
2. 瞿葆奎主编:《元教育学研究》,浙江教育出版社 2000 年版。
3. 叶澜著:《教育研究及其方法》,中国科学技术出版社 1990 年版。
4. 陈向明著:《质的研究方法与社会科学研究》,教育科学出版社 2000 年版。
5. 宋林飞著:《社会调查研究方法》,上海人民出版社 1990 年版。
6. (英)卡尔·波普尔著,傅季重、纪树立等译:《猜想与反驳》,上海译文出版社 1986 年版。
7. 陆有铨著:《躁动的百年:20 世纪的教育历程》,山东教育出版社 1997 年版。
8. 石中英著:《知识转型与教育改革》,教育科学出版社 2001 年版。
9. 裴娣娜著:《教育研究方法导论》,安徽教育出版社 1994 年版。

第十六章
教育研究成果的表述与评价

学习目标

了解教育科研成果的类型,掌握研究报告和学术论文的撰写格式和要求,学会独立撰写研究报告和对他人的研究报告做出评价。

内容提要

本章介绍了教育研究成果的主要类型,各种研究报告和学术论文的撰写格式及其基本要求,还简要讨论了研究报告的评价。

重要概念和术语

研究报告　学位论文　学术论文　研究报告/论文撰写格式　研究成果评价

研究成果表述是有"一定之规"的,如果不按学术界约定俗成的"游戏规则"撰写文章或著作,一般是"登"不了"大雅之堂"的。阅读本章,你可以去细细品味这些规则。

然而,经过精选、凝练和处理的素材本身有时会以研究者未曾预期的方式,出人意料地以一种新的产品面貌出现,从而引人注目。《黄河边的中国——一个学者对乡村社会的观察与思考》一书,源于作者曹锦清深入农村基层进行的一项大型调查,研究者搜集了大量生动鲜活的一手材料,在构思并与朋友讨论研究报告时,突然意识到:这些素材直接呈现出来,就是一部作品!结果,该书出版后,在学术界引起了很大的轰动效应。

既然教育研究成果必须按照一定的规范撰写才能得到认可、交流和应用,那么任何一名研究者必须先老老实实学习掌握公认的"游戏规则",学会"入格",待到功力雄厚、内功和手法达到"游刃有余"的境界时,或许就可以尝试一下"出格"而"不逾矩"了。

第一节 教育研究成果的表述

一、教育研究成果的分类

所谓教育研究成果,是教育研究者运用科学的研究方法,利用已有的知识,经过脑力劳动——智力加工而产生出来的具有一定学术价值、社会价值或经济效益并且被同行专家认定的增值知识。在这个定义中,增值二字是认定一项研究结论(结果)是否为"成果"的关键词。

依据进行教育研究所使用的方法和所研究内容的不同,可以粗略地将教育研究成果分为以下三类。

(一) 关于**教育事实的研究报告**

关于教育事实的研究又可分为描述研究和实验研究。描述研究亦即狭义的实证研究,它是关于"是什么"、"怎么样"的回答,它描述、记录、分析和解释实际的教育事实。描述研究包含某种比较和对照,并试图发现教育事实的非控制变量之间的联系。实验研究回答在审慎控制或处理某些变量时将会怎样的问题,它重点放在变量之间的关系。关于教育事实的研究报告的具体形式有教育观察报告、教育调查报告、教育实验报告、教育测量报告和教育经验总结报告、教育文献研究报告等。这类报告主要有这样两方面的特点:第一,都以对事实直接研究所得的第一手材料为基础,事实材料是报告的主要内容;第二,报告须详细说明研究方法与研究过程。研究者是以什么样的设计思路、针对什么样的研究对象、使用什么研究材料、采用何种具体的方法和操作步骤,才得到了在报告中所陈述的事实?因为这些因素都直接影响到对事实形成什么样的认识。例如,要测定一种新的教学方法的效果,只有通过一定的实证研究才能确立,研究中采用的测评方法、测评指标、操作步骤都影响着研究结果,所以必须说明上述事项,同时这也利于他人作验证性研究。总之,关于教育事实的研究报告是以确凿的事实和科学的(实验)操作方法作为其研究结论的基础。

(二) 关于**教育理论的研究成果**,如学术论文、专著及部分学位论文

理论性研究成果是以深刻的理论分析和严密的逻辑论证来说明问题。它以阐述对某一事物、问题的理论性认识为主要内容,要求能提出新的观点或新的理论体系,并阐述新旧理论之间的关系。要求论点鲜明、论据确凿、论述严密,清楚地展示理论观点、体系的形成过程和逻辑思路。高水平的理论性研究成果富有深刻哲理性和强大的逻辑力量。

（三）综合性研究成果，即以上两种研究的综合成果

很多教育研究成果中，既有对事实的发现和报告，又有在此基础上所作的理论性分析和阐述。例如，某一领域的专门著作，可能既有一系列实验结果和教育情况调查，又包含研究者建构的理论体系或理论要点。综合性研究成果中对于事实和理论的侧重可以根据具体研究情况而有所不同。

教育研究成果的表述形式是多样的，以上三类只是一个粗略的划分，还有一些特殊的形式，如某地区的教育发展规划、作为研究工具的教育测量表等。

二、研究报告的一般格式

研究报告相对比较简短，与学术论文或学位论文有较大差异。下列提纲代表了一个典型报告中的一系列标题。这部分内容来自美国心理学会（APA）的出版手册（1983年），它是具有代表性的，符合国际惯例规范的格式。

1. *题目页*
   (1) 题目
   (2) 作者姓名和隶属机构
   (3) 每页连续出现的（简略）标题
   (4) 致谢（如果有的话）
2. *摘要*
3. *引言*（**不使用其他任何标题**）
   (1) 问题的陈述
   (2) 背景/文献综述
   (3) 目的和理由/假设
4. *方法*
   (1) 被试
   (2) 装置和仪器（如有必要）
   (3) 程序
5. *结果*
   (1) 表格和图（恰如其分的）
   (2) 统计描述
6. *讨论*
   (1) 支持或否定假设
   (2) 实践和理论上的意义
   (3) 结论
7. *参考文献*
8. *附录*（如果是恰当的）

（一）题目

题目应当简洁，并且应能清楚表达研究的目的。作者应当牢记它对那些查阅

文献的读者的可能用途。题目不应当比文章的实际内容宽,它不应表达得如此之宽,以至它似乎提供了一个答案,但读者却从作者收集的数据和采用的方法中无法得出这个答案。例如,对武汉市一所小学的一组儿童做了简单的、描述性的自我概念研究,这个题目不应当定为"城市儿童的自我概念"。更恰当的题目可能是"一组武汉市儿童的自我概念",前一个题目比实际研究的范围宽得多。

在中国,致谢多半放在报告的最后部分,一般称为"后记",现在已有趋向按国际惯例放在"题目页"中。致谢(或称"后记")用来表示一项研究的基础,资助,对这份手稿以往草稿的回顾,及其在实施过程中和(或)手稿准备期间得到的支持。它们应当清楚地和直接地加以陈述。

(二) 摘要

摘要也称内容提要,用 100—300 个字对这个研究加以描述,包括研究的问题,被试的特征,所用的程序(如数据收集技术,干扰程序),研究的发现,以及得到的结论。一个良好的摘要将增加文章的可读度,因为许多人的浏览习惯是从阅读摘要开始的。现在许多研究报告和学术论文还要求有主题词,又称关键词,它是对论文或报告所研究的范围、方向做出的标志。主题词的使用方便了论文在文献检索时分类。主题词为专业术语,一般一篇论文的主题词以 3—5 个为宜,在排列上,通常依概念的由大至小或论述问题的先后顺序。如,张捷、陈铭所写的论文《当今国外学校管理改革的新趋向》(《外国教育研究》1998 年第 3 期),其关键词为:学校管理　独立自主性　国际化　社会化。

(三) 报告的主体

研究报告的主体分为四个部分:引言、方法、结果和讨论。

引言,起始于新的一页,不需要其他标号。一个良好的引言有三个成分:第一,研究者必须给出一个清楚的和明确的问题陈述。这个问题必须表明有研究的价值,并且能取得预期的结果。同样有必要表明,为什么这个问题在理论上和在实践上是重要的。第二,与这个题目有关的以往文献的回顾,研究者必须说明已有的文献与此项研究有关。尽管在学术论文或学位论文中需要进行广泛的综述,但在研究报告中不必如此周详。作者应该假定读者对所研究的领域有一定的知识,文献综述中只需包括与研究有关的问题,并且需要将以往的文献与目前的工作逻辑地连结起来。第三,引言应清楚地阐述假设所依据的原理,定义被研究和控制的变量,以及每个假设的正规陈述。每个假设的陈述应能做到它将如何进行检验。术语必须清楚地加以描述,并且预期的结果必须是可以测量的。例如,研究智力落后的儿童在早期干扰程序影响下的结果,不应假设"在实验组中的智力落后儿童在智力上将有较多的提高"。我们需要知道智力落后儿童的智力提高与谁比较,智力是如何加以概念化的。对这个研究来说一个更好的假设是,"得到干扰程序的智力落后儿童将比控制组的同伴取得更高的智商"。

引言之后是方法部分。它包括两个或多个子部分,极其仔细地描述研究者在研究中的作为。这样允许读者决定程序的合理程度以及结果的可信度。一个良好的方法部分提供了充分的细节,能使读者重复研究的组成部分。方法部分包括至少两个方面:被试和程序。被试部分需要识辨研究的参加者、人数以及所选被试的平均特征。主要的描述特征,如年龄、性别、社会经济地位和种族等,如与研究有关就应包括在内。提供的信息能使读者重复你的样本。程序部分描述研究实际进行的步骤。这包括测量工具(假如有单独陈述的话,就包括在这一部分);实验处理,被试在实验组或控制组中的安置;如果需要作多次评定,其评定的顺序;时间周期(如果与研究有关联的话),以及任何用于控制潜在的混淆变量的设计特征。

其他部分包括那些不可缺少的内容。例如,若使用了一套复杂的测验,应对这个测验作些讨论。复杂的设计最好也作分开描述。

报告主体的第三部分是结果。结果部分呈示数据和统计分析,但对结果的含义不作讨论。个体分数或原始数据只有在单个被试,或做很小的样本的研究中才呈示出来。所有的相关发现都被呈示出来,也包括那些对假设不支持的发现。表和图是常用于弥补或补充文字叙述的材料,当数据不能用较少的句子做出表述时,就可以使用表或图。在表和图中应表明读者期望看到的检验,以便澄清它们的意义。统计分析的显著性水平应当加以描述。

最后,报告的主体由讨论部分加以总结。在结果的描述之后,就可以决定研究的含义,包括假设是否得到支持,或应拒绝假设。另外,还可以讨论研究的理论意义和实际意义。简短讨论当前研究的局限性以及为将来进一步研究提出建议都是恰当的。如果数据不支持原来的假设,新的假设可以被提出来。报告最后还应包括结论,反映作为这次研究的结果,原来的问题是否已有更深入的了解,或已得到解决。

(四) 参考文献和附录

文稿的参考文献部分起始于新的一页,用"参考文献"作为标题。它包括文稿的正文中提到的期刊中的文章、书籍、章节、技术性报告等。未正式出版作品一般不能引用。参考文献部分不应与书目相混淆:书目包括参考文献中所有内容,再加上其他有用的文献,但这些文献在文稿中并没有加以引用。研究报告一般不提供书目,通常仅包括参考文献。

需要特别指出的是,由于我国的学术规范还有待完善,许多作者不重视写作中的参考文献部分。按照有关出版法规,不注明引文出处和参考文献是侵权和盗用行为。

参考文献在当今信息剧增的形势下,许多精明的读者往往倒着读,即通过参考文献来判断该研究论文的阅读价值——此项研究是否有一个高新和前沿的起点?参考文献的重要性可见一斑。

参考文献的一般排列方式如下:期刊,依次列出作者姓名、文章标题、期刊的刊名和月号;书籍,依次列出作者姓名、书名、出版社名、出版时间及页码。如:

[1]陈桂生:《教育学的建构》,湖南教育出版社 1998 年版,第 110 页。

[2] 崔允漷:《课程与教学》,《华东师范大学学报》(教科版),1997年第1期。

附录可用于提供详尽的信息,这些信息在报告的主体中呈现,正文就显得冗长。每一附录起始于新的一页,用"附录"作为标记,在标记之后是附录的题目,然后是附录的内容。附录中收入的内容通常有实验所用的问卷、量表或其他具体材料的样例,实验或调查中的重要原始数据,某些重要的、不宜插入正文的旁证性文献,实验中采用的测评的具体标准等。

引文注释分为页末注(脚注)、文末注(段后注或篇后注)、文内注(行内夹注)等形式。不同的出版机构会有不同的要求。论文中引用文字或观点一定要清楚、如实地注明出处,依次包括作者、书刊名、文献篇名、卷数或期数、页码、出版处和时间。若转引,一定要注明"转引自"或"参见",以说明是采用了别人的某理论观点或事实材料。如:

[1] 布鲁纳著,邵瑞珍译:《游戏是重要的任务》,《教育研究》,1980年第5期。

[2] 转引自赵祥麟主编:《外国教育家评传》第二卷,上海译文出版社1992年版,第604页。

[3] 台湾师范大学教育研究所编:《西洋教育思想史》(上),伟文图书出版有限公司1979年版,第470—474页。

[4] 蒙台梭利著,马荣根译:《童年的秘密》,人民教育出版社1990年版,第206—208页。

[5] Maria Montessori: *The Montessori Method*, New York, Schocken Books, Inc, 1964, p.46.

三、研究报告的具体格式

上文介绍的研究报告的格式是一个很全面、规范的格式,下面具体介绍调查报告和实验报告的格式。

(一)教育调查报告

教育调查报告一般由题目、前言、正文、结论和建议及附录五部分组成。

1. 题目

简明扼要地反映所研究的主要问题。如有必要,可以加副标题来补充说明主标题未能包含的信息,诸如调查进行的范围、背景等。

2. 前言

要求清楚地交待调查的目的、意义、任务和所采用的方法。还要说明调查的基本情况,如调查的时间、地点、对象、范围、取样等。另外,对开展本次调查的有利条件和不利因素也可作些简单分析。

3. 正文

详述调查内容。通过叙述、图表、统计数字及有关文献资料,用纲目、项或篇、章、节的形式把主体内容揭示出来。

调查报告的正文可有多种写法,主要的有两种,一种是并列分述式,即把教育调查的基本情况按种类分成并列的几个部分或方面来叙述。例如,对一个地区教育状况的调查,可分为该地区经济发展水平、文化水平、学校教育、社会教育状况等几个方面,其中学校教育又可分为学校规模、教育经费、课题设置、教学设备、师资队伍等不同项目。将有关专项的材料分别加以组合,使论述相对集中。另一种写法是层层深入式,即将调查的基本情况按照事物发展的逻辑顺序和演变过程加以排列,各个部分互相衔接、层层深入。这也就是按所调查的教育现象产生、发展、变化的过程来写。

正文在观点和材料处理上,可以先列出材料,然后进行分析和讨论,最后得出结论;也可以先摆出观点和结论,然后用调查得到的事实材料展开说明。

4. 结论和建议

在对调查内容进行总体的定性、定量分析的基础上,归纳、概括出事物内在联系,并提出关于所调查现象的新见解和参考意见。

5. 附录

在必要时附上调查中所用的工具或其他原始材料,为读者提供可供分析的原始材料,以便鉴定,也利于其他研究者借鉴、参考。附录的具体内容包括各种调查表格、原始数据、调查结果的处理方法等。

(二) 教育实验报告

教育实验报告是对所进行的教育实验做出的全面的书面总结。它应使读者对所报告的实验有全面、系统的了解,为读者评判、应用实验研究的成果提供依据。报告包括题目、前言、方法、结果、讨论等部分。

1. 题目

常直接采用研究课题的名称作为题目,直接指明所研究的主要变量。题目应简练、具体、精确、严谨、逻辑性强。

2. 前言

前言包括:提出问题,阐明研究的目的;通过对有关文献的回顾和概括,说明选择本项实验的依据、意义和价值;简要说明国内外在本课题方面的研究成果、现状、问题及趋势,该项实验需要解决的问题以及研究的理论设想。

可以用平铺直叙的方式阐明研究目的,也可以从提问出发来揭示矛盾,好的问题可以引起读者的兴趣和积极思考。说明选题的依据和价值一般从两个方面展开:一方面指出实验在学术上的理论价值,说明它能在哪些方面提供新的认识;另一方面指出课题的现实意义,说明所进行的实验对教育实践工作的直接或间接、当前或长远的指导意义。

3. 方法

这部分阐明实验所使用的研究方法,主要是让读者理解实验的设计思路,了解结果是在什么条件和情况下、通过什么方法、根据什么事实得来的,以便于读者鉴定实验过程的科学性、客观性和实验结果的真实性、可靠性;同时也便于他人用一定的方法进行重复性实验。主要内容有:①对实验报告中出现的主要概念做出定义和阐述,有时,还将一些概念转化为可操作性的。②说明实验中被试的条件、数量和取样方法。③说明实验的设计、实验组与控制组的设置情况、实验的自变量、实验处理的实施及条件控制。④实验的基本程序,如实验的时间安排和具体步骤。⑤实验中所用到的工具、材料的简要说明。⑥实验数据的搜集、处理和结果的检验方式。"方法"部分的内容在结构上并不一定要求上述各项俱全,可根据具体实验而有所取舍。

4. 结果

结果是实验报告的主要部分,要求全面准确地呈现出实验中得到的各种结果,并简要说明每一结果与研究假设的关系。

结果部分的内容包括两个方面:一是对实验中所搜集的原始数据、观察资料、典型案例进行客观的呈现和整理分析。既有定性资料的归纳,又有对定量资料的统计分析。二是在对数据资料整理分析的基础上,采用逻辑的或统计的技术手段,得出研究的各方面结果及结果之间的相互关系。

5. 讨论

对实验结果的含义和可能的因果关系或相关关系作出分析和评价,可以从理论上加深对实验结果的认识,为本研究的结论提供理论依据。

讨论的内容根据具体的实验课题作出不同安排,其基本内容包括如下方面:①对实验结果进行理论上的分析和论证。可摘要概述研究的结果,阐明其意义,以及对本实验课题多次研究的结果作综合分析,而且在与前人研究结果的比较分析中,将自己的实验结果纳入某一理论框架,引申、完善理论观点或提出创见。②对本实验研究方法的科学性和局限性进行探讨,如对结果统计的误差、显著性等指标进行分析,对实验结果的可靠程度和适用范围作进一步的说明。③讨论中应提出经过实验所发现的可供深入研究的问题,以及本实验中尚未解决或尚需进一步探讨的问题,对以后的研究的方向、方法以及如何推广或验证已有的实验结果提出建议。

实验报告的讨论不同于结果或结论:结果或结论所呈现的是研究中的客观事实,它可以在相同的研究中重复出现;而讨论多是对有关结果的主观认识与分析,是研究者将实验结果向理论和应用方向所作的引申。对实验结果的讨论可以仁者见仁、智者见智,可以试图解释和回答问题,也可侧重于质疑。讨论可以从多侧面、多维度展开,充分发挥研究的洞察力和创造力。

6. 参考文献

7. 附录

并不是每篇实验报告必备的,在确有必要时才编制附录。附录中收入的内容通常有实验所用的问卷、量表或其他具体材料的样例,原始数据,某些重要的、不宜插入正文的旁证性文献,实验中采用的测评的具体标准等。

四、学位论文或学术论文

学位论文和学术论文与上面所描写的研究报告有着一样的轮廓,主要的区别是长度和综合性。学位论文是申请一定的学位而提交的论文,它有一定的质量规格和写作要求。学术论文包括的范围很广,如论述创造性新成果的理论性文章、某些实验性或观测性的新知识的科学记录、某些科学原理应用于实验取得的进展总结等。

学术论文的主要特点是学术性,具体表现在两大方面:其一是逻辑性,即论据确凿、论证清楚、言之有理、实事求是,表现出严密的逻辑性;其二是创新性,要对所研究的课题在理论上有所发展,或在方法上有所改进,或在事实上有新的发现,能对教育问题提出新的、前人不曾有的认识。

学术论文的写作风格和类型是多种多样的。按照研究的目的,可以将教育研究中的学术论文分为三种类型:①理论探讨型:对教育发展及学科建设中的重要课题,运用有关文献资料和现实材料,通过分析综合、推理论证,提出新观点、新理论。②综合论述型:针对实际工作或学术界已经提出的问题,从历史和现状等角度加以综合概括,说明研究脉络,分析难点,探明进一步研究的方向。③预测性论文:以实证材料和理论原理为依据,对某一教育现象进行分析,指出发展的趋势并预测以后发展的方向和可能性。

当把一篇文章交付期刊发表时,长度、表达方式和文面都要加以限制,要符合特定期刊的要求。如某刊的来稿要求:①

《中国教育学刊》系面向基础教育战线教师、校长和教育科研人员的综合性教育学术刊物。主要内容是:对广大教育工作者关注的教育理论和实际问题、热点难点问题进行专题讨论。文稿一般不要超过 8000 字,尤其欢迎 4000—6000 字甚或 2000 字左右的佳篇。每篇文稿必须包括(按序):题名,作者姓名(注明汉语拼音)及工作单位,并于首页底脚处注明作者(作者为两人以上的,只写第一作者)的姓名、通信地址(包括信箱号和邮政编码),中文摘要(于题名之下、正文之前写出确切记述文章主要内容的短文,包括研究的目的、研究的问题和主题、论点、结论等;建议用第三人称,不用"本文"或"作者"等作主语;不要写成提纲或评论形式;字数一般在 200 字之内;不足 5000 字的文稿可不写摘要)和关键词(3—5 个),正文,参考文献。

学术论文的全部观点和材料,分析和论证,都要遵循一定的逻辑顺序,有机地组织在一起,体现出文章雄辩的说服力。论点和论据的联系,论述的先后次序,文章的层次推理,这些都要根据事物的内在规律,并考虑论证效果来组织安排。学术论文的本论部分的结果安排一般有以下三种形式:即平列分论式、层递推论式和平列层递结合式。

1. 平列分论式

即围绕中心论点设立若干分论点,这些分论点与中心论点是垂直关系,分别论证中心的论点;各分论点之间是平列关系,对中心论点的论证,构成不同角度不同侧面的格局。

---

① 见《中国教育学刊》,1998 年第 6 期。

2. 层递推论式

本论部分分为若干层次，论证时层层展开，步步深入，直到最后得出结论，文章中各层次之间呈递进关系。

3. 平列层递结合式

平列分论式有利于获得对问题的横向拓展、全面认识。层递推论式有利于对问题的纵向深入、拨云见日。在实际教育问题的论述中，往往必须从横的纵的两个方面去加以认识和阐述。面对一些错综复杂的问题，作者应当不断变幻角度不断深入突破阐述之。如汪古逊《在教学中如何培养发展学生中的非智力因素》（北京师范学院出版社），《中学生物教师教学基本功讲座》一文，文章由"一、什么是非智力因素"、"二、非智力因素的重要教学功能"、"三、培养和发展学生非智力因素的方法"三个大的部分组成，结构上是采取"提出问题—分析问题—解决问题"这样一个纵式递进方式，但在具体展开时，又是以横向并列的方式，如第二部分"非智力因素的重要教学功能"又列出了"激发作用"、"维持作用"、"补偿作用"等几个方面。

五、教育研究成果撰写的基本要求和写作方式

作为教育研究成果的表述形式，研究报告或学术论文的质量高低首先取决于研究工作本身的质量，取决于研究课题的理论基础、理论价值和实践价值、研究操作的规范性和结果解释的合理性，但同时也取决于研究者的分析综合能力、专业基础以及写作能力。因为研究报告和论文的形成是一个复杂的理论思维过程，不是对研究过程的简单、机械记录。要从复杂多样的事实材料中提炼出科学观点，并以有逻辑、有组织的抽象文字符号表达出来，就得处理好教育研究成果表述中的各种内在关系，遵循其基本要求。否则"言之无文，行而不远"，将因为表述不当而损害研究成果的价值。

教育研究成果的表述有如下基本要求：

（一）在科学求实的基础上创新

研究报告和学术论文的目的是要在已有研究的基础上推进一步，有所创新，反映出在科学探索中获得的新事实、新见解、新理论。所探讨的内容是前人所未知的，或是在前人研究基础上，以新的材料、从新的角度进行探索。或是为了探讨和解决在新形势下出现的新问题，从而提出新颖独到的观点。研究者的创新是以严谨、客观、科学性为基础的。主要体现在：首先，在成果的论证上，用充分、确凿的论据，如精确可靠的实验观察数据、明确的客观事实等，借助于逻辑严密的论证来证明研究成果；其次，论文的内容要实事求是，无论是立论还是分析、推论，都应恰如其分，正确反映客观事实；最后，理论观点表述要准确、系统和完善。用词要体现论文特殊要求，概念明确不含糊，词语达意而不空洞。研究报告和学术论文是规范的科学文献，不同于小说、散文，必须首先遵循科学性和严谨性。

（二）观点和材料保持一致

科学研究必须以客观事实为依据,对研究中所获得的大量材料进行一番整理、提炼,精选出最有价值、最典型的事实材料作为立论的依据。如若不重视事实材料,东拼西凑、妄加推测,或者对材料不加整理、简单铺陈,就会使论点和论点赖以立论的论据脱节,缺乏说服力。因此,教育科研成果的表述中要处理好观点和材料的关系。

要保证观点和材料的一致性,必须从选取材料和提出观点两方面着手。选取材料时应遵循以下要求:①要围绕研究的主要问题选材。②材料要典型、具有广泛的代表性和说服力。③要认真鉴别材料的真伪和价值程度。④应尽可能选取新颖生动、反映时代现实的材料。选材脱离时代,容易令人感到脱离现实、毫无生气,从而缺乏感染力和说服力。在选取材料的基础上,才能提出实事求是的观点。提出观点时应该做到如下几点:①言之有据:从已有事实材料出发,经过严密的逻辑论证得出观点,不要凭空臆造,丢掉"逻辑良心"。②尊重事实,排除偏见和成见:不能先入为主地臆断结论,而应该充分尊重事实,哪怕事实不符合研究者原有的主观预期,也应以事实为依据来提出观点。③提出观点时应逻辑严谨、概括正确:在掌握大量材料的基础上,研究者应对材料进行正确、集中的分析、归纳和综合,提取论点,概括出结论。

（三）在独立思考基础上借鉴吸收

任何研究都是在已有研究的基础上向前推进的。在教育研究成果的表述中必须正确处理借鉴吸收他人研究成果与研究者独立思考的关系。孤高自傲易导致重复研究,而全盘照搬,为引用而引用,或断章取义、任意发挥等做法,都是无益于科学研究的。

对所引用的观点和文献,首先要搞清作者的原意、文献价值,有针对性地抓住文献的实质及其与当前课题的关系,将文献与当前课题有逻辑地连结起来。其次要善于从众多的已有文献中选择最典型的、富有说服力的材料,简单罗列和大量堆砌的做法只能降低文献材料作用,丧失材料的论证价值,使文章拖沓。

（四）书写格式符合规范,文字精练,表达准确完整

需要指出的是,研究报告和学术论文要求严格、规范的格式。为什么要如此古板?因为论文的目的是用其他学者容易理解的形式来交流思想、提供资料,它已经形成了一种惯用的形式。创造性表现在思想和观点中,而不是表现在报告的形式上。而且现在研究方面的出版物数量浩繁,没有或很少有读者从头到尾地读完研究报告和学术论文,他们总是有选择地快速读完某些部分。论文不是小说,它是知识的有机排列。因为只有这些知识按标准格式组织在一起,读者才可以迅速地找到他想了解的某项研究内容。

研究报告和论文的撰写都有相对固定的格式,很多专门学术刊物还对稿件有专门的要求。论文和报告应以一种创造性的、清楚的和精炼的方式来呈现。措词

应当是高雅的和直截了当的,而不需要枯燥无味的或学究气十足的语言。甚至最高深的思想最好能用简单的语言及短而连贯的句子加以解释。

俚语、陈旧的短语、俗语应该避免,不能以日常用语代替科学术语。因为客观性是首要的目标,不应有劝告或说教的成分。研究报告应当是描述和解释,学术论文应当是说理和论证。

报告和论文的一般文笔应是不带个人色彩的,应不用或避免用"我"字,像"我的意见"、"从作者的观点来看"等短语同样应避免。人们认为这种用法有损于客观性,读者只是对你的证据而不是你的意见感兴趣。然而,现在情况似乎在改变。但作者应当抑制使用复数人称代词(如我们),除非有多个作者。

避免用缩写词,除非是像"科研"这样最普通的缩写词,但即使这样一些大家熟知的缩写词,在第一次出现时也应给出全称,因为读报告的人不一定都知道这些缩写词的真实含义。

提到权威人士一般只使用名字,像校长、教授、主任这类头衔最好省去。

在正文中出现外国人名一律用中文。首次出现的外文人名应附原文(包括姓氏和教名、本名的缩写形式)。以后再出现重复的外国人名只写中文译名。注意同一人名的译法必须全书一致,应当使用学术界公认的译名或参见权威外文词典后附的"常见英美姓名表"。

第二节 教育研究成果的评价

教育研究是一个无止境的、系统的探索过程,对研究成果的评价是教育研究过程的最后一个重要环节,又为更进一步的研究提供了思路。教育研究成果最终目的是要对教育理论和实践发挥作用,得到学术界和社会的承认。一项教育研究的成果能否达到这一目的,必须经过鉴定和评价。

一、教育研究成果评价的意义

教育研究成果的评价是指对已经得出的教育研究成果进行检查、分析和评定,对研究过程、研究结果的科学性和质量作出判断。它是完善和推广教育科研成果、改善教育研究工作、推动教育研究发展的一项重要工作,也是教育科研管理工作的一个重要环节。

在科学研究繁荣的今天,对教育研究成果的评价是使社会接受并传播这些成果的重要途径。通过评价,可以及时发现教育研究成果在改进教育实践和发展学术理论等方面的价值,便于学术界和社会了解、承认,进而促进教育科学知识的普及和教育科研成果的应用推广。

教育研究成果的评价是沟通和反馈科研信息的重要渠道。一项教育研究课题取得成果之后,及时组织鉴定、评价并予以公布,可以沟通学术信息、避免他人的重复研究。评价所提供的反馈,有助于研究者按照更高、更新的标准对后续研究的目标、过程和方法进行及时调整,更好地把握方向。通过对相关研究的对比评价,还可以了解各项研究的特色和水平,便于认识各自的现状、优势和差距,从而相互学习、共同提高。因此,评价过程同时是一个不断提高教育科学整体研究水平,使研究者不断自我完善的过程。

通过评价还可以搜集教育科学研究的有关资料。有利于教育行政部门加强本地区、本单位教育科研的宏观管理和指导。尤其是我国教育研究资源非常有限,在科研的选题、计划、实施、检验等方面的准确指导和调控显得更有价值。

对教育研究成果的评价也有利于确立教育科研的基本要求和规范,指导教育研究工作逐步达到高质量、高水平,对于总结和改进教育研究的方法、发现和选拔优秀教育科研人才、建立有效的教育科研体系都有重要意义。

二、教育研究成果评价的标准

教育研究成果作为知识性的精神产品,它对教育事业和人类精神生活所产生的作用和影响一般来说并不是立竿见影的,而是长期的、渗透性的。对教育研究成果进行评价的标准主要有学术价值和社会价值两个方面。

不同类型的教育研究成果有着不同的价值表现。一般说来,基础理论研究成果更多地表现为学术价值。学术价值主要指成果在学术上对增加教育科学知识的贡献、在理论和方法应用上的深广度、理论观点上的创新、研究方法上的突破、学术空白的填补以及成果对其他学科领域的借鉴和启迪意义等。简言之,表征教育科研成果在多大程度上向未知领域推进。

应用型研究成果也有其学术价值,但它们的作用更多地以社会价值表现出来。所谓社会价值是指成果对教育发展和精神文明建设所发挥的现实作用,它包括为政府、教育行政部门和学校提供认识某一教育问题的理论观点,或为解决某些教育实际问题提出建议、方案和方法,并在实践运用中取得了一定的社会效益或经济效益。教育科研成果中的教育经验总结就是应用型研究成果的典型代表。

评价教育研究成果社会价值的大小,不仅要考虑成果对教育实践的直接效益和指导意义,而且要考虑它对教育发展的间接推动作用,不能偏废。例如,某项教学实验的成果,在直接效益上能大面积提高教学质量,而间接地在研究的思想和方法上对整个教学改革也有启发意义。

值得注意的是,教育研究成果的学术价值和社会价值很多情况下并非立刻就能呈现出来,而是要经历相当长一段时间的实践反复检验,这是由教育培养周期长和教育成效的多因素性决定的。

教育研究成果的评价,大致要经历如下基本过程:确定总目标→制订评价的指标体系→选择制作评价工具→实施评价→收集评价信息并整理分析得出结论。在这个过程中,确定评价的指标体系是十分关键的一环。建立教育研究成果评价的指标体系应遵循以下要求:

第一,一致性。指标体系必须与总体目标相一致。指标体系中评什么、不评什么,重视什么、忽略什么都要直接反映研究的目标,研究目标决定评价指标体系的方向和内容。

第二，可测性或有效性。确定的每个指标都是可以进行实际测量或观察的，同一层次的指标不相互重叠、不存在因果关系，各类指标界定清晰、便于操作。

第三，精练可行。在指标体系科学完整的前提下力求精练、明了、简化。指标体系不宜庞杂，信息量少、区分度和效度不高、难于操作的指标应剔除。

三、教育研究成果评价的方法及组织形式

教育研究成果评价的方法可大体分为定性方法和定量方法两类，也有定性与定量相结合的方法。由于教育研究成果是人文社会学科，定量考察困难，所以目前大部分采取的是定性评价的方法。

定性评价主要是按评定标准对成果作出评语式的鉴定。在鉴定过程中，评定者除了阅读、分析研究报告之外，还需研究该研究报告的主要的原始资料。此外，评定者对研究的过程、方法也要作一番深入的了解。在一些应用性成果的评定时，评定者还应深入到该课题研究所在地采用实地考察、参观、听课，与学生、教师、管理人员接触、开座谈会等形式作一番研究、考证。然后将实地考察的结果与研究报告对照起来分析。评定者应注意力戒偏见或倾向性因素的干扰，在文字上力求准确、具体、条理分明。在肯定研究成绩的同时，指出不足或进一步研究的方向。

定量评价是通过数量化的评价方法来判定教育研究成果的质量和价值。由于教育直接与人相关，教育因素的复杂性，目前，定量评价方法还在探索阶段，仅仅用定量评价尚不足以说明科研成果的质量。因此，较为有效的评价是定性与定量相结合，在大多数评价中仍以定性为主，定量方法起参考作用。

成果评价的方式有通讯评价和会议评价。这两种方法都要求提前向有关方面提交成果，以便评定者有足够的时间阅读、思考并作出评定。通讯评价是将成果以邮寄的方式交给评定者，然后，在规定的时间内，评定者将评定结果邮寄给有关部门。会议评价是专门召开的研究成果讨论会，评定者之间、评定者和有关研究人员之间展开交流、讨论。通讯评价和会议评价各有利弊，适用的范围不尽相同。

成果评价的组织形式是多种多样的，大致可分为三类：研究者自我评定、同行专家论证和行政部门评审。自我评定虽不能作为成果评定的主要依据，但它有利于研究者提高科研水平、完善研究意识。研究者通过对照评价标准来衡量自己的研究成果，总结经验教训，为今后或下一步研究提供有力的帮助。更重要的是，自我评定是以当事人自己的主观感受和眼光看待自己的研究成果，可以反映出此项研究成果的许多重要的信息，为其他的评定提供重要的参考。

同行专家的论证、鉴定对教育研究成果具有判别意义。参加评定的专家应是研究工作以外的人员。专家评定可以个别进行，由每个专家各自按标准作出评定，最后汇总得出结果，也可以经过专家组集体讨论研究得出评价结论。前者的长处是专家之间的观点较为独立和客观，相互之间不受影响，但有可能因专家水平不同，对成果评价的角度、眼光不一，评价标准不具体而造成各专家之间评价结论相差甚大；后者便于专家之间充分讨论沟通，澄清有关问题，但有可能受到权威人物

观点或人际关系、交往互动的影响。不论哪种形式，参评专家都要具备相符的学术水平和科学求实的态度。

行政部门评审一般是由某一级行政部门成立有权威性的、成员相对稳定的教育研究成果委员会来实施具体评定工作。为保证评审结果的科学性、严肃性和权威性，应严格挑选参评专家，避免由行政机构代替专家作出决定。

探究与操作

1. 教育科学研究成果可以分为哪几类？它与教育研究过程有何内在关联性？
2. 研究报告的格式大体是怎样的？它的每个部分的写作有哪些要求和规范？
3. 教育研究成果的撰写有哪些基本要求？试以这些要求为参照，评析自己或他人的论文或研究报告。
4. 进行教育科研成果评价的意义何在？从互联网下载教育科研管理部门近期颁布的全国性教育科研评奖相关资料，选择一个自己感兴趣的角度进行分析或评论。

拓展性阅读材料

1. 陈向明主编:《在行动中学做质的研究》,教育科学出版社2003年版。
2. Marshall, C. & Rossman, G. B. 著,李政贤译:《质性研究:设计与计划撰写》,台湾五南图书出版股份有限公司2006年版。
3. (美)约翰·W·克雷斯威尔著,崔延强主译:《研究设计与写作指导:定性、定量与混合研究的路径》,重庆大学出版社2007年版。

主要参考文献

1. (美)威廉·维尔斯曼著,袁振国主译:《教育研究方法导论》,教育科学出版社1997年版。
2. 裴娣娜著:《教育研究方法导论》,安徽教育出版社1994年版。
3. 陈向明著:《质的研究方法与社会科学研究》,教育科学出版社2000年版。